Hanwha Corporation

국가와 사회에 기여하는 글로벌 기업

한화 오디세이아

백 인 호 지음

도서
출판 정음 서원

현암 김종희 선대 회장

김승연 현 회장

김종희 한화그룹 창업회장은 국내에서는 한국의 '노벨(Alfred Nobel)', 주한 미 8군 사령관을 지낸 장성들 사이에서는 '다이너마이트 김 (Dynamite Kim)'이라는 애칭을 갖고 있다. 김종희 회장은 스스로 자신을 화약인(火藥人)이라고 했다.

1945년 8월 15일 한국이 해방을 맞이했을 때 한국 땅에는 모두 4개의 화약공장이 있었다. 그중 3개는 38선 이북에 있었고 이남에는 1개가 있었는데 '인천 화약공장'이다.

일제(日帝)는 화약 산업 특성상 한국 사람들에게는 화약을 제조하는 전문지식은 가르쳐주지 않았다. 김종희 회장은 해방 당시 '조선화약공판'이라는 일본 회사 생산부 계장(다이너마이트) 직위에 있었다. 김 회장은 화약이라는 제품이 어떤 경로로 유통되고 어느 곳에 보관되는지는 알았지만, 화약이 어떻게 만들어지는지 기술 부분은 몰랐다. 김 회장은 그렇지만 조선화약공판 재직 시에 틈틈이 화학 원론(일본 동경제국대학교 화학과 교재)을 읽으면서 화약의 품성, 제조 기술을 어느 정도 공부했다.

근대산업 국가는 화약의 도움 없이는 완성되지 못한다. 화약 산업은 국가 기간산업이고 국방에도 중추적인 기능을 한다. 김종희 회장은 '한국이 화약을 만드는 나라', 즉 화약 국산화에 온몸을 바쳤다.

김 회장은 드디어 1957년 10월 다이너마이트 국내 생산에 성공했다. 다이너마이트 국산화에는 이승만 대통령의 채근과 지원도 한몫했다. 이로 인해 김 회장은 한국의 노벨이란 닉네임을 얻었고 우리가 세계 10대 경제 부국이 되는 데 기여했다.

김종희 회장은 집념이 강한 의지의 소유자다. 그는 자신이 원하는 것은 꼭 실현해 내고야 말았다. 김 회장은 그가 국민학교(현 초교)를 졸업하자 부친께서 농사꾼으로 키우려고 장에서 지게를 사다 주었으나 상급학교에 가려고 그것을 부숴버리고 서울로 올라오는 공부에 대한 열의를 보였다. 김 회장은 명문고 '도상(道商, 경기도립상업학교 약칭)'에 합격했으나 하숙비가 없어 천안 성환역에서 서울역까지 5시간 반의 왕복 기차 통학을 했으나 결석하는 일은 없었다.

김종희 회장은 의협심이 강했다. 도상에 다닐 때 일본 학생 4명과 조선 학생 3명이 싸우는 것을 보고 뛰어들어 일본 학생들을 패주었다. 이로 인해 퇴학 처분을 받았으며 원산(元山)상업학교로 전학해 이 학교를 졸업했다.

김종희 회장은 주한 미 8군을 상대로 화약 비즈니스를 했으며 미군의 화약 관리 대행업으로 외화 획득을 해 당시 부족했던 국가 외환 계정에 보탬을 주었다.

김 회장은 역대 주한 미 8군 사령관들과 가깝게 지냈으며 그들로부터 '다이너마이트 김'으로 통했다. 김 회장의 영어회화 능력은 수준급이었다.

한국화약그룹의 기업 승계는 아주 순조롭게 이루어졌다. 김승연 회장은 약관 29세에 총수에 올랐다. 김승연 회장은 명문 경기고를 거쳐 미국 드폴대학, 멘로 대학에서 10년간 유학했다.

김승연 회장은 창업회장의 유업을 이어받아 정유, 석유화학 분야의 기초를 튼튼히 다져 그룹을 크게 키웠고, 유통, 관광 레저 분야에 진출해 사업 영역을 확대했으며 대한생명(현 한화생명)을 인수해 종합금융그룹의 면모를 갖추게 했다.

김승연 회장은 21세기를 맞아 첨단 기술 분야인 우주항공, 방산(防産)을 신규 주력사업으로 택함으로써 기대를 모으고 있다. 이들 신규 사업 신장세는 놀라울 정도다.

저자는 김종희 창업회장, 김승연 회장의 사업력을 정리하면서 가급적 그분들의 내면세계를 파헤쳐보려고 노력했다. 한화그룹 성공의 숨은 힘을 들여다볼 수 있기 때문이다.

이 책에 등장하는 분들의 성함은 가급적 한문을 병기했다. 동명이인의 경우를 피하기 위해서다. 혹시 직급이나 직위가 정확하지 않더라도 너그러이 양해해 주시기 바란다.

이 책은 '실록 김종희(전범성, 田凡成)', '한화 50년사', 김승연 회장 '필사즉생, 필생즉사(必死即生 必生即死)의 각오로', 'LG오디세이아(정음서원, 백인호 저)'를 많이 참고했으며 인터넷 검색도 많은 도움을 주었다.

많은 도움말을 준 이성호 전 경향신문 논설위원에게 감사의 말을 전한다. 정영의 전 재무장관의 조언에 감사드린다. 성하현 전 그룹 부회장의 좋은 자문에 감사함을 전한다. 책 출판을 결심해 주신 박상영 정음 출판사 사장님과 편집진에게도 감사를 드린다. 윤승진 박사의 교정과 감수에 감사드리며 자료 정리와 원고 작성에 수고한 정소영 스태프에게도 고마움을 전한다.

2024. 4. 8
저자 백 인 호

차례

제 1 부

1

경원선(京元線, 서울~원산)
열차에 오른 김종희(金鍾喜)

김종희는 1940년 10월 어느 날 경원선 열차에 몸을 싣고 함경남도 원산항을 향해 가고 있었다. 그는 도상(道商, 경기도립상업학교) 4학년 학생으로 그의 나이 18세 때였다.

김종희는 차창 밖에 전개되는 경원선 특유의 고산협곡의 험준한 지형이 만들어내는 아름다움에는 마음 쓸 겨를이 없었다. 경원선에는 금강산, 석왕사, 원산해수욕장 등 절경이 수두룩하다.

경원선은 1914년 9월 6일 개통되었으며 총연장은 223.7km이다. 경원선은 함경선과 이어져 두만강 연안에 이르고 국경을 지나면 대륙 철도에 접속되어 산업, 군사상 막중한 위치를 점한다. 대한제국 말 경원선 부설권을 둘러싸고 프랑스, 독일 등 열강들이 치열한 경쟁을 벌였으나 결국 일본이 부설권을 차지했다. 이리하여 경원선도 경의선(서울~신의주)과 마찬가지로 일본 군국주의 식민지 경영 수단이 되었다.

김종희는 원산항이 가까워질수록 착잡한 심정이었다. 그리고 퇴학(退學) 처분을 내린 도상의 마쓰지마(松島信昭) 교장이 원망스러워졌다. 증오스럽기까지 했다. 학생들끼리 패싸움 한 번 한 것을 가지고 잘잘못을 가리지도 않고 '퇴학'이라는 극약처방을 내리다니!

4학년 2학기 중반인 11월의 어느 날 김종희가 학교 수업을 마치고 어둑어둑해진 효자동 골목을 내려오고 있었다. 도상(道商)은 효자동 전차 종점에서 자하문 쪽으로 10여 분 걸어가는 곳에 위치해 있다. 제2 고보(현 경복고교) 옆 골목에서 도상 학생 한 패거리가 싸움을 벌이고 있었다. 패싸움을 하고 있는 그들은 도상 4학년의 럭비(Rugby)부 일본인 학생 4명과 조선인 학생 3명이었다. 4대 3. 조선인 학생이 열세이기 마련이다. 김종희는 앞뒤 생각 없이 무조건 조선인 학생 편에 가세해서 일본인 학생들을 닥치는 대로 걷어차고 들이받으며 주먹을 휘둘렀다. 이윽고 순사들이 달려와서 학생 8명을 궁정동 파출소로 연행했다. 학생들은 그날 밤으로 학교 측에 인계되어 조사를 받고 밤늦게야 귀가 조처됐다.

　그 다음날 학교 교장실 분위기는 아침 일찍부터 침통했다. 어젯밤에 패싸움을 벌인 학생 8명에 대한 징계 문제가 논의되고 있었던 것이다. 징계 논의는 '무기정학'으로 기우는 듯 하더니 갑자기 '퇴학 처분'쪽으로 기울기 시작하는 것이었다.

　김종희가 학생들 패싸움에서 조선인 학생들 편에 가세한 것은 단순히 그들이 열세에 몰려 있어서만은 아니었다. 그것은 오랫동안 일제 식민 정책에 억압되어오던 의분의 폭발과도 같은 것이었다. 그 시기의 대부분의 조선인 학생들은 일제의 식민지 정책을 마음속으로는 불복하면서도 어쩔 수 없이 겉으로는 묵묵히 참고 따를 수밖에 없는 때였다.

　1929년 10월 30일에 일어난 '광주(光州)학생운동'도 맥락은 동일한 것이었다. 그날 나주(羅州)역에 도착한 광주발 통학 열차에서 내린 일본인 중학생들은 광주여자고등보통학교 학생인 박기옥, 이광훈의 댕기 머리를 잡아당기며 희롱했다. 이 광경을 목격한 박기옥의 사촌 동생 박춘재는 분노하여 항의했으나 일본 학생들이 말을 듣지 않자 난투극이 벌어졌다.

　이 난투극은 일본인 학생 50명과 한국인 학생 30명이 싸웠는데 한국인 학생 30명이 사기 면에서는 더욱 유리했다. 이를 본 일본 경찰들이 일본인 학생 편을 들고 광주고보 학생들은 차별을 하는 것에 대해 집단항의했다. 이 사태는 전국적으로 항일투쟁으로 확대되었다.

특히 '도상'의 경우는 '내선일체(內鮮一體, 일본제국이 일제 강점기 조선을 일본에 완전히 통합하고자 내세운 표어로 곧 내지(內, 일본)와 조선(鮮)이 한 몸이라는 뜻)'를 표방하면서 일본인 학생과 조선인 학생을 반반씩 합격시켰으나 실제로는 교사진을 거의 일본인 일색으로 충원함으로써 조선인 학생들에 대한 황국신민화(皇國臣民化) 교육을 강력하게 실시해 오고 있었다. 그러나 그와 같은 황국신민화 교육은 오히려 반사적으로 조선인 학생들의 민족적 자각을 일깨우고 일제에 대한 반감만 자극하는 결과를 초래했다.

'도상'에는 오래전부터 충청남도 출신 학생들의 모임인 충남회(忠南會)가 있었다. 당시 '도상'에는 도별로 분류해 보면 서울을 포함한 경기도 출신 학생들이 제일 많았고 그다음으로는 충남 학생들이 많았는데 특히 공부를 잘하는 학생들이 많았다. 그들은 충남회 써클 조직을 통해서 1년이면 몇 차례씩 모이곤 했다. 모임의 취지는 충남 학생 상호 간의 친목을 도모하는 데 있었으나 그 모임에서 오가는 학생들의 대화는 주로 조선 민족의 장래에 관한 문제들이었다. 김종희가 충남회 모임에 참석하기 시작한 것은 그때 충남회를 이끌던 4학년에 재학중인 천안 출신의 성백우(成白愚)를 중심으로 한 임현제, 이종하 등을 만날 수 있었기 때문이었다.

충남회는 ① 중국에 있다는 대한민국 임시정부는 지금도 활동을 하고 있는가 ② 만주를 무대로 활약하는 마적대는 조선독립군인가 ③ 일제의 조선민족 말살정책이 이대로 계속되어 조선 민족은 끝내 독립을 못하고 영영 일본에 예속되고 말 것인가를 화제로 열띤 토론을 벌였다.

그와 같은 선배들의 열띤 토론은 김종희 소년의 마음을 사로잡기에 족했다. 그는 충남회 모임에 참석할 때마다 조선 민족으로서의 신선한 긍지를 느낄 수 있었다. 이 때문에 김종희는 충남회 모임에는 어떤 일이 있어도 꼭 참석해 오곤 했다.

김종희가 패싸움에 가담하기 전인 4월 초순에도 충남회 모임이 있었다. 그날 모임은 이미 '도상'을 졸업하고 연희전문(현 연세대 전신)으로 진학한 성백우 선배가 주재했다. 성백우는 졸업 후에도 충남회 모임을 가끔 주재했는데 그날 모임에서는 국내에서 활약 중인 민족지도자들(여운형, 최남선, 이광수 등)의 근황을 소개하고 나서 11년 전인 1926년에 일어났던 광주학생사건을 화제에 올리기도 했다. 김종희가 충남회 멤버가 아니었다 해도 그날 조선인 학생들이 일본인 학생들에게 얻어맞는 것을 보고도 못 본 척하고 그냥 지나치지는 않았을 것이다. 불문곡직하고 의협심 하나로 뛰어든 싸움이었다.

김종희가 가담했는데도 일본인 학생들은 럭비 선수였기 때문에 완력이 강해 조선인 학생들은 열세였다. 게다가 김종희가 휘두르는 주먹은 어설프고 서툴렀다. 싸움도 가끔 해본 사람이 잘하는 법이다. 김종희는 싸움은커녕 운동하고도 담을 쌓다시피 하고 지내온 터라 체격만 컸지 운동 신경 자체가 둔해서 주먹질도, 발길질도 날렵할 수가 없었다. 김종희는 안 되겠다 싶어 한 녀석의 멱살을 움켜잡고 머리로 들이받았다. 김종희는 짱구머리로 머리가 크다. "픽!" 하고 수박 깨지는 소리와 함께 머리를 받힌 녀석이 뒤로 벌렁 나자빠졌다. 또 한 녀석이 김종희에게 받혀 넘어졌다. 이때 순사들의 호각소리가 요란하게 울려왔다.

김종희는 궁정동 파출소로 연행된 뒤에야 비로소 그들이 싸우게 된 이유를 알았다. 뒤에 따라오던 일본인 학생들이 저희끼리 장난을 치다가 들고 있던 '럭비볼'을 떨어뜨렸다. 럭비볼이 조선인 학생들 앞으로 굴러오니까 한 학생이 무심코 그 럭비볼을 발로 툭 건드렸다. 그러자 일본인 학생이 조선인 학생에게 왜 건방지게 럭비공을 차느냐고 시비하면서 사과를 강요했다. 그러나 아무리 조선인 학생이라 해도 그만한 일에 사과할 리가 없었다. 평소 식민 지배에 울분을 참아오고 있는 조선인 학생이 아니던가!

"그래서 상대방을 먼저 때린 놈이 누구냐?"

학교의 배석 장교가 버럭 소리를 질렀다.

"누군가 먼저 상대를 때린 놈이 있을 것 아니냐?"

학생들은 아무도 입을 열지 않았다.

"말하지 않으면 밤새도록 그렇게 꿇어 앉혀 둘 거다! 어서 말해! 김종희, 네가 먼저 때렸나?"

"아닙니다. 나는 싸움을 시작할 때는 그 자리에 없었습니다."

"뭣이...?"

"정말입니다."

"그렇다면 너는 싸움을 말리려고 하다가 싸우게 되었다는 말인가?"

"아닙니다."

"아니라면?"

"지나가다가 4대 3으로 싸우는 것을 보고 비겁하다는 생각이 들어 같이 싸웠습니다."

"그렇다면 너는 더 나쁜 놈 아니냐? 친구들이 싸우고 있는 것을 보았으면 당연히 싸우지 않도록 말렸어야지, 4대 3이라고 해서 가담했다는 것은 용서할 수 없다."

"약자를 돕는 것은 당연합니다."

"뭐라고? 만일 일본인 학생이 3명이고 조선인 학생이 4명이었다면 너는 일본인 학생 3명 편에 가세하지 않았겠지?"

"...."

김종희는 말 대신 입술만 지그시 깨물었다.

"럭비볼을 걷어찬 놈은 누구냐?"

"굴러오는 볼을 발끝으로 슬쩍 건드렸을 뿐입니다."

"그럼, 사과를 요구한 놈은 누구냐?"

"납니다."

"먼저 주먹질을 한 놈도 너냐?"

"아닙니다."

"조센징 주제에 뭐가 어쩌고 저쩌고 해서 내가 먼저 한 대 갈겼습니다."

학생들은 싸움의 자초지종을 다 털어놓았다. 일본인 학생들과 조선인 학생들 사이에 흔히 일어나는 대수롭지 않은 싸움이었다. 그러나 문제의 심각성은 일본인 학생들과 조선인 학생들 간에 일어난 '패싸움'이라는 데 있었다.

다음 날 오전 9시 조회 단상에 오른 마쓰지마 교장은 어젯밤에 패싸움을 벌인 학생 8명 전원에게 '퇴학 처분'을 내린다고 선언했다. 청천벽력이었다. 김종희는 자신의 귀를 의심했다. 카랑카랑한 교장의 목소리는 계속되었다.

"일본인 학생과 조선인 학생이 패싸움을 했다는 것은 내선일체를 구현하려는 본교 설립 취지에 정면으로 위배된 행위이기 때문에 금번의 전원 퇴학 조치로써 일벌백계의 본보기로 삼고자 하는 바이다. 따라서 앞으로는 이유를 불문하고..."

김종희의 귀에는 그 이상 아무 말도 들리지 않았다. 그는 고개를 들어 하늘을 쳐다보았다. 높푸른 가을 하늘이 캄캄하게 보일 뿐이었다.

'아! 얼마나 어렵게 입학한 학교였는데, 모든 사람이 나에게 건 기대가 얼마나 큰 것이었는데... 나의 장래는 이로써 끝장이란 말인가?'

그 무렵 아산금융조합에 근무하던 형 김종철(金鍾哲, 추후 5선 국회의원)은 동경에서 명치대학(明治大學)을 다니고 있을 때였다. 김종희는 형을 따라 일본 유학의 꿈도 꾸고 있었다. 도상(道商)을 입학했을 때만 해도 김종희의 꿈은 소박하고 단순했다. 보다 나은 직장에 취직하는 것이 그의 소망 전부였다. 그렇게 소박했던 그의 소망이 충남회와 인연을 갖게 되면서부터는 차츰 '보다 훌륭한 인물'이 되어야겠다는 의지로 변해갔다. 그것은 김종희가 생각해 오던 인생에 대한 가치관의 변화이기도 했다. 일신의 영달보다는 민족의 장래가 더 소중하다는 것을 자각하게 되었던 것이다. 김종희가 유학을 꿈꾸게 된 것도 가깝게는 형이 동경에서 유학 중이라는 것도 있지만 보다 깊게는 더 많은 것을 배움으로써 민족과 사회에 공헌하는 큰 사람이 되고자 하는 강렬한 의욕 때문이었다.

(내가 퇴학당했다는 사실을 알게 되면 집에서 아버지가 얼마나 낙심하실까?) 김종희는 무엇보다도 아버지에게 실망을 안겨주게 될 일이 제일 가슴 아팠다. (지금부터 어디로 가야하지...?)

김종희는 조회가 끝난 텅 빈 교정에 홀로 남게 되었지만 갈 곳이 없었다. 이윽고 그는 4년간 정들었던 교정을 등지고 자하문(紫霞門) 고개를 향해 발길을 옮기기 시작했다. 자하문이란 '자핫골의 문'이란 뜻으로 한양 천도 이후에 창의문 일대의 풍광이 마치 개성의 명승지 자하동과 비슷하여 유래된 이름이다.

부암동을 지나서 자두밭 길을 따라 북한산 계곡으로 올라가던 김종희는 세검정(洗劍亭) 앞에서 멈춰 섰다. 김종희의 머릿속에 불현듯 3백여 년 전 서인(西人) 장수들이 광해군(光海君)의 폐위를 다짐하면서 육모정자(六角亭子)인 수각(水角) 밑으로 흐르는 계곡물에 6척(六尺) 장검을 씻어 칼집에 꽂는 비장한 모습들이 떠올랐다.

김종희가 수곽으로 지어진 그 육모각에 '세검정'이라는 이름이 붙게 된 유래를 들은 것은 지난여름에 육촌 형제들과 함께 당숙을 따라서 자두밭에 놀러 왔을 때였다. (김종희의 당숙은 김봉서(金奉瑞) 공으로 독자들은 이분을 꼭 기억해 둘 필요가 있다. 김봉서 공은 김종희의 인생행로에 결정적인 영향을 미친다.)

김봉서 공은 방조(傍祖) 문충공(文忠公) 김유(金瑬)의 얘기를 들려주기 위해 세검정 골짜기의 자두밭을 일부러 찾은 것인지도 모른다. 당숙이 들려준 세검정의 내력은 이러했다. 광해군 10년에 일어났던 인목대비 유폐사건과 동생 영창대군 살해사건은 당시의 집권세력이었던 대북파(大北派)에게 억눌려 지내오던 서인(西人) 일파에게 반정(反正)의 명분을 주게 되었다. 무력정변(쿠데타)을 기도하던 김유, 이귀(李貴) 등 서인 일당은 마침내 광해군 15년(1623년) 3월 12일을 거사일로 정하고 모든 계획을 실행에 옮겼다.

장단(長湍)의 이서(李署) 군사와 이천(伊川)의 이중노(李重老) 군사가 홍제원(弘濟院)의 김유 군사와 합류하여 능양군(綾陽君, 후에 인조) 친솔 하에 창의문을 향해 진군할 때 김유를 비롯한 서인의 무장들이 육모정자 밑으로 흐르는 정한물에 장검을 씻고 거사의 성공을 다짐했다. 당숙 김봉서 공은 자신들의 가문이 문춘공 김유의 후손임을 알려주기 위해 세검정의 자두밭으로 놀러왔던 것이다.

그렇다! 대북파의 압제하에서도 문춘공은 굴하지 않고 와신상담하여 때를 기다렸다가 마침내는 인조반정으로 뜻을 이루고 한 나라의 영상(영의정, 의정부의 으뜸 벼슬, 내각을 총괄하는 최고의 자리) 자리까지 오르셨다. 나도 문춘공의 후예다!

김종회의 양 어깨에서 새 힘이 솟았다. 지금 내 나이 18세. 어디에 가든지 굶지 않는다. 당숙에게 전후 사정을 다 말씀드리고 일본으로 건너가자. 일본에 가면, 형(김종철)도 있으니 고생은 될지 몰라도 공부를 더 계속할 수 있는 길이 있을 것이다!

2

천안군(天安郡) 부대리(富垈里)의
가난한 집 김종희(金鍾喜) 소년

(독자들이여. 김종희를 보다 깊게 이해하기 위해 우리의 이야기를 잠시 뒤로 돌려보기를 바란다.)

"종희가 이번에 즈네 학교 일등했다는 게 사실이여?" (충청도 지역 방언을 그대로 싣는다.)

"아따, 종희 녀석 대가리만 봐도 공부 잘하게 생겼지 않았나 뵈."

"허기는 그 녀석 여기서 보통학교 다닐 때도 공부 잘한다는 말은 들었지."

"아이들은 그저 대가리가 크고 봐야 하는 거여. 대가리가 크면 머리는 자연히 좋게 마련이여."

"그렇긴 그려. 종희 녀석. 한때는 아이들이 「말 대가리」라고 놀려대더니만 그런 높은 학교에 가서도 일등을 하다니, 안 그려?"

"아니! 지금 생각해 보면 그게 말 대가리가 아니라 바로 「용 대가리」였어."

"헛허…. 하여간에 그 녀석 별호가 「대갈장군」이더니 기어이 머리통 큰 값을 하는구만 그려."

도상(道商, 京畿道立商業學校) 3학년에 재학 중인 김종희는 어려서부터 머리가 별나게 크기로 유명했다. 그가 이번 1학기에 학급에서 1등을 했다고 해서 '시름세(上德里의 속칭)' 촌노들의 화제가 되었던 것이다.

'도상'은 3.1 독립운동으로 조선 민족의 강인한 저항에 직면했던 일제(日帝)가 종전까지의 식민지 무단정치(武斷政治, Stratocracy)를 문민 유화정책으로 전환하면서 내선일체(內鮮一體, 일본과 조선은 하나)를 표방하고 각 도(道)에 중학교를 하나씩 세우기로 해서 총독부가 1923년에 설립한 상업학교다.

효자동 전차 종점에서 도보로 10분 거리, 자하문 기슭에 자리 잡은 '도상'은 학교의 입지 조건이 좋고 자연환경이 수려할 뿐 아니라 시설이 또한 동양 제일을 호언하리만큼 훌륭했다. 교사(教師)는 체육교사 한 사람을 제외하고는 교장 이하 전 교사가 일본인이었다. 학사 행정에 관한 한 '내선일체'를 실현한다는 설립 취지에 따라 형식상으로나마 일본인 학생과 조선인 학생을 차별하지 않았다. 학생 선발에 있어서도 조선인 학생과 일본인 학생을 차별하지 않고 균등한 기회를 부여했는데 신입생의 경우는 입학시험 때에 아예 일본인 학생과 조선인 학생을 꼭 반반씩 선발했다. 더욱이 '도상' 졸업생들에게는 일본인, 조선인 구별 없이 거의 모두가 각급 관공서나 각종 금융기관에 취업이 보장되다시피 했다. 그래서 도상 입학을 지망하는 우수한 학생들이 조선 13도에서 해마다 몰려들었다.

입시 경쟁은 해를 거듭할수록 치열해져서 특히 김종희가 지원한 해에는 중학교 입시 사상 최고의 경쟁률을 보여 1937년에 무려 16대 1의 좁은 관문을 뚫고서야 합격할 수 있었다. 김종희는 지금도 합격 통지서를 받던 날의 뿌듯한 감격을 생생하게 기억하고 있다. 집으로 배달된 우편 배달물을 펼치자 '합격(合格)'이라는 두 글자를 보는 순간 그는 온몸이 하늘로 부웅 솟아오르는 황홀감에 휩싸였다.

"합격엑! 합격이다." 그는 소리높여 외치며 마당 한가운데서 껑충껑충

뛰다가 대문 밖으로 달려나갔다. 그의 발걸음은 빛의 속도처럼 빨랐다.

김종희의 아버지 재민(在民) 공은 오늘도 일꾼들을 거느리고 멀리 떨어진 벌판에서 사금(砂金)을 캐고 있었다.

"아버지! 합, 합..."

단숨에 달려온 종희가 숨을 몰아쉬느라고 말을 못 한다.

"아니 저아가... 왜 그랴?"

"합격했어유, 아버지." "뭣이여?" "통지서예유."

"허, 그게! 큰일이다. 큰일이여..."

재민 공은 학비 낼 걱정으로 금방 눈앞이 캄캄해졌다. 종희는 아버지 얼굴에 깔리는 수심의 긴 그늘을 보는 순간 불안했다.

"아버지는 내가 떨어지기를 바랐던 것일까...?"

이때 재민 공 광구에서 일하던 한 인부가 창백해진 종희의 얼굴을 보더니 은근히 한마디를 거들었다.

"아저씨. 요새는 돈 벌어서 땅에 묻는 것보다 자식들 공부시키는 것이 훨씬 나은 세상이에유."

"이 사람아, 내 처지에 어떻게 아이들마다 공부시킬 형편이 된데여?"

"아, 달포(한 달이 약간 넘는 기간) 전에도 철뚝 너머에 있는 논을 세 마지기나 사셨잖았나뵈유."

"우리 집 입이 몇이라고 그려? 우리 두 늙은이 말고도 아이들이 칠 남매여..."

종희는 재민 공의 7남매 중 둘째 아들이다. 큰아들 종철은 서울 낙원동에 있는 협성실업학교(協成實業學校, 현 건국대 전신)에 재학 중이었으며 셋째 종근(鍾根)이와 넷째 종환(鍾煥)이가 직산(稷山)에 있는 보통학교에 다니는 중이었고 그 밑으로 다섯째 종상(鍾商), 여섯째 종식(鍾植), 그리고 종희 밑으로 열네 살 난 딸이 하나 있었다. 종숙(鍾淑)이었다.

공부는 지금 보통학교 3학년에 다니는 셋째가 잘한다. 종희도 잘하기는 하지만 종근이만큼은 못한다. 종근이는 3학년까지 내내 반에서 1등만 해오는 데 비해서 종희의 보통학교 실력은 반에서 겨우 10등 안에 들어갈 정도다. 그래서 종희는 작년에 이미 '도상' 입학시험을 한차례 치렀다가 낙방한 일이 있다. 그때 재민 공은 잘됐다 싶어서 종희에게 농사를 짓게 하고 봐서 집안 형편이 좋아지면 종근이나 공부를 더 시켜볼까 하는 생각을 했었다. 종희는 6형제 중에서도 체격이 크고 건장했으며 종근이는 어려서부터 잔병치레를 하느라고 몸이 허약한 편이었다.

종희의 반발

"종희야! 이거 너한테 맞나 한 번 져봐라."

장에 갔던 재민 공이 새 지게를 하나 사 들고 와서 하는 말이었다.

"져보나 마나 너무 커서 지한테는 안 맞겠네유."

"좀 큰 듯한 걸로 사 왔다. 니 키도 더 클 거 아니여?"

(아버지는 정말 날 농사꾼으로 만들 작정인가부다…)

"어여 져봐."

"전 농사 안 질 거예유."

종희의 이 반발은 역사적이다. 종희가 아버지의 명령에 따라 지게를 졌더라면 한국의 경제발전사(史)도 내용을 달리했을 것이고 '한화'라는 거대 기업 집단도 생겨나지 못했을 것이다.

"그럼 학교(도상)도 떨어졌는데 뭘 할거여? 밥만 먹고 집에서 그냥 빈둥빈둥 놀 거여?"

"성환에 있는 고등과(高等科)에 보내줘유."

"고등과는 무슨 분수없는 고등과여? 높은 학교 못 들어갈 바엔 일찌감치 농사일이나 뼈에 익힐 생각 안 하고, 쯧쯧!"

"내년에 시험 한 번 더 칠 거예유."

"쓸데없는 소리 말어. 니 나이 시방 열다섯이여. 공부는 언제 끝내고 니 밥벌이는 언제 할거여?"

".…"

"못 올라갈 나무는 쳐다보지도 말어. 아무 소리 말고 내일부터 산에 가서 집에 땔감이나 해 날라."

"저 고등과 안 보내주면 서울 가서 돈 벌어 가지고 고학할 거예요."

"고학? 쓸데없는 소리 그만둬! 등 뜨습고 배부르면 그만이지, 잘하지도 못하는 공불 무슨 애로 머릴 싸매고 할려고 그려? 옛적부터 농자는 천하지대본이라 했는데 농사일이 싫다니… 니 부대리에서 살 때 배곯던 설움 그새 다 까먹은 거여?"

종희가 보통학교에 다닐 수 있었던 것도 실은 상덕리로 이사를 왔기 때문이었다. 종희는 부대리(富垈里)에서 태어나 그곳에서 아홉 살 때까지 살았다.

원 고향은 숯골

재민 공의 고향은 원래 아산군 음봉면(牙山郡, 陰峰面) 신수리(新壽里, 속칭 숯골)이었다. 숯골은 마을 이름 그대로 숯이나 구워내던 산간 벽촌이었다. 순천 김씨(順天 金氏)네 일족(一族)이 그곳에 뿌리는 내리게 된 것은 300여 년 전 병자호란(丙子胡亂) 때다. 임진왜란 때에 순직한 충주목사(忠州牧使) 김여물(金汝吻)의 아들이며 인조반정의 일등공신으로 우의정을 거쳐 영의정에 이른 김유(金瑬)의 권속이 병자호란 때 강화(江華)로 피난했다가 강화마저 위험에 직면하게 되어 다시 옮겨간 피난처가 바로 숯골이었다.

병자호란이란 조선과 청나라 사이에 벌어진 전쟁이다. 청나라의 숭덕제가 명나라를 공격하기 이전에 배후의 안전을 확보할 목적으로 조선을 침공하였고 인조와 조정이 남한산성에서 항전하였으나 청의 포위로 인한 굶주림과 추위 등으로 항복했다. 동아시아 역사에서는 명, 청 교체기를 상징하는 중요한 사건이며 조선으로서는 짧은 전쟁 기간(1636년 12월 28일~1637년 2월 24일)에도 불구하고 수십만 명의 백성이 청나라로 끌려가 피해가 막심했다.

재민 공이 부인(吳明哲, 본관 : 海州)과 함께 부대리에 정착한 것은 그의 나이 서른이 훨씬 넘어서였다. 그때부터도 부대리는 마을 이름답지 않게 아주 가난한 빈촌이었다. 마을 주변에 야산이 많아서 70호가 넘는 농가 수에 비하면 농토가 너무 적은 데다가 토질까지 척박하여 소출도 시원찮은 편이었다.

그전부터도 부대리에는 한 섬지기(한 마지기의 20배, 4,000평) 땅을 자작(自作)하는 농가가 없었다. 그래서 가난한 사람들이 모여 살기에는 편했는지 모른다. 부대리 농민들은 대부분 논 열 마지기 미만의 소작(小作, 토지를 지주로부터 빌려서 경작하는 농업인)농이었다. 그래서 부대리 사람들은 거의 모두가 농한기인 겨울 한 철에는 나무 장사를 해서 좁쌀을 사다가 부족한 일년 양도를 보태 먹고 살았다. 나무 한 짐 값이라야 천안삼거리까지 이십 리 길을 지고 나가서 팔면 고작 좁쌀 한 되 값에 지나지 않은 8전에서 10전, 부대리 농민들은 해마다 봄이 되면 모두 허기진 배를 안고 가파른 '보릿고개'를 넘어야 했다.

재민 공의 경우도 예외는 아니었다. 겨우 천수답(天水畓, 저수지나 관개 시설이 없어 오로지 빗물에만 의존하는 논) 다섯 마지기를 소작하던 재민 공 형제의 형편은 더 어려운 처지였다. 그러나 재민 공은 이재(理財)의 재능을 지니고 있었다. 현미(玄米) 장사를 할 줄 아는 것이다. 재민 공은 현미 장사로 겨울 한 철은 끼니를 거르지 않을 수 있었다.

현미 장사란 벼를 사다가 매통에 갈아서 현미로 만든 다음에 그 현미를 천안에 있는 미곡거래소(米穀取引所)에 내다 팔아 이익을 보는 것이다.

잘 여문 벼 한 가마니를 사다가 매갈이를 해서 현미로 내다 팔면 보통 벼 한 말이 떨어진다. 그러나 천안 미곡거래소에 내다 파는 현미 값은 잦은 시세 변동과 함께 그 등락 폭이 심했다. 당시의 현미는 전량 일본으로 수출되고 있었기 때문에 미가(米價)의 근본적인 대세는 그 해의 작황(作況)이 좌우했지만 때때로 변동하는 천안 일원의 미곡 시세는 중부권의 미곡 대일(對日) 수출 창구인 인천(仁川) 미곡거래소의 영향을 받았다. 인천 미곡거래소에 현미 집하량이 많으면 천안 현미값이 떨어지고 반대로 집하량이 달리면 값이 오르게 마련이다. 그 무렵의 현미 사업은 다소의 위험 부담을 수반하는 일종의 투기성을 띤 사업이었다. 여기서 한 발자국만 더 나아가면 미곡 선물거래가 된다. 위험 부담이 큰 비즈니스다. 이병철 삼성그룹 창업회장도 마산에서 '협동정미소'를 운영할 때 미곡 선물거래에 뛰어든 일이 있었다. 하지만 재민 공은 오랜 경험을 바탕으로 손해 보는 일 없이 현미 장사를 해서 남들이 굶는 보릿고개에서도 죽은 끓일 수가 있었다.

그렇게 가난한 부대리의 농민들이었지만 그들에게는 큰 자랑이 하나 있었다. 다른 마을에 없는 학교(學校)가 있었다. 물론 천안이나 직산에 있는 6년제 정규 보통학교는 아니다. 부대리 성공회(聖公會)가 설립한 4년제 부설 사립학교다. 부대리 농민들은 자식들이 그 학교에서 신학문(新學問)을 배운다는 데 큰 긍지를 느끼고 있었다.

영국 성공회의 신명학교(新明學校)

성공회가 부대리에 부설학교인 신명학교를 개설한 것은 1912년, 대한제국이 일제에 강제합병된 지 2년 후의 일이다. 한국의 현대사가 암흑기로 접어드는 초기였다.

잉글랜드 성공회(Church of England)는 잉글랜드의 국교로 헨리 8세가 1532년에서 1536년 사이 로마 가톨릭을 벗어난 독자적인 성공회를 표방하며 성립되었다. 영국인 선교사 알프레드 세실 쿠퍼(Alfred Cecil Cooper, 한국명 具世實)가 천안군 북일면(北一面) 부대리 성공회 사제로 부임하고 나서 2년째 되던 해이다. 영국 해군 장교 출신이며 인도 총독의 아들이기도 한 쿠퍼 신부가 약관 26세 나이로 한국에 파송되어 온 것은 1908년, 그는 2년 후에 부대리 성공회 사제로 부임해서 성당 신축을 마치고 곧 선교 활동의 일환으로 성당 부지 빈터에 흙벽돌을 찍어 30평짜리 교실 두 칸을 세우고 마을 아이들을 모아 신학문을 가르치기 시작했다.

그 후 신명학교는 1914년에 직산군과 목천면이 천안군으로 합병되면서 천안군 북일면 부대리가 천안면에 편입되자 학교 이름을 북일사립학교(北一私立學校)로 개칭하고 백여 명의 졸업생을 배출했으며 북일학교 출신 중에는 그동안 면서기, 주재소 순사 등 각 지방 관서에서 입신한 사람들이 많았다. 부대리 농민들의 대부분은 자식들을 공립 보통학교에 취학시킬 형편이 못 되었다. 북일사립학교는 월사금(月謝金)은 5전인데 비해서 공립학교는 10전을 내야 했다. 종희도 북일사립학교를 2학년까지 다녔다. 그 후 1년을 쉬었다가 1931년에 다시 직산보통학교 2학년에 편입되었다.

그의 북일사립학교 2학년 2학기 말인 3월 초의 어느 날이었다. 종희는 영문도 모르고 식구들과 함께 부대리를 떴다. 재민 공이 그해 겨울 현미 장사에서 큰 손해를 입었다. 추수 후에 벼를 사 놓으면 으레 시일이 지나면서 조금씩은 벼 값이 오르기 마련이었는데 그해 겨울에는 웬일인지 날이 갈수록 벼 값이 자꾸만 떨어지는 것이었다. 실은 그해에는 조선에서도, 일본에서도 벼농사가 대풍을 이룬 때문이었다. 그 시기만 해도 산업 정보가 발달하지 못한 때이기는 하지만 가뜩이나 정보에 어두운 재민 공의 경우에는 한국과 일본의 벼농사가 대풍이라는 사실을 알 수가 없었고 오직 '경험' 한 가지만 가지고 현미 장사를 해 오는 터에 하필이면 그해 따라 추수가 끝나자마자 변돈(邊錢, 사채)까지 내가며 많은 양의 벼를 사서 비축해 놓았던 것이다.

그동안 재민 공이 현미 장사를 해서 재미를 보아온 것은 사실이다. 남들은 5전 하는 월사금도 없어서 아이들을 북일사립학교에도 취학시키지 못하는 사람들이 허다했는데 재민 공은 현미 장사를 해서 돈을 벌어 큰아들 종철이를 천안보통학교에 보내면서 둘째 종희까지 북일사립학교에 보내고도 천수답이라고는 하지만 산 다랑이의 논배미도 서너 마지기 장만할 수 있었다.

부대리를 떠나 천안으로 이주

호사다마(好事多魔). 좋은 일에는 방해되는 일이 많다고 했다. 재민 공은 그해 현미 장사에서 큰 손해를 보는 바람에 빚을 갚기 위해 재산을 정리하고 천안으로 나올 수밖에 없었다. 재민 공으로서는 조선의 미곡 값이 인천 미곡거래소에서 멀리로는 일본 동경의 미곡거래소로 연결되는 미곡 선물거래의 흐름을 파악하고 대응한다는 것은 무리였다.

재민 공은 부인과 아이들 다섯(종식, 종숙 출생 전)을 앞세우고 천안으로 와 천안 역사 앞에서 호주머니에 있는 편지봉투를 꺼내서 펼쳐 보았다. 재민 공이 천안으로 온 것도 이 편지봉투 하나를 믿고서였다. 봉투에 적힌 주소는 대전읍 영전 2정목(大田邑 榮田 2町目) 269번지, 발신인은 윤원유(尹元有). 윤원유는 대전 상업학교에서 사정(使丁)으로 근무하고 있는 재민 공의 매형이었다. 소도 언덕이 있어야 비빈다고 발품을 팔더라도 의지할 곳은 있어야겠기에 매형이 살고 있는 대전으로 온 것이다.

대전에 와 보니 막상 매형네 살림도 근근이 살아가는 형편이어서 기댈 만한 처지는 못 되었다. 날품팔이로 살아가는 재민 공의 대전 생활은 문자 그대로 고생의 연속이었다. 당장은 조석으로 끼니 걱정을 해야 할 형편이니까 아이들의 학교 문제는 생각할 겨를도 없었다. 끼니 걱정이라도 면하려면 아이들이라도 어서 커서 제 입벌이를 해야 한다. 그렇게 각박한 하루하루의 대전 생활이 1년이 지나던 어느 날 당질(堂姪) 종호(鍾鎬)가 불쑥 찾아왔다.

"아니, 니가 웬일이여?"

종호는 이제까지 부대리에서 보아 온 핫바지 저고리 차림의 촌뜨기가 아니었다. 아래위를 새 양복으로 쭉 빼입은 당질의 늠름한 모습을 보니 재민 공은 잠시 어리둥절했다.

"얼마나 고생이 되셔유, 아저씨?"

"내야 그냥저냥 지낸다마는 느들은 어떻게 지냈어?"

"시방은 괜찮구만유." "그려?"

"실은 아저씨를 모시려 왔어유."

"날 모시러 오다니...?"

"아버지가 모시고 오랬구만유."

"뭐여?"

"참말이예유."

"느 아버지는 시방 어디서 뭘 하고 있는 거여?"

종호의 아버지 봉서(奉瑞) 공과 재민 공은 사촌 간이다. 그들은 촌수는 사촌 간이면서도 친형제나 진배없었다. 6살에 조실부모한 봉서 공은 큰아버지 김경삼 옹(金景三 翁), 재민 공 부친(父親) 집에서 재민 공과 함께 자랐다. 나이는 재민 공이 두 살 위였지만 재민 공은 어려서부터 봉서 공을 끔찍하게 친동생 이상으로 챙겼다. 재민 공은 성격이 차분하고 내성적인 반면에 봉서 공은 활동적이고 적극적인 성격이었다. 하기 때문에 같이 장난을 치고 놀다가도 재민 공이 다치기 일쑤였고 집안의 잔살림 같은 것도 봉서 공이 깨뜨리거나 못 쓰게 만드는 경우가 많았다. 그럴 때마다 재민 공은 으레 봉서 공을 감싸기 위해 그 잘못을 혼자서 뒤집어쓰고 종아리를 맞곤 했다.

봉서 공이 숯골 큰집을 빠져나간 것은 그의 나이 열두 살 되던 해였다. 재민 공이 숯골에서 떠난 것도 사실은 봉서 공의 영향이 컸다. 봉서 공은 열두 살부터 천안에 있는 천직산 사금광(砂金鑛)에서 일을 했다. 숯골 벽촌에서 팥밭이나 일구고 숯이나 굽는 일보다는 사금광에서 품을 파는 수입이 더 좋았다. 그래서 봉서 공이 사촌 형인 재민 공을 천안으로 불러냈던 것이다. 그러나 천직산 금광은 매장량이 줄어드는 바람에 오래 계속되지 못했다. 몇 해 후 사금광이 폐광되자 재민 공은 부대리에 다시 정착하게 되었고 봉서 공은 다시 다른 금광을 찾아서 천안을 떠났다.

그 후 봉서 공은 여러 금광을 전전하다가 경기도 여주군 북내면(驪州君, 北內面)에 있는 석금광(石金鑛)에서 십장(什長)으로 일하게 되었다. 십장은 작업 현장에서 노동자나 잡부들을 감독하고 지시하는 사람이다. 그는 서당 문전에 발을 들여놓아 본 적이 없는 일자무식이었다. 그러나 그에게는 천부적인 통솔력이 있어서 비록 일본인 광부라 할지라도 일단 자기 휘하에 들어오면 꼼짝 못 하게 휘어잡는 능력이 있었으며 특히 교제술에 능해서 가깝게 지내는 광업계의 유력 인사들도 여러 사람이 있었다.

오랜 광부 생활을 하는 동안 봉서 공은 차츰 '광업권(鑛業權)'이라는 것에 눈을 뜨기 시작했다. 대단한 진전이었다. 광업권이란 일정한 지역에서 광물을 채굴, 취득할 권리를 말하는 것으로 이는 광맥을 발견하는 사람이 총독부에 광업권 설정을 출원하여 허가만 받아내면 권리로 인정되는 것이다. 광업권은 곧 물권(物權)이기 때문에 팔 수도 있는 것이고 광업권을 가진 사람은 광주(鑛主)가 될 수도 있는 것이다. 인부에서 주인으로 신분이 달라지는 것이다. 광업권만 가지고 있으면 돈을 대고 광산을 같이 개발할 사람은 얼마든지 있었다.

봉서 공은 나이 사십이 지나면서부터는 광부 생활을 그만두고 금맥(金脈)을 찾아 나섰다. 그러나 '금노다지'는 쉽게 발견되지 않았다. 그렇게 몇 년 동안 광맥을 찾아 헤매는 동안 봉서 공은 부대리에서 별로 멀지 않은 성거면 신월리(聖居面 新月里)에서 금맥을 발견하고 광업권을 출원하기 위해 서울로 올라가는 길에 재민 공을 만났다.

"여러 해 고생하고 다니더만 그래도 고생 끝에 보람이 있어서 다행이여."

"늘 성님이 걱정해 준 덕이지요."

"그동안 굶어 죽지나 않았는지 모르겠어요."

"굶어 죽다니? 누구 말이여?"

봉서 공은 여주에 있는 가족들 이야기를 하고 있다.

"작년 이맘때 한 번 들여다보곤 여직 안 가봤으니까요."

"저런, 쯧쯧!"

"설마 산 입에 거미줄 칠까요."

그래서 재민 공이 여주에 있는 봉서 공 가족들을 부대리로 데려다 담장 하나를 사이에 두고 아래윗집에서 살게 되었다.

아! 사금(砂金) 이구나

봉서 공은 인천의 사금광을 하루속히 채광해야 한다는 조바심 때문에 천안역에서 열차 편으로 상경길에 올랐다. 천안역을 떠난 열차가 직산을 지나서 상덕리 앞을 지날 때였다. 무심히 창밖을 내다보고 있던 봉서 공 얼굴에 흠칫 경련이 일었다.

"아니, 저 사람들이...?"

그는 놀란 듯이 열려진 차창 밖으로 고개를 내밀었다. 10여 명의 일꾼들이 철도 연변의 논바닥을 파헤치고 있었다. (사금이구나!) 봉서 공은 대번에 그들이 사금을 캐고 있다는 것을 육감으로 알 수 있었다. 기회는 준비된 사람에게만 주어진다. 그전부터도 상덕천(上德川) 일대는 장마가 지고 나면 사금이 난다는 말을 풍문으로 들어온 적이 있는 봉서 공이었다.

서울에 올라온 봉서 공은 이미 출원해 놓은 인천의 사금 광업권 문제도 있고 해서 총독부 공광국(工鑛局) 광업과에 들렀다가 천안군 직산면 상덕리 일대에는 아무 광업권도 설정되어 있지 않다는 것을 확인했다. 그렇다면 현재 상덕리에서 사금을 캐고 있는 것은 도굴꾼들에 의한 불법 채굴(不法採掘)임이 틀림없다. 총독부 광업령에 의하면 '모든 미채굴 광물은 광업권을 설정하지 아니하고는 채굴할 수 없다'로 규정하고 있다. '이 규정을 위반한 자는 2년 이하의 징역 또는 2천 원 이하의 벌금에 처하거나 병과(倂科)할 수 있다'는 벌칙 규정을 두어 일체의 도굴 행위를 엄단하고 있다.

봉서 공은 다시 천안으로 내려와서 상덕리 일대의 사금 매장량을 조사한 다음 광업권 출원에 필요한 '광물 채굴 구역도' 및 '광상(鑛床)에 관한 설명서' 등을 작성하여 총독부에 제출했다. 상덕리의 사금 매장량은 인천 해안의 매장량에 비하면 '노다지' 바로 그것이었다.

봉서 공이 인천의 광업권을 2천4백 원에 팔고 그 돈을 밑천 삼아 상덕리 사금광을 독자적으로 개발하기 시작한 것은 이듬해 봄부터였다. 재민, 봉서 공 일가의 운이 트이는 순간이었다. 채광이 시작된 지 한 달이 못 가서 떠도는 소문은 상덕리 사금광에서 캐내는 금이 하루에 한 놋대야씩이라고 했다. 소문이 약간 과장되기는 했지만, 상덕리 사금광은 꽤나 좋은 금광이었다.

(우리의 이야기는 다시 재민 공이 당질 종호와 만나는 장면으로 돌아온다)
"아니 그라면 느 아부지가 시방 시름새(상덕리)에서 사금광을 하고 있다는 거여?"

"참말이래도 그러네유."

재민 공은 사촌이 금광을 한다는 말을 듣고도 실감이 나지 않았다.

"허기사 금광도 금광 나름이지만... 금광, 금광하다가 망하는 사람이 어디 한둘이여?"

"아녜유, 아저씨. 동네 사람들이 그러는데 시름새 땅은 1년 후에 다 우리 땅 될 거래요."

"그렇게 되기만 한다면 오죽 좋을 거여?"

"하여간에 밤차로 올라가셔유, 아저씨. 아버지가 꼭 모시고 오라고 했어유."

재민 공으로서는 금광을 시작해서 잘살게 되었다는 사촌의 호의가 고마웠다. 대전에서의 날품팔이 생활을 끝내고 상덕리로 올라온 재민 공은 사촌이 새로 지은 널따란 기와집에서 담장 하나를 사이에 두고 부대리에서 살 때처럼 아래윗집에서 살게 되었다. 재민 공이 '노다지'에 미친 떠돌이라고 해서 동네 사람들의 손가락질을 받던 사촌의 덕을 볼 줄이야! 그래서 옛사람들이 인생은 '새옹지마'라고 했는지 모른다.

대전에서 사는 동안 학교에 다닐 수 없었던 종희가 직산보통학교 2학년에 편입되고 종철이가 다시 천안보통학교 5학년에 진학하게 된 것은 바로 그해 여름이었다. 종희로서는 직산보통학교에 다니게 되었다는 것이 그렇게 자랑스러울 수 없었다. 상덕리에서 직산학교까지는 가까운 십리 길이다. 통학거리는 부대리에서 북일학교 다닐 때를 생각하면 먼 편이지만 학교는 비교도 안 될 만큼 직산학교가 더 좋다. 북일학교는 교실도 두 칸뿐이고 학생 수도 4, 50명밖에 안 되지만 직산학교는 교실이 강당까지 합해서 열다섯 칸이나 되고 학생 수도 한 학급에 보통 60명씩, 1학년에서 6학년까지 두 학급씩 있어서 7백 명이 넘는다.

직산보통학교는 이미 21회 졸업생을 배출한 학교로서 도내에서도 오랜 전통을 지닌 명문학교이며 특히 직산(稷山)은 위례성(慰禮城)이라고 해서 온조왕(溫祚王)이 졸본부여(卒本扶餘)로부터 남하하여 백제(百濟)를 개국하면서 도읍지로 정한 유서 깊은 곳이다. 직산은 또 정유재란(선조 30년, 1597년) 때 그 지방 의병(義兵)들이 명나라 장수들과 함께 천안으로 진격해 오는 왜군의 선봉장인 구로다 나가마사(黑田長政)의 일진을 격퇴시킨 전승지(戰勝地)이기도 하다. 그때의 직산 의병들의 굳센 기상은 직산 남산(南山) 위의 암석이 되어 장엄한 연봉을 이루고 오늘도 직산 땅을 굽어보고 있는 것이다. 직산 사람들은 남산 위의 바위 봉우리들을 의장봉(義將峰)이라고 부른다.

김종희는 직산학교 교정에서 건너다보이는 남산의 의장봉을 볼 때마다 마음이 설레었다. 그는 항상 의병대장이 되어 구름 같이 쳐들어오는 왜병과 싸우는 자신의 모습을 그려보는 것이다. 김종희도 이제는 부대리 시절의 가난한 소년이 아니었다. 그에게도 점심밥을 못 싸 오는 아이들에게 자신의 도시락을 나눠줄 수 있는 여유가 있게 되었다.

사금을 캐기 시작한 지 불과 1년 만에 봉서 공은 도내(道內)에서 손꼽히는 거부가 되었으며 천안 일대에서는 모든 사람이 그를 가리켜 '광주(鑛主) 양반'이라고 존칭을 붙여 불렀다.

봉서 공은 돈도 억수로 벌었지만, 인심도 후했다. 어려서 부모를 잃고 일찍부터 객지로 떠돌며 온갖 풍상을 겪어온 그는 가난한 사람들의 딱한 사정을 잘 헤아릴 줄 알았으며 특히 못 사는 일가친척에 대한 애정이 각별해서 고향인 숯골에서 고생하는 순천 김씨 10여 가구를 상덕리로 이주시켜 주고 그들의 생계를 마련해 주기도 했다. 재민 공에 대한 그의 애정이 특별했을 것은 당연하다.

재민 공에게는 사금광의 한 광구(鑛區)를 따로 떼어주고 물주를 붙여 자영하게 해주었으며 종철이가 천안보통학교를 졸업하자 김복산(金福山: 봉서 공의 삼종)과 함께 서울에 있는 협성실업학교(協成實業學校, 서울 낙원동 소재, 현 건국대학교 전신) 입학을 주선해 주기도 했다. 협성학교는 1908년 서북인들이 서울 종로구 낙원동 282번지에 세운 학교다. 당시 서울로 유학을 오는 것은 대단한 영예였다.

재민 공은 사금광을 자영해서 버는 돈으로 농토를 장만해 나갔다. 사금은 무진장 캐낼 수 있는 것이 아니었다. 상덕리 사금을 캐내기 시작한 지 5년, 계속해서 지금처럼 캐낸다면 4년 안에 바닥이 날 지경이었다. 재민 공으로서는 사금광이 폐광되기 이전에 단 한 떼기의 농토라도 더 늘려야 할 처지였다. 지긋지긋한 가난을 멀리하는 길은 오직 보다 많은 농토를 장만해 두는 것이 상책이라고 믿었다. 가장 현명한 생각이었다. 그동안 재민 공의 농토는 붓 들논 상답만 해도 이미 5천 평이 넘는다. 5천 평이면 한 섬지기 하고도 닷 마지기다. 그만해도 부대리에서 천수답 닷 마지기를 소작하던 때를 생각하면 백석지기도 부러운 게 없지만 앞으로 6형제나 되는 여러 아들을 다 결혼시켜서 살림을 내 줄 생각을 하면 아직 만족할 단계는 아니었다.

3

천안에서 서울까지 기차(Train) 통학

재민 공은 큰아들 하나가 이미 서울에 가서 공부를 하고 있었으니까 이제 둘째 종희는 농사를 짓게 하고 셋째나 더 가르칠까 하는 생각을 하고 있었다. 종희가 '도상' 입학시험에 떨어진 것은 바로 그런 시기였다.

그런데 종희가 막무가내로 농사일을 안 하겠다는 것 아닌가! 어려서부터 장난이 심하고 짓궂은 데는 있어도 평소에 어른들 말이라면 잘 순종해 온 종희였다. 하기 때문에 재민 공은 종희에게 지게를 하나 사다 주면 아무 말 없이 고분고분 지게질을 할 것으로 생각했다. 더구나 종희가 '도상' 입학시험을 치겠다고 했을 때 철석같이 다짐한 약속도 있었다. 만약 시험에 떨어지면 집에서 아버지하고 농사를 짓겠다는 약속이었다.

"아이가 참... 시험에 떨어지면 농사일하겠다고 니 입으로 말 안 했나 뵈."

"그건 꼭 붙을 생각으로 그런 말을 한 거지유."

"그라면 니 맘엔 처음부터 농사일 생각이 없었던 거여?"

"....."

"왜 대답이 없어?"

"아버지! 내년에 한 번만 더 보고 또 떨어지면 그땐 아버지 시키는 대로 할게유."

"내년. 내년하고 때를 놓치면 이것저것 다 안 되여. 공부도 때가 있고 더군다나 농사일은 한 살이래도 더 어려서 몸에 배야지 안 그라면 반거충이가 되고 마는 거여.”

“.…”

“어느 부모가 자식 잘되는 걸 싫어할 사람이 있겠나. 다 니 장래 신상을 생각하고 하는 말이니께 이 애비 시키는 대로 말 들어!”

“.…”

종희는 고개를 떨군 채 입술만 깨물 뿐이었다.

다음 날 아침 일찍 사금 채굴장으로 가기 위해 대문을 밀치고 나서던 재민 공이 문득 발길을 세웠다. ‘부서진 지게’가 대문 앞을 가로막고 있었다. 부서진 지게는 어제 장에서 사 온 새 지게였다. 재민 공이 집안을 향해 버럭 큰 소리로

“종희야! 종희야!”하고 불렀다. 기척이 없자 이번에는 셋째를 큰 소리로 불렀다.

“종근아, 종근아.”

“아버지 왜유?” 종근이가 건넌방에서 나왔다.

“종희는 방에서 뭘 하고 있는 거여?”

“성, 어젯밤에 자다가 나갔어유.”

“그 녀석 간밤에 집에서 안 잤단 말여?”

“예, 그래유.”

재민 공의 가슴이 철렁했다.

(이 지겔 때려 부순 건 종희 놈의 소행이렸다...? 이 녀석! 어디 이따 돌아오거든 보자!)

그러나 종희는 한나절이 지나도 들어오지 않았다. 재민 공은 종희가 들어올 때를 벼르고 있었다.

서울 낙원동에 나타난 김종희

종희는 아버님 재민 공이 그가 집에 돌아오기를 기다리고 있는 그 시각에 서울 낙원동에 있는 남도여관에서 당숙 봉서 공을 만나고 있었다. 어젯밤 종희는 잠을 이룰 수가 없었다. 아무리 생각해도 새 지게까지 사온 아버지가 고등과에 보내줄 것 같지 않았다. 방법은 당숙을 만나서 한번 사정해 보는 길밖에 없다고 생각했다. 대단한 발상이었다.

(먼 친척도 데려다가 공부시키는 데 설마 내 소원을 안 들어 주실까봐...? 그나저나 당숙은 집에 안 계시는데 어떻게 하지?)

봉서 공은 사업상 한 달이면 보통 열흘 이상씩 서울에서 지낸다. 마침 봉서 공이 서울에 올라가고 집에 없을 때였다. 종희는 큰마음 먹고 슬며시 잠자리를 빠져나왔다. (옳지! 죽어도 농사는 짓지 않는다는 내 결심을 아버지에게 보여 드려야지!) 종희는 헛간으로 다가가서 벽에 걸린 지게를 들고 나왔다.

"그래서 그 지게를 때려 부수고 올라왔다는 거냐?"

"예."

"허어, 이런 엉뚱한 녀석을 봤나!"

"으흐흐."

종희는 울컥 설움이 복받쳐 올라 울기 시작했다. 당숙의 반응이 의외로 냉담했기 때문이다.

"듣기 싫다! 뭘 잘했다고 우는 게야?"

"...."

"공부는 왜 하는 게냐, 응? 부모에게 효도하고 나라에 충성하기 위해 하는 게 공부야! 효도의 으뜸은 부모님께 걱정을 끼치지 않는 것이거늘 아버지가 사다 준 지게를 대문 앞에 부숴놓고 몰래 서울로 올라와?"

"...."

종희는 당숙을 찾아온 것을 후회했다.

"그래, 서울 올라오는 차비는 어디서 났느냐?"

"지난번에 시험 치러 왔을 때 아저씨가 주신 용돈을 안 쓰고 가지고 있었어유."

봉서 공이 묵고 있는 '남도여관(낙원동 172번지)'은 바로 종희가 지난번 '도상' 입시를 치러 와서 투숙했던 곳으로 봉서 공이 3년 전에 매입한 여관이다. 서울 출장이 잦았던 그로서는 서울에 올라왔을 때 언제든지 부담 없이 묵을 수 있는 일정한 거처가 아쉬워 장만했던 것이다. 부유한 지방 갑부들이 할 수 있는 여유였다. 그렇다고 광주(鑛主)라는 체면을 무시하고 여관을 자영할 수는 없는 노릇이었다. 마침 여관을 경영해 온 오복용이라는 친구가 있어서 봉서 공은 그에게 자신이 하시라도 투숙할 수 있는 특실 하나를 마련할 것과 그 무렵 협성실업학교에 진학한 당질 종철과 삼종 복산의 숙식을 무료로 제공해 줄 것을 조건으로 여관의 경영권 일체를 넘겨주기로 한 것이었다.

그때 아침 밥상이 나왔다.

"저는 밥 생각이 없어유, 아저씨."

"암말 말구 공부가 더 하고 싶거들랑 밥이나 먹고 저녁차로 내려가서 아버지한테 '잘못했습니다' 하고 빌어라! 그러면 내가 지금 네 형이 다니고 있는 협성실업에 말해서 넣어주마."

평북 철산(鐵山) 군수의 아들인 협성실업학교 교주 오자헌은 봉서 공의 막역지우다.

"아저씨! 이왕이면 성환소학교 고등과에 들어가서 1년 더 공부하고 내년에 '도상' 시험을 한 번 더 치게 해주세유."

"도상은 내년에도 붙기 어려울 게다."

"아녜유. 올해는 지가 일본어 시험을 조금 잘못 봐서 떨어진 것 같아유."

성환심상소학교는 일본인 2세를 위한 초등교육 기관으로 취학하는 아이들의 대부분이 일본인이기 때문에 전 교과과목을 일본어로 가르치고 있었다.

"성환학교 고등과에 갔다가도 내년에 또 '도상' 시험에 떨어지면 그땐 어떻게 하겠느냐?"

"...."

"그때는 집에서 농사를 지을 테냐?"

"예!"

종희는 자신만만하게 대답했다.

"음...! 네가 그만한 각오가 서 있다면 좋다. 내가 이삼일 후에 내려가면 네가 고등과에 갈 수 있게끔 잘 말씀드려 보도록 하마."

"아저씨..."

감격에 목이 메었다.

사흘 후에 상덕리로 돌아온 봉서 공은 재민 공을 설득했다.

"형님! 제가 종희를 나무라기는 했지만, 그 녀석 결심만은 살 만하다고 생각했습니다. 속는 셈 치고 올 한해만 더 공부를 시켜보도록 하십시다, 형님!"

"자네가 옆에서 그렇게 부추기면 내가 그 녀석을 어떻게 휘어잡으라고 그러는 거여?"

"그 대신 내년에도 낙방하면 그땐 제가 종희 녀석 코를 꿰서라도 농사를 짓게 하겠습니다."

그해 4월 성환심상소학교 고등과에 진학한 종희는 방 안에 틀어박혀 앉아서 책만 보는 것을 보게 되자 재민 공은 은근히 걱정되지 않을 수 없었다. 말이 도상(道商)이지 막상 도상에 붙는 날이면 학비 대는 일이 예삿일이 아니다. 수업료는 제쳐 놓는다 하더라도 서울에다 하숙을 시키면 줄잡아 한 달 하숙비 20원은 들어야 한다. 1년이면 여름 한 달, 겨울 한 달 방학 동안은 집에 와서 있는 다 해도 2백 원이 든다. 거기에다 수업료가 한 달이면 5원, 차비에다 공책값 같은 것이 얼마나 더 들지 모른다. 1년에 3백 원만 든다고 해도 쌀 한 가마니 값이 17.8원이고 보면 한 해 농사 진 쌀을 스무 가마니 정도 종희 하나 밑으로 들이밀어야 하는 것이다. 그때까지만 해도 재민 공의 농사는 서른 마지기가 채 안 되었다. 서른 마지기라 해도 풍년이 들어야 양석(兩石)이 났으니까 한 해 수확량이 60 가마니가 고작인데 그 중의 1/3이 종희 녀석에게 들어가야 하니 자다가도 놀랄 일이었다.

재민 공은 한 가지 믿는 것이 있었다. 조선 학생이 '도상'에 들어간다는 것은 하늘의 별 따기란 말을 자주 들어왔기 때문에 종희가 설령 공부를 잘한다고 해도 떨어질 확률이 크다고 위로를 삼아오고 있는 것이다. 그랬는데 종희가 막상 합격 통지서를 들고 사금 채굴장으로 나타나지 않았는가! 재민 공으로서도 아들이 '하늘의 별 따기'로 붙은 학교를 못 보낸다고는 할 수 없었다.

"좌우간 열심히 해서 붙었으니까 보내주긴 보내줄 거여. 그렇지만 아예 첨부터 딴 집 아이들처럼 서울에 가서 하숙하고 공부할 생각은 말어."

"그럼 어떻게유?"

"매일 아침마다 천안역에서 떠나는 통근 기차 있잖나뵈."

"…."

"왜 말이 없어."

"알고 있어유."

"천안역에서 6시에 뜨니까 성환역에는 여섯시 이십분 쯤이면 도착할 거여. 집에서 성환역까진 삼십분 밖에 더 걸리겠나? 그러니 기차 통학을 하려면 다니고 안 그럴라면 진작 그만둬 버려."

종희는 기차 통학도 감지덕지했다. 그러나 기차 통학은 여간 힘든 일이 아니었다. 아침 6시 20분까지 성환역에 도착하기 위해서는 늦어도 5시 50분에는 길을 나서야 한다. 상덕리에서 성환역까지의 거리는 2.5km, 빠른 걸음으로 걸어도 20분은 걸린다. 6시 정각에 천안역을 출발하는 통근 열차는 8시 30분이면 서울역에 도착한다. 그런데 통근 열차는 으레 정시도착에서 단 몇 분이 늦어도 늦기 마련이었다. 서울역에서 효자동까지는 전차로 보통 15분 걸린다. 효자동 전차 종점에서 '도상'까지의 거리는 도보로 약 10분, 하기 때문에 통근 열차가 서울역에 5분만 늦게 도착하면 효자동 전차 종점에서 학교까지는 뛰어야 한다. 뛰는 날은 한겨울에도 교복이 땀으로 흠뻑 젖는다. 1주일이면 닷새는 뛰어야 했다. 닷새 가운데 하루, 이틀은 지각이다. 지각하는 것도 억울한데 배속 장교는 이유 불문하고 무조건 일렬로 세워놓고 긴 잔소리를 늘어놓거나 단체 기합을 준다. 하학 길에는 너무 피곤해서 조느라고 성환역을 지나쳐서 종착역인 천안역에서 내리는 일도 더러 있었다. 그렇게 고달픈 기차 통학이었지만 종희는 1, 2학년 내내 결석 한번 한 적이 없었고 학교 성적 또한 학급에서 항상 5위권을 유지했다.

마침내 기차 통학에서 하숙생이 되어

종희는 공부는 잘했지만, 그때까지도 촌티를 벗지 못한 시골뜨기 학생이었다. 첫째, 옷차림이 촌스러울 수밖에 없었다. 교복을 학교가 일괄 구입해서 나누어 주었기 때문에 특대(特大)를 얻어 입었는데도 원체 체구가 커서 몸에 맞지를 않았다. 소매가 짧아서 양팔목이 쑥 삐져나오고 목의 칼라는 작아서 꽉 끼는 데다가 바짓가랑이도 껑충하니 장딴지가 나올 정도였다. 게다가 1학년 때 교복을 2학년이 되어서도 그대로 입고 다니자니 엉덩이는 성한 데가 하나 없이 온통 누덕누덕 기운 자국뿐이었다.

그러나 종희의 학교생활은 조금도 구김살이 없었다. 원래 짓궂으면서 익살스러운 그는 천성이 쾌활하고 명랑했다. 학급 친구들이 더러 '시골뜨기'라고 놀리기도 했지만, 그는 조금도 개의치 않았다. 오히려 놀리는 친구에게 무서운 선생님의 흉내를 내며 호통을 쳐서 주위 학생들까지도 한바탕 웃겨 놓곤 했다.

2학년이 끝나가는 어느 날 저녁이었다.

"아버지, 소원이 하나 있습니다!" 하고 종희가 재민 공 앞에 꿇어 앉았다.

"별안간 소원이 뭐여?"

재민 공이 은근히 아들을 경계하며 긴장했다.

"우리 학급에서 1등을 한번 해보고 싶어서 그래요."

"원 싱거운 녀석. 1등이 하고 싶으면 공부를 더 열심히 해야지. 날더러 어찌하라는 거여?"

"한 학기 동안만 하숙을 좀 시켜주세유."

"별 소릴 다 듣네. 하숙을 해야 1등을 하남?"

"지가 통학하는 데 뺏기는 시간이 하루에 여섯 시간이에유. 차 칸에서 공부를 안 하는 건 아니지만서두유. 차 칸에선 공부가 머리 속에 잘 안 들어가유, 아버지."

"내년에는 니 동생도 중학교에 가야 할 거 아닌가 뵈."

"그러니까 3학년 1학기. 꼭 한 학기만 시켜 주세유. 저도 1등을 할 수 있나 없나 지 자신을 한 번 시험해 보고 싶어서 그러는 거예유."

"그랬다가 만약에 1등을 해버리면 어떡할 거여?"

"1등을 하든지 못하든지 하숙 더 시켜달란 말은 안 할 거예유."

그렇다면 못 들어줄 소원도 아니었다. 재민 공은 그동안에도 농토를 늘려올 수 있었기 때문에 지금은 두 섬지기가 실했다.

며칠 후 재민 공은 서울에 살고 있는 친구 한 사람을 찾아갔다. 천안에서 오랫동안 비단 장사를 하다가 몇 해 전에 서울로 올라가서 안국동에 사는 김창섭이라는 친구였다.

"그라니 죽은 자식 소원도 풀어준다는 데 산 자식 소원을 외면할 순 없는 일 아닌가 뵈."

"암, 잘 생각했네. 잘 생각했어. 말이 통학이지 성환에서 서울이면 3백리 길이여. 우리 집 문간방이 비어 있으니 아무 걱정 말고 보내기만 허게!"

"고마우이. 내 청을 이렇게 선뜻 들어주니."

"우리 사이의 지난 정분을 생각해 보게! 내가 자네 집 신세를 얼마나 졌나?"

김창섭이 천직산 사금광이 폐광된 후에 비단을 짊어지고 직산, 성환, 입장 등지로 도부 장사를 하러 다니던 때의 이야기다. 그는 비단 짐을 지고 오가며 부대리의 재민 공네 집을 곧잘 찾곤 했다. 배가 고프면 찬밥을 한 술 청해 얻어먹기도 하고 날이 저물거나 비가 와서 궂은날이면 묵어가기도 했다. 그때마다 재민 공은 그를 제 살붙이처럼 따뜻하게 보살펴주곤 했다.

그 뒤 김창섭은 천안에서 비단 가게를 차려 큰돈을 벌어 서울로 이사했고 재민 공은 빚을 지고 부대리를 떠나 대전으로 이사했다.

"옛날에 내가 자네 집에 들러서 얻어먹은 찬밥을 합치면 몇백 그릇도 넘을걸. 자네는 그 비단 같은 마음씨 때문에 언젠가는 꼭 남부럽지 않게 잘살게 되는 날이 올 거라고 생각했네."

"그렇다고 시방 내가 자식을 자네 집에 거저 하숙시켜 달라고 찾아온 것은 아니여. 방값은 모를까 밥값은 낼 모양인데 한 달에 쌀 한 가마니씩만 올려 보낼세!"

"당찮은 소리 그만둬! 아 자네 자식 하나 몇 달 거둬 먹인다고 내 집 기둥뿌리 흔들릴까 봐 그러나?"

"그런기 아녀, 이 사람아! 친한 사이일수록 예절이 있는 법이여. 밥값도 안 받겠다면, 그건 내 자식을 안 받겠다는 것하고 같은 거여."

재민 공의 인생을 보는 모든 것이 드러나는 국면이다.

마침내 종희는 3학년 2학기부터 한 달에 쌀 한 가마니씩 주고 안국동 김창섭 씨 댁에서 학교를 다니게 되었다. 김종희는 자신의 능력을 시험하려는 듯 머리를 싸매고 무섭게 공부했다. '도상'에는 럭비부를 비롯, 농구부, 정구부, 유도부 등이 있었으며 그 밖의 취미 활동 중심의 여러 서클도 있었지만 그는 시간이 아까워서 어떤 서클에도 참여하지 않았다. 학교에서 공부하는 시간 말고는 거의 대부분의 시간을 오직 하숙방에 틀어박혀 책하고 씨름했다.

그의 노력은 헛되지 않았다. 3학년 1학기 말 성적에서 당당히 학급 1위의 영예를 성취함으로써 노력하면 된다는 자신의 무한한 잠재 능력을 확인할 수 있었다. 종희는 기뻤다. 재민 공도 무척 대견하게 여겼다. 특히 동네 사람들로부터 "종희가 즈네 학교에서 1등 했다면서유?" 하는 인사를 받을 때면 재민 공의 어깨가 절로 으쓱해지는 것이었다. (내가 바로 그때 서울로 올라가서 그 녀석을 하숙시키길 잘했지!)

재민 공은 부인 앞에서까지도 아들이 1등 한 것을 자랑스러워했다. 명문 '도상'에서 반 수석을 한 것은 자랑하고도 남을 일이다.

"임자! 우리 종희가 1등 한 거 이거 보통 일이 아녀. 옛날 같으면 동네 잔칠해야 할 일이여."

"학교에서 1등한 걸 가지고 왜 동네 잔칠 한데유."

"전 같으면 서당에서 장원한 거나 마찬가지여. 아, 그전에 서당에서 장원했다고 해서 시루떡하고 돼지 잡고 해서 동네 잔치하는 거 구경 안 했나 뵈."

"종희 앞에서는 그런 말씀 마셔유."

"왜?"

"아 우쭐해서 그냥 그대로 더 하숙하고 있겠다고 하면 어쩔라고 그래유?"

"내내 1등만 한다면야 그까짓 한 달에 쌀 한 가마니가 대수여?"

"영감도 옛날 배 곯던 시절을 잊어버렸구만유?"

"그나저나 이 녀석이 어딜 갔기에 하루 종일 안 뵈여?"

"아침에 아산, 즈 성한테 간다고 나갔어유."

"며칠 이따가 월급 타면 집에 올걸 거긴 뭣 하러 가?"

그동안 협성실업학교를 졸업한 큰아들 종철(鐘哲)이 2년 전부터 봉서 공의 주선으로 아산금융조합(牙山金融組合)에 취직이 되어 서기보(書記補)로 근무하고 있다. 종철의 월급은 45원, 시골에서 45원은 큰돈이다. 그러나 그가 매월 집에 가져오는 돈은 10원밖에 안 되었다. 그래도 재민 공은 제 입벌이를 하는 것만 해도 어디냐고 하면서 여간 기특하게 생각하지 않았다. 3년제 실업학교를 졸업한 종철이도 그만하거든 하물며 5년제 상업학교를, 그것도 '도상'을 1등으로 졸업할 종희가 보다 더 많은 월급을 받는 자리에 취직이 되리라는 것은 불문가지의 일이다.

4

가정교사(家庭敎師)가 된 김종희

재민 공은 어느 날 종희에게 "종희야! 니 다시 기차 통학을 할래, 서울에서 그냥 하숙을 더 할래?"하고 물었다.

"지 걱정하지 마세유, 아버지."

"어떻게 할 거냐고 묻는 데 무슨 말버릇이 그려?"

"그냥 서울에서 통학할 거예유. 하지만 하숙비 대달란 말은 안 할게유."

"뭣이여?"

"2학기부텀 먹고 잘 데는 따로 구해놨구먼유."

"아니 야아가 무슨 소릴 하고 있는 거여?"

종희는 한 학기만 하숙하겠다고 한 아버지와의 약속을 지키기 위해 이미 방학 이전에 가정교사 자리를 마련해 놓고 내려왔던 것이다. 학교 친구 심영구(沈永求)가 소개한 자리였다.

심영구도 학급에서 3위권에 드는 공부벌레였다. 그러나 용인(龍仁)에서 자란 그도 종희처럼 촌티가 철철 넘치는 '시골뜨기'였다. 두 시골뜨기는 이심전심으로 곧 가까워질 수 있었다. 하지만 종희가 기차 통학을 하기 때문에 그들은 서로 친해질 시간이 없었다. 두 사람이 친해지기 시작한 것은 종희가 안국동에서 하숙을 정한 뒤부터다. 심영구의 하숙은 제동(齊洞)이었으므로 그들의 학교길이 같았다. 등교 시간에는 심영구가 안국동으로 와서 종희를 불러내서 같이 가기도 하고 하학 길에는 집에 돌아오다가 소격동(昭格洞) 파출소 옆에 있는 중국 호떡집에 들러서 5전에 두 개 하는 호떡을 사서 나누어 먹기도 했다. 그러던 어느 날 심영구는 종희가 2학기부터 또 기차 통학을 하지 않으면 안 된다는 사실을 알게 되었다.

"종희야! 너 가정교사 한번 안 해볼래?"

"그런 자리가 어디 있어야지."

"나한테 공부 잘하는 학생 있으면 가정교사 한 사람 소개해 달라는 사람이 있어."

가정교사는 개인을 대상으로 가정에서 학습 지도를 맡고 있는 사적(私的)인 교사다. 고대 그리스에서는 노예 계급에 해당하는 사람들이 가정교사를 했고 중세 이후 유럽에서는 상류층 자녀들이 학교를 가지 않고 전문적으로 가정교사로부터 지식을 습득했다. 우리나라도 현대 교육제도가 도입되면서 서울의 상류층 가정에서 시골에서 유학 온 수재들을 숙식을 제공하는 가정교사로 정해 자녀들의 교육을 시켰다.

"그럼 너보다 더 잘해야 할 것 아냐?"

"요새는 네가 우리 반에서 제일이잖아. 시험 칠 때마다 100점 받는 사람, 너밖에 더 있어? 내가 한번 이야기해 볼게."

"뭐 하는 집이냐?"

"우리 고향 사람인데 김선일 사장이라고 산판(山坂, 산에서 나무를 베어내는 사업)을 아주 크게 하는 분이야. 살림집은 동부 삼청동에 있는데 식구는 부인하고 아들 하나 딸 하나야. 그런데 보통학교 5학년에 다니는 아들이 공부를 좀 못하나 봐."

"딸은 몇 학년이여?"

심영구는 자못 심각한 표정을 지었다.

"왜?"

"딸이 여학교 3학년인데 보통 미인이 아니거든."

"그게 무슨 문제여?"

"네가 그 집 가정교사로 들어갔다가 만약 그 여학생하고 연애라도 하게 되면 공부를 못할 것 아니냐 말야."

"자아식!"

"하하…"

그들 나이 어느덧 열여덟, 코 밑의 수염이 까뭇까뭇해지기 시작한 사춘기였다.

"아! 농담하지 말고 참말 그 집에 얘기 좀 해줄래?"

"돌아오는 일요일에 나하고 같이 김 사장님 댁에 가볼까?"

"야, 덮어놓고 갔다가 미역국 먹으면 어떡할 거여?"

"내가 토요일쯤 미리 가서 잘 얘기해 놓을께!"

그래서 종희는 2학기 초부터 김 사장 집 가정교사로 들어가기로 하고 이미 안국동 하숙방의 책상을 동부 삼청동으로 옮겨놓고 성환 집으로 내려왔던 것이다.

"기왕에 그 댁 가정교사가 되기로 작정을 봤다니께 억지로 말리진 않겠다만서도 니 생각처럼 남의 집밥 먹기가 그렇기 수월한 일은 아닐 거라."

"각오하고 있어유, 아버지!"

과연 남의 집밥을 먹는다는 것이 쉬운 일은 아니었다. 가정교사니까 아이만 잘 가르치면 된다고 생각한 것은 어디까지나 종희의 일방적인 판단이었다. 아침 일찍 일어나서 마당도 쓸어야 하고 화초밭 손질도 해야 하고 때로는 자존심 상하게 변소 청소까지도 해야 했다. 아이를 가르치는 시간 말고도 그런 식으로 집안일에 시간을 빼앗기다 보니 공부할 시간이 부족했다. 학교 성적이 1학기에 비해서 떨어지게 되는 것은 당연했다.

(빌어먹을… 내일부터라도 당장 기차 통학을 할까부다!)

그런 생각이 문득 하루에도 몇 번씩 속에서 치밀어 올라오곤 하는 것이었다. 그때마다 그는 꾹 참았다. 작심삼일(作心三日)이 되어서는 안 된다는 생각 때문이었다.

그러나 그의 가정교사 생활은 이듬해(1940년) 봄에 상덕리의 당숙 집이 서울로 이사 오는 바람에 한 학기로써 끝나게 되었다. 그해 구월 봉서 공이 상덕리 사금광 채굴이 거의 끝나가자 경기도 광주군 구천면(廣州郡 九天面) 천호리 금광(千戶里 金鑛) 광업권을 15만 원에 매입하면서 상덕리의 살림집도 서울 창성동(昌成洞) 155번지로 옮겼던 것이다. 창성동 당숙 집에서 통학하게 된 종희는 4학년 1학기 말에 다시 학급 성적 1위를 성취했다.

공부는 그렇게 잘해도 그의 글씨 하나만은 아주 보잘것 없었다. 글씨가 얼마나 엉망이었던지 그의 공책은 남이 봐서는 읽을 수가 없었다. 그 대신 그는 굉장한 속필이었다. 공부시간이면 선생이 설명하는 내용을 거의 한마디도 놓치지 않고 말하는 그대로를 다 받아썼다. 그러자니 마구 휘갈겨 쓸 수밖에 없고 그래서 속필이 악필이 되고 말았던 것이다. 그의 학습 태도는 그만큼 철저하고 치밀했다.

그렇지만 그는 책벌레 같은 학생들에게서 흔히 볼 수 있는 좀생원은 아니었다. 그에게는 '위트'가 있고 '유머'가 있어서 친구를 잘 사귀기 때문에 학생들 간에 인기도 좋았다. 그는 교사들 사이에서도 항상 모범생으로 꼽히고 있었다.

5

원산(元山)상업학교 편입

(우리의 이야기는 이 책 첫 장에서 김종희가 경원선 열차를 타고 원산으로 가는 것에서부터 시작했다. 앞으로 우리는 그가 원산상업을 졸업하고 사회 진출을 하여 대 기업가로 성장해 가는 과정을 보게 될 것이다.)

당숙 봉서 공이 종희의 퇴학 사실을 알게 된 것은 천호리 구성금광에 서 서울로 와서였다.

"그래 앞으로 어떻게 할 생각이냐?"

"일본으로 갔으면 해요."

"일본엔 뭣하러?"

"고학을 해서라도 계속 학교에 다니겠습니다."

"말이 쉬워서 고학이지 고학은 아무나 하는 건 줄 아느냐? 네 형(종철) 도 지금 낮에는 학교에 나가고 밤에는 수도공사 하는 데 나가서 고깽이 로 땅을 파느라고 죽을 고생을 한다더라. 그리고 네 형은 대학이니까 그 렇게라도 고학을 한다지만 너야 그럴 처지도 아니잖느냐 말이다."

"...."

"사람은 누구나 실수를 범하게 되어 있느니라. 실수하고 나서 그 실수 위에 주저앉아버리면 그건 불행한 일이지만 실수를 딛고 일어서기만 하 면 오히려 실수가 경험이 되어서 실수 안 하는 것보다 나을 때가 있느니 라. 다만 같은 실수를 되풀이하지만 않으면 되는 게다."

당숙은 의외로 관대했다. 김종희는 그때서야 '퇴학'이라는 비운이 살속에 스며드는 듯한 아픔을 느끼며 "흑...." 하고 울음을 터뜨렸다.

"당분간은 아무 생각 말고 집에 들어앉아 자중하면서 자습이나 하도록 해라! 알겠느냐?"

"예..."

봉서 공은 종희를 보내고 나서 바깥채를 향해 유 주사를 불렀다. 유 주사는 봉서 공네 가사와 관련된 출납 일체를 총괄하는 40대 서생인 유남준(劉南准)의 호칭이다.

"부르셨습니까, 어르신."

"음... 들어오게나." "

어르신의 심기가 안 좋으신 것 같습니다. 무슨 일이...."

"유 주사! 자네 내일이라도 곧 원산에 좀 다녀와야겠네."

"원산이라면 함경도 원산 말씀이신가요?"

"음, 얼마 전에 대전 경찰부에 있다가 원산 경찰서장으로 나간 고이케 경부, 유 주사도 알고 있지?"

"아, 아다뿐이겠습니까요."

천안 경찰서장이던 고이케 쓰루이치(小池鶴一) 경부(警部, 경찰 중간간부, 법원에 체포영장을 직접 청구할 수 있는 권한이 있다.) 그는 봉서 공이 상덕리에서 사금광을 시작할 때부터 잘 아는 일본 사람이다. 고이케 경부가 대전 경찰부로 전근 간 뒤에도 두 사람의 친교는 계속되었는데 특히 대전 경찰부 관사를 지을 때는 봉서 공이 고이케 경부의 부탁으로 거금 '일만원(壹萬圓)'을 기부한 적이 있을 정도로 아주 가까운 사이였다. 당시 일만원은 쌀 2백 가마니 값이 넘는 거금이었다.

봉서 공은 무학거사(無學居士)이면서도 됨됨이가 넓고 컸다. 비록 가난한 가정에 태어나 배움도 없고 고생스럽게 자라서 말년에 금광으로 일확천금했으나 없는 사람들의 딱한 사정을 잘 알아서 헤아렸다. 사업상 교제하는 각계인사들과의 관계도 예의에 벗어나지 않게 돈독한 우의를 맺어갔다. 그는 천안농업학교에도 일금 '일만 원'을 기부한 적이 있으며 직산 관내 주민의 복리를 위해서도 많은 돈을 쾌척했다. 그래서 그가 서울로 이사한 뒤에는 직산면 소재지 군동리(郡東里)를 비롯해서 상덕리, 천안면 부대리 등지에 그의 은덕을 기리는 송덕비가 잇따라 세워지기도 했다.

봉서 공은 어떻게 해서라도 종희를 상업학교까지는 졸업시켜야 된다고 생각했다. 졸업을 1년 앞둔 지금에 와서 그만두게 되면 그동안 어렵게 공부해 온 보람이 하나도 없게 된다.

"유 주사! 그러니 원산에 내려가서 고이케 경부한테 내가 각별히 부탁하더라고 말하고 종희를 그곳에 있는 상업학교에 편입시켜 달라고 사정해 보게!"

봉서 공의 어떤 사태를 보는 눈은 날카롭다. 종희를 원산에 있는 원산상업학교로 편입시키려는 판단 그 자체가 훌륭한 것이다. 원산항은 1890년 '조일수호조규'에 의해 강제 개항되었다. 원산항은 천혜의 조건을 갖춘 양항이다. 원산은 일찍이 개항과 더불어 상업이 발달했고 상인 계층이 형성되었다. 원산 상공회의소는 조선인 상인들에 의해 서울 상공회의소보다 먼저 결성되었을 정도다.

"하오나..."

유 주사가 난색을 지었다.

"왜...?"

"사상불온으로 퇴학당한 학생을 그쪽 학교에서 받아주려고 하겠습니까?"

"자넨 우리 종희가 무슨 사상운동이라도 했다는 건가?"

"그런 건 아닙니다만..."

"단순히 싸움에 가담했다는 이유로, 그것도 싸움의 주모자도 아닌데 다른 학생들을 퇴학시키려니까 우리 종희도 하는 수 없이 싸잡아서 퇴학시킬 수밖에 없었던 걸세."

"그렇기는 합니다만 '도상'의 '충남회' 회원이었다고 하지 않습니까?"

"충남회가 어떻다는 건가? 고향 학생들끼리 1년에 한두 번 모이는 것도 죄가 된다던가?"

"…."

"자네도 그동안 왜놈 물이 어지간히 들었네 그려."

"아닙니다, 어르신네! 걱정돼서 여쭈어본 말씀입니다."

"여러 말 말고 고이케 경부한테 가서 내 말이라고 잘 전하고 오게!"

"예!"

"자네가 알다시피 종희는 내 종질이지만 친자식이나 진배없는 아이야. 그러니 고이케 경부에게 신원 일체를 책임지고 그곳에 있는 상업학교에 다닐 수 있도록 주선해 달라고 하게!"

"알겠습니다."

"설마하니 현지의 경찰서장이 신원을 보증하는데 편입을 거절할 학교가 있겠는가!"

김종희는 한 달 후 원산 경찰서장 고이케 쓰루이치의 노력으로 '원산상업학교' 4학년에 편입될 수 있었다. 원산상업학교도 '도상' 못지않은 명문이다. 그런데 그의 원산상업학교 편입에는 한가지 엄격한 조건이 붙어 있었다. 편입 후에는 반드시 원산경찰서 관사(官舍)인 고이케 경부 집에서 통학해야 한다는 조건이었다.

관사란 지방행정 사무를 보는 관아다. 원산상업학교를 다니자면 그러지 않아도 어차피 하숙을 해야만 하는 김종희였다. 봉서 공으로서는 종희를 고이케 경부 집에 맡기게 되는 것을 오히려 다행스럽게 생각했다. 김종희는 학업을 다시 계속할 수 있게 된 것이 기뻐서 하숙 같은 것은 누구 집이건 개의치 않았다.

그러나 김종희의 고이케 경부 집 하숙은 그의 학교생활에 큰 장애 요인이 되었다. 원산상업학교에는 조선인 학생들이 대부분이었는데 그는 학생들로부터 서울에 사는 거물급 친일파의 아들로 오해받게 되었던 것이다. 그렇다고 해서 김종희로서는 학생들에게 원산상업으로 전학해 오게 된 사정을 얘기해 줄 수도 없었다. 전학해 온 사정을 설명하려면 '도상'에서의 퇴학당한 이유를 말하지 않으면 안 된다. 하지만 '도상'에서 퇴학당했다는 사실에 대해서는 고이케 경부로부터 절대 함구하라는 함구령(緘口令)이 내려져 있었다. 만약 전학해 온 까닭을 묻는 학생들이 있을 때는 '도상'에 다니다가 건강이 나빠져 1년간 휴학을 했는데 '도상'에 그대로 복학하면 후배들과 같이 공부하게 되는 것이 챙피해서 학교를 옮겨온 것으로 둘러대게끔 약속이 되어 있었다. 학생들도 전학해 온 사유에 대해서는 그럴싸하게 받아들이는 것 같았다.

　　그런데 문제는 하필이면 경찰서장 관사에서 통학을 하느냐는 것이었다. 학생들은 그가 거물 친일파 아들이기 때문에 경찰이 신변을 보호해 주기 위해 경찰 관사에 데려다 놓은 것이라고 했다. 김종희로서는 안 그래도 편입생이라서 학교 분위기에 설고 서먹서먹한 판에 학생들한테 따돌림까지 받게 되어 공부할 의욕이 나지 않았다.

　　그럭저럭 4학년 2학기 말이 지나고 다음 해(1941년) 4월에 5학년이 되었다. 여전히 공부를 열심히 하고 싶은 생각은 없었다. 졸업까지는 앞으로 1년, 졸업 후에는 일본으로 건너간다는 작정을 하고 있었기 때문에 하루빨리 날짜나 후딱후딱 지나가 주기를 바랄뿐이었다.

　　그런 초여름의 어느 날 저녁, 고이케 경부가 김종희를 거실로 불렀다. 평소에 흔히 있었던 일은 아니다.

　　"불렀습니까, 서장님?"

　　"응! 앉아라."

　　고이케 경부는 일본 옷차림으로 술상을 앞에 놓고 앉아 있었다.

"김 군! 한 잔 어떤가?"

"예, 받겠습니다."

"너는 역시 사나이야, 핫하."

오늘따라 고이케 경부의 기분이 좋은 것 같았다. 김종희는 전에도 가끔 고이케 경부와 대작하면서 학교생활을 중심으로 한 여러 주변 얘기를 나눈 적이 있다. 고이케 경부는 여느 경찰관들처럼 교활하거나 포악하지 않았다. 오히려 그는 근엄하면서도 자상한 편이어서 어떻게 이런 사람이 경찰관이 되었을까 하는 생각이 들 정도로 친근감이 느껴지는 것이다. 봉서 공과의 오래 교분 관계라는 것 이상으로 그는 종희에게 각별한 호의를 가지고 대했다. 김종희도 그런 고이케 경부가 싫지는 않았다. 그러면서도 김종희로서는 그가 일본인이라는 데서 오는 마음 한구석에 있는 거부감 같은 것이 깨끗이 지워지지가 않았다.

언젠가 고이케 경부는 원산상업학교 안에 고래 모임(鯨會, 구지라카이)이라는 조선 학생 서클이 있다는 것을 귀띔해주면서 그 모임은 조선의 독립을 꿈꾸는 몇몇 어리석은 자들에 의해 사상적으로 오염된 조직이니 절대로 접촉하지 말라고 충고해 주는 것이었다. 그 얘기를 듣고 난 종희는 오히려 '도상' 시절의 충남회 일이 생각나서 고래모임에 어울리고 싶은 충동을 느꼈다. 그렇지만 그는 친일파의 아들이라는 오해 때문에 고래모임 학생들에게는 접근할 수가 없었다.

고이케 경부가 거실로 부른 것은 어쩌면 학교의 고래모임 얘기를 하려는 것인지도 모른다. 최근 원산상업학교 학생들 사이에는 중국에 조선독립군이 생겨났다는 소문이 떠돌고 있었다. 전혀 근거 없는 소문은 아니었다. 그들이 얘기하는 조선독립군이란 바로 작년 8월에 중국 중경(重慶)에서 창설된 임시정부 광복군(光復軍)을 두고 하는 말이었다.

고이케 경부는 전작이 있는 듯 거나하게 취하기 시작했다. 김종희도 두어 잔 마시고 나니 화끈하게 취기가 올라왔다.

"김 군! 오늘은 많이 마셔도 좋다."

"고맙습니다."

"아마도 김 군하고 이렇게 같이 마시는 것이 오늘로써 원산에서는 마지막이 될 것 같다!"

"예...?"

"7월 1일부로 경기도 경찰부에 가서 근무하게 됐다."

"그럼 경성으로 영전해 가시는 겁니까, 서장님?"

"영전이랄 것까지는 없지만... 상부의 특별한 배려인 것만은 틀림없다."

근무 성적이 양호한 경찰 간부의 경우는 정년이 다가오면 경기도 경찰부 근무를 시키다가 퇴직과 동시에 일반 직장을 알선해 주는 것이 총독부 경찰국의 관례인 것이다.

"아무튼 경성으로 전근하신다니 축하합니다, 서장님!"

"고맙다! 그런데 김 군의 하숙 문제를 어떻게 했으면 좋겠나? 김 군이 이 관사에 계속해서 있고 싶다면 내가 후임자에게 부탁할 수도 있다."

"아닙니다! 새로 부임하는 서장님한테까지 폐를 끼치고 싶지 않습니다."

김종희는 고이케 경부와 헤어지는 것이 다소 섭섭하기는 했으나 그의 전근을 계기로 경찰서장 관사에서 해방될 수 있다는 생각이 들자 어깨가 홀가분해지는 듯했다. 그로서는 그동안 경찰서장 관사에서 하숙하고 있다는 것이 정신적으로 얼마나 부담스러웠는지 모른다. 학생들 사이에 큰소리칠 일이 생겨도 경찰서장 빽 믿고 큰소리친다는 말을 들을까 봐 꾹 참아야 했으며 불량 학생들이 접근해 일부러 권하는 담배도 받아 피워야 했고 때로는 술집에 가자는 친구들의 유혹을 그대로 따르기도 했다.

"김 군! 나는 그동안 너를 특별히 지켜봐 왔다. 내게는 30년 동안 사람들을 관찰해 오면서 내 나름대로 쌓아온 안목이 있다고 자부한다."

"그야..."

"너는 너의 체격만큼이나 대범하고 너의 큰 머리만큼이나 명석하다. 그리고 너의 인상처럼 온화한가 하면 너는 너의 근성처럼 강인한 놈이기도 하지.

"좋은 말씀 마음에 새겨 두겠습니다."

"내가 원산에 없더라도 열심히 공부하기 바란다."

"알겠습니다."

"졸업 후 내년 봄에 다시 경성에서 만나자!"

6

너의 취직은 이미 결정되어 있다

– 조선화약공판주식회사(朝鮮火藥共販株式會社)

김종희의 인생은 격동기 한반도의 거센 물결에 휩쓸리기 시작했다.

김종희가 원산상업학교를 졸업한 것은 1941년 12월 21일이었다. 12월 21일은 예년 같으면 겨울방학이 시작되는 날이다. 그러나 그해는 전국의 중등학교 졸업식이 일제히 12월로 앞당겨 실시되었다. 그것은 일제(日帝)가 태평양전쟁에 동원해야 할 막대한 인력을 충당하기 위해 미리 결정해 놓은 작전 계획의 일환이었다.

그해 12월 8일, 일제는 드디어 진주만 기습 공격을 감행함으로써 동맹국 독일의 주요 교전 상대국인 소련을 지원해 온 미국을 태평양전쟁으로 끌어내기에 이르렀다.

김종희는 지난 11월 초에 고이케 경부가 전근해 가자마자 바로 학교 근처로 하숙을 정했다. 하숙을 옮긴 것이 그렇게 좋을 수가 없었다. 먹는 거나 잠자리는 전만 못해도 마음이 편하니까 살이 찌는 것 같았다. 그는 심기일전해서 내년 졸업시험 때까지는 꼭 '도상' 당시의 실력을 발휘할 목표로 게을리했던 공부에 전념했다.

5학년 2학기가 시작되었다. 한 가지 다행스러운 일은 2학기부터는 친일파의 아들이라는 그에 대한 학생들의 오해가 말끔히 사라지게 된 것이다. 학생들은 고이케 경부가 전근해 가더라도 김종희는 그냥 계속해서 경찰서장 관사에 하숙하고 있을 것이라고 생각했다. 그랬는데 그가 고이케 경부의 전근으로 곧바로 하숙을 옮겼을 뿐 아니라 옮긴 하숙집이 아주 초라한 집이라는 데 학생들은 놀라움을 감추지 못했던 것이다. 이상하게 여긴 학생들이 김종희에게 그 까닭을 물어보았으나 그는 아무런 해명도 하지 않았다.

학생들의 궁금증이 풀린 것은 여름방학이 끝나고 2학기가 시작되었을 때였다. 여름방학 동안에 서울의 친척 집에 놀러 갔던 한 학생이 '도상' 학생을 만나서 김종희가 일본인 학생들과 패싸움을 했다는 이유로 '퇴학' 당한 사실을 알게 되었던 것이다. 그 이야기가 2학기 초부터 원산상업학교 학생들 사이에 하나의 무용담(武勇談)이 되어 퍼지기 시작했다.

'김종희는 도상 럭비부의 일본 학생들을 전부 박치기로 묵사발을 만들어 놓았다',

'김종희는 머리가 크기 때문에 공부도 항상 '도상'에서 1등이랬다',

'김종희는 공부를 잘했기 때문에 '도상'의 마쓰지마 교장이 원산경찰서장에게 특별히 부탁해서 우리 학교에 전학 온 것이다',

'김종희는 불온사상 때문에 그동안 경찰서장이 관사에다 데려다 놓고 감시를 해왔다' 등등이었다.

학생들 사이에 과장된 김종희의 무용담은 많은 학생들로 하여금 그의 존재를 새롭게 인식하게 되는 계기가 되었다. 그러나 김종희 자신은 학생들 사이에 떠도는 얘기에 부인도 시인도 하지 않았다. 학생들이 더러 확인하려 들면 '상상에 맡긴다'는 말로 일관했다. 애써 아니라고 부인할 일도 아니거니와 어쩌면 화를 자초하게 될지도 모를 일이어서 본인의 입으로 확인해야 할 이유는 더욱 없었기 때문이다.

'김종희는 역시 대범한 친구야',

'우리가 친일파 아들이라고 했을 때도 그는 변명 한마디 안 했어'

그 후 김종희는 원산상업학생 서클인 고래 모임 멤버들과도 자연스럽게 접촉하고 있었다. 김종희도 중국에 대한민국임시정부가 있고 그 휘하에 광복군이 있다는 얘기는 들어서 알고 있었지만, 고래 모임 학생들이 말하는 대서양헌장(大西洋憲章) 얘기는 금시초문이었다.

　대서양헌장(Atlantic Charter)은 2차 세계대전 중인 1941년 8월 14일에 루스벨트 미국 대통령과 윈스턴 처칠 영국 총리가 대서양 함상에서 회동하고 발표한 공동선언이다. 그 선언에서 미·영 양국은 ①영토확장을 기도하거나 관계국 국민의 자유의사에 반하는 영토적 확장을 반대한다(영토상의 원칙) ②모든 국민의 정체(政體) 선택권은 존중되어야 하며 강탈한 주권은 강탈당한 국민에게 반환되어야 한다(주권 존중의 원칙) ③ 평화, 경제상의 원칙 ④ 군비 축소의 원칙 등 14개 항을 제시한 것이다.

　김종희는 이야기를 들으면서 일제에 의해 영토를 강탈당하고 주권을 강탈당한 조선 민족에게 너무 고무적인 선언이라고 마음속으로 감격했다. 김종희는 과연 미국과 영국이 일제에 대해 어떤 영향력을 행사할지는 미지수지만 조선이 아직까지도 세계열강의 관심 속에 있다는 것만으로도 여간한 위안이 되었다. 김종희는 '비록 내일 세계의 종말이 올지라도 나는 오늘 한 그루의 사과나무를 심겠다'는 스피노자의 명언을 상기했다. 김종희는 마음속으로 다짐했다. - '설령 조선이라는 나라가 지구상에서 사라질지라도 나는 조선 사람으로서 의연하게 살아갈 것이다.'

　김종희는 원산상업학교로 전학해 온 지 1년을 회고해 보았다. 그동안 공부 한번 공부답게 못 해보고 갑작스러운 졸업을 맞게 되니 온몸에 허전함을 느끼지 않을 수 없었다. 더구나 그에게는 졸업 후의 어떤 계획이 서 있는 것도 아니었다. 물론 올해는 전국의 모든 중학생들이 진로 결정을 하지 못한 채 졸업할 수밖에 없었다. 일제가 전시 동원을 위해 졸업을 1년 앞당겼기 때문이다. 예년 실업학교의 경우 대개의 학생들은 졸업 후의 직장이 미리 정해지기 마련이었는데 금년에는 그런 기회를 박탈당한 것이다. 김종희의 꿈은 그때까지도 일본 유학이었다. 하기 때문에 그는 졸업 후에 취직한다는 생각은 별로 해본 적이 없었다. 그는 동경에 있는 형 (종철) 앞으로 편지를 띄웠다. 졸업식을 마치는 대로 상덕리 집으로 내려가서 음력 설을 쇠고 바로 도일(渡日) 하겠으니 미리 일자리를 하나 봐 달라는 부탁의 내용이었다.

12월 23일 졸업식 다음다음 날 서울로 올라 온 김종희는 인사를 드리기 위해 당숙 봉서 공의 집에 들렀다.

"잘 왔다. 나는 그저께가 졸업이라고 해서 어제부터 널 기다리고 있었다."

"친구들이 붙잡는 바람에 어제 못 왔습니다."

"그랬겠지."

"우등상 상장을 못 타와서 죄송합니다, 아저씨!"

"졸업장만이라도 괜찮다. 네 취직은 이미 결정돼 있다."

"예!"

"중등학교 졸업식이 12월로 앞당겨진다는 말을 듣고 내가 미리 부탁을 해놨다."

"실은 저어..."

"왜? 어디 네가 따로 말해 놓은 자리가 있느냐?"

"아닙니다."

"그런데?"

"실은..."

"뭐야? 말해봐!"

"취직보다 공부를 좀 더 해볼까 해서요."

"공부라는 것이 어디 끝이 있겠냐만 여러 가지로 형편도 생각해 봐야 할 게 아니겠나."

"사실은 설이나 지나고 나서 일본으로 가려고 형님한테 편지까지 해놓았습니다.”

“일본...? 아니 세상이 어수선해진 때에 일본이라니. 일본에 나가 있는 사람들도 돌아와야 할 시기에 나가려고 하다니.. 말도 안되는 소리! 일본에 있는 조선 학생들은 벌써부터 학병을 자원하라는 압력을 받는 모양이더라.”

“...”

“네 형처럼 취직을 했다가도 기회가 닿으면 공부는 얼마든지 할 수 있는 게야. 그러니 아무 말 말고 내가 시키는 대로 해라!”

“....”

“내일 당장 경기도 경찰부로 고이케 경부를 찾아가 만나도록 해라!”

“고이케 경부를요?”

“그 사람은 네가 크게 될 인물이라고 칭찬이 여간 아니더구나. 이번 네 취직도 고이케 경부가 주선했느니라.”

“...”

김종희의 마음은 착잡했다. 원산상업학교 편입도 고이케 경부의 신세를 졌는데 취직까지도 그가 주선하다니... 숙명적인 인연에 발목이 잡히는 듯한 느낌이 김종희의 머릿속을 스치고 지나갔다. (그가 알선하는 직장이라면 그것은 틀림없이 경찰 계통이 아니겠는가.)

“아저씨, 고이케 경부는 시골집을 다녀와서 천천히 만나면 안 되겠습니까?”

“그럴 시간이 없을 게다. 1월 1일부터 회사 출근을 해야 한다고 하던데.”

“무슨 회산지?”

“거 뭐냐, 화약을 공판하는 회사라고 하던데 자세한 것은 그 사람을 만나서 물어보도록 해라.”

김종희로서는 고이케 경부도 어차피 한 번은 인사차 만나야 할 사람이

었다. 다음날 그는 경기도 경찰부 보안과장실을 노크했다. 고이케 경부
는 김종희를 반갑게 맞이했다.

"김 군! 졸업을 축하한다."

"고맙습니다.'

"졸업은 또 하나의 새로운 출발을 의미하는 것이다. 이제부터 사회인
으로서의 분발을 부탁한다."

"노력하겠습니다."

"집에서 얘기 들었겠지만 너의 취직은 이미 결정되었다. 내가 오늘 중
에 연락을 취할 테니 내일 아침 일찍 찾아가서 그쪽 회사 지시에 따르도
록 해라, 알았나?"

"회사는 화약을 파는 회사라고만 알고 있는데..."

"음! 지난 12월 1일에 발족한 '조선화약공판주식회사'다. 회사가 설립
된 지는 아직 한 달도 안 됐지만, 조선에 있는 유명한 4대 화약 제조회사
와 2개의 화약 판매회사가 통합된 회사이기 때문에 회사 규모도 클 뿐만
아니라 장래성도 매우 밝은 직장이다."

"하지만 저는 화약 계통에는 문외한이 아닙니까, 경부님?"

"화약을 만드는 것은 기술자들이 하지만 화약 원료를 구매하고 생산
을 통제하고 판매를 관리하는 것은 사무직이 하는 일이다. 너는 앞으로
그 회사에서 구매 부서 업무를 보게 되어 있다."

김종희는 이미 직장의 근무부서까지 결정해 놓은 고이케 경부의 친절
이 오히려 당혹스러웠다. 사실 그는 고이케 경부를 만나러 오면서도 어
떻게 하면 취직을 거절할 수 있을까 해서 적당한 구실을 찾기에 골몰해
있었다. 고이케 경부는 내일 아침에 김종희가 찾아가야 할 조선화약공판
주식회사(朝鮮火藥共販株式會社) 건물이 남대문에서 남산 쪽으로 올라가는
바른편 길목(구 도큐호텔 자리)의 3층 벽돌집이라고 했다.

"앞으로 근무하는 데 어려운 점이 있을 때는 언제든지 나한테 상의해

도 좋다.”

“알겠습니다. 최선을 다하겠습니다!”

(독자들이여, 우리는 이 순간을 기억해 둘 필요가 있다. 김종희의 인생의 방향이 결정되는 순간이었고, 한국 재계의 일각을 차지하는 대기업군이 탄생하는 순간이었고, 한국경제의 고속 성장을 도운 화약산업이 탄생하는 순간이었기 때문이다.)

보안과장실을 나오는 김종희의 마음은 무거웠다. 경우에 따라서는 화약공판에 취직할 수밖에 없다고 생각했다. (그 회사에 근무한다고 해서 일본에 갈 수 있는 기회를 아주 박탈당하는 것은 아니다. 아직은 시간이 촉박한 것도 아닌데 당숙이나 고이케 경부의 호의를 정면으로 거부하면서까지 그분들의 마음을 언짢게 할 필요는 없다). 김종희가 그런 생각을 하며 창성동 당숙 집으로 돌아왔을 때였다.

“자네가 학수고대하던 편질세!” 하며 유 주사가 편지 한 통을 내밀었다.

“아! 동경에서 왔군요.’

“원산에서 올라오자마자 편지 안 왔냐고 묻더니만, 무슨 좋은 일이 있는 건가?”

“아니 뭐, 별루요.”

종희는 편지봉투를 뜯으면서 마음속으로 은근히 걱정했다. (하루빨리 일본으로 건너오라고 했으면 어떡헌다…?)

그러나 형의 편지 내용은 정반대로 현지 사정이 여의치 않으니 도일을 서두르지 말고 연락할 때까지 기다리라는 것이었다.

조선화약공판주식회사는 일제가 강력한 전시 경제체제를 확립할 목적으로 시행한 기업정비령(企業整備令)에 의해 통합된 회사로서 그 권한이 막강했다. 이미 6개월 전에 일본에서 설립된 일본화약공판주식회사와 마찬가지로 조선 안에 있는 각 화약공장에서 생산하는 제품을 공판회사가 전량구매하는 형식으로 인수해서 판매가격을 결정하고 수요처에 배급할 뿐만 아니라 각 화약공장의 생산량을 할당하며 각 공장이 필요로 하는 원재료를 일괄 구입해서 공급하는 일까지 담당하게 돼 있다.

김종희가 화약공판회사에 근무한 지도 어느새 3개월, 그러나 그는 화약에 대한 관심은 별로 없었다. 그의 입사 후 초임은 50원, 작년 12월 '도상'을 졸업하고 좋은 자리로 여기는 조선식산 은행원이 된 친구 월급이 45원이었다. 원래 화약 계통은 위험물을 취급하는 특수직종이기 때문에 비록 관리직이라 해도 다른 직종 종사자들에 비하면 대우가 나은 편이었다. 김종희는 그동안 받은 월급을 몽땅 저축했다. 여름방학에 동경의 형이 나온다는 편지를 받은 그는 형이 다시 일본으로 들어갈 때 무조건 따라붙을 작정이었다.

회사도 아직은 사무 체계가 잡히지 않은 때였다. 통합된 회사라서 각 사를 대표해서 나온 중역들의 이해관계가 서로 달랐다. 화약공판에는 1명의 취체역(取締役, 이사직을 가리킴) 사장과 2명의 상무 취체역, 그리고 3명의 취체역을 합한 6명의 중역이 있는데 그들은 각자 소속회사를 달리하고 있었다. 사원들도 각 사가 차출해 보낸 사람들이어서 손발이 잘 맞지 않았다. 50명 가까운 관리직 사원의 대부분은 일본 사람들이었다. 조선 사람으로서는 와세다 대학을 나왔다는 조선화약총포판매주식회사 출신의 부여(扶餘) 태생 김봉수(金鳳秀)가 총무부 관리과의 창고계장(倉庫係長) 자리에 있었고 정사원으로는 김종희를 비롯한 민영만(閔泳晩), 김덕성(金德成) 등 5명이 근무하고 있었다. 그 밖의 20여 명의 노무직은 모두 조선 사람이었다.

그 중에서 화학계에 처음 입문한 사람은 김종희뿐이었다. 따라서 그는 어느 회사 출신에도 속하지 않았다. 그 대신 그는 회사 내의 외톨이로 그만큼 고독했다. 그러면서도 그는 종종 조선질소화약 출신으로 분류되었는데 그 이유는 그의 채용이 조선질소화약 출신의 미야모토 사장의 배려에 의한 특별 케이스였기 때문이다. 미야모토 사장이 그를 채용한 것은 물론 고이케 경부의 부탁 때문이었다. '총포 및 화약류 취체령(관리감독령)'에 따라서 원료 구입부터 제품 판매에 이르는 전 과정을 일일이 경찰 당국에 보고해야 하고 감시 감독을 받아야 하는 화약 공판회사의 사장으로서는 관할 관서인 경기도 경찰부의 고이케 보안과장을 괄시할 입장이 못 되었다.

그즈음 도하 각 신문은 연일 용감무쌍한 대일본제국 육해공군의 승전보를 대서특필하고 있었다. 기습 공격으로 초전의 기선을 제압한 일제는 그 여세를 몰아 주도권을 장악하고 개전 6개월에 접어드는 5월에는 점령지를 이미 필리핀, 말레이시아, 버마, 인도네시아 등지에 이르는 광범위한 지역으로 확대해 나갔다.

6월부터는 각 화약 제조회사에 대한 생산량 할당이 큰 폭으로 늘어나면서 중역들 사이에는 반목이 시작됐다. 종전까지는 어느 화약공장이 얼마만큼의 생산량을 할당받느냐 하는 것이 소속회사의 이익과 직결되었기에 할당량이 많고 적음이 관심의 대상이 되었다. 화약공판 출범 초기에는 원료 공급난으로 부득이 각사의 생산량을 통합 이전의 생산량 실적 기준으로 할당할 수밖에 없었다. 그렇게 되니까 선발업체이자 시설이 제일 큰 조선질소화약주식회사가 유리하고 다른 3개 제조회사는 불리했다. 그중에서도 1939년에 인천 화약공장 건설을 착수해서 화약공판이 발족하던 작년 12월에 와서야 겨우 다이너마이트를 생산하기 시작한 조선유지주식회사의 경우가 치명적인 불이익을 당해왔던 것이다. 작년도의 정어리 흉년으로 다이너마이트의 주된 원료 중의 하나인 글리세린의 절대 물량이 부족했기 때문이다.

우리나라의 동해안은 정어리의 보고다. 1937년에는 우리나라가 동해안 일대에서 연간 1백39만 톤의 어획고를 올림으로써 세계 2위를 기록한 일이 있었다. 그래서 청진에서 삼척에 이르는 동해안 일대에는 크고 작은 1천 3백여 개의 정어리 기름공장이 가동되고 있었다. 이들 공장에서 생산되는 정어리 기름이 3대 유지공장인 조선유지 청진공장, 흥남화학 흥남공장, 미쓰이물산 삼척 유지공장으로 보내지고 그곳에서 수소를 첨가해서 경화유(硬化油)를 만든 다음 가수분해(加水分解)하여 글리세린과 고체지방산으로 분리한다. 글리세린은 화약 원료로 공급되고 고체 지방산은 비누 원료로 공급되는 것이다. 다이너마이트의 또 다른 주요 원료인 초산과 질소는 조선질소비료 흥남공장에서 대량으로 생산, 공급되고 있었다. 김종희가 바로 그 글리세린과 초산 및 질소의 구매 창구에서 근무하는 것이다.

눈이 빠지게 기다리는 동경의 형은 여름이 다 가도록 오지 않았다. 여름이 가고 가을이 되어서야 온 형의 편지는 김종희의 마음을 더없이 쓸쓸하게 했다. 형의 편지 내용은 '내년 봄에 대학을 졸업하는 즉시 귀가하겠으니 그때까지만 딴마음 먹지 말고 지금 다니고 있는 직장 일에 충실하기 바란다'였다. 김종희의 눈은 눈물로 글썽해져 편지 글씨가 잘 보이지 않았다.

7

화약 입문(火藥 入門) 초년생

입춘이 지났다고는 하지만 아직은 차가운 2월 초순이다. 벌써부터 김
종희는 봄소식이 기다려지고 있다. 동경의 형이 돌아오겠다고 약속한 봄
을 생각하면 끝없이 지루해졌다. 형이 다니는 명치대학(明治大學) 상과(商
科)는 일본 내에서도 알아주는 사학의 명문이다. 형이 동경에서 최고 학
부를 졸업하고 돌아오는 날이면 틀림없이 자신에게도 새로운 진로가 열
릴 것이라고 김종희는 믿고 있었다. 그는 구매부 말석에서 매일같이 전
표 정리나 해야 하는 자신의 초라한 모습에 연민의 정을 금치 못했다.

오늘도 그는 제법 익숙해진 손놀림으로 전표를 뒤적이며 주판알을 튕
기고 있었다. '때릉, 때릉' 중역실의 전화 소리가 요란하게 울렸다. 화약
공판에는 4대의 전화기가 있는데 2대는 2층의 사장실과 총무담당 중역
실에, 1대는 영업부가 있는 2층에, 나머지는 구매부 중역실에 가설되어
있다.

"김 군!"하고 부르며 취체역 마쓰무로 부장이 중역실 문을 열고 나왔
다. 마쓰무로(松室信夫)는 조선유지인천화학공장 공장장을 역임한 동경제
대(東京帝大) 화학과 출신으로서 화약공판의 구매업무를 총괄하고 있다.
동경제대 엘리트라는 점이 관심을 끈다.

"전화 받아라."

"예?"

김종희는 마쓰무로 취체역이 전화를 잘못 받은 것이라고 생각했다. 그는 일찍이 다이너마이트 폭발시험을 하다가 폭음에 고막이 찢어져 왼쪽 귀 하나는 절벽이었다.

"나한테는 전화 올 데가 없습니다. 혹시 다른 사람 아닙니까? 부장님."

"인마, 이쪽 귀로 받은 전화다!"

"미안합니다!"

김종희는 얼른 중역실로 들어가 수화기를 들었다.

"아, 여보세요."

"종희냐?"

"그런데 누구시죠?"

"나다, 나."

"…."

"나, 형이야!"

"아, 형님이예요?"

"그래! 잘 있었어?"

"언제 왔어요, 형."

"어제 막 창성동에 도착해서 네 전화번호를 찾아서 전화하는 거다."

"졸업은 하고 온 거유?"

"응. 오늘도 퇴근 후에 도장에 들렀다 오는 거냐?"

"바로 들어갈게요."

김종희는 작년 가을부터 미쓰코시(三越) 백화점(현 신세계 백화점) 뒤에 있는 유도관에 나가고 있었다. 그가 유도관에 나가는 것은 단지 운동만 하기 위해서가 아니었다. 그곳에 나가면 충남회 멤버인 성백우, 임현재 등 한때 '도상'에서 유도 선수로 활약하던 선배들을 만날 수 있기 때문이었다. 그는 하루 종일 사무실에서 쌓인 스트레스를 도장 매트 위에서 땀으로 발산하고 생각을 같이하는 선배들과 함께 어울려 마시는 한

잔 술로 그날의 낙을 삼았다.

김종희가 전화를 끊자, 마쓰무로 취체역이 물었다.

"기쁜 소식인가?"

"예. 동경에서 형님이 돌아왔습니다."

"퇴근 시간도 얼마 남지 않았다. 그만 들어가도 좋다!"

마쓰무로 취체역은 모든 부하 직원들에게 관대한 편이었으나 김종희에게는 특히 호의적이었다. 김종희가 그를 좋아했기 때문인지도 모른다. 김종희는 마쓰무로 취체역의 해박한 지식을 존경했다. 그는 화약에 관한 전문지식 이외에도 정치, 경제, 문학 등 각 분야에 걸쳐 모르는 것이 거의 없을 정도였다.

"돌대가리 같은 군인 놈들..." 하고 그는 가끔 신문을 보면서 군부에 대한 불만을 터뜨릴 때가 있었다. 김종희는 마쓰무로 취체역의 그런 불만을 들을 때마다 신선한 충격을 느끼곤 했다. 그 충격은 쾌감과도 같은 것이었다. 감히 대일본제국 군부를 가리켜 '돌대가리 같은 놈'이라고 욕하는 것은 은근히 통쾌한 일이 아닐 수 없다.

김종희는 지난여름 일본군이 동남아 일대에서 승승장구할 때 마쓰무로 취체역을 따라서 조선유지 인천 화약공장을 견학하러 간 일이 있었다. 인천 시내에서 남쪽으로 25km 이상이나 떨어진 닛코마치(日向町, 현 고잔동) 해안 개펄에 위치한 조선유지화학공장은 초화공실(硝化工室)과 날화공실(捏和工室) 같은 사업장이 어마어마한 토치카처럼 네모꼴 흙제방(土堤)에 둘러싸여 있어서 마치 요새 속의 군사시설을 방불케 했다.

폭발성 물질을 다루는 화약공장에는 항상 폭발의 위험이 따르기 마련이다. 하기 때문에 만약 한 작업장에서 불의의 사고가 발생하는 경우라도 연쇄 폭발이 일어나지 않게 하기 위해 일정한 거리를 두고 토제를 쌓아 올려서 각 업장마다 멀리 격리시키지 않으면 안 된다. 마쓰무로 취체역은 김종희에게 노벨이 1864년에 세계 최초로 니트로글리세린 분야의 화학회사를 설립했을 때는 호수 한가운데 배를 띄워놓고 그 배 위에 공장을 세우고 폭약을 생산했다고 설명하면서 화약공장의 폭발 위험은 그때나 지금이나 아무리 강조해도 지나치지 않는다고 했다.

"김 군! 다이너마이트(Dynamite)가 무슨 의미인지 아나?"

"모릅니다."

"화약 장사를 하면서 그런 정도는 상식적으로 알아야 할 것 아닌가."

"가르쳐 주십시오."

"다이너마이트는 알프레드 베른하르트 노벨이 33세 때인 1866년 독일 함부르크의 크뢰벨 공장 연구실에서 발명했다."

"그럼 벌써 77년이 되었군요."

"그렇다. 최초의 다이너마이트는 니트로글리세린을 규조토에 흡수시켜서 만든 규조토 폭약이었다. 규조토 폭약은 액체인 니트로글리세린 보다 훨씬 안전하고 또 종전의 흑색 화약보다 폭발력이 5배나 강했다. 그래서 노벨이 규조토 폭약에다 희랍(그리스) 어(語)의 '힘'이라는 뜻을 가진 다이너마이트라는 이름을 붙인 것이다."

그때 초화공실 토제 앞을 걸으면서 마쓰무로 취체역과 나눈 대화를 김종희는 잊을 수가 없었다.

"지금쯤은 노벨이 지하에서 자신이 다이너마이트를 발명한 것을 대단히 후회하고 있을 거다.'

"왜 후회합니까?"

"그가 다이너마이트를 발명하지 않았더라면 오늘날과 같은 가공할 세계 전쟁이 안 일어났을 테니까."

"하지만 일본은 지금 승리에 승리를 거듭하고 있지 않습니까."

"어느 편이 이기느냐 지느냐 하는 것이 문제가 아니야! 인류 문명이 현재 전쟁 미치광이들에 의해서 궤멸되어 가고 있다."

그렇게 말하는 마쓰무로 취체역 얼굴에는 노기가 서려 있었다. 김종희는 감히 대꾸할 말이 생각나지 않았다.

"인류 역사상 모든 전쟁은 비극으로 종말을 고했다. 그것은 승자에게도 패자에게도 마찬가지였다(마쓰무로 취체역은 비전론자(非戰論者) 임에 틀림없다)."

"그러면 일본이 그런 전쟁을 왜 하는 겁니까?"

"너는 바보 같은 질문을 하고 있다. 군국주의(전쟁과 국방이 최우선 순위)를 표방하는 일본 군인들이 전쟁 이외에 무엇을 생각하겠냐?"

"그럼 이 전쟁은 빨리 끝나지 않습니까?"

"글쎄다... 아마 이 화학공장이 문을 닫게 될 때면 전쟁도 끝이 나겠지."

"...?"

김종희는 마쓰무로 취체역이 하는 말을 이해할 수 없었다.

"무슨 뜻으로 하는 말씀입니까?" 하고 물으려는데

"아, 선배님!" 하는 소리가 등 뒤에서 들려왔다. 마쓰무로 후임으로 부임한 기리지마 공장장이 날화공실 쪽에서 다가오고 있었다.

그 후 김종희는 태평양전쟁이 화약공장 문을 닫게 될 때 끝날 것이라고 한 마쓰무로 취체역의 말을 두고두고 생각해 보았다. 김종희는 마쓰무로 취체역 같은 사람이 사상가라고 생각했다.

화약에 관심 갖기 시작한 김종희

김종희는 마쓰무로 취체역의 호의로 홍제동에 있는 화약공판 기숙사에서 통근하게 되었다. 화약인 김종희의 행로에 전환점을 찍는 변화였다. 화약공판 기숙사는 총독부 공광국(工鑛局)이 1935년에 착공해서 1937년에 완공한 조선화약 발파연구소(朝鮮火藥發破硏究所)를 인수한 시설의 일부로서 3천여 평 되는 연구소 대지 위에는 본관 건물과 직원용

사택 및 기숙사와 시험 발파용 갱도를 비롯한 탄동구포실, 개스 발생실, 암석폭파 시험실, 화약창고 등 각종 설비와 함께 많은 시험기기들이 갖추어져 있었다.

김종희가 숙소를 홍제동 기숙사로 옮긴 것은 형(종철)이 당숙 집에서 기거하고 있었기 때문이기도 했다. 당숙이 아무리 부자라고는 하지만 형제가 같이 신세를 진다는 것은 미안한 일이었다. 당시 화약공판 기숙사에 들어간다는 것은 쉬운 일이 아니었다. 화약연구소에는 각종 폭발물이 많았기 때문에 처음부터 조선인 직원은 기숙사에 입주시켜 주지 않는 것이 불문율로 되어 있었다. 그 불문율을 마쓰무로 취체역이 깨트렸던 것이다. 김종희에게 행운이었다.

그는 연구소 소장직을 겸하고 있어서 가족과 함께 홍제동 사택에 살고 있었다. 지난여름 연구소 기숙사에 들어있던 직원 한 사람이 징집 영장을 받고 군에 입대하는 바람에 방 하나가 비게 되었다. 전 같으면 기숙사 입주를 희망하는 사람들이 순서를 대기하고 있는 실정이었으니까 빈방이 난다고 하더라도 김종희에게 차례가 돌아오지 않았을 것이다. 그 무렵 20대의 일본인 남자는 말할 것도 없고 30대까지 심지어 40대도 예비역 장교의 경우는 다 소집영장을 받고 일선으로 동원되는 판국이었기 때문에 독신자를 위한 기숙사에 입주할 일본인이 없는 실정이기도 했다.

김종희가 본격적으로 화약에 대한 관심을 갖기 시작한 것은 바로 숙소를 홍제동 기숙사로 옮긴 다음부터였다. 일요일 같은 날이면 그는 자연히 연구소의 각종 시설을 돌아보게 되었고 또 마쓰무로 취체역 사택으로 놀러 갔다가 화약이 근대 산업 발전에 끼친 영향이라든가 다이너마이트를 발명한 노벨의 집념 어린 위대한 생애에 관한 이야기며, 또 화약의 본질이 어떻고 화약의 역사가 어떻고 하는 얘기를 많이 듣게 되었던 것이다.

마쓰무로 취체역은 화약이야말로 인류 문명이 발달해 오는 과정에서 가장 큰 영향을 미친 동양의 3대 발명품 가운데 하나라고 설파하는 것이었다. 마쓰무로 취체역은 "동양의 3대 발명품이란 항해술(航海術)을 발전시킨 나침판, 인류 문화를 꽃피운 활자(活字)이고 정치, 군사, 경제 발전에 일대 전환을 가져오게 한 화약! 이라고 열을 올렸다.

"화약을 동양에서 먼저 발명했습니까?"

"물론 화약의 효시라고 할 수 있는 흑색 화약이 중국 영향권에 있는 여러 나라에서 사용되다가 화약 제조 기술이 서양으로 이전된 것은 13세기 말경이지. 문헌에 따르면 독일의 슈바이츠라는 사람이 1346년에 발사용 화약을 연구해서 최초로 전투에 사용했다는 기록이 있다."

마쓰무로 취체역의 화약에 대한 식견은 높은 수준이다.

"화약의 역사를 살펴보면 결국 오늘날과 같은 강력한 화약을 개발해 온 것은 서양이지만 근본적으로 서양하고 동양하고는 화약을 발명하고 발전시켜 온 배경은 다르다는 것을 알아야 한다. 동양에서는 신선(神仙)이 되어 불로장생하고자 하는 도학적(道學的), 의학적 욕구에 의해서 어디까지나 화약을 하나의 연단술(鍊丹術)로 발전시켜 왔고 서양에서는 단지 귀금속을 만들어 내던 연금술(鍊金術)을 통해서 터득한 약간의 화학 지식을 바탕으로 동양의 화학기술을 발전시켜 왔다는 사실이다."고 마쓰무로 취체역은 역설했다.

마쓰무로 취체역은 김종희에게 화약입문(火藥入門)이라는 책도 읽게 했다. 김종희가 읽은 화약입문 제1장에 '화약이란 무엇이냐'하는 것을 다음과 같이 설명하고 있다.

'우리는 자연계의 물질이 공기 속의 산소와 화합하는 반응을 산화(酸化, Oxidation) 현상이라고 한다. 쇠붙이에 녹이 슬고 음식물이 쉬고 하는 것은 다 산화하기 때문이다. 이와 같이 산소가 어떤 물질과 화합하는 반응에는 연소(燃燒, Combustion) 현상도 있다. 예를 들어 성냥을 그으면 불이 일어나는데 그 불은 곧 빛과 열을 발생시키는 산화 반응인 것이다.

산화와 연소는 모두 같은 산화 반응이기는 하지만 쇠붙이의 녹과 성냥 불처럼 산소와 물질이 화합하는 반응 속도에 따라 구별된다. 산화보다는 연소의 반응 속도가 훨씬 빠르다. 그러나 연소도 같은 산화 반응인 폭발(爆發)에 비하면 반응 속도가 아주 느린 편이다. 폭발은 그야말로 전광석화같은 순간적인 산화 반응으로 어떤 물질의 체적(體積)이 팽창, 파괴되는 현상을 말한다. 따라서 연소와 폭발의 차이는 산소의 공급상태로 결정된다. 어떤 물질이 폭발할 때는 무서운 폭발속도(爆發速度)를 수반하면서 많은 양의 기체(氣體)와 고도의 열을 발산하는데 이때 폭발에 필요한 산소는 폭발하는 물질 자체 내에 잠재되어 있게 마련이다. 염소산칼륨이나 질산칼륨 같은 물질은 그 자체가 분해될 때 많은 양의 산소를 발생하게 되므로 이들과 가연물(可燃物)을 혼합하면 그 혼합가연물은 염소산칼륨이나 질산칼륨이 분해될 때는 언제든지 폭발한다. 그와 같이 그 물질 자체를, 또는 혼합된 가연물을 충분히 산화시킬 수 있는 양의 산소를 함유하고 있는 산소 공급체로써 열을 가하거나 충격을 가하면 쉽게 폭발할 수 있는 것을 통칭해서 화약이라고 한다.

화약은 물질의 산화 반응을 연구, 발전시킨 인조(人造) 폭발물이다. 화약을 사용해서 거대한 암석이나 고체 물질을 파괴할 수 있는 것은 바로 화약이 폭발할 때 발산하는 기체가 순간적으로 열에 가열, 팽창되면서 폭발적인 충격 파동을 일으키기 때문이다. 그렇기 때문에 화약이 산업용으로 사용되기 위해서는 폭발속도가 최소한 초당 3천 미터 내지 8천 미터에 이르는 강력한 폭발력을 갖지 않으면 안 된다. 산업용 화약도 이용 목적이나 성능 등에 따라서 여러 가지로 분류되는데 크게는 초산염, 염소산염, 과염소산염에 두 가지 이상의 비폭발성 물질을 혼합해서 만든 혼합화약류와 초산에서 유도된 화합화약류로 대변된다'

당시 '화약공판'에서 취급하는 화약류는 대부분이 혼합화약류로서 그해(1943년) 각 화학공장에 할당된 화약 생산량 총 99톤(다이너마이트 80

톤, 과염소산폭약 10톤, 흑색화약 6톤, 초안폭약 3톤)이었다. 그밖에 공업뇌관 60만 개, 전기뇌관 1만 개, 도화선 185km 생산이 할당되었다.

그러나 그해의 생산 실적은 할당량의 절반에도 못 미쳤다. 주력 생산품인 다이너마이트의 경우만 해도 조선질소화약 흥남공장이 40톤 할당을 받고도 28톤 생산에 그쳤으며 조선화약 해주공장도 30톤 할당에 12톤 생산, 조선유지 인천공장 역시 10톤 할당에 4.7톤 생산에 그쳤다.

원인은 원료 부족이었다. 화약의 주된 원료의 하나인 글리세린의 절대량이 부족했다. 동해안의 어민들이 어선의 연료 배급을 받지 못해 정어리 잡이를 나갈 수가 없었다. 일제(日帝)의 전시경제는 바야흐로 파국에 직면하고 있었다. 육상수송 수단인 화물자동차와 여객자동차는 전부 목탄차(木炭車)로 개조 운영되고 있었으며 국민들이 먹고 입는 것은 물론이고 심지어는 신발까지도 옷을 빨아야 할 양잿물(수산화나트륨) 까지도 감질나게 나눠주는 배급에 의존해야 했다.

그런 현상을 무시하고 일제 군부에서는 1944년도 화약 생산 책임량을 독단으로 결정, 이를 화약공판에 일방적으로 통보했다. 1944년도 화약 책임 생산량을 통보받은 '화약공판' 중역들은 그 가공할 물량에 경악을 금치 못했다. 자그마치 전년도 3배가 넘는 엄청난 책임 생산량이었다. 다이너마이트 120톤, 과염소산폭약 20톤, 흑색폭약 6.5톤, 초산폭약 5톤, 면약(綿藥, Gelatine) 10.2톤, 공업뇌관 1백만 개, 전기뇌관 2만 개, 도화선 725km, 도폭선 5km였다. 그와 같은 책임 생산량을 이행할 수 있다고 생각하는 중역은 한 사람도 없었다.

김종희 다이너마이트 계장 승진

김종희가 구매부 글리세린계 구매부 사원에서 생산부 다이너마이트 계장으로 승진한 것이 바로 그해(1944년) 1월이었다. 그의 나이 22살, 그의 승진은 당연히 축하해야 할 일이었다. '화약공판' 설립 이전부터 이미

화약계에서 몸담고 일해 온 조선인 사원도 여럿이었거니와 징병검사에서 불합격 판정을 받고 병역이 면제된 일본인 사원들도 여럿 근무해 오고 있는 터에 계장 승진은 그의 성실한 근무 태도가 평가받았다는 것을 의미했다.

"김 군, 승진을 축하한다. 생산부에 가서도 노력하기 바란다."

승진 발령이 나던 날 마쓰무로 취체역은 김종희를 일부러 중역실로 불러 격려했다.

"내가 꼭 생산부로 가야 합니까, 부장님?"

"왜, 불만이 있나?"

"이대로 계속 구매부에서 근무하고 싶습니다."

"다른 사람은 승진을 못해서 불만인데 너는 마치 승진한 것이 못마땅하다는 투니 정말 이상한 놈이구나, 핫하하..."

"부장님! 어차피 금년도 다이너마이트 책임량 생산은 불을 보듯이 불가능한 일 아닙니까?"

"그래서?"

"그런데 내가 무엇 때문에 다이너마이트 계장 자리에 앉아서 책임 추궁을 당해야 합니까?"

"하하... 너한테 책임이 돌아올 것 같아서 그러는구나."

"안 그렇습니까?"

"각 공장에는 생산 책임을 맡고 있는 공장장이 있다. 그리고 그들의 책임 생산을 독려하고 감독하기 위해 군에서 파견한 감독관이 있는데 그 책임이 왜 너한테 돌아가겠느냐. 그런 것은 네가 걱정할 일이 아냐!"

"...?"

"내가 너의 승진을 적극 천거한 것은 너에게 화약에 관해 폭넓은 수업을 시키고 싶어서다. 화약계에서 입신하려면 보다 많은 화약 지식을 쌓아야 할 것 아닌가. 생산 실태를 파악하기 위해서는 자연 여러 공장으로 직접 출장을 나가게 될 것이다. 그런 기회에 많은 것을 보고 듣고 배워라! 네가 장차 화약회사 사장이 되지 말라는 법은 없을 테니까."

마쓰무로 취체역 시야는 넓고 깊다. 그러나 김종희는 전쟁이 끝나는 날까지 징용에 끌려나가는 일이나 모면하면 그만이라는 생각뿐이었다. 그는 마음속으로 일제가 하루빨리 전쟁에 지게 되는 날만 고대했다. 현대 전쟁은 '돌격 정신'만 가지고 이길 수 있는 것이 아니라고 했던 형(종철)의 말이나 인천 화약공장이 문을 닫게 될 때면 전쟁도 끝나게 될 것이라고 말하던 마쓰무로 취체역 말을 생각하면 이미 일본의 패전은 피부에 와 닿는 듯했다.

김종희는 얼마 전부터 퇴근 후에 나가는 유도관에서 성백우 선배를 만나 들은 얘기가 있었다. 그가 전하는 바에 의하면 작년(1943년) 11월 27일에 미국의 루스벨트 대통령과 영국의 처칠 수상, 그리고 중국의 장개석 총통이 이집트 수도 카이로에서 회동하여 합의한 '카이로 선언'이 있는데, 그것은 김종희가 원산에 있을 때 고래 모임 멤버한테서 들은 '영토상의 원칙'과 '주권 존중의 원칙'이 포함되어 있는 대서양헌장 정신하고도 일맥상통하는 내용이었다. 즉 미·영·중 3국은 전쟁에 이긴 후에도 자국의 영토 확장을 도모하지 않으며 오직 제1차 세계대전 이후에 일본이 타국으로부터 약탈한 영토를 원 소속국에 돌려줄 것임을 선언하고 특히 조선에 대해서는 '현재 조선 인민이 노예 상태 하에 있음을 유의하고 장차 조선을 자유 국가로 독립시킬 것'을 국제적으로 보장했던 것이다.

7월이 되자 일제 대본영 본부는 사이판(Saipan)섬에 주둔하는 일본군 전원의 옥쇄를 발표했다. 이는 종래의 일본의 태평양 전선이 거의 절반으로 축소되었음을 시사하는 것이었다. 사이판섬의 함락은 마침내 도조(東條英機) 내각의 붕괴를 몰고 왔다. 태평양전쟁을 일으키고 병력을 증강하기 위해 병역법을 고쳐서 조선에 징병제를 실시하는 한편 학생들의 징집유예를 취소하는가 하면 부족한 노동력을 보충하기 위한 방법으로 국민징용령을 개정하여 중등학교의 교육 연한을 단축시키고 학생 전시 동원을 실시했으며 전력 증강을 위한 기업정비요강(企業整備要綱)을 만들고 통제회사법, 군수회사법 등을 제정함으로써 '국민 총력전'을 펼쳐 온 도조 내각의 능력이 한계에 부딪치고 말았던 것이다. 제아무리 기상천외한 비상 대책을 강구한다 하더라도 일본의 경제력은 이미 저력을 상실하고 있었다.

그해의 화학 생산량만 해도 책임 생산량 161톤의 4분의 1 수준에 지나지 않는 43톤(다이너마이트 28톤, 흑색화약 5.5톤, 과염소산폭약 3톤, 초안폭약 4.5톤)에 그치고 말았다. 특히 조선유지인천 화약공장의 경우는 1년 내내 다이너마이트 3톤, 공업뇌관 1만 1천 개밖에 생산하지 못했는데 그나마 금년에 들어와서는 원료 공급이 중단되는 바람에 공장 조업을 단축하고 4백여 명의 종업원을 하루에 몇 시간씩 염전 조성을 위한 방조제 축조 공사에 동원하고 있는 실정이었다.

태평양전쟁은 바야흐로 패망의 나락으로 곤두박질치기 시작했다. 김종희는 일본 본토가 미 공군기의 잇따른 폭격으로 쑥밭이 되어간다는 소식에 불안해 견딜 수가 없었다. 동생 종근이가 동경에서 와세다 대학 예과에 다니고 있었기 때문이다. 만일 폭격으로 동생에게 무슨 일이 생기는 날이면 그로 인한 책임이 몽땅 김종희에게 돌아오게끔 되어 있었다. 2년 전에 종근이가 대전 중학을 졸업하고 동경 유학을 가겠다고 했을 때 주위의 반대를 무릅쓰고 그의 유학을 적극적으로 부추기면서 학비 부담까지 약속하고 나선 사람이 바로 김종희였다. 형(종철)도 전황(戰況)이 좋지 않다는 이유로 종근의 유학을 극력 반대했었다. 그러나 김종희 생각은 당장 징병에 끌려갈 나이도 아니었기 때문에 자신의 이루지 못한 유학의 꿈을 생각해서도 동생이 희망하는 일본 유학만은 꼭 보내주고 싶었던 것이다.

매월 초순과 중순이면 꼬박꼬박 한 번씩 오던 동생의 편지가 이달에는 중순이 다 되도록 감감무소식이다. (혹시 창성동으로 편질 했나...?) 김종희는 동생 소식이 궁금해서 퇴근길에 당숙 집을 들렀다. 형은 작년부터 마포에 있는 조선목재주식회사(朝鮮木材 株式會社)에 다니고 있었다. 그 회사 역시 기업 정비령에 의해서 설립된 통합회사였다. 김종철이 그 회사에 다니게 된 것도 당숙 김봉서 공의 덕택이다. 1년 전에 정년퇴직한 고이케 경부가 그 회사의 취체역으로 근무하고 있었다.

"어서 오너라! 오늘은 도장에 안 나가고 어쩐 일이냐?" 김종철은 모처럼 찾아온 동생을 반갑게 맞았다.

"종근이한테서 편지 온 것 없었어요?"

"걔가 언제 나한테 편지하던?"

"그 자식..."

"왜...?"

"동경은 하루도 안 빠지고 매일 폭격이라지 뭐예요."

"위험하다 싶으면 조선으로 나오겠지!"

"관부연락선도 요새는 폭격 때문에 밤으로만 운행한대요."

"이제는 태평양전쟁도 막다른 골목에 들어선 거지."

"하지만 전쟁이 그렇게 쉽게 끝나겠어요? 본토 결전이니 뭐니 하면서 학생들에게 죽창(竹槍)까지 나누어주는 판국이니..."

일제(日帝)의 패망

"무슨 색다른 소식 들려오는 건 없었니?" 김종철은 최근의 국제 정세가 궁금했다. 최근의 국제 정치 상황이나 국제 정세에 관해서는 김종희가 더 밝은 편이었다. 김종희는 마쓰무로 취체역이 단편적으로 흘리는 일본 내의 정치 상황을 얻어들을 수가 있었으며 또한 유도관에 나오는 성백우 선배를 통해서 국제 정세의 흐름이 대강 어떻다는 것을 은밀히 들어오고 있었다.

5월에 들어서면서부터는 2차 대전을 둘러싼 국제 정세가 숨 막히게 급변해갔다. 지난 4월 초에 베를린 총공격을 개시한 소련군이 독일군의 필사적인 저항을 무찌르고 5월 2일에 베를린을 점령한 데 이어 마침내 7일에는 독일의 무조건 항복을 받아냈다. 베를린이 함락되기 이틀 전인 4월 30일에는 나치의 괴수 히틀러가 스스로 목숨을 끊음으로써 2년 전 7월에 이태리의 유격대원에 의해 살해된 파시스트 두목 무솔리니의 뒤를 이었으며 일본에서는 도조 내각을 승계했던 고이소 내각이 소련을 내세워 미국과의 종전 협상을 시도하려 하다가 본토 결전을 주장하는 군부에 의해 붕괴되고 중신(重臣)들의 천거로 스즈키(鈴木貫太郎, 해군 대장)가 79세의 고령을 무릅쓰고 주전파(主戰派)의 육상(陸相)과 화전파의 해상(海相)을 주축으로 하는 중도 내각을 성립시켰다. 중도 내각을 이끌고 패전 국면에 임하게 된 스즈키 수상의 기본 전략은 우선 최후의 총력전을 펼침으로써 미군에게 타격을 주어 일단 전세를 호전시켜 놓은 후에 종전을 시도한다는 것이었다.

6월 초 스즈키 내각은 최고 전쟁지도자 회의를 소집하고 본토 결전을 위한 전쟁지도요강(戰爭地圖要綱)을 결정하는 한편 15세로부터 60세까지의 남자와 17세 이상 40세 미만의 여자를 대상으로 국민 의용 전투대를 편성하는 의용병역법 및 전시 긴급조치법을 의회에 제출했다. 그러나 그와 같은 초비상 초강경 대책도 이미 무력해진 국민을 전력화(戰力化)시킬 수는 없었다. 일본 영토의 일부인 오키나와 섬이 완전히 미국 점령하에 들어가 있었고 일본 국토 전부가 미 공군의 제공권 안에 들어가 있었기 때문에 연일 계속되는 무차별 폭격으로 온 국민이 전의를 상실하고 있었다.

스즈키 내각도 하는 수 없이 7월 초에는 다시 최고 전쟁지도자 회의를 소집하고 태평양전쟁 도발 직전에 도조에게 수상 자리에서 밀려난 바 있는 고노에(近衛文麿) 공작을 소련에 특사로 파견하여 미국과의 종전 협상 중재를 요청키로 하는 결정을 내렸다. 그러나 스즈키 내각의 그와 같은 시도는 소련 당국이 특사의 입국 자체를 거부함으로써 무위로 끝나 버렸다.

7월 하순 미·영·중 3개국 수뇌들은 드디어 포츠담 선언을 채택하면서 일본의 무조건 항복을 요구하고 나왔다. 일본이 이에 응할 리는 만무했다. 스즈키 내각은 즉각 포츠담 선언을 묵살한다는 담화를 발표하고 1억 국민의 새로운 본토 결전의 결의를 비장하게 촉구했다.

김종희는 테이블 맨 밑 서랍에 보관해 오던 지카다비(地下足衣, 작업화) 한 켤레를 꺼냈다. 지난봄에 배급받은 것을 동생이 일본에서 나오면 줄까하고 여태껏 보관해 오던 거다. 그런데 오늘 온 편지에도 동생은 일본에서 나올 생각이 없는 것 같았다. 그의 편지대로 전쟁이 이런 상태로 계속된다면 조선이라고 해서 언제까지나 안전지대일 수는 없을 것이다. 김종희는 지카다비를 종이에 쌌다. 창성동 형한테 가져갈 생각이었다. 화약공장은 군수공장이기 때문에 다른 데 비하면 배급품이 비교적 넉넉한 편이었다. 시중에는 구경도 못 하는 설탕이 배급되기도 하고 광목이라든가 각종 의약품 같은 것도 배급되곤 했다.

"너나 뒀다 신지, 뭘 나한테 가져오느라구...."

김종철은 지카다비를 일부러 싸 들고 온 동생의 마음이 고마웠다. 종희는 전에도 설탕이며 의약품 같은 것을 자주 가져오곤 했다.

"형 발에 맞나 안 맞나 한 번 신어봐요."

"네 발에 맞으면 내 발에도 맞지 뭘." 하면서 김종철은 동생 앞에서 지카다비를 신어보인다.

"잘 맞는다. 너 혹시 포츠담 선언 내용에 대해서 들은 것 있나?"

김종철은 김종희에게 물었다. 김종희는 다음과 같이 설명했다.

① 일본의 군국주의 권력 및 세력의 영구적인 제거

② 일본의 새 질서 건설을 위한 일본 영역의 연합군의 점령 보장

③ 일본의 영토와 주권을 혼슈(本州), 규슈(九州), 시코쿠(四国), 홋카이도(北海島) 및 후에 정하는 제 도서로 한정

④ 전범의 엄중 처벌 및 언론, 종교, 사상의 자유 보장과 기본 인권의 보장

⑤ 경제 재건과 제(諸) 군비 산업의 배제

⑥ 점령 해제를 전제로 하는 일본 국민 자유의사에 의한 평화적 책임 정부 수립

⑦ 일본 정부에 대한 무조건 항복 요구 등이었다.

"일본의 영토와 주권을 제한한다는 조항에서 분명히 '조선'은 제외되어 있다는 거예요. 그러니까 조선은 어떤 형태로든지 일제의 식민지 상태에서 해방이 되는 거라구요, 형!"

"그러나 일본이 무조건 항복을 수락해야 말이지…"

"저희들이 항복 안 하면 뭘로 싸울 거예요? 지금 화약공장 거의 다 못 돌아가고 있단 말예요."

"최후의 한 사람까지 싸우다 죽는다고 발악들이다…"

"하지만 인류 역사상 어떤 전쟁도 한 민족을 멸종시킬 수는 없었어요. 결국 모든 전쟁은 협상 테이블에서 끝나게 되어 있는 거예요."

다음날인 8월 6일, 일본 히로시마(広島) 상공에는 '측량할 수 없는 무서운 파괴력을 가지고 무고한 생명의 희생을 요구하는 전대미문의 폭탄(원자폭탄)이 투하됐다. 8월 8일 소련의 선전 포고, 8월 9일에는 다시 일본의 나가사키(長崎) 상공에서 원자탄이 터졌다. 그리고 8월 15일 정오. 전국의 라디오를 통하여 일본의 무조건 항복을 알리는 천황(天皇)의 떨리는 목소리가 울려 퍼졌다.

"우리 선량하고 충실한 신민(臣民)들이여… 짐(朕)은 정부에 명하여 아메리카 합중국, 영국, 중국 및 소비에트 연방정부에게 우리 제국

이 이들 여러 나라의 공동성명 조건을 수락할 것을 통고하게 한 바 있다...."

'화약공판' 사무실의 김종희도 라디오에 빨려 들어갈 것처럼 귀를 기울이고 있었다.

    ".... 이 같은 사정 하에 우리가 어떻게 우리 기천만의 신민을 구원하고 또 우리 천황가의 만세일계(萬歲逸系)의 전통을 이어갈 수 있을 것인가. 짐이 열강의 공동선언 조건을 수락할 것을 명한 이유도 여기에 있는 것이다."

이윽고 20여 분간에 걸친 천황의 비통한 육성 방송이 끝나는 순간이었다. "만세!" 김종희가 별안간 소리 지르며 자리에서 벌떡 일어섰다. 그러자 여태까지 침통한 얼굴로 방송을 듣고 있던 사람들이, 일본인 사원, 조선인 사원 할 것 없이 놀라면서 김종희를 바라보았다.

"조선 독립 만세! 만세! 만세..."

김종희는 다시 소리높이 만세를 부르면서 사무실 밖으로 뛰쳐나갔다. 거리는 마치 태풍 전야와도 같은 적막에 싸여 있었다. 김종희는 질풍처럼 미쓰코시백화점(현 신세계) 방향으로 달려갔다. 성백우 선배를 만나기 위해 유도관으로 가는 길이었다. 성백우 선배는 오늘도 유도관에 나타나지 않았다.

'성 선배가 웬일일까? 벌써 닷새째나 되는데. 어디 갔을까...?'

성백우는 이미 지난 10일 비밀리에 발족한 조선건국동맹(朝鮮建國同盟)에 참여하고 있을 때였다. 조선건국동맹은 8월 9일에 개최된 심야 어전회의에서 일본이 포츠담 선언을 수락하기로 결정했다는 정보를 입수한 국내 인사들이 종전(終戰)과 동시에 닥쳐올 혼란에 대비하기 위해서 여운형(呂運亨)을 중심으로 결성한 건국준비위원회(建國準備委員會) 전신이다.

어느덧 서울 거리 도처에는 태극기가 나부끼고 있었으며 거리로 쏟아져 나온 시민들의 만세 소리가 천지를 진동시키고 있었다.

(아! 정녕 빼앗긴 나라를 다시 찾게 되었단 말이냐....얼마나 간절하게 소망해 온 조국의 해방이던가!) 김종희는 군중 속에 휩싸여 목이 터지도록 만세를 외치고 다녔다.

이튿날은 아침부터 수천 군중이 계동(桂洞) 쪽으로 몰려가고 있었다. 건국준비위원회가 주최하는 해방 경축 군중대회에 참석하기 위한 인파였다. 어젯밤을 창성동 당숙 집에서 흥분 속에서 지샌 김종희도 일찌감치 대회장인 휘문중학교 교정으로 갔다. 이윽고 군중의 박수갈채를 받으면서 한 연사가 위풍당당한 모습으로 연단에 올라서는 것이었다. 그가 바로 지금까지 말로만 들어오던 몽양(蒙陽) 여운형 선생이었다.

"친애하는 동포 여러분! 나는 어제 아침에 총독부의 엔도(遠藤) 정무총감의 초청으로 그를 만나 이런 제의를 받은 바 있습니다. 지난날에 일본 민족과 조선 민족이 합한 것이 합당했는가, 합당치 않았는가 하는 것은 따지지 말자. 다만 서로가 헤어져야 할 오늘을 당하여 마음 좋게 헤어지자. 흥분과 오해로 피차 간에 피를 흘린다든지 불상사가 일어나지 않도록 조선 민중을 잘 지도해 달라는 요청이었습니다. 나는 그 자리에서 다음의 다섯 가지 사항을 요구하고 즉석에서 무조건 응낙을 받았습니다.

① 구속 중인 정치범과 경제사범을 즉시 석방할 것

② 조선 인민에 대한 3개월분의 식량을 확보, 명도할 것

③ 치안 유지권을 완전히 이양할 것

④ 민족 해방에 따른 결사와 집회의 자유를 보장할 것

⑤ 각 사업장에서의 계속적인 안전 조업을 협력할 것 등입니다."

여운형은 이어 "이로써 우리는 민족 해방의 첫걸음을 내디디게 되었으니 우리들의 지난날의 아프고 쓰렸던 설움은 이 자리에서 모두 잊어버립시다. 물론 우리들의 통분한 마음은 금할 수가 없습니다. 그러나 백기들은 일본인들의 심흉(心胸)을 헤아려 그들에게는 우리들의 아량을 보여줍시다. 그리하여 백두산 아래서 자라난 우리 민족의 저력을 한 데 모아 이

땅위에 이상적 낙원을 건설해 나가는 데 총매진합시다..."

　그날 오후 1시부터 시작된 경축해방 군중 시위로 장안은 온통 '만세' 함성과 태극기의 물결이 소용돌이치는 환희와 감격과 흥분의 도가니로 변했다. 그러나 몽양 여운형의 충정 어린 설득이 있었음에도 불구하고 도처에서 일본인에 대한 시위 군중들의 보복 행위가 자행되기 시작했다. 시위 군중 속에 있던 김종희는 가까스로 '화약공판' 사무실이 있는 남산 쪽으로 빠져나왔다.

8

김종희, 화약계(火藥界)를 떠나지 말아다오!

　　시위 군중은 '화약공판' 건물 앞까지도 붐비고 있었다. 김종희는 3층 생산부 사무실에서 기가 꺾인 일본인 사원들이 공포에 떨고 있는 것을 보았다. 중역실의 요시다(吉田) 취체역은 보이지 않았다. 생산부의 업무는 아사노카리트 출신의 요시다 취체역이 총괄해 오고 있었다. 김종희가 일본인 사원에게 물었다.

　　"요시다, 취체역은 안 나왔나?"

　　"나왔습니다."

　　"어디 있나?"

　　"옥상으로 끌려나갔습니다."

　　"옥상으로 끌려나가다니?"

　　"…."

　　"누가 끌고 나갔단 말야?"

　　"올라가 보면 알 것입니다."

　　옥상으로 올라온 김종희는 아연실색하고 말았다. 너무나도 어처구니없는 광경이 벌어지고 있었기 때문이다. 몇몇 관리직 조선인 사원들이 10여 명의 조선인 노무직 사원들과 작당하여 미야모토 사장을 위시해서 기무라, 스즈키, 우에노, 요시다 등 마쓰무로 취체역 한 사람을 제외한 회사 중역 전원을 뜨겁게 달아오른 콘크리트 바닥 위에 모조리 꿇어앉혀 놓고 있었다.

"아니, 무슨 짓들을 하고 있는 거요?" 김종희가 일갈하며 중역들을 둘러싸고 있는 조선인 사원들을 떼 밀쳤다.

"김 계장! 너는 어디 갔다 이제사 나타나는 거냐?"

몸집이 크고 나이가 든 총무부 사원 강선호가 힐난하듯이 큰소리를 치며 김종희 앞으로 다가섰다. 강선호는 총무부에 근무해 오는 동안 중역들에게는 말할 것도 없고 일본인 평사원들 앞에서까지도 구역질이 날 만큼 온갖 아양을 떨어온 친구다.

"대체 이 사람들을 어쩌려고 이 모양으로 꿇어앉혀 놓은 거요?"

"뭐라구? 지금까지 우리 조선인 사람들을 차별 대우 하면서 강압적으로 일만 시켜 온 이자들인데, 김 계장은 우리한테 불만이 있다는 거야, 뭐야?"

"이들은 이미 백기를 들고 항복한 사람들이요. 송장을 걷어차는 만용을 부려서는 안 돼요. 지금은 오히려 우리가 이들에게 아량을 보일 때요."

"뭣이? 너는 이 새끼들한테 잘 보여서 계장이 되더니만 역시 일본 놈들 편이었구나?"

"말조심하지 못해?"

"왜? 내 말에 찔리는 데가 있는 모양이지, 헷헤…"

"당신은 어제 아침까지도 일본 사람들의 밑바닥까지 핥고 다니던 똥강아지요!"

"아니, 이 자식이?"

강선호의 주먹이 김종희의 턱 밑으로 날아오는 순간이었다. 김종희가 번개같이 강선호의 목덜미를 낚아채며 어깨너머로 매 꽂았다. 김종희는 분이 가시지 않는 듯 나가 뻗은 강선호를 번쩍 들어 올리더니 방공용(防空用)으로 물이 가득 차 있는 드럼통 속에 텀벙 쑤셔 박는 것이었다. 조선인 사원들은 다들 겁에 질린 얼굴로 김종희의 거동을 지켜볼 뿐이었다.

"여러분! 내 말 들으시오!"

김종희는 흥분을 자제하고 아침나절에 휘문중학교 교정에서 들은 몽양 여운형 선생의 연설 내용을 상기하면서 사자후를 토했다.

"지금은 우리가 이런 간사하고 악랄한 자의 선동으로 부화뇌동할 때가 아닙니다! 우리는 지금 민족해방의 첫걸음을 내디디고 있는 것입니다. 백두산 아래서 자라난 우리 민족의 저력을 한데 모아서 이 땅에 이상적 낙원을 건설해야 합니다. 우리 직장은 우리 손으로 지켜야 합니다. 건국준비위원회에서는 이미 각 전문학교 학생들과 중학생으로 치안대를 조직해서 시내 요소요소에 경비원을 배치해 놓고 있습니다. 우리도 먼저 우리 '화약공판' 산하에 있는 전국의 화약고를 지켜야 합니다."

"옳소!"

"이 사람들의 결박을 풀어주시오! 그리고 상부의 어떤 결정이 있을 때까지는 우리는 맡은 일에 각자 책임을 다합시다!"

약관 23세 김종희 계장의 현실 인식은 뛰어났다.

"옳소!"

조선인 노무직 사원들이 박수로 환호했다. 김종희는 조선인 사원들이 중역들의 결박을 풀어주는 것을 보지도 않고 바로 2층 구매부 사무실로 뛰어 내려갔다.

"마쓰무로 취체역은 어디 있나?"

"출근하지 않았습니다."

"그래...?"

김종희는 그 길로 홍제동 사택을 향해 달려갔다. (마쓰무로 취체역에게도 어떤 보복이 가해지고 있을지 모른다...)

홍제동 사택의 마쓰무로 취체역은 집안 살림을 정리하는 중이었다.

"다른 데로 옮길 겁니까, 부장님?"

"음! 떠날 준비를 하고 있는 거다."

마쓰무로 취체역의 태도는 평소처럼 태연하고 침착했다.

"떠나다니요?"

"이제 일본인은 일본으로 돌아가야지."

"하지만 아직은…"

"연합국은 이미 카이로 선언에서 모든 일본인은 강점하고 있는 전 지역으로부터 축출되어야 한다는 사실을 못 박아 놓고 있으니까."

"그럼 부장님은 카이로 선언도 알고 있었군요?"

"음!"

그는 일손을 쉬지 않았다.

"부장님은 개전 초에 벌써 일본이 진다는 것을 알고 있었잖았습니까?"

"일본이 질 거라고 생각한 사람은 비단 나뿐이 아니었을 거다."

"일본은 앞으로 어떻게 되는 겁니까, 부장님!"

"전쟁에 졌다고 해서 일본 민족이 지구상에서 사라지는 것은 아니다. 일본에는 일본 대로의 새로운 질서가 서게 되겠지!"

"그동안 부장님이 저에게 베푼 호의는 잊지 않겠습니다."

"솔직하게 말한다면 내가 그동안에 너에게 베푼 친절은 나의 호의가 아니다."

그는 일손을 놓고 앉으며 엄숙한 표정을 지었다.

"나의 욕심이었다고 해야 정직한 고백이 될 거다."

"욕심이라구요?"

"그렇다! 일본은 조선인에게 화약에 대한 전문지식을 전수하는 데는 매우 인색했던 것이 사실이다. 그러나 나는 화약인의 한 사람으로서 조선 땅에 나와서 땀 흘려 이룩해 놓은 화약산업이 물거품이 되는 것을 원하지 않았다. 그래서 나는 '조선유지 인천화약공장'의 몇몇 조선인 종업원을 초화공실이라든가 날화공장 같은 주요 생산공정에 견습공으로 일할 수 있게 해 왔지만 결국은 인천공장이 그동안 휴업 상태에 있었기 때문에 그들이 기술에 익숙해질 수 있는 충분한 기회를 얻지 못한 채 오늘에 이르고 말았다. 이제 일본인이 조선에서 떠나고 나면 조선에 있는 화약공장들은 사실상 무용지물이 될 것이다. 너도 아는 바와 같이 어느 공장에서도 조선인 화약 기술자는 한 사람도 없으니까…"

그는 한숨을 푹 내쉰 뒤에 다시 말을 이었다.

"앞으로 새로 조선을 건설하는데 화약이 어느 정도로 큰 비중을 차지하게 되는지 그것은 아직 나도 모른다. 그러나 분명한 것은 화약 없이 산업 근대화를 이룩한 나라는 이 지구상에 한 나라도 없다는 사실이다."

"…."

김종희는 너무 의미심장한 이야기였으므로 묵묵히 듣고만 있었다.

"김 군! 다행히 너는 지난 4년간 화약을 제조하는 기술을 배우지는 못했지만 화약공판 구매부와 생산부에 근무해 오면서 화약이 무엇이며 화약이 어떤 경로로 생산된다는 사실을 알았을 것이다. 네가 진정으로 너의 조국 조선을 사랑하거든 우리 일본인이 조선을 떠난 후에라도 너만은 화약계를 떠나지 말아다오! 이것이 너에 대한 나의 마지막 부탁이다!"

김종희는 아무 말 없이 마쓰무로 취체역의 얼굴만 바라볼 뿐이었다. 화약인으로서 오직 외길 인생을 살아온 마쓰무로 취체역의 진심을 헤아릴 수 있지만 화약계를 떠나지 말라는 그의 부탁은 왠지 마음에 흔쾌히 와닿지 않았다. 김종희는 해방된 조국에 이바지해야 할 일 가운데는 화약보다 더 큰 일이 얼마든지 있을 것이라고 생각했다.

김종희가 제동에 있는 건준(建準)사무실에서 성백우 선배를 만난 것은 미·소 양국이 북위 38° 선을 경계로 해서 조선을 분할 점령할 것이라는 사실이 보도되던 8월 25일 오후였다.

"선배님! 그럼 우리나라는 새로 미·소 양국의 지배를 받게 되는 겁니까?"

"아닐세. 다만 미국과 중국 그리고 소련이 일본에 대한 수항지구(受降地區)를 그렇게 설정한 것뿐이라네. 중국은 북위 17° 선 이북의 베트남으로부터 산해관(山海關) 이남의 중국 본토하고 대만에서 일본군의 항복을 받고 소련은 산해관 이북의 만주 전역하고 38° 선 이북의 조선에서, 그리고 미국은 38° 선 이남의 조선하고 일본 본토에서 일본 군의 항복을 받기로 되어 있다네."

"미군이 들어와서 일본군의 항복을 받고 나면 우리나라는 바로 독립이 되는 거요, 선배님?"

"그러기 위해서 '건준'이 현재 일을 하고 있는 것 아닌가."

"제가 도와드릴 일은 없겠습니까, 선배님."

"자네가 지금 나보다 더 중요한 일을 하고 있어. 우리나라가 자주독립을 하기 위해서는 앞으로 제일 먼저 산업 부흥을 이룩해야 한다네."

"하지만 산업 부흥보다 더 큰 일이 있을 것 아닙니까?"

"그보다 더 큰 일이 어디 있겠는가! 자네는 다른 생각 말고 그냥 화학계에서 열심히 일해 주게! 그것이 바로 해방된 조국을 사랑하고 위하는 최선의 일일세. 나도 머지 않아서 정치하고는 인연을 끊고 교육계에 진출해서 후학 양성에 진출할 생각이네."

김종희는 건준 사무실을 나서면서 마쓰무로 취체역이 하던 말이 뇌리에 떠올렸다. (너는 지난 4년간 화약을 제조하는 기술을 배우지 못했지만, 다행히 화약공판 구매부와 생산부에 근무하면서 화약이 무엇이며 화약이 어떤 경로로 생산된다는 것을 알았을 것이다. 네가 진정으로 너의 조국을 사랑한다면 우리 일본인이 조선을 떠난 후라도 너만은 화약계를 떠나지 말아다오!)

형(종철)도 비슷한 말을 한 적이 있다.

"일본 사람들이 다 돌아가고 나면 어차피 누군가 화약을 잘 아는 사람이 화약공판 일을 책임지고 관리해 나가야 할 것 아니냐. 아무 말 없이 묵묵히 제 할 일을 하는 사람이 애국자지, 입으로 애국한다고 떠들고 다니는 사람이 애국자냐?"

그 무렵 김종철은 학병에 끌려 나갔다가 귀환한 동지들과 함께 국군준비대(國軍準備隊)를 결성한다고 분주한 때였다. 김종희는 마음속으로 다짐했다.

'그렇다! 명예는 얻지 못하는지 모른다. 빛나지 않을는지도 모른다. 그러나 나는 해방된 조국의 화약계를 지키는 등대수가 되는 거다!'

9

「화약공판」 지배인 김종희
- 김 계장 업무인계 받으시오!

가리오아 원조

맥아더 사령부가 남조선에 미군정(美軍政)을 선포한 것은 9월 7일, 8일에는 하지 중장 휘하의 미군이 인천에 상륙했다.

9일 조선 총독 아베(阿部信行)가 항복 문서에 조인함으로써 36년간의 기나긴 일제 식민지 통치는 종막을 고하고 미군정 시대가 개막되었다. 11일에는 아베총독이 정식으로 파면되고 미군정 장관에 아놀드 소장이 임명되었으며 미국 정부는 같은 날짜로 남조선에 GARIOA(Geverment Appropriation for Relief In Occupied Areas : 점령지 구제기금) 원조가 제공될 것이라고 발표했다.

자치위원회 결성

김종희로서는 조선을 자유국가로 독립시키기로 한 카이로 선언에도 불구하고 당장 독립 정부를 세우지 않는 것이 불만스러웠다. 해방된 지불과 한 달, 조선공산당을 위시해서 한국민주국민당, 전국부녀동맹, 조선문화건설중앙협희회, 각 정당 통일기성준비회 등 갖가지 정당, 사회단체가 난립하는 가운데 각 직장에는 자치위원회(自治委員會)가 결성되기 시작했다.

9월 12일은 화약공판에서도 자치위원회를 결성하기로 한 날이었다. 김종희는 회사로 출근하기 전에 먼저 회현동의 김봉수 씨 댁에 들렀다. 김봉수는 와세다 대학을 졸업하고 조선화약 총포 판매주식회사에 근무해 오다가 화약공판이 발족하는 바람에 총무부 창고 계장으로 재직하고 있는 조선인 사원 중의 선임사원이다. 김종희는 오늘 결성하는 자치위원회 위원장에 그를 추천할 생각이었다. 그런데 그는 해방되던 다음 날부터 회사에 잘 나오지 않고 있었다.

"어서 오게, 김 계장!"

김봉수는 평소에도 김종희를 동생처럼 대해 주었다.

"궁금해서 들렀습니다."

"음. 좀 바쁜 일이 있어서."

"회사에 더 좀 자주 나오셔야지요."

"사실 그동안 어쩔 수 없이 그 자리에 그냥 붙어 있었지만, 이제는 나도 내가 가야 할 길을 가야 할 것 아닌가."

이때 전화가 걸려 왔다. 김봉수는 집에 전화까지 놓고 살 만큼 여유가 있는 부여(扶餘) 갑부의 후손이다. 전화하는 얘기를 들어보니 그도 정치에 관계하고 있는 것 같았다. 김종희는 전화가 끝나자 단도직입적으로 말을 꺼냈다.

"계장님께서 우리 화약공판의 자치위원회 위원장을 좀 해주셔야겠어요."

"원, 별 소릴..."

"우리도 오늘 자치위원회를 만들기로 했거든요."

"화약공판에도 그런 게 있기는 있어야 할 거야."

"그런데 계장님이 아니면 위원장 맡을 사람이 있어야죠?"

"김 계장. 자네가 하게! 자네는 위원장이 되고도 자격이 남아."

"제가 위원장을 어떻게 합니까?'

"자네가 총무부의 강선호를 혼내 주었다는 얘기도 내가 듣고 있네. 이런 때일수록 완력은 완력으로 다스려야 하는 법이야. 일본인의 공공재산이 앞으로 어떻게 처리될지는 모르지만 좌우간 어떤 결정이 내려질 때까지 김 계장이 자치위원회를 만들어서 말썽 없이 잘 이끌도록 하게! 만약 어려운 일이 생겨서 내 힘이 필요하다면 언제든지 내가 도움세!"

김종희를 위원장으로 뽑자는 공론은 자치위원회를 결성한다는 움직임이 일 때부터 나온 얘기였다. 그러나 김종희로서는 나이가 지긋한 선임자를 위원장으로 추대하고 싶었던 것이다. 김종희다운 속 깊은 생각이었다. 김종희는 좋든 싫든 화약공판 자치위원회 위원장이 될 수밖에 없었다.

김종희 자치위원장은 먼저 위험물인 화약이 혼란기에 외부에 유출되어 사고가 발생하는 일이 없도록 할 것을 화약공판 산하 각 화약고 관리책임자들에게 엄중히 시달했다. 그러나 화약공판 자치위원회 영향이 미치는 지역은 그때 이미 38도선 이남에 제한되어 있었다. 이북에도 미군보다 먼저 평양에 진주(8월 22일)한 소련군에 의해 군정이 실시되고 있었기 때문이다.

김계장, 지배인에 선임되다

조선에 살고 있는 일본인들이 본국으로 귀환을 서둘렀다. 화약공판에서도 본국 귀환을 앞두고 일본인 사원들이 분주한 움직임을 보이는 가운데 하루는 사장실에서 김종희를 불렀다. 사장실에 들어선 김종희는 엄숙한 실내 분위기에 긴장감을 느꼈다. 미야모토 사장을 비롯해서 기무라

수석 상무 취체역, 마쓰무로 구매 담당 취체역, 요시다 생산 담당 취체역 등 6명의 중역 전원이 장방형 회의 테이블에 정연하게 착석하고 있었다.

"김 계장! 이리 앉아요!"

미야모토 사장이 자신의 바른쪽의 비워 놓은 상석(上席)을 권했다.

"아닙니다. 저쪽으로 앉겠습니다."

김종희는 상석을 사양하고 말석으로 가서 앉으려고 했다.

"김 계장! 오늘은 여기가 김 계장 자리요. 이리 와서 앉아요."

"지금 우리는 김 계장에게 '조선화약공판주식회사'의 업무인계를 하려는 거요."

"업무인계라구요...?"

"그렇소!"

김종희는 야마모토 사장이 권하는 상석에 앉으면서 중역들의 얼굴을 둘러보았다. 중역들의 얼굴이 모두 긴장되어 있었다. 야마모토 사장이 회의 테이블 위의 두툼한 서류철을 앞으로 끌어당기며 다시 말을 이었다.

"김 계장도 아는 바와 같이 우리는 모두 조만간 본국으로 돌아가야 할 사람들이요. 그래서 이 화약공판 업무를 어떻게 처리하고 떠나야 할 것인가 하는 문제를 놓고 장시간 논의한 끝에 회사의 업무 일체를 김 계장에게 인계하기로 한다는 데 의견의 일치를 보았어요."

"여러분이 물러나게 되면 회사 업무는 어차피 우리 자치위원회가 맡게 되는 것 아니겠습니까?"

"자치위원회 얘기가 없었던 것은 아니오. 허나 중역회의는 여러분이 임의로 설립한 자치위원회를 인정하지 않기로 했어요."

"그렇다면 나한테 업무인계를 하겠다는 얘깁니까?"

"자치위원회 위원장이 아닌 화약공판 사원의 자격으로 업무를 인수해 줘야 하겠어요."

"사원 자격이거나 위원장 자격이거나 무슨 상관있습니까? 이러나저러나 김종희는 한 사람입니다."

"그렇지가 않아요. 자치위원회는 아무 법적 근거가 없는 임의단체에 불과합니다. 따라서 자치위원회는 언제든지 해체될 수 있고 그렇게 되면 위원장 자격도 자동적으로 소멸되는 거요. 그래서 중역회의가 오늘날 새로 김 계장을 우리 화약공판의 '지배인'으로 선임하는 한편 회사 업무 일체를 지배인에게 인계하기로 의결한 거요."

"나를 지배인으로...?"

역사적인 순간이었다. 국가 주요 전략 산업인 화약이 이제 일본인에게서 젊은 조선인 김종희에게 넘어오는 것이다. 김종희는 이로써 화약인이라는 무거운 짐을 짊어지게 되었다.

화약공판에 여태까지 지배인이란 없었던 제도다. 그러나 주식회사 중역회의가 회사의 업무 집행과 관련해서 지배인을 선임하거나 해임하는 일은 상법이 보장하고 있는 권한에 속한다.

"조선이 현재 미 군정 하에 있다고는 하지만 현행법이 존속하고 있는 한 우리 조선화약공판주식회사 중역회의의 결의는 어디까지나 정당하고 합법적인 거요. 그러니 중역회의 결정을 존중하고 따라 주었으면 좋겠소."

(어차피 누군가가 인수해야 할 화약공판 업무가 아닌가...? 그렇다면 굳이 합법적으로 업무를 인계하겠다는 이들의 제의를 거절할 이유가 없다.)

김종희는 미리 준비된 각종 주요 서류 목록과 중역회의 의사록을 검토한 후에 미야모토 사장이 제시하는 각서에 서명 날인했다.

〈각 서〉

본인은 조선화약공판주식회사 제47차 중역회의 결의에 따라 일체의 회사 업무를 인수함에 있어 관계 법령을 비롯한 회사 정관과 제반 사

규를 준수하며 대외적으로 회사를 대표하고 대내적으로는 회사 경영의
책임자로서 선의의 관리 업무를 성실히 이행할 것을 엄숙히 각서한다.

1945년 9월 22일

지배인 김종희

조선화약공판주식회사 중역회의 귀중

　조선인 사원들은 김종희에게 화약공판 업무를 인계하기로 한 중역회
의 결정을 당연한 일로 받아들였으며 모든 일본인 사원들이 중역들과 함
께 9월 23일 자로 총퇴진하고 9월 24일부터는 김종희 지배인 중심의 새
로운 조선화약공판주식회사 체제가 들어섰다.

　다음 날인 25일 미군정청은 일본인의 재산을 적산(敵産, Enemy
Property)으로 접수하기 위한 사전동결 조치로써 모든 일본인 재산의 이
양을 금지하는 한편, 8월 9일(일본이 어전회의에서 항복할 것을 결정한 날) 이
후에 성립된 일본인 재산에 대한 매매행위 일체를 무효화 한다는 내용의
군정법령 2호를 공포했다. 화약공판 사원들은 미군정의 그와 같은 조치
가 자신들에게도 어떤 영향을 미칠 것이라고 생각했다.

　"우리 화약공판은 어떻게 되는 거야?"

　"김 지배인이 인수한 것 무효 아냐?"

　"그럼 창고 안에 쌓여있는 제품들은 어떻게 하지?"

　"그것까지 미군에게 빼앗기면 억울하잖아?"

　화약공판 창고에는 미처 각 화약공장에 배급하지 못한 상당량의 작업
복과 광목, 면화 등의 생필품이 보관되어 오고 있었다. 사원들은 김종희
에게 인수인계가 무효라며 차라리 창고 안에 있는 생필품이라도 나누어
갖자고 했다. 그러나 군정법령 2호와 화약공판의 업무 인수는 전혀 무관
한 것이었다. 화약공판 중역회의 결의는 어디까지나 회사의 업무를 인계
한 것뿐이지 회사 자산을 양도한 것은 아니기 때문이다. 김종희는 그 점

을 사원들에게 분명히 설명하고 사원들의 동요를 막았다.

당시 적산을 둘러싸고 전국적으로 많은 문제점이 발생했다. 어느 지역에서는 약탈과 방화로 일본인들이 남겨놓고 간 재산을 약탈하거나 파괴하기도 했다. 화약공판은 김종희라는 지배인이 존재하고 있는 것이 행운이었다. 업종은 다르지만, 수원에 있는 섬유 업체인 선경직물(鮮京織物)의 경우도 거의 동일한 경우였다. 미군정 법령 2호가 공포되기 전 선경직물에 근무하던 조선인 직원들이 공장을 파괴하고 제품을 약탈하려는 움직임을 보였다. 그때 자치위원장인 최종건(崔鍾建, 후에 SK그룹 창업회장)이 사원들을 설득, 공장이 파괴되지 않도록 했던 것이다.

김종희는 10월 1일 자로 화약공판 산하의 각 지역 영업소장을 임명했다. 발빠른 인사조치였다. 일본인 사원들의 총퇴진으로 각 영업소 소장이 공석 중이어서 그 지역의 화약고 관리의 안정성 확보가 시급했던 것이다. 당시의 인사 내용은 다음과 같다.

①부산 영업소장 주수택 : 괴정동 화약고 5개 동(棟)
②대구 영업소장 최덕기   범어동 화약고 4개 동(棟)
　　　　　　　　　　　　산격동 화약고 2개 동(棟)
③전주 영업소장 김학영 : 인후동 화약고 2개 동(棟)
④제천 영업소장 이희규 : 장락동 화약고 2개 동(棟)
⑤군산 출장소장 문병기 : 사풍리 화약고 4개 동(棟)
⑥본사 영업담당 민영만 : 홍제동 화약고 8개 동(棟)
　　　　　　　　　　　　녹번동 화약고 4개 동(棟)

그 밖에 본사 총무 담당에는 전부터 총무부에서 근무해 오던 강선호를, 그리고 구매 담당과 생산 담당에는 김덕성과 민영만을 각각 임명했다. 여기서 우리는 김종희가 문제 인물이었던 강선호를 그대로 총무부에 근무토록 한 그의 도량을 눈여겨볼 필요가 있다.

다음날 사원들은 이번 인사 발령이 미군정청과의 사전 협의를 거친 것이라고 수근거렸다. 사원들의 추측에 불과했다.

미군정청이 10월 2일을 기해서 남조선의 광산(鑛山)을 일제히 접수하기 시작했다. 군정청이 광산을 접수한다는 것은 곧 화약의 수요가 일어나게 된다는 것을 뜻하는 것이었다. 광산에 필요한 화약을 확보하기 위해서는 '화약공판'을 통하지 않으면 안 된다. 화약은 여느 공산품처럼 아무나 생산할 수 있는 물품이 아니다. 허가받은 사람만이 취급할 수 있고, 팔 수 있고, 살 수 있는 것이다.

"지배인! 이제 코 큰 친구들이 우리한테 굽신거리게 됐어요."

김종희보다 나이가 많은 영업 담당 민영만이 싱글벙글거리며 1층 지배인 실을 들어섰다.

"왜요?"

"아 즈네들이 광산 일을 하려면 우리 신세 안 지고 될 거예요?"

"그건 주객이 바뀐 생각인데요."

"주객이 바뀌다뇨?"

"미국은 세계에서 지하자원이 제일 풍부한 나란데 그들이 우리나라 광산물이 탐나서 개발하려고 하겠어요?"

"그렇잖으면 군정청에서 무엇 때문에 허구 많은 생산 공장을 다 제쳐 놓고 맨 먼저 광산부터 접수한단 말이요?"

"광산 개발이 우리나라 경제 건설에 차지하는 비중이 그만큼 크다는 걸 알아야 합니다. 우리나라가 독립을 하자면 먼저 경제적으로 자립해야 합니다. 그런데 미군이 광산 개발을 하겠다는 마당에 우리가 마치 남을 돕는다는 생각으로 일해서 되겠어요?"

"우리나라가 독립은 되는 거요?"

"하지 장군이 각 정당 대표들에게 건국에 대한 제언을 해 달라고 요청하고 있잖아요?"

"그놈의 정당도 하도 많이 생기니..."

"정치는 정치하는 사람들에게 맡기고 우리는 우리가 맡은 화약 일 한 가지만이라도 잘해봅시다!"

동생 종근의 사망

김종희가 홍제동 기숙사에 있는 마쓰무로 취체역을 만나려고 서류를 챙기고 있었다.

"야, 디도!" 하고 부르는 소리가 들렸다. 참으로 오랜만에 들어보는 소리였다. '디도'는 김종희의 신명(神名, 영세명)이다. 고개를 돌린 김종희가 크게 반색하며 맞이했다.

"아아, 이거…. 노엘이 웬일이냐?"

지배인 실에 들어서고 있는 청년은 김종희와 함께 부대리 북일사립학교에 다닌 송태식(宋泰植)이었다. 부대리 소년들은 거의 모두가 본명보다는 신명에 더 친숙해 있다. 부대리 주민의 대다수가 성공회 신자로서 동네 아이들이 대부분 교회 유치부에 다닐 때 영세를 받게 되고 영세를 받은 후부터는 서로 신명을 불러오기 때문이다. 김종희와 송태식이 영세를 받은 것도 유치부에 다니던 시절이다. 두 사람은 특히 담장 하나를 사이에 두고 자란 소꿉친구다. 김종희가 '도상'에 진학하기 전까지만 해도 둘이는 자주 교회에서 만나곤 했다.

"노엘! 우리가 얼마 만에 만나는 거냐?"

"니가 원산학교로 전학 간 뒤엔 못 만났으니까 하메 5년도 더 되나 뵈여."

"그래, 어떻게 지냈나?"

"농사나 짓는 촌놈이 그렇지 뭘."

"아 그런데 촌놈이 여긴 어떻게 알고 찾아온 거여. 핫하."

"아무리 촌놈이기로서니 서울 와서 남대문 못 찾을까?"

"그래, 반갑다. 잘 왔어."

"실은 어제 기찰 타려고 천안역에서 나오다가 느 아버질 만났던 거여."

"응, 그랬었구나."

"느 아버지가 여길 가르쳐 주시면서 널 꼭 만나보라고 해서 온 건데..."

"왜, 무슨 일인데?"

"일본에서 공부하던 느 동생 종근이 있잖아?"

"응, 그래서."

"얼마 전에 돌아왔다더라."

"그래...?"

"그런데 시방 굉장히 아픈가 뵈여.'

"아프다구?"

"느 아버지가 천안에 의사를 데리러 나오셨다가 날 만났던 거여."

"어디가 아픈데?"

"거 까장은 잘 모르겠고 좌우간에 느 아버지 말씀이 종근이가 널 퍽 보고 싶어 한다고 하시면서 바쁘더라도 꼭 한번 다녀가도록 하라더라."

"어쨌든 종근이가 살아서 돌아왔다니 다행이다. 그러잖아도 어제 신문에서 교포 귀환선 하나가 일본 마이쓰르(舞鶴)항에서 침몰했다는 기사를 보고 큰 걱정을 하고 있었는데...."

"그럼 난 이만 내려가 볼란다."

"지금 내려가겠다는 거야?"

"일 다 보고 시방 내려가는 길이었어."

"오늘 밤 나하고 같이 자고 내일 함께 내려가자구!"

다음 날 김종희가 상덕리에 도착했을 때 종근이는 이미 사경(死境)을 헤매고 있었다.

"종근아! 나다. 나 종희 형이야! 종근아, 정신 차려! 정신 차려봐, 종근아!"

"...."

"종근아."

동경에 있을 때부터 극심한 식량난으로 영양실조에 걸려있던 종근이는 귀국길에 겹친 피로 때문에, 집에 돌아와서 이삼일 동안은 몸도 제대로 가누지 못했다. 그러다가 기운을 차린 종근이가 입맛을 찾기 시작했던 것이다. 그럴 때일수록 조심해야 할 것은 음식이었다. 그런데 오랫동안 먹지 못해 병이 나서 돌아온 아들을 대하는 부모는 애틋한 정에 끌려 몸에 좋다는 음식을 아낌없이 장만해 대고, 본인은 본인대로 왕성하게 살아난 식욕을 절제하지 못하고 과식한 것이 발병의 근원이었던 것이다.

"아버지! 의사를 불러야겠어요."

"아침에도 데리러 갔었는데 의사가 안 올라 하더라."

"어느 병원 의산데요?"

"천안역 전의 박애병원이여."

(의사가 왕진을 거부하다니....)

상기된 김종희는 천안 읍내로 가는 신작로 길을 정신없이 걸어가고 있었다. 김종희는 멀리 자전거를 타고 오는 신부 모습에 까맣게 잊혔던 〈하느님〉을 뇌리에 떠올렸다. 자전거를 타고 오는 신부는 강희선(姜喜善, 신명 베드로)이었다. 강희선 신부는 평택 태생으로 1908년 강화신학원을 졸업하고 평택성당 전도사로 임명되어 시무해 오다가 1923년에 사제 서품을 받은 우리나라 성공회 초기 신부의 한 사람이다.

"어델 가시는 길인가?"

"급한 일로 천안 읍내 좀 나가는 길입니다."

"급한 일이면... 무슨 일인지. 이 자전거를 이용하시게!"

"고맙습니다. 사실은 지금 내 동생 때문에 의사를 부르러 갑니다."

"의사를...?"

"예! 기도 좀 해주십시오, 신부님! 어쩌면 제 동생은 죽을지도 모릅니다."

김종희는 강 신부의 자전거를 타고 곧게 뻗친 신작로를 쏜살같이 달렸다. 상덕리에서 천안역까지는 삼십 리 길이 실하다.

김종희가 천안역에서 의사와 함께 자전거를 타고 상덕리 어구에 들어섰을 때는 이미 해가 져서 어둑어둑해질 무렵이었다.

막 대문 앞에 도착했을 때다. 별안간 집안에서 하늘이 무너지는 듯한 통곡 소리가 터져 나왔다. 김종희는 전신에 전율을 느끼며 거의 반사적으로 제자리에 얼어붙었다.

(종근이가...?)

하는 불길한 예감이 머리끝을 하늘로 잡아당겼다. 열려있는 대문 사이로 안방을 나서는 강 신부의 모습이 보였다. 김종희는 구원을 호소하려는 듯 비통하게 강 신부 앞으로 다가갔다.

"디도! 요한은 방금 하느님의 부르심을 받았네!"

"예...? 신부님! 예수님은 죽은 나사로도 무덤에서 살려내셨습니다. 요한을 살릴 길이 없겠습니까?"

김종희는 버럭 울부짖으며 안방으로 뛰어 들어갔다.

"종근아...." 하는 김종희의 외마디 비명과 함께 격렬한 울음소리가 터져 나왔다.

10

나 혼자만 남는 한이 있어도
화약공판 지키겠다

　김종희는 종근이의 장례를 마치고 그날 오후 완행열차 편으로 늦게 서울에 도착했다. 홍제동 연구소에 왔을 때는 밤이었다. 전 같으면 연구소 사택이나 기숙사 창문에 아직 불이 밝혀져 있을 시간인데 연구소 전체가 깜깜한 어둠 속에 잠겨 있었다.

　(정전인가...?)

　연구소 정문 경비실에 불이 켜져 있는 것을 보면 정전은 아닌 성싶었다. 이상한 일이었다. 김종희가 경비실 앞을 지나가는 데도 아무도 내다보는 경비원이 없었다. 연구실 경내에는 화약고가 있었기 때문에 정년으로 퇴직한 일본인 사원 3명이 8시간씩 24시간 내내 경비 근무를 해오고 있는 터다. 경비실에는 불도 안 켜진 채 아무도 없었다. 김종희가 썰렁한 분위기를 느끼며 사방을 두리번거릴 때 "누구요?"하는 소리가 어둠 속에서 들려왔다.

　"나요!"

　"아이쿠, 난 누구시라구.... 지배인님 오셨군요." 하며 기숙사 쪽에서 다가오는 사람은 지난 10월 1일부로 홍제동 화약고 관리 책임자로 임명된 홍용기(洪龍基)였다.

"경비원은 어디 갔지요?"

"다들 떠났습니다."

"떠나다니요?"

"우리 화약공판 일본 사람들은 오늘 아침 특별 열차 편으로 몽땅 떠났어요."

"뭐라구...?"

뜻밖의 일이었다.

김종희는 마쓰무로 취체역이 거처하던 소장 사택을 멍하게 바라보았다. 그동안 '화약공판'에서 있었던 여러 가지 일들이 주마등처럼 머릿속을 스쳐 치고 지나갔다. 비록 민족적인 감정의 골은 깊었어도 인간적으로는 서로 큰 허물없이 지내온 그들이다. 영영 헤어지는 마당에 따뜻한 작별 인사 한마디 나누지 못한 것이 서운했다. 특히 마쓰무로 취체역한테는 '화약공판' 진로에 관해서 허심탄회하게 물어보고 싶은 일도 많았는데 끝내 기회를 놓친 것이 아쉬웠다.

"지배인님 없는 동안에 회사가 엉망이 되었어요."

"뭐가요?"

"총무부의 강선호 있잖아요?"

"그래서요?"

"그자가 창고를 다 털어먹었어요."

"창고를 털어먹다니?"

"창고 안에 있는 광목이랑 솜, 작업복, 신발... 돈이 될만한 물건은 깡그리 빼돌렸지 뭡니까."

"그럴 리가...?"

"어떻게 그런 인간한테 창고를 맡겼어요, 그래?"

김종희는 설마 하고 강선호를 믿었다. 강선호는 조선인 사원들을 선동해서 일본인 회사 중역들을 옥상으로 끌어내 놓고 결박해서 위협을 가했던 친구다. 그러다 김종희에게 방공용 물통에 처박히기도 했다. 김종희는 그가 배신하리라고는 꿈에도 생각 못 했다.

"강선호가 정말 창고 물건을 다 빼돌렸어요?"

"내 말이 믿어지지 않는 모양이군요. 강선호는 그래 놓고 아예 회사엔 나오지도 않아요."

"강선호 혼자 해 먹진 않았을 거 아니요?"

"같이 해 먹은 놈들도 회사에 안 나오죠."

"해 먹은 사람이 몇이나 되나요?"

"확실하게는 모르지만 회사에 붙어 있어 봐야 별볼 일 없다고 생각하는 사람들이 많은 것 같아요."

"화약공판이 망한 것도 아닌데 왜들 그렇게 생각하는 거요?"

"망한 거나 마찬가지죠. 지난 9월 치 월급도 안 나왔지요. 이제 일본 사람들까지 싹 떠나고 말았으니 10월달 월급도 없을 것 아니겠어요? 아마 내일부터는 회사에 나오는 사람도 많지 않을 겁니다."

홍용기의 말대로 과연 다음날 회사에 출근한 사람은 노무직을 합해도 10여 명이 되지 않았다. 김종희는 앞으로 '화약공판'을 이끌어 갈 일이 걱정이었다.

(이렇게 될 줄 알았으면 차라리 사원들 얘기대로 지난달 월급 대신 창고 안에 있는 광목이나 나누어 주는 것을...)

당시 광목은 고가 사치품 대접을 받는 귀한 물품이었다. 김종희는 광목 한 자투리, 작업복 한 벌도 미 군정 당국의 지시가 있기 전까지는 함부로 손을 대서는 안 된다고 생각했다. 올바른 생각이었다. 미 군정의 2호 포고령은 일본인들이 남겨놓고 간 재산 일체를 임의로 처분하지 못하게 하는 것이었다.

김종희는 출근한 사원들을 한 자리에 모으고 자신의 비장한 결의를 밝혔다.

"여러분! 나는 여러분이 알다시피 조선화약공판주식회사 중역회의 결의에 의해 이 회사의 업무를 인수한 지배인입니다. 따라서 나는 여러분이 회사를 다 그만두고 나 혼자만 남는 한이 있어도 '화약공판' 지배인으로서의 책임과 의무를 성실하게 다해 나갈 것입니다. 지배인으로서 수행해야 할 나의 책임과 의무 가운데는 여러분의 급료를 지불해야 할 일도 포함되어 있다는 사실을 나는 잘 알고 있습니다. 앞으로 어떤 일이 있더라도 여러분의 급료만은 내가 책임지고 지급할 것입니다. 그러나 앞으로 3일 간에 정당한 사유 없이 회사에 출근하지 않는 사람에 대해서는 회사에 근무할 의사가 없는 것으로 간주하고 퇴직 처분을 내리겠습니다. 이제부터 조선화약공판주식회사는 우리 손으로 지키고 키워야 합니다. '화약공판' 앞날에 어떤 어려움이 닥쳐올지는 나도 모릅니다. 그러나 나는 해방된 조국에 화약계의 등대수가 되어 이바지할 것을 결심했습니다. 여러분도 나와 함께 어떤 태풍이 휘몰아칠지라도 끝까지 이 나라 화약계의 등대수로 꿋꿋이 남겠다는 비장한 각오로 일해 주기 바랍니다."

그날 오후 1시 김종희는 군정청(총독부) 앞뜰에서 개최되는 연합군 환영 시민대회에 참석했다. 4일 전(10월 16일)에 미국에서 귀국한 이승만(李承晩) 박사가 연설한다고 해서 그의 연설을 들어보기 위해서였다. 구름같이 몰려온 군중들의 환호와 박수를 받으며 백발이 성성한 이 박사가 연단의 마이크 앞으로 모습을 나타냈다. 김종희는 군중들 틈에서 열렬히 환호하며 박수를 보냈다.

"친애하는 3천만 동포 여러분. 33년 만에 꿈에조차 그립던 내 고국 산천 땅을 밟으니 무어라고 감상을 말해야 좋을지 오직 가슴이 막힐 뿐입니다. 그러나 지금은 그런 사사로운 감상에 젖어 있을 때가 아닙니다. 나는 외국에서 조선에 60여 개의 당파가 있다는 말을 듣고 먼저 가슴이 아팠습니다. 하루바삐 뭉치고 합동하는 것이 사는 길입니다. 여러분! 각자의 주의 주장을 다 내버리고 한 덩어리가 되십시다. 그래서 살아도 함께 살고 죽어도 함께 죽겠다는 마음을 가지고 나와 함께 전진합시다. 나는 3천만 동포를 위하여 몇 해 남지 않은 나의 목숨을 바치겠습니다...."

살아도 함께 살고 죽어도 함께 죽자는 노 투사(老 鬪士)의 충정 어린 연설은 애국심에 불타고 있는 김종희 청년의 심금을 울리기에 족했다. 김종희는 무슨 정당이다, 무슨 연맹이다 하고 하루에도 몇 개씩 정치 집단이 생겨나는 것을 보면서 일찌감치 정치에는 관여하지 않기로 결심한 자신의 처신이 현명했다고 생각해 오는 터였다.

25일이 되었다. '화약공판'의 월급날이다. 김종희가 급료를 지급해야 할 사람은 6명이었다. 조선 화약계의 등대수가 되자는 그의 비장한 호소에도 불구하고 그 사이 2명이 더 그만두었던 것이다. 당장 해야 할 일이 월급을 주는 일이었으니까 월급을 책임져야 할 김종희로서는 남을 사람만 남았다는 것이 오히려 다행스러운 일이었다. 김종희는 미리 준비한 돈으로 밀린 9월분 월급까지 6명에 대한 급료를 약속한 대로 정확하게 지급했다.

급료를 책임지겠다고 약속하던 날 김종희는 홍제동 화약고 관리 책임자인 홍용기를 상덕리 집으로 내려보냈다. 홍용기는 같은 천안의 입장면(笠場面) 사람이다. 그래서 전에도 김종희 심부름으로 상덕리 집을 내왕한 적이 있다. 김종희는 그를 시켜 집에서 햅쌀 열 가마니를 실어 올렸던 것이다. 그 무렵 상덕리 집에서는 논만 해도 7천 평이나 자작하고 있었기 때문에 택택한 부자 소리를 들을 때였다. 다행히 그해 10월 초에 양곡 통제를 해제하고 조선총독부가 종전 직후 불과 18일 사이에 당시 조선은행 화폐 총 발행고의 75%에 해당하는 73억 5천 5백만 원의 통화를 남발한 데다 군정청이 미군 주둔비를 비롯한 국내 치안 유지 명목으로 무한정 돈을 찍어내고 있어서 급작스러운 전후 인프라가 일어나는 바람에 쌀값이 엄청나게 비싸졌다. 그래서 김종희는 쌀 열 가마니 판 돈으로 사원 6명의 급료를 다 지급하고도 얼마 동안의 회사 경상비를 여축할 수가 있었다.

그러나 각 지역 화약고 관리 책임을 지고 있는 영업소 소장들의 급료가 문제였다. 김종희는 지방의 여러 화약 창고에서 보관하고 있는 각종 화약의 재고량을 점검해 보았다. 지난 9월 하순에 총독부 공광국의 호출을 받고 상경했던 인천 화약공장의 기리지마(桐島信義) 공장장이 마쓰무로 취체역을 찾아와서 하던 말이 생각났기 때문이다. 그때 기리지마 공장장과 마쓰무로 취체역 사이에 오고 간 얘기는 대강 이런 것이었다.

'총독부 공광국 관리들은 기리지마 공장장의 조선 잔류를 강력히 권고했다. 조선에 있는 4개의 화약공장 중에서 3개가 북조선에 있고 남조선에는 인천에 있는 조선유지 화약공장 하나뿐이기 때문에 미군 당국이 총독부 관리들에게 인천공장 화약 기술자의 잔류를 희망해 왔었다. 인천에 주둔하는 미 공정대가 인천 화약공장을 시찰하는 과정에서 일본 기술진이 전원 퇴거하면 공장 가동이 어렵게 된다는 사실을 알게 되었던 것이다. 불행하게도 인천 화약공장 조선인 종업원 가운데는 화약 전문가는 고사하고 제대로 교육된 숙련공은 한 사람도 없었다. 기리지마 공장장은 총독부의 잔류 권고를 단호히 거절했다. 비록 패전국 국민이라 할지라도 아직 미국인에 대한 우월감과 자존심은 살아 있어서 점령군의 협력자로 남는다는 사실에 강한 저항을 느꼈던 것이다. 마쓰무로 취체역은 기리지마 공장장에게 인천 화약공장도 '화약공판'처럼 서면으로 조선인에게 공장 경영을 위임하는 것이 좋겠다고 했다'

그들의 대화는 계속 이어졌다.

"인천공장 경영을 위임할 만한 조선인 종업원도 없습니다."

"그렇다면 백지 위임장을 작성해서 미군 측에 업무를 깨끗이 넘겨 버려요."

"그 방법이 좋겠군요."

"그래야 후환이 없을 거요."

"또 한 가지 고민이 있습니다. 현지 미군 부대에서 공장에 있는 다이너마이트를 징발해 가겠다고 하는데 내줘도 상관없겠습니까?"

마쓰무로 취체역은 금시초문의 이야기였다.

"인천공장에 다이너마이트가 있었나요?"

"마침 종전 직전에 2회에 걸쳐서 초화해 놓은 니트로글리세린이 있었습니다. 그것이 그대로 조선인 종업원들 손에 넘어 간다는 것은 매우 위험한 일이라서 우리 일본인들끼리 야간 작업을 해서 다이너마이트로 완제품을 만들어 치웠습니다."

"그런 것이 있다면 차라리 현지 미군 부대장의 정식 징발증을 받고 안전하게 인계해 버리는 게 좋아요."

미군들이 다이너마이트를 필요로 할 것은 당연한 일이다. 군용도로(軍用道路)를 개설하고 진지를 구축하자면 다이너마이트는 없어서는 안 될 필수품인 것이다.

김종희는 '화약공판'이 보관 중인 화약을 미군에게 '팔 수 있을 것'이라고 생각했다. 대단한 발상이었다. 23살의 지배인으로 경영에 별다른 경험이 없는 그가 이 순간에 '비즈니스'를 생각해 낸다는 것은 비범한 일이었다. 인천 화약공장에는 다이너마이트 3.7톤, 흑색화약 0.4톤, 도화선 49km가 있었다. 다이너마이트 3.7톤이면 적은 물량이 아니었다. 흑색화약은 나중에 광산용으로 따로 팔기로 하고 우선 미군에게 다이너마이트만이라도 '화약공판' 고시 가격대로 팔게 되면 엄청난 돈이 된다. '화약공판'의 각 지역 영업소 소장들의 급료 문제는 해결되는 것이다.

"아이 해브 다이너마이트 매니매니..."(I Have Dynamite Many Many)

김종희는 미군에게 다이너마이트를 팔 수 있다는 생각을 하면서도 판로(販路)가 문제였다. 미군에게 접근하는 어떤 수단도 갖고 있지 않았다. 가장 쉽게 생각할 수 있는 것은 미군 사령부로 직접 찾아가서 얘기해 보는 것이다. 그런데 영어를 할 줄 알아야지! 영어야 통역관이 있을 테니까 어떻게 되겠지만 다이너마이트 얘기를 꺼냈다가 돈은 안 주고 징발해 가겠다고 하면 어떻게 한다? 하기사 보관해도 어차피 개인 소유가 될 것도 아닌데 차라리 넘겨주고 나면 책임은 면하게 될 게 아니냐? 김종희는 고민에 고민을 거듭했다.

김종희가 최종적으로 선택한 것은 '정면 돌파'였다. 김종희는 이판사판으로 용산에 있는 미군 사령부를 찾아갔다. 미군 사령부가 있는 곳은 바로 전에 일본군 사령부가 주둔했던 자리다. 김종희는 정문을 지키고 서 있는 MP(Military Police, 헌병) 앞으로 성큼성큼 다가갔다. MP가 뭐라고 물었다. 김종희는 대답 대신

"유노 다이너마이트?" 왕년에 배운 영어 실력을 총동원했다.

"아이 해브 다이너마이트."

MP가 못 알아듣는 것 같았다.

"유 돈노 다이너마이트? 펑! 펑...." 하고 다이너마이트 터지는 소리와 함께 크게 손짓해 보이자 MP가 마침내 알아듣는 것 같았다.

"오, 아이씨. 다이너마잍."

짧지만 이 순간은 중요했다. 우리 재벌 1세 들은 이렇게 불가능해 보이는 벽을 넘는데 도전을 주저하지 않는다.

우리는 이 장면이 정주영 현대그룹 회장이 영국 바클레이즈 은행에서 선박 건조 자금 차관을 얻기 위해 바클레이즈 은행 국제 담당부 총재와 담판을 하던 장면과 겹치는 것을 떠올려 볼 수 있다. 정주영 회장은 온갖

난관을 뚫고 최종 관문인 국제 담당 부총재와 담판을 벌이게 되었다. 정 회장은 이 사람의 벽을 넘어야만 2,500만 불의 선박 건조 자금 차관을 성사시키게 된다.

바클레이즈 부총재는 협상 테이블에 앉자마자, "회장님 전공은 공학인가요, 경영학인가요?" 하고 질문을 던졌다. 정 회장 학력은 국졸이라는 것은 잘 알려진 공지의 사실이다.

정 회장은 "어제 내가 옥스퍼드 대학에 갔더니 옥스퍼드에서 나에게 경영학 박사 학위를 주더군요." 하고 말을 받아쳤다.

그 국제 담당 부총재는 "회장님, 잘 알겠습니다. 회장님께서 제출하신 사업계획서는 옥스퍼드에서 학위를 줄 만큼 훌륭한 것이었습니다. 저는 이 프로젝트에 OK 사인을 하겠습니다."라고 항복했다. 우리 조선사업의 출발점은 이런 과정을 거쳤다.

"예스! 다이너마이트, 아이 해브 다이너마이트 매니매니..."

"유민 유 해브 다이너마이트?"

"예스, 예스!"

"아유 슈어(정말이오)?"

"예스, 예스!"

그러자 별안간 MP가 겁먹은 얼굴로 권총을 뽑아 들고 물러서며 위병소의 깜둥이 MP를 불러내더니 뭐라 뭐라고 지껄였다. (아니, 이 친구가...?) 깜둥이 MP도 권총을 뽑아 들고 다가와서 김종희의 몸을 뒤지려고 했다.

"해브노. 해브노..."

김종희는 몸에 다이너마이트를 지니지 않았다는 뜻으로 "해브노."를 연발하며 손을 내저었다. 그래도 막무가내로 김종희의 몸을 샅샅이 뒤지고 난 깜둥이 MP가 뭐라고 지껄이다가 권총을 들이대며 앞서 걸어가라고 손짓을 했다.

　김종희가 깜둥이 MP에게 끌려간 곳은 사령부 헌병대 사무실이었다. 한 30분 후에 통역관이라는 미군 사병 하나가 나타났다. 그는 조지 야마다라고 하는 일본인 2세였다. 김종희는 그에게 '화약공판'을 설명하고 미군 사령부에 찾아온 이유를 설명했다.

　다시 1시간 후에 김종희가 안내된 곳은 사령부 군수 참모실이었다. 마침내 화약 비즈니스 길이 열린 것이다. 군수 참모실 장교는 대뜸 화약고의 재고량을 확인하고 싶다고 말했다. 김종희는 언제든지 화약고로 안내할 용의가 있다고 대답했다. 김종희는 미군 측에서 그렇게까지 서두를 줄은 몰랐다.

　다음날 '화약공판' 사무실 앞에 미군 지프차 한 대가 달려와서 멈췄다. 어떤 영문인지도 모르는 화약공판 사원들은 상상도 못 한 광경에 그저 멍청할 수밖에 없었다. 김종희 지배인이 지프차에서 내리는 미군들에게 "할로, 할로...." 면서 악수로 맞아들이는 것 아닌가.

　지프차에서 내리는 미군은 어제의 군수 참모실 장교와 조지 야마다, 그리고 또 한 명의 장교였다. 지배인 실로 들어와서 소개받은 또 한 명의 장교는 스미드라고 하는 공병대 대위였다. 김종희는 '화약공판'의 업무 내용을 간단히 설명하고 그들을 바로 홍제동 화약고와 녹번동 화약고로 안내했다.

　스미드 대위는 공병 장교답게 다이너마이트와 도화선의 보관 상태를 일일이 점검하면서 "베리 굿! 베리 굿..." 하면서 연방 고개를 끄덕였다.

　"지방 화약고는 언제 돌아볼 계획인가?" 김종희가 일본어로 물어보면 조지 야마다가 다시 김종희에게 일본어로 해 주는 형식으로 미군 장교와 대화가 이루어졌다.

　"지금까지 돌아본 두 화약고의 화약 보관 상태가 양호하고 또한 재고량도 당신이 말한 수량과 일치하기 때문에 지방 화약고는 가보지 않아도 믿을 수 있겠다고 한다." 미군 장교들의 말이었다.

"화약인은 화약처럼 정직하고 정확해야 한다. 화약이 만약 터져야 할 자리에서 터지지 않거나 터져서는 안 될 자리에서 터지게 되면 어떻게 되겠는가? 화약이 꼭 터져야 할 자리에서 터지게 하기 위해서는 화약인이 항상 정직하고 정확해야 하는 것이다."

조지 야마다가 통역을 하자 두 미군 장교는 공감했다.

"다이너마이트를 언제쯤 사 갈 수 있겠는지 물어봐 주길 바란다."

"기다리고 있으면 연락해 주겠다고 한다."

"우리는 현재 사원들의 급료를 못 주고 있는 실정이다."

"곧 좋은 소식이 있을 테니 계속 전국의 화약고를 철저히 관리해 달라고 한다."

곧 좋은 소식이 있을 것이라는 기대 속에 10월이 저물고 11월이 밝았다.

11월 2일. 군정청은 군정 실시 이전부터 시행되어 온 모든 법령은 새로운 군정법령에 폐지되지 않는 한 그 효력이 존속한다는 내용의 구 법령 유효 확인을 선포했다. 군정청으로서도 일제(日帝) 때부터 시행되어 오는 각종 법령 가운데는 반민주적인 독소 조항이 많다는 것을 잘 알았다. 그렇다고 종전 이후에 무법천지가 되다시피 한 사회질서를 그대로 방치할 수도 없는 일이었다. 사회 혼란을 방지하기 위해서는 악법이라 할지라도 일단 법질서를 확립한 연후에 선별적으로 서서히 법령을 개폐(改廢)해 나갈 수밖에 없었던 것이다. 군정 당국의 구 법령 효력 존속 선포로 조선화약주식회사가 상법상의 회사 법인으로 보호받게 된 것은 말할 것도 없고, 김종희가 법률상 정당한 지배인 자격으로 회사 업무를 집행할 수 있게 된 것은 다행한 일이었다.

11월 5일, 미군 장교들이 화약고를 돌아보고 간 지 1주일째 되는 날 오후였다. 스미드 대위와 조지 야마다가 큼직한 레이션 상자를 하나 안고 화약공판 지배인 실로 찾아왔다.

"사원들의 월급이다." 조지 야마다가 레이션 상자를 김종희 앞으로 내밀면서 말했다.

"월급...?"

"'화약공판'이 보유하고 있는 화약을 어떤 방법으로 처리할 것인가 하는 문제는 추후 결정하기로 하고 먼저 사원들의 급료를 미군 측에서 지급한다는 결정이 났다."

"오케이! 우리 회사 사원들의 월급이 얼만지 아는가?"

"모른다. 우선 1차로 1만 원을 가져왔다."

"1만 원?"

아무리 전후 인플레이션이 심하다 해도 1만 원은 엄청난 거금이었다. 해방 직후에 한 말(斗)에 5원 하던 쌀값이 두 달 사이에 배로 뛰어오른 때이기는 하지만 사원들의 평균 월급이 40원이고 보면 1만 원은 확실히 큰돈이다. 조지 야마다가 레이션 상자 속에서 1원짜리 지폐 뭉치 하나를 꺼내 보였다. 조선은행(한국은행) 조폐공장에서 금방 찍어낸 것 같은 아주 빳빳한 새 돈이었다. 1만 원이면 1원짜리 뭉치 백 묶음이다. 사원들 사이에 김종희 지배인의 성가가 높아질 것은 당연했다.

김종희는 각 지방 영업소 소장들의 밀린 월급을 전액 지급하고 11월에는 전 사원에게 월급 외에 월급의 50%에 해당하는 물가 수당을 지급하기까지 했다. 12월 6일 군정청은 법령 제33호를 공포하고 지난 9월 25일부로 동결한 바 있는 일본인의 재산을 일제히 접수했다.

'화약공판' 미국 사령부 감독 받게 돼

조선화약공판주식회사는 관재국(管財局)에 귀속되어 공업국의 감독을 받도록 되었다. 그러나 '화약공판'은 폭발물 취급기관이라는 이유로 미군 사령부의 감독을 받게 되었다. 이 조치는 꽤 뜻깊은 것이었다. '화약공판'의 앞날에 많은 영향을 미치는 것이었다.

화약공판은 이미 지난 11월 중순에 홍제동 화약고의 다이너마이트를 미군 측에 출고한 데 이어 12월에는 녹번동 화약고의 다이너마이트 일부를 출고하고 지방 영업소에서도 그 지역 광산에서 필요로 하는 최소한의 화약류를 미군 측 승인하에 제한적으로 출고하고 있는 중이었다.

김종희는 앞으로 닥쳐올 일을 생각하면 초조하고 불안했다. 지금은 화약고에 있는 화약을 곶감 빼 먹듯이 출고하고 있으니까 그런대로 화약공판 체면을 유지한다지만 화약고의 화약이 다 떨어지고 나면 화약공판은 그야말로 빈껍데기만 남을 판이다. '화약공판'의 앞날도 앞날이지만 이 나라 화약계를 위해서도 하루속히 화약 생산을 재개해야 한다고 생각했다.

김종희는 우선 조선유지 화약공장의 사정을 알아보기 위해 생산 담당 민영만을 대동하고 인천으로 내려갔다. 인천 화약공장에는 일본인 기술자들 밑에서 일해 온 견습공들이 여러 명 있었다. 일본인들은 조선인들의 힘으로는 화약 생산이 어려울 것처럼 말하고 있었지만 조선 사람들은 눈썰미가 좋기 때문에 원료만 해결된다면 오히려 생각보다 쉽게 만들 수 있을 것이라고 김종희는 생각했다. 그러나 그와 같은 김종희의 기대는 인천 화약공장을 들어서는 순간 완전히 무너지고 말았다.

며칠 전(11월 30일)에 폭발했다는 뇌화공실(雷汞工室)의 잔해가 사면팔방으로 풍비박산해 있었다. 그 폭발 사고로 공장 자치위원회 간부 전원이 폭사했다는 것이 아닌가. 그 자치회 간부들이 바로 초화공실이라든가 날화공실같은 주요 생산 분야에서 견습공으로 일해 온 기술 숙련도가 높은 종업원들이었던 것이다.

해방이 되고 인천 화약공장에도 자치위원회가 결성되자 그들 견습공이 간부로 선출되는 것은 당연했다. 당시의 인천공장 종업원은 일본인

50명에 조선인 약 3백 50명이 있지만, 조선인 종업원들은 대부분이 포장, 운반, 잡역 등의 단순 노무직이었다. 자치위원회가 발족되기는 했으나 자치위원회가 공장을 운영해 갈 능력은 거의 없었다. 자치위원회 간부들은 여러 날 숙의한 끝에 외부에서 공장을 운영해 갈 만한 재력 있는 인사를 영입해 들이기로 합의했다.

마침내 서울에서 돈이 많다는 한 신사가 공장을 둘러보기 위해 내려왔다. 자치위원회 간부 9명 전원이 모여 서울에서 내려온 신사와 그를 수행한 또 한 사람에게 간단한 현황 설명을 마치고 공장시설을 안내하게 되었다. 주요 공장시설을 돌아보고 맨 끝으로 뇌화공실에 들어갔을 때였다. 서울 신사 발밑에서 번쩍하는 불꽃이 튀면서 뇌화공실 전체가 날아가 버렸던 것이다. 뇌화공실 바닥에는 뇌홍폭분이 깔리게 마련이어서 폭분의 폭발 위험을 방지하기 위해서 작업 중에는 항상 바닥이 축축하도록 물을 뿌려놓게 되어 있었다. 뇌화공실의 작업이 중단된 지 100여 일, 건조할 대로 건조해진 콘크리트 바닥이었다. 쇠징이 박힌 일본군화를 신은 서울 신사가 뇌화실 콘크리트 바닥을 걷는 사이에 말라붙은 뇌홍폭분이 폭발함으로써 일순간에 11명의 생명이 날아가고 말았던 것이다. 이는 화약계의 앞날을 위해서도 큰 불행이 아닐 수 없었다.

인천에서 돌아오는 김종희의 마음은 무거웠다. 조선 사람들의 힘으로는 화약 생산이 어려울 것이라고 하던 일본인들의 얘기가 얕잡아 보고 한 말만은 아니었구나 하는 생각이 들었다. 석 달 이상이나 작업이 중단되었던 '뇌화실'에 들어가면서 바닥에 물을 뿌려야 한다는 정도의 상식적인 주의 하나를 지키지 못한 그들을 상대로 화약 생산이 가능할 것이라고 생각한 자체가 잘못이었다.

회사로 돌아온 김종희는 화약 재고량을 다시 한번 점검해 보았다. 다이너마이트 2.8톤, 흑색화약 0.3톤, 도화선 8km가 출고되었다. 이런 추세로 출고된다 해도 앞으로 4~5개월이면 화약고 바닥이 드러날 판이다.

그러나 언제, 얼마를 출고하느냐 하는 것은 전적으로 미군 측 출고 지시에 달려있기 때문에 경우에 따라서는 한 달 안에 손을 털고 나앉게 될지도 모른다.

그렇지만 김종희로서는 한 가지 믿는 것이 있었다. 화약이란 본래 아무나 취급할 수 있는 것이 아니고 또 아무 데나 보관할 수 있는 것도 아니다. 화약을 다루기 위해서는 소정의 취급 면허를 취득해야 하고 화약을 보관하기 위해서는 화약류 단속법 시행령과 시행규칙이 정하는 여러 가지 까다로운 조건을 충족시킬 수 있는 화약고를 완비해야 한다. '화약공판'의 화약 재고가 바닥나면 미군이 본국에서라도 필요한 양의 화약을 가져와야 할 것이다. 그런 경우 미군은 '화약공판'의 인력과 시설을 이용할 수밖에 없을 것 아니겠는가?

김종희의 앞날을 내다보는 능력은 탁월하다. 화약공판이야말로 38도선 이남에 산재하고 있는 31개 소의 화약고를 가지고 있는 국내 유일의 화약 취급기관인 것이다.

김종희는 테이블 서랍 속에서 영어회화책 한 권을 꺼냈다. 그는 한 달 전부터 영어 공부를 하고 있었다. 당장 업무상 조석으로 대하는 상대방이 미군들인 데다가 바야흐로 영어를 모르고서는 행세하기 힘든 세상이 되어가고 있다는 것을 실감하기 때문이었다. 영어회화책에서 모르는 단어가 있어서 사전을 뒤적이는데

"마침 있었구나!"하며 형 김종철이 지배인 실을 들어섰다.

"아이구, 형님!"

"오랜만이다."

"별일 없었어요?"

"아, 그럼!" 김종철은 그때까지도 국군준비대(國軍準備隊) 일로 동분서주할 때였다.

"형님! 신문에 보니까 지난달에 군정청이 국방 사령부를 설치하고 모

병을 시작했다고 하던데 형님이 하고 있는 국군준비대는 또 뭐 하는 거유?"

"군정청은 치안유지라는 차원에서 경찰 병력을 확보하자는 것이고 우리야 명실상부한 국군을 창설하겠다는 거지."

"좌우간 일은 잘되고 있는 거유?"

"음. 이달 안으로 국군준비대 전국대회를 개최하기로 했다. 그래서 지금 시골집에 좀 다녀오는 길이다."

"집에는 왜요?"

"전국대회를 열자니 비용이 좀 들어서 말이야. 그런데 집에서는 너한테 가보라고 하지 않겠니."

"나한테요?"

"지난 10월에 너한테 쌀 10가마니를 올려보냈다고 하시면서 말이다..."

"그 쌀이 여태 있나요?"

"그때 니가 쌀값을 바로 해드리겠다고 약속했다며?"

"아, 말이야 그렇게 했지요. 하지만 그게 어디..."

"소문에 듣자 하니 사원들에게 물가 수당도 주고 회사 형편이 괜찮은 것 같던데.... 날 좀 도와줬으면 좋겠다."

"형님 사정이 어렵다면 쌀 다섯 가마니 값은 해드릴 수 있지요."

"그래, 우선 좀 해주고 나머진 되는 대로 천천히 해 다오!"

국군준비대 전국대회를 하루 앞둔 25일에 김종철이 다시 '화약공판'으로 찾아와서 남은 돈을 해달라고 했다. 그 돈이 없으면 내일 대회를 개최하는 데 차질이 생긴다는 것이었다. 해방 정국의 어수선한 모습의 단면이 보이고 있다. 김종희는 어쩔 수 없이 남은 돈을 해주면서 하루속히 막강한 국군이나 탄생해 주었으면 하고 마음속으로 바랬다.

국군이 탄생하자면 먼저 독립정부가 서야 할 텐데 오히려 28일에는 조선 5개년 '신탁통치안'이 미·영·소 3개국 수도에서 동시에 발표되었다. 정말 어처구니없는 일이 아닐 수 없었다. (일제로부터 해방된 결과가 고작 미·영·중·소 4개국의 신탁통치란 말이냐...?)

미국이 국무성 극동 차관보를 통하여 조선의 신탁 관리 의사를 공식적으로 표명한 것은 지난 10월 20일이었다. 그러나 한민당이 신탁통치 반대 결의를 한 데 이어 조선공산당, 국민당, 건국동맹 등 각 정당, 사회단체들이 강력한 반대성명을 발표하고 반발하자 아놀드 군정 장관이 신탁통치는 군정 당국의 의사가 아니라고 밝혔기 때문에 조선에 신탁통치가 실시되리라는 것은 꿈에도 생각지 않은 일이었다.

마침내 삼천리 방방곡곡이 신탁통치를 반대하는 시위 군중의 함성과 분노로 소용돌이치기 시작했다. 김종희도 '화약공판' 사무실만 지키고 앉아있을 수는 없었다. 남대문 거리로 뛰쳐나온 그도 '자주독립 만세'를 소리 높여 외치면서 시위 군중 속에 휩쓸렸다.

11

맞선을 보다
– 태영(泰泳)이예요!

1946년 2월 1일 음력으로는 섣달 그믐날이다. 해방 이후 처음 맞는 세모의 서울 거리는 분주한 서민들의 발걸음으로 붐비고 있었다. 일제의 강압적인 민족말살정책에 짓눌려 명절이 닥쳐도 명절답게 쇠기는커녕 숨도 한번 크게 못 쉬다가 활개 치고 설을 쇠게 됐으니 반도 전역이 설렘으로 가득 찼다.

"설에 나하고 집에나 갔다 와요, 형님!"

"난 안 내려 갈란다."

"왜요?"

"내려가면 또 장가 안 간다고 야단이나 맞을텐데...."

"그럼 결혼을 안 할 거유?"

"지금 결혼이 문제냐? 나라가 독립을 하느냐 못 하느냐 하는 판인데."

"결혼한다고 독립 못 해요?"

"결혼은 천천히 해도 늦지 않아."

"형은 안 늦지만, 아버지는 손자가 늦어서 그러시는 거 아니유."

"내 대신 네가 먼저 장갈 가도 괜찮을텐데..."

"동생 먼저 장가가는 데가 어딨어요? 말도 안 되는 소리 하지 말고 얼른 결혼해서 아버지 소원이나 풀어 드려요!"

"아버지 소원인데 넌 못 풀어 드릴 거 뭐 있어?"

"형은 연애하는 사람 있으니까 언제든지 혼례식만 올리면 되는 거고, 난 당장 색시감도 없잖아요, 핫하..."

"연애한다고 다 결혼하게 되는 거여?"

"아니 왜요? 혹시 형 연애 전선에 이상이 있는 거 아니유?"

"어쨌든 난 설에 못 내려가니까 그렇게 알고 내려가거든 쌀이나 한 가마니 올려오도록 해라!"

"쌀은 뭣 하게요?"

"오늘 창성동 집에 들렀다가 고이케 경부를 만났다."

"고이케 경부를요?"

"음!"

"아니, 지난 12월 초에 일본으로 간다고 떠났잖아요?"

김종희도 그렇게만 알고 있었다.

조선에 거주하는 일본인에 대한 퇴거령이 정식으로 내려진 것은 1945년 10월 24일이었다. 패전한 후 50일 후였다. 총독부 고관대작 가운데는 이미 그전에 서울을 떠난 사람도 많았지만 그 밖의 일반 일본인들은 대부분 퇴거령이 내려진 이후에야 비로소 서둘러 귀환 길에 올랐다.

그러나 그들이 귀환 열차를 이용한다는 것은 여간 어려운 일이 아니었다. 서울에서 부산까지 운행하는 귀환 열차는 하루 한 번인데 떠나야 할 일본인은 서울에서만도 10만 명이 넘었다. 그래서 지난 12월에 창성동 당숙 봉서 공이 평소 가까이 지내던 일본인 가운데 그때까지도 못 떠나고 있는 사람들을 모아 천호리 금광의 트럭으로 한 차례 부산까지 태워 보낸 적이 있었다. 고이케 경부는 당연히 그 트럭 편에 떠나기로 되어 있었으며 김종희는 그때 고이케 경부가 살고 있는 묵정동 집으로 찾아가서 작별 인사를 하고 온 일까지 있었다.

"그런데 못 떠났대요?"

"부인이 몹시 아파 가지고 애들만 먼저 태워 보낸 모양이야."

"그럼, 아이들은 부산에 있는 귀환 일본인 수용소에 아직 있나요?"

"애들은 귀환선을 탔다니까 일본으로 건너갔겠지."

"그게 참...."

"고이케 경부가 쌀이 떨어져서 당숙 어른을 찾아온 눈치 같더라."

"그나저나 이거, 쌀값 때문에 이대로 가다간 서울 사람 다 굶어 죽게 생겼어요."

"정말 나랏일이 걱정이다. 우리 실정을 모르는 미군들이 정치를 하고 있으니 말야. 양곡 정책 하나만 해도 그렇지, 지난가을에 양곡 통제를 해 제해 놓고 쌀값이 폭등한다고 해서 정초에는 미곡 공정 가격제를 실시하 더니 그래도 쌀값이 천정부지로 뛰어오르니까 또 이번엔 한 달이 못 돼 서 미곡 수집령을 내렸으니 농민들이 쌀을 내놓으려고 하겠나?"

"이번에 내려가서 얻어 올 쌀이 있을란가 모르겠네."

"고이케 경부 얘길 하면 설마 아버지(재민 공)가 쌀 한 가마니 안 주시 겠니?"

"형은 참말로 안 내려갈 거유?"

"내려가면 꼼짝없이 천안 색시 선을 봐야 해. 지난번에 내려갔을 때 아버 지가 하도 성화를 하시기에 설에 내려와서 보겠다고 하고 올라왔단 말야."

그 무렵 김종철은 창성동에 있는 어느 목사님 댁 규수하고 열애 중이 었다.

종희야! 니, 내려온 김에 선이나 보고 올라가도록 해라!

김종희는 시골집에 내려가기 위해서 '화약공판' 차(車)를 대기시켜 놓 고 있었다.

"지배인님! 언제 출발하실 겁니까?" 운전기사 이병목이 물었다. 시골 에서 올라올 때는 어차피 쌀을 싣고 와야 할 테니까 차를 몰고 가는 편이 낫겠다고 생각했던 것이다.

'화약공판'에는 전부터 화약 운송용으로 개조한 1.5톤짜리 트럭 한 대가 있었는데 위험물 운송 차량 표시로 적재함 전체를 빨간색으로 도색해 놓았기 때문에 운행상의 여러 가지 특전(?)을 누려오고 있었다. 그 트럭은 위험물 중에서도 폭발물을 싣고 다니는 차량이기 때문에 검문, 검색을 당하는 경우가 없었다. 그래서 김종희는 해방 전에도 양곡 통제가 심했을 때 시골집에서 쌀을 가져다 먹기 위해 그 트럭을 끌고 여러 차례 천안을 내왕한 적이 있었다.

"지배인님! 2시 됐어요!"

"아직 시간 넉넉한데. 서둘 것 없어."

"눈이 녹아 얼어 붙어서 길도 좋지 않은데 일찍 떠나서 어둡기 전에 들어가야죠."

"글쎄, 그랬으면 좋겠는데...."

김종희는 아침부터 부산에서 걸려 올 전화를 초조하게 기다리고 있는 중이었다. 부산 영업소장에게 그곳 귀환 일본인 수용소 사정을 알아서 연락해 줄 것을 부탁해 놓고 있었다.

본국으로 돌아갈 대부분의 일본인들이 부산으로 집결되고 있었다. 부산의 일본인 수용소는 연락선 차례를 기다리는 일본인들로 초만원이었다. 패전국의 비참한 모습이었다. 그래서 현재 수용되고 있는 인원이 전부 본국으로 송환되기까지에는 시일이 얼마나 더 걸릴는지를 알아봐 달라고 했던 것이다.

김종희는 고이케 부부를 하루 속히 본국으로 돌아가게 해 주고 싶었다. 고이케 부부는 사흘 전부터 '화약공판' 사택에 와 있었다. 형한테서 얘기를 듣고 김종희가 묵정동 집에 있는 고이케 부부를 바로 홍제동으로 데려왔다. 고이케 부부는 생계도 생계였지만 그보다도 혹시 어떤 보복이나 당하지 않을까 하는 공포 때문에 불안에 떨고 있었다. 김종희가 생각하는 고이케 경부는 확실히 교만해 보일 정도로 충성심이 강한 일본 국민이었다. 그의 자국에 대한 충성심이 지나쳤던 것을 증오할 일도 아니었다. 인류 어느 민족이든 모국에 대한 애국심을 탓할 수 있겠는가! 더구나 김종희로서는 고이케 경부가 원산경찰서 서장 재직 시에 원산상고에 편입할 수 있도록 도운 일이나 경기도 경찰부 보안과장 재직 시에 '화약공판'에 근무할 수 있도록 베푼 호의를 외면할 수 없었다.

오후 4시, '때릉...때릉...' 부산 영업소에서 전화가 걸려 왔다.

"아, 주 소장이요? 나, 지배인입니다."

"전화가 늦어서 미안합니더, 지배인님예."

"괜찮아요."

"섣달그믐날이라서 그런지예, 전화 신청한 지가 세 시간이나 넘었는데 인자 겨우 나왔다 아닙니꺼."

"그래 좀 알아봤어요?"

"마, 말도 마이소! 지금 수용소에 있는 연락선을 타고 돌아갈락 카면 앞으로도 6개월 이상은 걸릴 거라고 안 합니꺼."

수용소 사정이 그렇다면 고이케 부부가 언제 서울을 떠나게 될는지 모른다. (적어도 쌀을 서너 가마니는 얻어와야 할 텐데....)

귀성길에 오른 김종희는 내내 그 걱정이었다. 얼어붙은 눈길을 달리느라고 화약 운송차가 상덕리에 도착한 것은 저녁 7시가 지나서였다.

"아이구, 어서 오너라. 니 혼자 오는 거냐?" 어머니가 반가이 나와 맞았다.

"성은 일이 있어서 못 와요."

"설에 꼭 온다고 해서 느 아버지가 눈이 빠지게 기다리는데...."

"아버진 안 계셔요?"

"저녁도 안 자시고 사랑에 누워 계시더니 잠이 들었는가 원...."

"어디가 편찮으셔요?"

"해가 져도 느들이 안 보이니까 영 안 오는가 하고 괜히 맘이 심난해서 화를 내싸더니만...." 이때 사랑방에서 아버지의 헛기침 소리가 들렸다.

"아버지! 저 왔어요."

"...."

아버지는 아무 반응이 없다.

"들어가 봐!" 김종희는 이 기사를 안 채 아랫방으로 안내하고 나서 사랑방으로 건너갔다.

"조금 늦었어요, 아버지!"

"느 성은 무슨 일로 못 내려온다는 거여, 대체?" 아버지는 대뜸 역정을 내신다.

"바쁜가봐유."

"뭐가 바빠? 지가 시방 바빠도 즈 애비하고의 약속은 지켜야 할 것은 아닌가뵈?"

"무슨 약속인데유?"

"아무리 바빠도 장가는 가고 봐야 할 것 아녀? 낼 모레면 지 나이 삼십 인데 장가는 언제 가고 새끼는 언제 낳아서 키울 거여?"

"아버지! 성 대신 지가 먼저 장가가면 될 거 아녜요?"

"뭣이여....?"

"아버지 마음, 저는 다 알아요."

"니가 뭐를 알어?"

"며느리도 보고 싶고 손주도 보고 싶고... 그렇지유, 아버지?"

"녀석! 안 그래도 시방 너를 조카사위 삼겠다는 사람이 있는데 느 성 때문에 내가 대답을 못 하고 있어. 느 성, 돌아오는 봄에 짝 지우면 너도 가을엔 보낼 참이여."

아버지는 역정이 많이 풀린 성싶었다.

"아버지. 저녁 진지 안 잡수셨다면서요?"

"생각 없다."

"저도 저녁 안 먹고 내려 왔어요, 아버지." 김종희는 방문을 열고 "엄니! 엄니!"하고 큰 소리로 불렀다.

"오냐!" 어머니 대답 소리가 들려왔다.

"저, 아버지하고 이 방에서 같이 먹을 거예유."

"그려!"

이윽고 저녁 상이 들어왔다. 아버지가 밥 상 앞으로 다가 앉으며 정색하고 말했다.

"종희야! 니 내려온 김에 선이나 보고 올라가도록 해라!"

"예...?"

김종희는 가슴이 뜨끔했다. (형이 말하던 천안 색시 선을 보라는구나!)

"녀석, 놀라기는...?"

"어떤 여잔 대유, 아버지?"

"보나 마나 틀림없이 믿을 수 있는 자리다만 선도 볼 것 없이 그냥 장가가라면 니가 장가 안 갈 거 아닌가 뵈. 허허..."

"어디사는 여자예유, 아버지?"

"별루 멀지 않어."

"그럼..."

"색시 집은 평택이여."

"평택이라구요?"

"그려. 부대리 우리 교회 신도회 회장님, 니도 알지?"

"강 신부님 동생 되시는 강기선 씨 말씀이예유?"

"맞어!"

"전에 바로 우리 골목 맞은편 집에 살았잖아유?"

"시방도 거기 살어."

"그런데유?"

"강 회장 조카딸이 돌아오는 봄에 수원 여학교를 졸업하는 모양이여."

"…."

김종희는 일단 천안 색시가 아니라는데 안도할 수 있었다.

"색시 나이는 토끼띠라니께 설 쇠면 스무 살이지?"

"그렇네유."

"강 회장이 자기 조카딸이지만 여간 참하지 않다고 하면서 지난가을부터 중신을 서겠다고 했는데, 어련할까!"

"…."

"색시 아버지는 강영선(姜永善) 씨라구, 나도 더러 만나 봤지만 그 집 형제들이 다 양반이여."

김종희는 섣불리 장가가겠다는 말 한마디 했다가 슬며시 걱정이 되었다. 실은 언짢아하시는 아버지 심기를 누그러뜨릴 생각으로 한 말에 지나지 않았던 것이다.

아버지는 저녁상을 물리고 나서도 평택 색시 얘기를 꺼내시는 것이었다. 김종희는 일부러 화제를 바꾸었다.

"아버지! 고이케 경부 있잖아요?"

"그래서."

"지금 홍제동 사택에서 저하고 같이 있어요."

"그 사람이 아직도 서울에 있는 거여?"

김종희는 그동안 있었던 일과 부산 수용소 사정을 설명하고 나서 조심스럽게 쌀 이야기를 꺼냈다.

"그런 얘기는 내일 하고 운전수도 같이 온 모양인데 그냥 건너가 봐!"
아버지가 쌀을 선뜻 내놓을 것 같지는 않았다.

설날 아침, 김종희네는 설 차례를 지내지는 않는다. 아침 일찍 밖에 나갔다가 돌아온 아버지는 아들을 사랑으로 불렀다.

"언제 올라갈 거여?"

"동네 어른들을 뵙고 오후에 올라갈까 해유."

"쌀 안 가져갈테여?"

"안 가져가면 안 돼요, 아버지."

"쌀을 가져가고 싶거들랑 낼 올라가!"

"왜유?"

"집에 무슨 쌀이 세 가마니씩이나 있을 거여. 천상 나락을 내다 찧어야 할 텐데 아무리 작은 집 방앗간이라고 해도 정월 초하룻날부터 기계를 돌릴 순 없는 일 아닌가 뵈."

"그럼, 내일 가야죠, 뭐." 쌀을 얻어 가기 위해서는 아버지 말을 잘 들어야 한다.

다음날 한나절이 다 되도록 정미소의 기계 돌아가는 소리가 나지 않았다. 정미소는 당숙 집하고 바로 붙어 있었다. 본래는 당숙이 차린 정미소였는데 당숙이 서울로 이사간 뒤로는 다른 친척이 관리 해오고 있다.

"엄니! 아버진 방앗간에도 안 계신 데 어딜 가셨대요?" 이때 정미소 돌아가는 기계 소리가 났다. 어차피 오늘이 토요일이니까 내일 올라가도 상관은 없다. 그러나 내려올 때 고이케 부부에게 하루만 있다가 오겠다고 약속했기 때문에 오늘 중으로 꼭 올라가야 한다. 그런데 정미소에서 돌아온 아버지가 내일 부대리 교회에 같이 나가서 주일 미사를 드리고 나서 올라가라는 것이었다.

"주일미사는 구 주교님도 뵐 겸 서울 정동교회에 나가서 드리겠어요."

"미사도 미사지만 내일 올라가는 길에 평성에 좀 들러가야 할 일이 있어서 그러는 거여!"

"평성에는 왜요?"

그제서야 아버지가 실토하시는 것이었다.

"사실은 강 회장이 평성 작은 집에 연락을 해 놓았어. 니가 낼 서울 올라가는 길에 색실 보러 들를 거라고 말여."

"예....!"

아버지는 어제 아침에도, 오늘 아침에도 중신아비를 만나기 위해 부대리를 다녀왔던 것이다.

"아버진...? 평택이라고 하셨잖아요?"

"아, 평택이나 평성이나 거기서 거기여. 좌우간 평성면 면사무소 있는 객사리에 가서 강영선 씨 댁만 찾으면 동네 아이들도 다 안다니까."

"알았어요. 얼른 쌀이나 주세요!"

김종희는 이 마당에 선을 보느니 안 보느니 해서 아버지 심기를 거스릴 필요가 없다고 생각했다. 선을 본다고 해서 당장 혼사가 이루어지는 것은 아니다. 색시 편에서 마다하는 경우도 있을 것이고 또 이쪽 마음에 들지 않을 수도 있을 것이다.

"차에 싣게 빨리 쌀이나 주세요, 아버지."

"그냥 서울로 올라가 버리려고 그러는 거 아녀?"

"걱정마세요. 평성에 꼭 들를게요."

"그쪽에다가는 내일 갈 거라고 했다던데..."

"그러니까 오늘 미리 가야지요. 내일 가면 색시 얼굴이 곰본지 아닌지도 모를 거 아녜요?"

"그건 무슨 소리여?"

"오늘 가야 색시 얼굴을 생김새 그대로 볼 수 있지, 내일 가면 얼굴에다 분을 척척 발라놓을 게 아니냐 말예요."

그날 오후 김종희는 쌀 세 가마니를 화약 운송차에 싣고 평택으로 달렸다. 평성면 객사리(彭城面 客舍里)는 평택에서 서쪽으로 약 2km 지점에 위치한 소읍(小邑)이자 2백여 호가 모여 사는 농촌이었다. 난데없이 들이닥친 새빨간 화약 운송차를 보고 아이들이 모여들었다. 김종희는 사랑방에서 다소 상기된 얼굴로 색시가 나타나기를 기다렸다.

"얘! 손님을 안방으로 들어오게 하랴, 아니면 네가 사랑방으로 나갈래?"

안채에서는 모녀가 갑자기 나타난 신랑 후보를 어떻게 만날지를 두고
어쩔 줄을 몰라 했다.

"난 몰라요, 엄마."

그녀는 두근거리는 가슴을 콕 안고 중심을 잡지 못했다. 강영선 씨 부
부는 이미 마음속으로 딸을 김종희에게 시집 보내기로 작정하고 있는 터
였다.

"너의 큰아버지 말씀대로 내가 봐도 신랑감은 키가 훤칠한 게 아주 여
간 늠름하지 않더라. 그리고 그 댁 인심이 어떻다는 얘기는 너도 들었지,
큰집 너의 사촌 오빠가 어려서 신랑 어머니 젖을 얻어먹고 컸다지 않던?"

"...."

"어서 옷이나 갈아입으렴! 신랑 이리 데려올 테니!"

"아이, 엄마...."

그녀는 울고 싶도록 떨렸다. 그러나 집에까지 찾아온 신랑감을 돌려
세울 수는 없는 일이다. 두 사람만의 자리가 따로 마련되었다. 두 사람의
인생행로에 중대한 순간이다.

"이름이 뭐지요?"

김종희가 먼저 말문을 열었다.

"태영(泰泳)이예요." 태영의 목소리는 떨고 있었다.

"수원여고 졸업식은 언젭니까?

"아직 모르겠어요."

"여기서는 평택교회에 나가나요?"

"네!"

"신명은 뭐라고 불러요?"

"아가타예요." 아가타는 미덕, 선하다는 뜻이다.

"아가타. 나는 디돕니다. 물어보고 싶은 거 있으면 물어봐요!"

"...."

태영은 시종 고개를 수그린 채 묻는 말에나 겨우 대답할 뿐이었다. 김종희는 그녀의 정숙한 모습을 바라보며 저녁을 얻어먹고 갈 것이냐, 아니면 그대로 그냥 올라갈 것이냐 하는 중대사를 생각했다.

그는 집을 떠나면서 어머니하고 약속한 것이 하나 있었다. 그것은 바로 색시 집에서 저녁을 먹느냐 안 먹느냐 하는 문제였다. 색시가 마음에 드는 경우에는 저녁을 얻어먹되, 색시가 마음에 들지 않을 때는 그냥 올라간다는 것이었다. 그가 색시 집에서 저녁을 먹고 객사리를 출발한 것은 8시가 조금 지나서였다.

고이케 경부와의 아름다운 작별

김종희가 홍제동에 도착한 것은 밤 10시 경이었다. 고이케 부부가 기다리고 있었다. 김종희는 부산 일본인 수용소의 현재의 사정을 이야기해주고 본국으로 돌아가게 되는 날까지는 아무쪼록 내 집처럼 편안하게 지내라고 위로했다.

한 달 후 김종희는 갑자기 고이케 부부를 부산으로 내려보내게 되었다. 부산 영업소장으로부터 일본으로 가는 배가 수배되었으니 사흘 안으로 고이케 부부를 내려보내 달라는 연락이 온 것이다. 그 무렵 부산에서는 부관연락선이 아닌 돈을 받고 귀환 일본인을 실어나르는 밀항선(密航船)이 있었는데 김종희는 부산 영업소장에게 그런 배편이라도 알아봐 달라고 부탁했다. 고이케 부부가 작년에 먼저 귀국한 아이들을 걱정하고 하루라도 빨리 돌아갈 수 있게 되기를 바라고 있었기 때문이다.

김종희는 오늘 야간열차 편에 떠나기로 한 고이케 부부를 전송하기 위해 미리 서울역 대합실에 나와 있었다. 고이케 부부는 부산까지 수행할 민영만이 기차 시간에 맞춰서 서울역으로 데리고 나오게 되어 있었다. 민영만은 작년에 '화약공판' 창고의 광목을 팔아먹은 강선호가 회사를 그만둔 뒤에 총무 담당으로 일해 오면서 얼마 전부터는 가족과 함께 홍제동 사택에 입주해 사는 김종희의 심복이다.

"받으시지요!" 김종희는 고이케 경부 앞에 미리 준비한 봉투 하나를 내밀었다. 개찰이 막 시작될 무렵이었다.

"이게 뭔가, 김 군!"

"일본에 도착하면 당장 필요하실 것 같아서 조금 준비했습니다."

고이케 경부가 봉투 속에 들어있는 것을 꺼내 보고는 "아니, 이것은...?"하고 놀라움을 금치 못했다. 10달러짜리 미 본토 달러가 수십 장이나 되었기 때문이다. 김종희로서는 고이케 부부를 빈손으로 떠나보낼수가 없었다. 김종희의 내면의 인품이 우러나오는 장면이다. 김종희는 지난 설에 가져와서 남은 쌀을 팔고 주머닛돈을 보태고 해서 마련한 3천원을 스미드 대위에게 주고 미 본토 불로 바꾸어 줄 것을 부탁했던 것이다. 작년 10월 1일 자로 군정청이 고시한 미화 공정환율은 50원대 1불이었다. 그러나 그때 이미 미화는 암시장에서 80원대 1불로 거래되고 있었다.

"이 미국 돈이 모두 얼만가, 김 군?"

"6백 25불밖에 되지 않습니다."

"6백 25불이나!"

당시 5천 원도 큰돈이었지만 미화 6백 불은 암시장 기준으로 하면 더큰돈이었다.

"경부님이 저에게 베푼 것에 비하면 아무것도 아닙니다만 저의 성의로알고 받아 주십시오."

고이케 경부는 '나는 김 군에게 이런 돈을 받을 자격이 없어. 나는 어리석은 일본인이었으니까. 내가 김 군에게 관심을 가졌던 것은 김 군이 일본제국의 훌륭한 황국신민이 되어주기를 원한 때문이었어...'라고 마음속으로 되뇌었다.

"조국에 대한 저의 강력한 집착은 오히려 경부님의 그런 충성된 애국관에 대한 반작용이기도 했습니다."

김종희는 말했다.

"그러고 보면 나는 개인적으로도 김 군에게 진 셈이군!"

"지난 일은 무승붑니다. 하하..."

"아냐! 내가 졌네!"

"경부님하고의 승부는 이제부텁니다. 경부님의 건투를 빌겠습니다. 인류의 역사가 단절되지 않는 한 경부님과 저와의 인연이 이로써 끝나는 것이 아닙니다!"

"김 군, 고맙네! 나는 조선에 김 군 같은 패기에 찬 젊은이가 있다는 사실을 오래오래 기억하게 될 걸세!"

그 사이 개찰이 시작되어 승객들이 썰물처럼 빠져나가고 있었다.

"김 군...."

"안녕히 가십시오, 경부님! 부인께서도 건강하십시오!"

"지배인님, 정말 고맙습니다. 안녕히 계십시오!"

고이케 부인은 개찰구를 나가는 동안에도 몇 번이고 돌아보면서 감사의 표시를 했다. 김종희는 플랫폼 쪽으로 멀어지는 고이케 부부의 뒷모습을 지켜보며 그들의 무사 귀환을 기원했다.

(독자들이여, 김종희와 고이케 경부와의 인연은 이것으로 끝이겠는가? 우리는 김종희가 '인류의 역사가 단절되지 않는 한 경부님과 저와의 인연이 끝나는 것이 아닙니다'라고 말한 것을 기억해 둘 필요가 있다.)

채단(采緞)을 준비하려 온 아버지

채단이란 혼인 때 신랑 집에서 신부의 집으로 미리 보내는 청색, 홍색 등의 치마, 저고릿감을 말한다. 김종희가 서울역에서 홍제동 사택에 돌아와 보니 시골에서 올라오신 아버지가 기다리고 계셨다.

"고이케 경부 내외를 보내고 오는 길입니다."

"어차피 돌아가야 할 사람들인데 하루라도 일찌감치 잘 보냈어."

"아버진 무슨 일로 오셨어요?"

"채단 끊으려 왔따."

"채단이 뭐예요?"

"함 속에 넣어 보내는 채단도 몰러?"

"함을 보내다니요?"

"혼사에는 절차가 있는 법이여. 이쪽에서 사주단자가 가고 저쪽에서 택일을 해 보내면 다시 함이 가야 혼인을 하게 되는 거여?"

"예...?"

"왜...?"

"저 때문에 채단을 끊으러 오셨어요?"

"그려! 천안에도 비단 장사가 있지만 그래도 니가 하숙하고 있던 안국동 김창섭 씨 가게에 가면 좋은 걸로 끊을 수 있을 거 아닌가 뵈?"

"그럼 제 혼인날이 정해졌다는 말씀이에요?"

"새달 스무이렛날이여."

"그런 법이 어딨어요, 아버지? 저한테는 한 마디도 안 물어보고...."

"뭐야? 너, 색시 선보고 올라오던 날 그 댁에서 저녁 얻어먹었다며?"

"그래서요?"

"그러면 된거지 물어보긴 뭘 물어봐?"

"그래도 그렇지요...."

"자식 장갈 보내면서 사주단자 보내고 함 보내고 하는 일을 자식하고 일일이 상의하는 부모가 어디 있어?"

그 당시만 해도 아우나 누이동생이 형이나 언니보다 먼저 혼인하는 것을 역혼(逆婚)이라 해서 흉으로 생각하던 시절이다. 그러나 큰아들(종철)

은 정치 바람이 들어서 장가갈 생각을 꿈에도 하지 않으니 큰아들 장가
갈 때만을 마냥 기다리고 있을 수가 없어서 김민재 공은 말이 난 김에 작
은아들 혼사를 바싹 서둘렀던 것이다.

"느 성을 먼저 장가보내는 기 도리라는 건 나도 안다. 하지만 느 성 때
문에 니까지 혼기를 놓치게 할 수는 없는 일 아닌가 뵈. 혼인이란 남녀
간에 다 때가 있는 법이여. 아무 말 말고 아버지 시키는 대로 해!"

"아버지는 참...."

"나, 내일 아침은 일찌감치 느 당숙 집에 가서 먹을란다. 아침 먹고 몇
집 들러서 잔치 날이나 알리고 김 씨네 가게에 가서 채단 끊어 가지고 바
로 내려갈 거여. 그리 알고."

"형도 안 보고 바로 내려가시게요?"

"느 성은 요새 어디서 먹고 자는 거여?"

"저하고 여기서 같이 있어요."

"그럼 왜 여태 안 들어와?"

"밖에서 자는 날도 있지요, 뭐."

"내가 못 보고 가더래도 느 성도 혼인날 내려오라고 해. 3월 스무이렛
날 잊지 말구. 그런데 니 머리가 커서.... 니 머리에 맞는 사모(紗帽)가 동
네에 있을란지 모르겠다."

"그까짓 사모, 안 쓰면 어때요."

"이 녀석아, 사모 안 쓰고 장갈 어떻게 가? 헛허..."

음력 3월 27일은 양력으로 4월 28일이다. 그런데 김종희는 4월 27일
오전까지도 '화약공판' 사무실을 떠날 수가 없었다.

그저께 저녁이었다. 김종희가 장갓날에 맞춰 내일 아침 기차를 타기
위해 짐을 챙기고 있을 때였다.

"야단났어요, 지배인님!"하고 건너편 사택에 살고 있는 민영만이 들어
왔다.

"왜?"

"광목 팔아먹은 강선호 있잖아요?"

"갑자기 강선호 이야기는 왜?"

"글쎄 그 인간이 우리 '화약공판' 관리인 임명장을 받는다고 오늘 하루 종일 군정청 공업국에 붙어 있더라는 거예요."

"그래서?"

"강선호는 전부터 총독부 공무국에 아는 사람이 많아요. 그 전에 총독부 출입은 강선호 담당이었잖아요?"

"음...."

"그자는 능히 뒷구멍으로 그런 공작을 꾸미고도 남을 인간이에요."

군정법령 제73호가 공포된 것은 이틀 전인 4월 23일이었다. 군정청령 제73호는 12월 6일 자로 공포한 군정법령 제33호에 의해 접수된 일본인 재산에 대한 실질적인 관리 운영을 구체적으로 규정한 것인데, 지금까지 형식상 공업국 감독을 받아 오던 모든 산업시설을 군정청이 파견하는 미고문관 감독하에 공업국이 임명하는 조선인 관리인으로 하여금 운영을 전담케 한다는 내용이다.

누가 '화약공판' 관리인이 되느냐 하는 것은 화약계 장래와 직결되는 중대사다. 김종희로서는 강선호가 '화약공판' 관리인으로 임명되는 것만은 어떤 일이 있어도 막아야 한다고 생각했다. 강선호 같은 위인이 우리나라 화약산업의 본산인 '화약공판'을 농락하려 드는 데도 이를 묵과한다면 그것은 사회정의에 반하는 일이 아닐 수 없다.

김종희는 다음 날 아침 회현동의 김봉수를 찾아갔다. 김봉수는 일본의 와세다 대학 출신으로 '화약공판' 창고 계장을 지내다가 해방이 되자 곧 정계에 투신한 지식인이다.

"선배님은 군정청 관리들도 많이 알고 계시지 않습니까. 이런 기회에 선배님이 '화약공판'을 맡아 주십시오. 화약산업계의 장래를 생각해서라도 강선호 같은 사람이 관리인이 되는 것을 막아야 합니다."

이런 어려운 국면에서 김종희가 김봉수 같은 노련한 분을 찾아가는 선택이 돋보이는 것이다.

"참말 한심한 일이야. 요새 미국 사람들 앞에서 알랑거리는 인간들을 보면 거의가 전에 왜놈 앞에서 아첨하던 족속들이니...."

"그런 인간들이 득세하게 되면 앞으로 나라 꼴이 어떻게 되겠습니까, 선배님?"

"좋은 방법이 있네! 지금 군정청 관리라는 사람들, 너나 할 것 없이 미국 사람 말 한마디면 꼼짝 못 하네. 김 지배인이 잘 아는 미군 사령부의 스미드 대위 있잖은가?"

"예!"

"직접 부딪치는 거야! 공업국장도 바로 미군 장교일 텐데 서로 통하는 길이 있을 걸세."

"어떻게 부딪쳐야 할까요?"

"이 사람아! 자넬 관리인이 되게 해달라면 될 게 아닌가."

"예...?"

"왜 그런 얼굴을 하나?"

"제 입으로 그런 말을 어떻게 합니까, 선배님?"

"자네 입으로 방금 화약계를 위해서라도 강선호 같은 위인이 '화약공판' 관리인이 되어서는 안된다고 했잖나? 강선호가 관리인이 되는 것을 막아야겠다고 생각하는 사람이 왜 그렇기 위해서 자신이 직접 관리인이 돼야 한다는 적극적인 생각은 못 하는가?"

"그야...."

"알량한 체면 때문에 불의를 보면서도 대의를 외면하겠다는 거야?"

"...."

"자네도 별수 없이 강선호 같은 위인에게 짓밟힐 수밖에 없는 '충청도 무지렁이'군."

김봉수의 충고는 날카롭고 매섭다. 그리고 현실적이다. 그의 충고로 김종희의 화약 인생도 새로운 차원으로 변하게 되고 우리의 토종 화약기 업이 탄생하는 기틀을 마련해 주었다.

김종희는 충청도 무지렁이라는 지독한 자극적인 말을 듣고 화가 머리 끝까지 난 기세로 미군 사령부를 찾아가 스미드 대위를 만났다. 김종희 는 단도직입적으로 말했다.

"스미드 대위, 나는 지금 당신의 도움이 필요하다!"

김종희는 그동안 미군들을 접촉해 온 경험을 통해서 그들에게는 어떤 일에나 솔직하게 접근해야 한다는 것을 알고 있었다.

"무슨 일인가?"

"이번 기회에 내가 화약공판 관리인이 되어야 하겠다."

"미스터 김이 관리인이 되는 것은 당연하지 않은가."

"다른 사람이 임명될 수도 있을 것이다."

"라이벌이 있는가?"

"없다고 말할 수는 없다. 만약 화약을 모르는 사람이 관리인으로 임명 되거나 전에 '화약공판'에 근무하다가 불미스러운 일로 퇴직당한 사람이 관리인으로 임명된다면 화약계를 위해서도 불행한 일이다."

"공업국에도 파견된 미군 장교 가운데는 나의 동료들이 있다. 내가 화 약공판의 감독관 자격으로 나의 동료들에게 그런 불행한 일이 없게끔 충 고해 놓겠다."

스미드 대위와는 의미 깊은 대화가 있었다. 그런데 김종희는 내일이 혼인날이다. 사실은 오늘쯤 시골에 내려가 있어야 했다. 김종희는 회사 앞에 화약 운송차를 대기시켜 놓고 있었다. 오늘은 오밤중이 되더라도 시골집으로 내려가야 한다. 원래는 어제 아침에 내려가서 어젯밤은 집에 서 자고 오늘 미리 교군들과 함께 평택으로 가서 하룻밤 묵은 다음에 내일 아침 평택에서 객사리 신부 댁까지 가마를 타고 여유 있게 들어간다는 스케줄이었다. 그 계획이 군정법령 73호 바람에 차질을 빚게 되었던 것이다.

김종희는 초조하게 스미드 대위를 기다렸다. 그가 오늘 중으로 공업국에 들르기로 되어있기 때문이다. 스미드 대위의 충고가 과연 공업국 관리들에게 어느 정도 영향을 미칠 것인지는 미지수다.

지배인 실 벽시계가 어느덧 오후 5시를 가리켰다. 스미드 대위는 6시가 지나도 나타나지 않는다.

"시골에서 어른들이 기다리고 계실 텐데요. 그만 내려가야죠, 지배인님!"

총무 담당 민영만이 민망해하며 출발을 재촉했다.

"알았어요. 내가 없는 동안에 무슨 일이 있으면 바로 시골로 연락해!"

"걱정 말고 다녀오세요."

스미드 대위가 사무실에 들르지 않는 것으로 보아 그이 말이 잘 먹혀들어 가지 않았는지도 모를 일이었다. 김종희는 어떤 일이든 한 번 집착하기 시작하면 끝장이 날 때까지 집념을 버리지 못한다. 그는 화약 운송차를 타고 달리면서도 내내 화약산업의 본산인 '화약공판'을 지켜야 한다는 생각만 했다.

차를 몰고 갔기 때문에 다음날 객사리 신부댁에 시간을 대가는 데는 아무 지장이 없었다. 다만 시간에 쫓겨 일어난 초래청 실수(?)로 동네 아낙들이 배꼽을 잡고 웃는 일이 벌어졌다. 그것은 미처 머리에 맞는 사모를 구할 시간이 없어서 기존의 작은 사모를 쓰고 초래청에서 신부에게 절을 하다가 사모를 명석 위에 툭 떨어뜨리는 일이었다.

신랑집 잔칫날은 30일, 월요일이었다. 몰려온 하객들로 집안이 장마당처럼 북적거렸다. 김종희가 안방에서 폐백을 드리고 나올 때였다.

"지배인님! 지배인님...."하고 민영만이 하객 틈을 헤치며 나타났다. 김종희는 그를 보는 순간 가슴이 철렁했다.

(무슨 일이 생겼구나!)

"축하해요, 지배인님!"

"웬일이야?"

"스미드 대위하고 야마다 상등병도 같이 내려왔어요."

"뭐, 스미드하고 야마다가 와!"

"예, 지금 밖에 와 있어요."

"데리고 들어와야지. 내 집에 온 손님을 밖에 세워두면 어떡해?"

김종희는 사모관대 차림 그대로 대문 밖으로 나갔다. 스미드 대위와 야마다 상등병이 환한 얼굴로 지프차에서 내렸다.

"여어! 헬로! 헬로...."

"헬로!"

"컨그레이츄레이션!"

"땡큐! 땡큐...."

"하우 원더풀 브라이드그룸 유 아."

"야마다, 캡틴이 뭐라는 건가?"

"아주 멋쟁이 신랑이라고 칭찬했다."

"아, 땡큐 베리 마치!"

스미드 대위가 또 영어로 하는 말을 야마다가 일본어로 통역했다.

"스미드가 내려온 것은 당신의 결혼을 축하하고, 또 당신이 '화약공판' 관리인으로 내정되었다는 사실과 함께 스미드 대위가 '화약공판'의 고문으로 내정되어 앞으로도 같이 일하게 되었다는 소식을 전하기 위해서다."

"오....땡큐, 캡틴! 땡큐...."

김종희는 스미드 대위 손을 잡고 쾌재를 올렸다.

12

김종희, 사업수완 발휘
- 민수용(民需用) 화약 적기 도입

'화약공판' 업무가 궤도에 올라서기 시작한 것은 1946년 9월부터였다. 귀속재산 조선화약공판주식회사는 김종희가 관리인으로 임명된 후에도 업무의 특수성 때문에 계속해서 미군 사령부의 감독을 받았다.

5월 26일 자로 군정법령 제82호에 의해 대외무역 허가제가 실시되면서 중석(重石, Tungstate)을 비롯한 형석, 흑연, 아연 등 각종 광산물의 수출 전망이 밝아지자 오랫동안 폐업 상태에 놓여있던 광업계가 활기를 찾게 되었던 것이다. 광업계가 활기를 되찾으면 화약 수요가 늘기 마련이다. 김종희는 광산 경기가 살아날 것을 예상하고 미리 화약 수요에 대비하기 위해 스미드 고문관을 끈질기게 설득했다. 스미드 대위는 상임 고문관이 아닌 겸임 고문관이었기 때문에 '화약공판' 사무실에는 나오지 않고 항상 미군 사령부에 있었다. 그래서 김종희는 거의 매일 한 차례씩 스미드 대위를 찾아가서 업무 보고를 했다.

"캡틴 스미드! 현재 우리 화약고에는 2톤 미만의 화약이 남아있을 뿐이다. 지난 3월부터 군에서 쓰는 화약 물량도 많아졌고 또 앞으로 늘어날 민수용 화약을 생각해서라도 하루빨리 화약 도입을 추진해 주길 바란다."

"군수용 화약은 앞으로 50일 이내에 반입될 예정이다. 그러나 민수용 화약에 대한 반입 계획은 아직은 없다."

"화약공판이 미 점령군의 화약고 관리만을 기관은 아니다! 민간이 필요로 하는 화약을 적시에 공급해야 하는 것은 국내 유일한 화약 취급 기관인 '화약공판'의 책임인 동시에 의무이다."

"미스터 김의 그 같은 정신에는 내가 항상 경의를 표하지 않을 수 없다. 민수용이 필요할 때는 군수용을 일부 할애하도록 하겠다."

"민수용 공급을 책임지고 있는 '화약공판' 관리인으로서 나는 그런 애매한 대책에 동의할 수 없다. 군수용은 군수용, 민수용은 민수용으로 비축해 주길 바란다."

"민수용 화약이 급한 것은 아니지 않는가?"

"그것은 우리나라를 잘 모르고 하는 말이다. 우리나라가 수출할 수 있는 물건은 농산물이나 수산물, 그리고 광산물뿐이다. 앞으로 무역이 활발하게 이루어지면 화약 수요는 군수용보다 민수용이 더 많이 늘어날 것이다."

우리나라에 가리오아(GARIOA, 점령지역 행정 구호원조)에 의한 민수용 미제 화약 2천5백 상자(56톤)가 최초로 반입된 것은 그해 8월 초순, 7월부터 광산의 화약 수요가 급증하기 시작해서 이미 먼저 들여온 군수용 화약을 민수용으로 전용하고 있을 때였다.

56톤의 화약을 한 대밖에 없는 화약공판의 화약 수송차로 6개 지역, 31개 화약고에 분산 이송한다는 것은 예삿일이 아니다. 밤낮없이 뛴다 해도 2개월은 걸릴 일이다. 그런데 일부 지역에서는 이상한 현상이 나타나고 있었다. 화약이 영업소에 도착하면 화약고에 들어갈 사이도 없이 그 자리에서 바로 전량이 팔리곤 하는 것이었다. 머지않아 화약값이 크게 뛰어 오를 것이라는 소문이 퍼져서 가수요가 일어난 것이었다.

당시 화약값이 얼마나 싸던지 실제로 엿값보다 쌌다. 엿은 한 가래에

50전 하는데 엿가래보다 굵은 화약은 30전이었다. 민수용 화약 56톤이 확정되고 나서 공업국에 화약 판매가격 승인 신청을 하는 때였다. 당시는 군정청이 모든 귀속 산업체에서 생산하는 제품의 판매가는 주무 당국의 승인을 받도록 되어 있었다. 화약공판도 주무 당국의 승인을 받아야 했다.

판매가격을 정할 때는 항상 생산자와 당국 사이에 의견이 대립되기 마련이다. 생산자는 으레 값을 올리려 하고 당국은 내리려고 한다. 화약공판이 승인을 신청한 다이너마이트 한 상자 판매가격은 30원이었다. 그 30원은 화약공판이 45년 7월 1일 바로 해방되기 45일 전에 책정한 다이너마이트 공급가격이었던 것이다. 김종희는 나름대로 계산이 있었다. 미제 다이너마이트 한 상자당 30원만 받아도 2천5백 상자니까 7만5천 원이라는 거금이 생긴다. 그렇게 해서 승인된 다이너마이트 값이 뜻하지 않게 가수요를 일으키고 있는 것이다.

화약(다이너마이트) 가수요 이것은 위험천만한 일이었다. 일부 특정인에 의해 매점매석 당할 수도 있고 자칫하면 취급상의 부주의로 사고 위험이 따를 수도 있다. 김종희는 각 영업소에 지시해서 다이너마이트를 한꺼번에 대량으로 매출하지 말고 현지 광업소가 필요로 하는 만큼의 양을 그때그때 적시에 공급하도록 엄격하게 통제토록 했다.

관재령(管財令)에 의한 김종희 관리인 자격 요건

군정 당국은 민정 이양의 1단계 조치로써 남조선 과도입법의원(過渡立法議員) 설치령을 공포하고 12월에는 45명의 민선의원으로 구성된 과도입법의원을 발족시키고 47년 2월에는 초대 민정장관으로 안재홍(安在鴻)을 임명했다.

후속 조치로 군정청은 3월 15일 자로 군정법령 제135호에 의해 인사

행정권을 조선인에게 이양했으며 이에 따라 관재국은 동일(同日) 자로 관재령 제19호를 공포하고 산하 각 귀속기업체의 관리인을 새로 임명하기로 했다. 군정법령 제73호에 의해 작년에 임명된 조선인 관리인 가운데는 비전문인이 있어서 기업체 종사자들 간의 마찰 내지는 분쟁이 끊이지 않았기 때문에 '화약공판'에도 관재령에 의한 새 관리인이 임명되게 되었다.

그러나 김종희가 다시 관리인으로 임명되는 것은 의심의 여지가 없었다. 화약계에서는 감히 누구도 '화약공판' 관리인 자리를 넘볼 사람이 없었다. 김종희는 작년에 미국 고문관을 설득해서 민수용 화약을 적기에 도입한 업적으로 토목계나 광업계에서 그 실력을 인정받고 있는 터였다. 특히 지난 2월 17일에 중석과 아연을 수출한 바 있는 광업계에서는 다른 어느 업계보다 광산물을 수출할 수 있었던 것은 '화약' 공급이 원활했기 때문이라 하여 '조선광업협회' 이름으로 김종희에게 감사장을 수여한 일까지 있었다.

그런데 김종희 자격요건에 문제가 있게 되었다. 관재령은 귀속기업체 관리인의 자격요건을 '동일 업계에서 7년 이상 종사한 경력 소유자'로 규정한 것이다. 김종희가 화약 업계에 첫발을 들여놓은 것은 1942년 1월, 아직 5년 3개월밖에 되지 않았다. 관재청은 사이비 지배인을 배제하기 위해 7년이라는 의미 있는 기간을 정해 놨기 때문에 이를 지킬 수밖에 없었다. 김종희의 이때의 선택도 그가 얼마나 사려 깊은 사람인가를 말해 준다. 김종희는 이때도 김봉수를 찾아갔다.

"그러니 화약계에서 7년 이상 종사해 온 분이 우리나라에 몇 사람 있겠습니까. 선배님!"

"'화약공판' 이전부터 화약계에 종사해 온 사람은 몇 안 되지. 더구나 화약공판이 생긴 지도 아직 7년이 안 되는데."

"그래서 선배님을 관리인으로 모실까 합니다."

"글쎄...."

"회사 일은 지금처럼 제가 전적으로 맡아 하겠습니다."

"자네가 나를 처음 찾아왔을 때부터 내가 힘이 될 수 있으면 돕겠다고 약속했던 일이니까 형식상 내 이름을 관리인으로 내세우는 게 자네한테 도움이 되는 일이라면 굳이 말리지는 않겠네."

"고맙습니다. 선배님! 제가 회사에다 선배님 방을 하나 꾸미겠습니다. 시간이 나는 대로 회사에도 가끔 들러 주십시오."

그러나 김봉수는 관리인으로 임명된 후에도 회사에는 거의 들르는 일이 없었으며 회사는 여전히 김종희 책임하에 운영되어 나갔다.

그즈음 혼미를 거듭하던 정국은 마침내 신탁통치를 결사적으로 반대해 온 우익진영이 남조선 단독정부 수립 문제를 놓고 이를 찬성하는 세력과 반대하는 세력으로 양분되어 반목하는 가운데 한국 문제가 UN 총회 의제로 상정되면서 새로운 국면을 맞게 되었다. 김종희는 하루빨리 군정(軍政)에서 벗어나야 한다는 생각 때문에 통일정부 수립이 어려우면 먼저 단독정부를 세우는 것도 무방하다고 생각했다. 물론 그가 정치에 직접 관여하는 것은 아니었다. 그러나 한집에 같이 사는 형(김종철)의 영향으로 정치에 대한 관심만큼은 누구 못지않게 대단했다. 김종철은 그때도 정치권에서 활동하고 있었다. 당시는 대동청년단(大同靑年團) 본부 선전부장이었다.

대동청년단은 상해임시정부의 광복군 총사령관을 지낸 지청천(池靑天)이 1945년 12월 환국한 뒤 당시의 모든 청년운동단체들을 통합하여 대동단결을 이룩한다는 명분으로 이 단체를 결성했다. 지청천은 광복 후 광복군을 이끌고 국내에 진주하려다 연합군의 반대로 뜻을 이루지 못했다. 대동청년단은 이승만 박사의 정치 노선을 지지했다.

1948년 5월 10일 드디어 유엔(UN) 한국위원단 감시하에 제헌 국회(制憲國會)의원 선거가 남조선 일원에 실시되고 8월 15일에는 역사적인 대한민국 정부 수립이 세계만방에 선포됨으로써 3년간에 걸쳐 시행되온 미군정(美軍政)이 폐막되었다.

대한민국 정부가 수립되었다고는 하지만 아직은 정치적으로나 경제적으로나 미국의 절대적인 지원이 필요한 시기였다. 남조선 과도정부 기구를 그대로 인수한 정부 각 부처에는 여전히 미 고문관이 집무를 계속하고 있었으며 그때 '화약공판' 고문관은 작년 12월에 한국 복무를 마치고 본국으로 돌아간 스미드 대위 후임으로 온 윌라드 대위가 겸임하고 있었다. 그동안의 '화약공판' 사업은 김종희와 미 고문관의 긴밀한 협조로 원활하게 진행되어 왔다. 화약 수요도 점차 늘어나서 1948년 한 해 동안 화약공판을 통해서 판매된 각종 화약 물량은 1백여 톤에 달했다. 북한이 송전(送電)을 단절(1948년 5월 14일)하자 화력발전용 연탄 수요가 급증한 데다가 침체해 있던 토목경기가 살아나기 시작해서 앞으로의 화약 수요는 더욱 늘어날 전망이었다. 김종희는 국내 화약 수요를 언제까지나 미국 원조에 의지할 수 없는 일이라고 생각했다. 국내에서 화약을 생산하자면 '조선유지인천화약 공장'을 가동시키는 길밖에 없다.

김종희의 화약 국산화의 꿈

김종희는 화약산업이 지니는 국가 기간산업으로서의 중요성과 군사상의 중요성을 역설하고 인천의 제2 조병창을 본래의 화약공장 기능으로 회복시켜 줄 것을 요청하는 진정서를 제출하는 한편 이의 실현을 위해 미군 사령부 측과의 활발한 막후 협상을 벌였다.

인천화약 공장은 일찍이 군정청 국방 사령부가 관리해 왔으나 정부 수립 후에는 국방부 산하의 제2 조병창으로 관리되어 오고 있었다. 당시는 우리나라 정부의 예산 자체가 미국 원조에 의해 편성되는 실정이었지만 특히 국방 예산의 경우는 전적으로 미국 원조에 의존할 수밖에 없었다.

그때 김종희를 주변 사람들은 이렇게 말했다.

"김종희 그 친구 화약 귀신에 씐 사람이야. 요새 세상에 미군 힘으로 안 되는 일이 어딨어? 미군하고 짜면 떼돈 벌 일이 얼마든지 있는데 하필이면 별 볼 일 없는 화약에만 매달려서 그 애를 쓰고 다니니."

"요새는 미군 중에서도 별짜리하고 교제한다던데?"

"그야 뭐 미군 사령부를 자기 처갓집 드나들 듯하니까."

"하긴 그 사람 나중에 언젠가는 화약으로 한몫 보기는 볼 거구만. 한국 화약계를 자기 혼자 짊어지고 있는 것처럼 생각하고 있으니까."

이 말은 정확하게 맞는 말이었다.

"나중에 화약에서 금이 쏟아질지 몰라도 당장은 홍제동 식구들이 쌀도 시골에서 올려다 먹는 모양인데 그게 뭣 하는 짓인지 원...."

그 무렵 홍제동 사택에는 10명의 식객이 같이 살고 있었다. 김종희가 결혼 후에 곧 살림을 시작하면서 고등학교, 중학교, 초등학교에 다니는 종환, 종식, 종숙이가 차례로 올라오고 김종철이 김종희가 장가가던 해 가을에 결혼을 하고 이듬해 봄에 살림을 합치고 나서 시골 사촌들이 올라와서 있었다. 그 여러 식구가 어차피 김종희 한 사람이 버는 것을 가지고는 살 수가 없었다. 쌀은 시골에서 올려다 먹는다 해도 역시 살림은 옹색했다. 김종희로서도 돈이 아쉽지 않은 것은 아니었다. 그렇다고 화약을 제쳐놓고 다른 돈벌이에 한눈을 팔 생각은 없었다.

김종희는 제2 조병창이 된 인천화약 공장을 본래의 기능으로 회복시키기 위한 막후교섭을 하느라고 매일같이 미군 사령부에 나가서 살다시피 했다. 그러나 김종희의 화약 국내 생산 꿈은 1949년 5월에 단행된 주한미군의 전면 철수로 물거품이 되고 말았다. '화약공판'에 어려움이 닥치기 시작했다. 미군 철수로 '화약공판'은 막강한 원군을 잃고 말았던 것이다. 주한미군이 있을 때는 '화약공판' 업무와 관련된 일이면 막힐 것이 없었다. 김종희는 미 고문관과는 물론이고 사령부의 고급장교들하고도 인간적인 깊은 유대를 맺고 있었기 때문이었다.

당장 1949년도 하반기 화약 수급 계획부터 차질을 일으켰다. 그동안의 GARIOA(점령지역 행정구호 원조) 원조에 의해 도입되던 화약이 군정 종식으로 금년도부터는 ECA(Economic Cooperation Administration, 미국 경제협조처) 원조 자금으로 도입해야만 했다. 따라서 '화약공판'이 화약 수급 계획을 작성해서 주무 당국인 상공부에 제출하면 상공부가 이를 검토해서 재무부에 넘기고 재무부가 검토한 다음에 ECA 자금을 배정하게 되어 있었다. 김종희는 금년도 상반기 화약 수요 증가율을 감안해서 내년도 상반기 수요를 약 2백 톤으로 책정했다. 그런데 상공부에서는 2백 톤이 너무 많으니까 절반인 100톤으로 줄이라는 것이었다.

그 무렵 '화약공판'에서 상공부를 전담으로 출입하는 사람은 작년 2월에 입사한 권혁중(權赫重)이었다. 권혁중은 부대리 성공회 전도사로 시무하면서 북일학교 선생을 지내다가 1935년 교세를 확장할 목적으로 식량영단(食量營團) 입장면(笠場面) 출장소장직을 맡아 하장리(下場里)로 이사한 권태진(權泰鎭)의 아들이다. 권태진은 김종희의 북일학교 은사이기도 하다. 일본에서 상업학교를 졸업한 권혁중은 '화약공판'에 입사한 후에도 다니던 동국대학(東國大學) 전문부 문과(文科) 야간부를 계속해서 다니고 있었다.

김종희가 퇴근 준비를 하고 있는데 권혁중이 지배인 실을 들어왔다.

"학교에 안 가고 여태 뭘하고 있는 거여?"

"상공부에서 이제 돌아오는 길이예요.'

"뭐가 잘 안돼? 그렇게 땡감 씹은 얼굴이여?"

"백 톤으로 줄여와야 재무부로 넘기겠다는 거예요."

"참, 그 사람들 답답하구만! 화약이 어디 썩는 물건이여? 넉넉하게 들여와서 남으면 내년에 팔면 되는 거지. 줄이긴 뭘 줄여?"

"기름을 쳐야 돌아갈 것 같아요."

"기름은 무슨 기름이여? 그 사람들이 화약도 무슨 딴 원조 물자처럼 빼돌릴 수 있는 물건으로 잘못 알고 있는 모양인데 화약은 길에 내다 버리면 개도 피해 가는 거라는 걸 얘기해 주지 그랬어?"

"그들도 알면서 딴생각하느라고 그러는 거예요."

결국, 1950년도 상반기 화약 도입량은 상공부 실무자들에 의해 1백 톤으로 결정되고 말았다. 김종희는 전부터 이월되어 오는 화약이 30톤가량 있었기 때문에 그 정도 물량이면 1950년도 상반기 수요는 충당할 수 있다고 생각했다.

그러나 김종희의 예상은 빗나갔다. 그해 겨울 난방용 수요가 예년에 비해 3배나 급증했기 때문이다. 정부가 산림 녹화책의 일환으로 추진해 온 연료 대체 사업이 실효를 나타내기 시작했던 것이다. 다행히 1949년도 하반기 화약 수요는 이월되어 오는 재고량이 있어서 그런대로 충당할 수 있었으나 1950년도 상반기에는 작년 11월에 도입한 화약 1백 톤이 3월 중에 전부 소진되어 일부 탄광이 조업을 중단하는 사태를 초래했다. 광업계의 항의가 '화약공판'으로 빗발쳤다. 김종희는 책임을 통감했다. '화약공판'은 2백 톤 도입을 추진했는데도 주무 당국이 일방적으로 반밖에 들여오게 되었다고 변명한다고 해서 될 일이 아니었다. 국내 유일의 화약 공급기관인 '화약공판'은 오늘의 사태를 정확히 예측하고 미리 대비책을 마련했어야 했다. 화약을 적기에 공급하지 못해서 국가의 주요 산업생산 활동이 중단되는 사태를 야기시켰다면 그 책임은 중대할 수밖에 없었다.

로버트 장군, 화약 좀 빌려주시오!

화약 공급 총책임자인 김종희는 번뜩 머리를 스쳐가는 아이디어가 떠올라, 미 군사 고문단장인 로버트 준장을 찾아갔다. 로버트 준장은 전 미

군사령부 작전 참모였다.

"제너럴 로버트! 지난 겨울 동안 연탄 수요가 급증하는 바람에 민수용 화약 공급에 차질이 생겼다. 일부 탄광에서는 전체 조업을 중단하고 있는 심각한 사태에 직면해 있다. 당신의 도움이 필요하다."

"어떻게 도우면 되겠는가?"

"그 전과 같이 군수용 화약을 일시 대여해 주기 바란다."

"어느 정도의 물량이 필요한가?"

"30톤이면 되겠다."

"기한은?"

"2개월 이내에 상환하겠다."

"한국 측 책임자와 협의해서 연락하겠다."

업계는 물론 관계에서도 김종희의 수완에 또 한 번 경탄했다. 로버트 장군의 호의로 발등의 불을 끄고 난 김종희는 화약의 조기 도입을 위해 상공부와 재무부, 외자청(外資廳)으로 동분서주했다. 그렇게 해서 225톤 (1만 상자)의 화약이 부산항에 입항한 것은 5월 중순, 계절적으로 화약의 수요가 줄어드는 때였다. 그러나 모처럼 전국 31개 화약 창고에 화약이 그득하게 쌓이자, 한동안 침체되어 있던 '화약공판'의 사기가 되살아났다.

13

지배인님, 북한군이 쳐들어왔대요!
- 6.25의 발발

김종희는 여느 일요일처럼 사택 뜰 안의 채소밭을 돌보고 있었다. 전국 31개 화약고에 화약도 가득 차 있겠다 모처럼 유쾌한 일요일 아침이었다. 그런데 건너편 사택에 살고 있는 운전수 이병목이

"지배인님! 지배인님...."하고 부르며 다급한 걸음으로 다가왔다.

"뭐여?"

"라디오에서 그러는데 북한 괴뢰군들이 쳐들어왔대요."

"언제?"

"방금 8시 뉴스에서 그랬어요."

"괴뢰군이 어디로 쳐들어오나?"

괴뢰군은 작년 5월에 송악산(松嶽山) 국군 진지를 기습 공격해 온 것을 필두로 8월에는 춘천 방면에서, 또 10월에는 홍천 방면에서 기습을 감행해 왔지만, 그때마다 육탄 10 용사 같은 국군의 용감한 반격으로 격퇴를 했었다. 육탄 10 용사란 1949년 5월 4일 개성 송악산에서 자폭 공격을 하여 조선인민군 육군 특화점을 폭파시키는 전공을 세운 용사들을 말한다.

김종희는 평소처럼 주말 미사에 참석하기 위해 가족들과 함께 정동교

회로 나갔다. 미사 도중엔 교회 상공을 가르는 비행기 소리가 들려왔다. 나중에 안 사실이지만 그 비행기 소리는 그날 정오경 서울 상공에 내습해 용산역 부근과 김포공항장에 기총 사격을 가하고 사라진 적의 YAK기 소리였다. 김종희는 비행기 소리를 듣는 순간 문득 신성모(申性模) 국방장관의 회견 기사를 머릿속에 떠올렸다. 신 장관은 지난 5월 11일 자 기자회견에서 북괴군이 38선으로 이동하고 있다는 사실을 밝히면서 저들의 침략 위협이 고조되고 있음을 경고하고 국민에게 국군의 충천하는 사기와 철통같은 수비를 신뢰해 줄 것을 요망했다.

오후 1시, 신문사 지프차가 호외(號外)를 뿌리면서 태평로 거리를 질주하고 있었다. 미사를 마치고 나오던 김종희도 얼른 호외 한 장을 주워 들었다. 호외에는 다음과 같은 신성모 국방장관의 담화문이 실려 있었다.

"금일 04시에서 08시 사이에 북괴는 38선 전역에서 불법 남침을 감행했다. 옹진, 개성, 장단, 의정부, 동두천, 춘천, 강릉 등 각 지구 전면에서 북괴는 거의 동시에 남침을 개시하고 동해안에서는 상륙을 기도하였다. 국군은 전역에 이들을 격퇴시키기 위하여 긴급하고도 적절한 작전을 전개하고 있다. 동두천 전면에서 그들은 전차까지 동원하여 침입하였으나 우리의 대전차포에 의하여 격퇴되고 말았다. (중략) 군은 반역 도배들에게 단호한 응징 태세를 취하고 각 지구에서 용감무쌍한 전투를 전개하고 있다. 전 국민은 군을 신뢰하고 이동함이 없이 각자의 직장을 고수하면서 군 작전에 적극 협조하기 바란다...."

(그러면 그렇지....) 김종희는 일순 안도할 수 있었다. 그런데 거리에 오가는 사람들은 국방장관의 담화에도 불구하고 왠지 허둥거리는 모습이었다. 하루가 지나자 어느 쪽 포성인지는 몰라도 〈쿵! 쿵...〉 울리는 소리가 제법 가까이서 들려왔다. 회사에 출근한 김종희는 전황이 궁금해서 여기저기 전화를 걸어 보았다. 그러나 어디서도, 심지어 미 군사고문단에서도 정확한 전황은 얘기해 주지 않았다. 의정부 방면에서 피난민들

이 몰려나오고 있다는 말을 들어보면 아군(我軍)이 다소 불리하게 몰리고 있는 것 같기도 했다. 정오경에는 남대문 쪽으로도 피난민들이 삼삼오오 떼를 지어 나타나기 시작했다.

(혹시 38선이 무너진 것은 아닐까....?)

김종희로서도 일말의 불안을 느끼지 않을 수 없었다. 그러나 그의 불안은 오후에 배달된 신문을 보는 순간에 깨끗이 사라졌다. 신성모 국방장관이 오전 11시에 개최된 국회에 출석해서 전황을 설명한 내용이 다음과 같이 실려 있었다.

'적이 남침을 개시했으나 아군은 후방 3개 사단을 투입해서 반격을 감행함으로써 의정부를 탈환하고 적을 북쪽으로 격퇴했으니 의원 여러분들께서는 조금도 걱정할 필요가 없습니다. 우리 국군의 고충은 명령이 없어서 38선을 넘어 공세 작전을 취할 수 없는 것입니다. 만약 공세를 취한다면 일주일 이내에 평양을 취할 자신이 있습니다'

김종희는 공연히 전황을 알아본다고 낮시간을 어영부영 보낸 자신이 쑥스럽게 생각되었다. 그는 일찍이 퇴근을 서둘렀다. 거리에는 불안에 싸인 시민들이 우왕좌왕하고 있었다. 김종희는 사택에 와서도 별로 큰 걱정은 하지 않았다. 홍제동 사택만 해도 대로변에서 200m가량 산 밑으로 들어가 있었기 때문에 시시각각으로 변해가는 거리 동정에는 어두웠다. 밤이 되면서 낮부터 들려오던 대포 소리가 사뭇 가까이서 들려왔다. 그래도 김종희는 막강한 국군의 힘을 믿었으며 KBS 역시 계속해서 국군의 용감한 승전보를 전했다.

26일 오전 6시, KBS 보도에 놀란 김종희는 자신의 귀를 의심하며 잠자리에서 벌떡 일어났다. 내내 국군의 승전보만 전하던 KBS가 갑자기 '정부 이동'을 보도했다. 어젯밤 11시에 열린 '비상각의' 정부를 수원으로 이동하기로 결정했다는 것이다.

(그렇다면 서울이 위태롭다는 얘긴가?)

포성은 어젯밤보다 더 가까이서 들려왔다. 김종희는 사택 밖으로 나가 보았다. 홍제동으로부터 무악재에 이르는 대로에는 피난민의 대열이 넘치고 있었다.

"지배인님. 중앙청은 텅텅 비었습니다." 정부 이동을 확인하기 위해 상공부에 들어갔다 나온 권혁중의 보고였다.

"우리도 어떻게 피난 갈 준비를 해야죠, 지배인님."

"피난...?"

"이병목 씨하고 같이 홍제동에 들어가서 식구들을 차에 태워서 나올까요?"

"화약고의 화약은 어떻게 할 거여?"

"그까짓 화약이야...."

김종희는 고개를 설레설레 내저었다.

"화약고에 들어있는 화약이야 무슨 일 있겠어요?"

"아니! 나는 화약을 지켜야 해!"

그 무렵 홍제동 화약고에는 5월에 들여온 다이너마이트 3천 상자가 보관되어 있었다. 그 다이너마이트를 방치해 버릴 경우 어떤 사고가 발생할지도 모른다. 그런 위험 물질을 방치한 채 일신의 안전을 위해 피난길을 떠난다는 것은 화약인으로서의 양심이 허락하지 않았다. 진정한 화약인이었다.

오후부터 내리기 시작한 비는 그칠 줄을 몰랐다. 밤이 되면서 비는 더욱 억수처럼 쏟아졌다. 김종희는 밤늦게까지 사무실에 혼자 남아 비가 그치기를 기다렸다.

〈쾅! 쾅....〉 포성은 바로 귓전에서 울렸다. 김종희는 만에 하나, 포탄이 화약고에 떨어지는 경우를 상상하고 등골이 오싹하는 전율에 온몸을 부르르 떨었다.

김종희가 막 무악재 마루턱을 넘어설 때였다. 용산 쪽에서 〈쾅!〉 하고 천지를 뒤흔드는 폭음 소리가 들려왔다. 그순간 김종희는 그 폭음이 다이너마이트가 터지는 소리라는 것을 알고 소스라치게 놀랐다.

"어디서 이 엄청난 다이너마이트가 폭발했을까...."

김종희가 폭음이 한강 인도교(현 제1 한강 대교)와 철교를 폭파시킨 소리라는 것을 안 것은 다음 날 아침이었다. 한강 인도교 폭파 사건은 6.25 전란 중 우리 군의 가장 잘못된 작전이었다. 날이 밝으면서 한강 인도교를 넘어 피난 가려던 피난민들은 다리가 폭파되어 끊어졌기 때문에 다시 시내로 들어오기 시작했다. 이미 서울 시내에는 북괴군의 탱크가 캐터필러 소리도 요란하게 육중한 모습을 드러냈다. 김종희는 평소보다 일찍 회사로 나갔다. 그는 신변 정리부터 해야 할 필요를 느꼈다.

회사에 도착한 그는 사무실 문을 안으로 잠그고 캐비닛 속의 모든 서류를 꺼냈다. 그리고 명함꽂이에서 경찰관들의 명함을 다 가려냈다. 이때까지도 '화약공판' 업무는 1912년에 공포된 〈총포, 화약류 취체령〉 및 1921년 공포된 〈보통 화약재료 취체 규칙〉에 의해 통제되어 오고 있었기 때문에 화약 하나를 이 장소에서 저 장소로 옮기는 일까지도 일일이 경찰서의 허가를 받아야 했다. 따라서 '화약공판' 서류치고 경찰관서를 거치지 않는 서류가 없었고 그러다 보니 자연히 여러 경찰관을 접촉하게 되어 그들의 명함도 많았다. 경찰관의 명함이 공산당의 손에 들어가게 된다거나 경찰관서와 관련 있는 문서가 그들 손에 들어가게 되면 경찰관들의 신변에 위험이 닥칠 것은 뻔한 일이었고 더구나 전국 각 지방 화약고의 화약 재고량을 그들에게 알려주는 것이 된다.

서류를 다 꺼내놓고 보니 그 많은 서류를 어떻게 없애느냐가 문제였다. 태워 버리면 제일 간단하겠지만 사무실 안에서 연기를 피울 수는 없었다.

(지하실에 있는 우물 속에 집어 넣을까....?) 그랬다가 나중에 탄로 나

면 곤란하다. 김종희는 우선 서류를 한 장 한 장 찢었다. 가끔 사무실에 탱크 소리가 들려오기도 하고 멀리서 총성이 들여오기도 했다. 한강을 건너지 못한 일부 국군들이 시내 곳곳에서 마지막 저항을 하고 있기도 했다.

서류 찢기가 거의 반나절은 되었다. 누군가가 안으로 잠긴 사무실 문을 흔들었다.

"누군가?"

"안에 누구유? 문 좀 열어요!"

귀에 익은 목소리였다.

"누구요?" 김종희가 문 앞으로 다가갔다.

"저 혁중이에요, 지배인님!"

김종희는 반가웠다.

"사무실 안에 사람이 있다는 걸 어떻게 알았어?"

"밖에는 문이 안 잠겼는데 문이 안 열리니까 안에 누가 있을 것이라고 생각했죠."

"그런데 뭣 하러 나왔어?"

"회사 일이 궁금해서요."

권혁중은 신당동에서 하숙 생활을 하고 있었다.

"지금 밖은 어때?"

"한쪽에서는 괴뢰군이 계속해서 시내로 들어오고 또 한쪽에서는 피난 갔던 사람들이 들어오고....가끔 전차도 다니고 있어요."

"그래, 잘 나왔다."

김종희는 권혁중과 함께 찢어놓은 서류를 상자 속에 담아 들고 지하실로 내려가서 우물 안에 쏟아 넣고 종이가 물에 가라앉을 때까지 막대기로 휘저었다.

"우리는 지금부터 화약 기술자다!"

"예?"

"이제 날 지배인님이라고 부르지 말고 김 기사로 불러! 알겠어?"

"예...."

"나하고 홍제동으로 들어가자!"

"회사 일은 어떻게 되는 거예요?"

"세상 돌아가는 걸 봐야 알지."

동무! 이게 정말 화약이요?

하루는 내무서원이 동네 빨갱이를 앞세우고 사택에 나타났다.

"동무가 여기 책임자요?"

빨치산 모자를 쓴 내무서원이 김종희를 위아래로 꼬나보며 물었다.

"여기는 책임자가 따로 없습니다."

"이 사택에 사는 사람들은 다 뭣 하는 사람이요?"

"다들 화약 기술자고 그 가족들입니다."

그 무렵 홍제동 사택에는 김종희, 김종철 형제 가족과 민영만, 홍용기, 이병목 가족들이 살고 있었다.

"화약 기술자가 뭐 하는 거요?"

"화약고를 관리하고 폭파 현장에 나가서 화약 사용법을 지도하고 합니다."

"화약고는 어디 있소?"

"저쪽 산 밑에 있습니다."

"어디 한번 가보지요!"

"화약고에 지금 화약이 가득 차 있기 때문에 아무나 가까이 데리고 갈수가 없습니다."

"왜 못가요?"

"아시다시피 화약이란 폭발 위험이 있는 물건이라서...."

"화약고 안에는 안 들어가면 될 것 아니요?"

"그래도 화약고에 가까이 가려고 하면 담배나 성냥 같은 거 있으면 꺼내놔야 하고 또 총도 메고 가면 위험하고 해서..."

김종희는 은근히 내무서원에게 겁을 주었다. 그러자 내무서원이 함께 온 동네 빨갱이에게

"인민위원회 동무들은 여기 있소! 내 혼자 가서 화약고를 확인하고 올 테니. 이 총도 박 동무가 좀 메고 있소!"하고 따발총을 박 동무라는 청년에게 맡겼다.

"정말로 화약고 안에는 안 들어가는 겁니다요?"

"좋소!"

김종희는 내무서원을 데리고 화약고 문을 활짝 열어 보였다. 화약고 안에 쌓인 화약 상자를 본 내무서원이

"동무!"하고 뾰족한 턱을 바싹 들어 올리더니 "이게 정말 화약이요?"하며 김종희를 째려보았다.

"왜요?"

"이건 양키 놈들의 물건 아이오?" 화약 상자에 찍혀 있는 ECA 원조 물자 표시(성조기 바탕 위에 악수하고 있는 두 손 그림)을 보고 하는 말이었다.

"화약 상자에 영어로 저렇게 다이너마이트라고 찍혀 있지 않습니까."

"어째서 양키놈들의 다이너마이트가 여기에 보관되어 있소?"

"이남 실정을 잘 모르시는 모양인데 이남에서는 화약이 생산되지 않기 때문에 미국에서 원조하는 화약을 쓰고 있는 것입니다."

"그렇다면 동무들은 양키 놈들의 앞잡이 아니요?"

"앞잡이라면 우리가 피난을 갔지 왜 여기 남아서 이 화약을 지키고 있겠습니까?"

"좋소! 우리 내무서의 별도 지시가 있을 때까지 이 화약을 이대로 잘 보관하도록 하오!"

그 후 김종희는 화약의 반입 경위를 조사한다느니 사상 검토를 한다느니 하고 정치보위부가 오너라가너라해서 한동안 실랑이를 당했다. 그러나 김종희는 '화약공판'의 모든 서류를 이미 죄다 없애놓고 있었기 때문에 화약 행정은 '화약공판'이라는 데서 취급하기 때문에 화약 행정은 전혀 아는 바가 없고 자신은 다만 화약고를 관리하면서 폭파 현장의 기술을 지도할 뿐이라는 것을 일관되게 주장해 냄으로써 그들의 집요한 추궁을 모면할 수 있었다.

미군 참전과 국군의 반격

"제기랄, 라디오나 있어야 세상 돌아가는 거나 좀 알 거 아녀?"

텃밭의 가을 열무를 솎아내면서 김종희는 혼잣말로 구시렁거렸다. 곁에서 그 말을 듣던 권혁중이 "신당동 하숙집에 제 라디오가 있는데 가서 가져올까요? 지배인님!"

"너 시방 뭐랬어?"

"왜요?"

"아이가 생사람 잡겠네. 내가 어째서 지배인이여?"

"아, 기사님…. 죄송합니다."

"느 하숙집 라디오 내무서원 동무들이 안 가져갔을까?"

"여기 껀 좋으니까 그 사람들이 가져갔지요. 제 건 고물딱진데요, 뭐."

권혁중이 가져온 신설동 하숙집에서 가져온 라디오는 정말 고물이었다. 아무리 사이클을 돌려도 남쪽 방송은 들려오지 않았다. 그러다가 우연히 맞힌 사이클에서 모기소리 만한 일본(日本) 방송이 들렸다. 귀를 기울이고 듣자니까 유엔(UN)군이 지난 9월 15일에 인천상륙작전을 하고 16일에는 낙동강 전선에서 국군과 유엔군이 총 반격전을 전개하여 목하 북진 중이라는 것이었다.

"그러면 그렇지."

김종희는 라디오 스위치를 끄고 뒤집어쓰고 있던 이불을 벗어 던졌다. 김종희는 미국이 한국전에 참전하기로 결정했다는 소식을 들었을 때부터 언젠가는 반드시 전세가 역전되리라는 것을 확신하고 있었다. 태평양 전쟁까지도 승리로 이끌었던 미군이 한낱 북괴군과의 전쟁에서 패한다는 것은 상상할 수도 없는 일이었다.

마침내 9월 28일에 서울을 완전히 탈환한 UN군은 그 여세로 38선을 돌파하여 10월 19일에는 평양을 탈환하고 한만국경(韓滿國境)까지 진격을 멈추지 않았다. 10월 27일에는 정부가 부산에서 다시 서울로 오고 11월 26일에 유엔 한국부흥단이 내한하는가 하면 12월 2일에는 유엔총회가 1951년 대한원조(對韓援助) 2억 5천만 달러 안을 채택하는 한편 유엔한국재건단(UNKRA)을 발족시키는 등 전후 한국의 재건 문제가 본격적으로 거론되기도 했다.

김종희는 무엇보다도 각 영업소가 관리하는 지방 화약고 일이 제일 궁금했다. 낙동강 이남에 위치한 대구, 부산의 13개 화약고는 이상 없겠지만 북괴군 수중에 들어갔던 전주, 군산, 제천 영업소 산하의 8개 화약고가 무사한지 걱정이었다. 정부가 환도했다고는 하지만 아직은 모든 주요 행정기관이 부산에 그대로 남아 있었고 교통수단이나 통신수단이 거의 마비된 상태여서 당장은 지방 영업소의 현황을 파악할 길이 없었다.

지난 5월에 들여온 화약 225톤 중에서 민수용으로 돌려썼던 군수용 화약 50톤(미 로버트 장군이 대여해 준)을 갚고 남은 175톤을 대구, 부산에 80톤, 그리고 서울에 60여 톤을 보관시켰기 때문에 전주, 군산, 제천에 보관시킨 것은 다행히 40톤이 채 되지 않았다. 김종희는 인천화약 공장 일도 궁금했다. 들리는 소문에 의하면 인천 시가지가 지난 상륙작전 때 당한 함포 사격으로 쑥밭이 되어 버렸다고 한다. 김종희는 이대로 통일이 된다면 화약공장은 흥남에도 있고 해주, 사리원에도 있기 때문에 난

리통에 온전할지 모르지만 인천 화약공장만이라도 피해가 없었으면 하는 마음이 간절했다.

'화약공판' 부산으로 이전

김종희의 머릿속은 벌써부터 전후 복구에 필수적으로 요구되는 막대한 화약 물량으로 꽉 차 있었다. '화약공판'이 전후 재건사업에 제 몫을 해내기 위해서라도 화약의 국내 생산은 더욱 절실한 과제였다.

그런데 지난 10월 하순에 한국전쟁에 개입했던 중공군(中共軍)이 그 사이에 벌써 평양까지 내려왔느니, 개성까지 내려왔느니 하는 소문과 함께 이북 피난민들이 서울로 밀려오는 것이었다. 그리고 12월 11일이 대통령이 〈수도 사수〉를 언명했다는 라디오 뉴스가 전해졌다.

"아니 그럼…. 또 서울이 위태롭다는 얘기 아닌가?"

김종희는 그래도 서울을 사수하겠다는 이승만 대통령의 말을 하늘같이 믿었다. 그 하늘이 쉽게 무너지고 말았다. 이 대통령은 수도를 사수하겠다고 한지 채 보름이 안 되는 24일에 서울 시민에게 피난령을 내렸다.

김종희는 외자청(外資廳)으로 달려가서 전시 물자 수송 차량을 배차해 줄 것을 요청했다. 외자청에서도 화약을 옮겨야 한다는 데는 이견이 없었으나 배차할 차량이 문제였다. 지난 15일에 국립박물관에 소장되어 있는 문화재를 싣고 부산으로 간 트럭 5대가 있는데 그 트럭을 부산에서 올라오는 대로 배차하겠다는 것이었다.

"그 트럭이 올라오기는 꼭 올라오는 겁니까?"

"올라오기로 돼 있는데 지금 피난령이 내려졌기 때문에 꼭 올라올지는 확실하지 않습니다."

"만약 그 트럭이 올라오지 않으면 어떻게 하죠?"

"그야 하는 수 없지 어떻게 하겠습니까. 기다려 보십시오!"

김종희는 그때부터 밤낮없이 외자청 정문 수위실에서 트럭이 올라오기만을 기다렸다. (똥차라고 괄시했더니만....) 김종희는 북괴군에게 빼앗긴 빨간 색깔의 화약 수송차 생각이 간절했다.

때마침 몰아닥친 소한(小寒) 추위로 기온은 한낮에도 영하 15도를 밑돌았다. 공산당의 잔학성을 몸소 체험한 서울 시민들의 피난 행렬은 혹한도 아랑곳하지 않고 꼬리를 잇고 있었다.

문화재를 싣고 갔던 트럭 5대가 서울에 나타난 것은 1951년이 저무는 12월 31일 밤 9시경이었다. 김종희는 초하룻날 아침부터 홍제동 화약고의 화약을 영등포역 구내에 있는 대한통운(大韓通運) 창고로 옮기기 시작했다. 트럭 한 대에 실을 수 있는 물량은 화약 1백 상자, 중량으로 따지면 2,250kg이었다. GMC 트럭 같으면 더 많이 실을 수 있지만 일본산 이스즈(五鈴) 차는 1백 상자 이상은 실을 수가 없었다. 김종희를 비롯해서 김종철, 민영만, 홍용기, 이병목 등 다섯 사람이 쉬지 않고 화약 상자를 메 날랐지만, 트럭 한 대 분을 싣는 데 30분이 걸렸다.

화약고에서 영등포역 통운창고까지는 약 한 시간, 때로는 하나밖에 없는 한강 가교(假橋)를 통과하는 차량이 많아 한 시간이 더 걸리기도 했다. 트럭 5대가 한탕을 뛰는 데는 보통 4시간 내지 5시간이 걸렸다. 첫날은 밤 12시까지 뛰었는데도 세 번밖에 실어나르지 못했다. 2,250kg의 화약 상자를 옮기는 데 허리가 휘청였다. 화약을 싣고 갈 때는 안전관리를 위해 다섯 사람이 한 차씩 맡아서 화약상자 위에 타고 다녔기 때문에 두 다리가 뻣뻣하게 얼어서 오금이 펴지지 않았다.

김종희가 모진 혹한 속에 홍제동에 있는 화약을 한강 이남으로 소개해 놓고 사택에 살고 있는 다섯 집 식구들을 거느리고 피난길에 오른 것은 정부가 다시 부산으로 간 1월 4일 새벽이었다. 외자청에서 배정했던 트럭 5대 중에서 2대가 마침 휘발유를 싣고 내려가게 되어서 요행히 다섯 집 식구가 휘발유 드럼통 윗자리를 차지할 수가 있었다. 드럼통 위에서 맞바람을 맞으며 달리기를 밤낮으로 하루 반, 대구로 내려온 김종희는 일행과 함께 시내 동성로 3가에 있는 '화약공판' 영업소에 짐을 풀었다.

대구 영업소는 범어동의 4개 화약고와 산격동의 2개, 모두 6개의 화약고를 관리하고 있었는데 계속 영업활동을 해오고 있었다. 전시 중임에도 대구 인근의 금광이 조업을 계속하고 있었으며 특히 산동 중석광(山東 重石鑛)이 국제적인 텅스텐의 수요 증대로 수출 호황을 맞아 활기를 띠고 있었다. 김종희는 부산 영업소 일이 궁금했다.

"형님! 나는 내일이라도 부산으로 내려가 봐야겠어요."

"네가 내려가면 나도 같이 내려가야지."

"형님은 식구들하고 여기 그냥 있어요."

"여기서 내가 뭐 할 일이 있어야지?"

"부산에 가서 또 정치할 거유?"

"이 판에 정치는 무슨 정치냐?"

'화약공판' 부산영업소는 대창동 1가에 자리 잡고 있었다. 부산영업소가 관리하는 괴정동의 5개 화약고에도 아무 이상이 없었다. 김종희는 부산에 도착하자마자 바로 '화약공판' 본사 이전을 신고하고 본격적인 업무에 착수했다.

'화약공판'이 정상적인 업무를 집행하기 위해서는 먼저 정확한 화약 재고량을 파악해서 이를 주무 당국과 관할 경찰서에 신고하는 한편, 화약 공급가격을 새로 책정해야 한다. 현재 보유하고 있는 화약은 450대 1의 환율이 적용되던 지난 5월에 들여온 것이기 때문에 그동안의 전시 인플레는 고려하지 않는다 하더라도 현행 환율이 2,500대 1에 상응하는 가격으로 인상 조정되어야 한다.

'화약공판'이 당장 공급 가능한 화약 물량은 대구, 부산 재고량을 합해서 채 40톤이 되지 않았다. 화약 소비량은 많을수록 좋다. 화약 소비량이 많다는 것은 생산활동이 그만큼 활발하다는 것을 말해 주기 때문이다.

김종희는 홍용기를 대구 영업소 부소장으로 임명하고 그로 하여금 서울 식구들을 돌보게 하고 민영만을 부산으로 내려오게 해서 부산영업소 소장을 돕게 했다.

한강 이남은 안전할 것이라고 생각했던 김종희의 예상은 빗나가 서울에서 후퇴한 UN군은 한강 방어선까지 포기하고 수원으로까지 밀리고 있었다.

(이럴 줄 알았으면 홍제동 화약고 화약을 그대로 놔두는 걸 가지고....)

김종희는 영등포역 대한통운 창고로 옮겨놓은 화약 걱정 때문에 불안해 견딜 수가 없었다.

발군의 군수용 화약관리 용역 비즈니스 아이디어

김종희는 어느 날 미군의 군수 물자로 반입되는 화약 관리를 머릿속에 떠올렸다. 그렇다! 화약공판이 당장 해낼 수 있는 일은 전시 물자로 반입되는 미군의 군수용 화약 관리를 대행해 주는 것이다! 때마침 부산영업소 2층에는 서울에서 피난 나온 유삼열(劉三烈)이 여러 사원들과 함께 지내고 있었다.

그 무렵 피난민이 부산에서 방을 세 얻어 산다는 것은 그야말로 하늘의 별 따기였다. 김종희 사장도 아예 잠은 영업소 2층에서 자면서 아침은 40계단 밑에 가서 해장국 한 그릇으로 때우고 낮에는 발바닥이 닳도록 동분서주하다가 저녁은 밤늦게 사무실에서 풍로 불을 피우고 냄비 밥을 끓여 먹고 지낼 때였다. 그러는 사이에 서울에서 뒤늦게 내려온 화약공판 사원들과 친지들이 모여 지금은 영업소 2층이 피난민 수용소가 되어 20명 가까운 사람이 북적거리고 지냈다.

유삼열은 김종철의 처삼촌이다. 연희전문 영문과를 졸업한 그는 해방 후 미국 무역회사 한국지점 근무를 해온 영어 실력파다.

"사돈! 내일부터 나하고 같이 좀 돌아다닙시다."

"어딜 다니게요?"

나이는 유삼열이 많은 편이었지만 서로 사돈이라서 하오를 하고 지냈다.

"사돈의 영어 실력을 좀 빌려야겠어요."

"왜, 김 지배인도 영어 잘하잖아요?"

"내 영어야 글자 그대로 아직 푸어 잉글리쉬(Poor English) 아닙니까."

다음 날 김종희 사장은 해방 직후에 용산에 있는 미군 사령부를 찾아갔을 때처럼 서면(西面)에 있는 미8군 병참기지를 찾아갔다. 유삼열이 위병소 헌병에게 유창한 영어로 김종희의 신분을 소개하며 방문한 목적을 설명했다.

"사령관하고 만날 약속은 되어 있는가?"

"약속은 없다."

"그렇다면 곤란하다."

"사령관실로 연락해 주기 바란다."

"위병 근무 수칙상 그런 연락은 취할 수 없다." 위병소 헌병은 지극히 사무적이었다.

"안 되겠다니 어떡하죠?"

"처음부터 덮어놓고 다이너마이트, 다이너마이트....했어야 이 친구가 겁을 먹고 연락하는 건데, 사돈이 영어를 너무 잘하는 바람에 그만...."

김종희는 유삼열하고 같이 온 것을 마음 속으로 후회하며 발길을 돌려 세웠다. 이때 정문을 달려 나가던 지프차 한 대가 갑자기 멈추면서 미군 소령 한 사람이 이쪽으로 걸어오며

"헬로!"하고 한 손을 번쩍 들어 올리는 것이었다. 다가오는 미군 소령은 전에 미군 사령부에 근무하던 스미드 대위였다.

"아! 캡틴 스미드!" 김종희는 스미드 소령을 와락 끌어안았다.

"미스터 김을 이렇게 다시 만나게 돼서 매우 기쁘다!"

"정말 기쁘다! 메이저 승진을 언제 했는가?"

"이 년 전이다."

"축하한다."

"고맙다!"

스미드 소령은 작년 7월 미8군 사령부가 동경에서 대구로 이동할 때 한국 참전을 지원, 부산으로 와서 병참기지 사령부 작전참모실에서 근무하고 있는 중이라고 했다.

김종희는 군수용 화약의 관리 용역을 맡고 싶다고 제의했다. 당시 미군들이 필요로 하는 화약은 일본에서 수송기 편으로 부산 수영(水營) 비행장을 통해 들어오고 있었는데 보다 급한 군수물자들이 정체되는 바람에 화약은 비행장 한쪽에 쌓아둔 채 천막만 씌워놓고 있는 실정이었다. 미군들도 화약을 비행장 안에 노적 상태로 놔둔다는 것이 위험천만한 일인 줄은 알고 있지만 화약이기 때문에 섣불리 다른 장소로 옮길 수도 없고 해서 대책 마련에 부심하고 있는 때였다. 화약인 김종희의 눈매는 날카롭다.

며칠 후 스미드 소령으로부터 '화약 관리 용역사업'제의를 서면으로 제출해 줄 것을 요구해 왔다. '화약공판' 영업소에는 타이프라이터 같은 사무용 기기가 없을 때였다. 김종희는 유삼열이 작성한 영문 원고를 들고 타이프 전문점을 찾아 나섰다. 그렇게 흔하던 타이프점도 급하게 찾으려니까 잘 찾아지지 않았다. 세관 근처까지 가서야 타이프점을 발견하고 영문으로 된 화약 관리 용역사업 제의서를 만들었다.

영문 서류를 다 읽고 난 스미드 소령의 고개가 삐딱해졌다.

"미스터 김!"

"이 김봉수는 누군가?"

"아! 당신이 귀국한 후 새로 관리인에 임명된 사람이다."

"이 사인은 미스터 김 싸인 아닌가?" 스미드 소령은 김종희 예전 사인을 기억하고 있었다. 김종희의 사인은 〈金〉자를 옆으로 눕혀서 흘려 쓴 것이기 때문에 아주 단순하다.

김종희가 자신의 사인임을 시인하자 스미드 소령은 왜 김봉수 본인이 사인하지 않았느냐고 따졌다. 김종희는 남조선 과도정부의 법령에 의해서 그를 관리인으로 추대한 것부터 그가 그 후 사무실에는 가끔 나왔으나 회사 업무에는 관여하지 않았다는 것을 모두 설명해 주었다. 스미드 소령은 사실이 그렇다고 해도 소재 불명인 김봉수가 계약 당사자는 될 수 없다고 했다. 이번 용역사업은 어디까지나 미스터 김이 관리인의 자격으로 직접 책임질 수 있어야만 협의가 가능하다고 했다.

김종희는 업무 수행을 위해 상공부에 자신을 '화약공판' 관리인으로 임명을 요청했다. 정부 수립 이후에는 귀속재산 관리인을 다시 주무 당국이 임명하게 되어 있었다. 이미 그동안 김종희가 '화약공판' 업무를 전적으로 집행해 오고 있는 사실을 알고 있는 상공부는 그를 관리인으로 임명하는 것을 기피할 수는 없었다. 오히려 '화약공판'이 미8군의 화약 관리 용역사업을 추진하고 있다는 것을 알고, 그것이 귀중한 외화 획득 사업의 본질임을 알고 2월 7일 자로 김종희를 서둘러 관리인에 임명했다.

'화약공판'과 미8군 병참기지 사령부 사이에 화약 관리 용역 계약이 체결된 것은 2월 18일이었다. 계약 내용은 화약 1톤 기준으로 하역, 운송, 보관 등으로 구분해서 하역비의 경우는 주·야간 작업에 차액을 두고, 운송료는 거리에 따라서, 그리고 보관(화약고 대여)료는 일시 보관과 장기 보관으로 차액을 두어 세밀하게 책정해 놓고 있었으며 특히 용역비는 전액 미화 본토 달러로 지불한다는 조건이었다.

이즈음 정주영 현대그룹 창업회장이 그의 동생인 정인영을 통해 미8군 건설 용역사업을 위탁받아 막대한 외화를 벌어들인 경우와 동일한 것이다. 그러나 김종희의 이번 관리 용역 계약 성사는 외화 획득이라는 국가적 이익 이외에 한국화약(현 한화) 그룹이 탄생하는 계기를 마련해 주는 뜻깊은 의미를 지니고 있었다.

14

한국화약주식회사 탄생
- 화약, 국영(國營)에서 민영(民營)으로

정부는 1949년 2월에 '귀속재산을 유효 적절히 처리함으로써 산업부흥과 국민경제 발전을 기할 목적'으로 귀속재산처리법을 제정, 공표하고 6.25 직전인 6월 22일에 1차로 귀속재산 매각 입찰을 실시한 바 있으며 그 후 항도 부산에서도 입찰을 계속해 오는 중이었다.

당시에는 귀속재산을 불하받는 것이 축재(蓄財)의 한 수단이 되기도 했다. 그즈음 사이비 기업인들이 알짜 귀속재산을 불하받아 하루아침에 벼락부자가 생겨나는 일이 비일비재했으며 불하 만을 전문으로 하는 '꾼'들이 설치기도 했다. 법에는 귀속재산 매각 가격이 매각 당시의 시가(時價)보다 싸서는 안 된다고 명시되어 있었지만, 실제 불하 가격은 금융기관이 평가하는 감정가격 기준으로 결정되었기 때문에 시가보다 쌀 수밖에 없었다. 불하 대금도 보통 15년에 분할납부할 수 있게 되어 있어서 극심한 전시 인플레로 인한 화폐가치 하락으로 낙찰인이 얻는 이익은 막대했다. 그래서 귀속재산 불하는 하나의 큰 이권(利權)이 되어 사회적으로 적지 않은 물의를 일으키곤 했다.

그런데 '화약공판'의 경우는 입찰일이 공고되었는데도 경쟁자가 나타나지 않았다. '화약'은 일확천금을 얻을 수 있는 매력 있는 사업은 아니었던 것이다.

그 이유는 ① 화약공판 재산의 대부분을 화약고가 차지하고 있는 데다가 31개의 화약고가 서울을 비롯한 전국 7개 시도군(市道郡)에 분산되어 있을 뿐만 아니라 화약고 위치도 전부 시내에서 멀리 떨어진 외곽 지역이기 때문에 투자가치가 없었다. ② 화약공판 재산감정 가격이 다른 일반 귀속재산에 비해서 아주 비싼 편이었다. ③ 가장 큰 이유는 정부가 화약공판을 매각하되 매수인은 화약고를 다른 목적에 사용하기 위해 용도 변경을 할 수 없다는 조건이 붙어 있는 것 등이었다.

화약을 모르는 일반 사람은 화약공판 불하에 무관심할 수밖에 없고 화약을 안다는 사람들도 '화약공판'을 매수할 만한 거금이 있으면 '돈벌이'가 무수하게 굴러다니는 판에 굳이 그 골치 아픈 화약 장사를 해야 할 까닭이 없었다.

그중 단 한 사람, 부산에서 오래전부터 화공약품상을 경영해 오던 이형표라는 영감이 관심을 보이다가 화약공판 재산감정가격이 23억 4천5백65만 원이나 된다는 바람에 두 손을 들었다.

화약공판 재산감정 가격이 23억 원이 넘는 데는 김종희도 놀랐던 것이다. 그는 화약공판 재산 가치가 15억 원 수준 근처는 된다고 여기고 있었기 때문이다. 김종희는 그렇기 때문에 감정가격이 10억 수준은 될 거라고 생각하고 있었다. 화약공판 감정가격이 그렇게 비싸게 평가된 것은 귀속처리법에 의해서 감정가격을 위촉받은 한국은행 직원들이 서면감정(書面鑑定)을 한 때문이었다. 감정 책임을 맡은 한국은행 행원들이 미리 겁을 먹고 화약고 근처에는 가보지도 않고 먼발치에서 둘러보고 나서는 화약공판이 제출한 1949년도 결산서 부속명세서 가운데에 재산목록 상에 나타나 있는 장부가격에다가 그동안의 물가 상승률을 곱해서 감정가격으로 정해 버렸던 것이다.

감정가격이 그런 식으로 높게 결정된 데에는 김종희의 노력 부족도 있었다. 감정원들에게 화약고 접근이 덮어놓고 위험한 것은 아니라는 사실을 인식시키고 그들로 하여금 안심하고 화약고에 들어가서 화약고의 실제 재산 가치가 물가 상승률에 미치지 못했다는 것을 알려 주었어야 했다. 김종희는 감정의 공정을 기하기 위해 감정원의 업무 수행상의 감정 업무를 방해하는 행위는 형법상 처벌되기 때문에 오해를 살 소지가 있는 일을 삼가야 된다는 평소의 신념도 가지고 있었다. 김종희는 입찰일이 다가오자 고민이 쌓여갔다.

"아저씨! 아저씨 생각엔 어떻게 하는 게 좋겠어요? 그냥 단독 입찰이라도 해서 낙찰을 시켜요?"

아저씨란 이번에 피난을 나와서 화약공판의 경리 일을 보고 있는 김복산에 대한 호칭이다. 그는 일찍이 봉서 공의 배려로 협성실업학교(현 건국대 전신)를 졸업하고 광주군(光州郡) 곤지암(昆地巖) 금융조합 서기를 지낸 적이 있는 삼종숙(三從叔)이다.

"글쎄, 계속해서 유찰시키면 한 번 유찰 할 때마다 입찰 내정가격의 10%씩 내려갈 테니까 결국은 한 6억 3천5백만 원 정도 싸지는 데 말야..."

"세 번까지 유찰시켜 가지고 수의계약을 맺자면 아무리 빨리 잡아도 6개월은 걸려야 할 거 아녜요?"

"그야 관재청에서 서둘러 줘야 6개월이지, 질질 끌자고 들면 1년이 더 걸릴 수도 있지..."

"그럼 미루지만 말고 입찰 해치워요."

"하지만 6억 원을 벌려면 몇 해가 걸릴 건데..."

"돈만 바라보고 사업을 하는 건 아니잖아요? 더구나 상공부가 처음부터 나를 믿고 불하한다는 방침을 정한 건데 지금 와서 감정가격이 비싸다고 뒤로 나자빠지면 되겠어요? 화약계를 위해서 좀 손해본다 생각하면 되는 거구, 또 그만큼 국방 헌금한다고 생각한다면 뱃속 편하죠, 뭐."

"입찰하는 거야 내일 관재청에 나가서 써내기만 하면 되는 거지만..."

"난 내일 스미드 대위하고 약속이 있으니까, 아저씨가 가서 써내요!"

"얼마를 써내지?"

"23억 4천5백만 원이 입찰 내정가격이라니까 한 3만 원 더 붙이죠."

"그럼 23억 4천5백3만 원이 되는군!"

"계약금 걱정은 안 해도 되지요?"

"그동안 8군에서 나온 달러를 그대로 가지고 있으니까 그걸 팔아서 농지증권을 사면 넉넉할걸."

8군 화약 관리 용역사업으로 벌어놓은 달러가 1만 3천 불 있었다. 정부의 달러화 공정환율은 600대 1이었지만 시중의 암시세는 11,000원대 1달러에 거래되고 있었기 때문에 미화 1만 3천 불을 바꾸면 1억 4천 3백만 원이 된다. 거금이었고 그동안 8군에서 화약 관리 용역사업으로 주목할 만한 돈을 벌어놓은 것이다. 23억 4천5백3만 원에 낙찰시킬 경우 계약금은 10분의 1인 2억 3천4백50만 3천 원을 준비해야 하니까 현찰로 준비하려면 미화 1만 3천 달러를 한화로 바꾼다 해도 약 1억 원 정도가 모자란다. 그러나 귀속재산 매수 대금은 농지개혁법에 의해 발행된 농지증권으로 납부할 수 있었는데 당시의 농지증권은 일반 유가증권과는 유통과정이 복잡해 인기가 없었기 때문에 아주 헐값에 살 수 있었다.

한국화약주식회사(韓國火藥株式會社) 발기

1952년 6월 12일, 김종희는 관재청에서 실시한 화약공판 매각 입찰에 단독으로 응찰, 입찰 내정가격보다 3만 원이 많은 23억 4천5백68만 원에 낙찰에 성공했다. 단독 응찰이기는 해도 내정가격보다 3만 원이나 더 했기 때문에 추후 특혜 등 아무런 잡음이 생겨날 여지도 없었다.

전세(戰勢)는 정전회담이 계속되고 있는데도 불구하고 다시 쌍방 간에 치열한 공방전이 전개되고 있었으며 정치적으로 소위 부산 정치파동(釜山 政治波動)으로 일컬어지는 발췌 개헌안이 국회에서 가결되고 바야흐로 이승만 대통령의 집권 연장을 위한 대통령 선거 바람이 전국을 휩쓸기 시작했다.

선거 바람은 '화약공판'에도 불어왔다. 6.25 이후 정치에서 손을 떼고 다만 동생이 하는 화약 사업만 열심히 돕고 있는 김종철(金鐘哲)에게 정치권으로부터 유혹이 끊이지 않았다. 그러나 그동안 정치 일선에서 정치의 허상과 실상을 몸소 체험해 온 김종철은 다시 어설프게 정치권으로 뛰어들 생각이 없었다. 그는 시기가 오면 정치의 핵심인 국회로 진출한다는 복안을 세워놓고 있었다.

정부가 '화약공판'을 매각한다는 것은 여태까지 정부 관리하에 운용되어 오던 화약 업무가 앞으로는 민간에 의해 자율적으로 독립되는 것을 의미한다. 따라서 '화약공판'은 장차 화약의 수입은 물론 제조, 판매에 이르기까지 스스로 사업계획을 추진해 나가면서 화약산업 발전에 기여해야 할 책임을 떠맡게 되는 것이다. 그렇기 위해서는 '화약공판'을 이어갈 새로운 회사 법인을 설립할 필요가 있었다. '화약공판' 낙찰에 성공한 김종희로서는 너무나 당연한 선택인 것이다.

그해(1952년) 10월 9일 김종희는 마침내 대망(大望)의 한국화약주식회사(韓國火藥株式會社)를 설립했다. 한국 화약산업 발전사(史)에 새로운 장을 열었다. 회사의 목적사업은 4개 항이었지만 내용은 진취적이었다. 목적사업 내용은 다음과 같다.

① 화약류 및 공업 약품류의 제조, 판매, 보관, 수출입
② 기계 공구류 및 총포류의 제작, 수리, 판매, 수출입
③ 농산물, 광산물 기타 공업 제품의 생산, 가공, 판매, 수출입
④ 기타 이에 부속되는 일체 사업

(우리는 여기에서 사업 목적 ②항 기계 공구류 및 총포류의 제작을 기억해 둘 필요가 있다. 70년 전 총포류 제작(무기)을 상상한 김종희 회장의 예견이다. 실제 한화그룹은 21세기 들어 K-방산으로 무기를 생산하고 있다.)

회사 자본금은 5억 원, 발행주식 1만 주(1주당 액면 5만 원), 발기인 7명은 김종희, 김종철, 유삼열, 화약공판에서 근무해 온 김덕성, 민영만, 홍용기, 권혁중 등이었으며, 법에 의한 발기인의 주식인 수분(실제는 김종희가 공모주로 할당한 것)은 다음과 같았다.

△김종희 5,200주 △김종철 4,000주 △유삼열 200주 △김덕성 150주 △민영만 130주 △홍용기 130주 △권혁중 100주, 그 밖의 90주는 모집주 형식으로 운전사 이병목에게 할애되었다. 법적 요식 행위를 거쳐 취체역 사장에 김종희가 선임되고 감사에는 김덕성이 선임 되었으며 김종희 사장은 총무부장에 상무 취체역 김종철을, 영업부장에는 취체역 유삼열을, 그리고 경리과장에는 김복산, 관리과장에 민영만, 영업과장에 홍용기를 각각 임명했다. (독자여, 이제부터는 '김종희 사장'으로 존칭을 사용하게 되는 것을 알려드린다.)

김종희 사장은 한국화약주식회사가 당면한 제일 과제는 앞으로 화약 수입에 필요한 달러를 어떤 방법으로 확보하는가였다. 8군 화약 관리 용역 사업으로 버는 달러가 있기는 하지만 그 정도의 달러 수입으로는 증대되는 화약 수요에 대처하기에는 충분하지 않았다. 당시의 한국 수입업자들이 이용할 수 있는 '달러'는 주로 중석불(重石弗)과 종교불(宗敎弗), 그리고 시중불(市中弗)이라고 불리는 암(暗)달러가 있었다. 중석불은 중석 수출로 획득된 정부 보유 달러인데 극히 제한된 일부 수입업자에 한해서만 혜택이 주어지는 이른바 정부 특혜불(特惠弗)이어서 한국화약 같은 신설회사가 감히 넘볼 수 없는 것이었고 종교불은 미국에 있는 선교 본부에서 한국의 개신교 교단 측에 보내는 구호불(救護弗)이기 때문에 성공회 신도인 김종희 사장하고는 인연이 없었다. 암달러라고 하는 시중불은 워낙 귀해서 교환비율도 높으려니와 1천 달러만 사 모으려고 해도 며칠씩 걸려야 하는 실정이었다.

그런 때에 서울에서 피난 나온 대한광업협회 사무국장 한병수가 김종희 사장을 찾아와서 천안군 직산면에 있는 모나자이트(Monazite) 광(鑛)인 덕령광산(德嶺鑛山)을 사지 않겠느냐는 제의를 해왔다. 모나자이트는 세륨(Cerium), 토륨(Thorium), 이트륨(Yttrium), 지르코늄(Zirconium) 등의 금속성 원소를 포함하고 있는 원광으로서 6.25 전에도 수출 전망이 밝았던 광산물 중의 하나였다. 김종희 사장은 그해 11월에 한국화약주식회사의 수출 기반을 확보할 목적으로 덕령광산을 매입하고 채광 준비를 서둘렀다.

"형님! 형님이 일본을 한번 다녀와야겠어요."

"일본엔 왜?"

"채광을 하기 전에 선광시설을 먼저 들여와야 해요."

"전에 쓰던 기계들이 없어?"

"있긴 있는데 부속은 죄다 없어지고 뼈대만 남아 있어요. 얘길 들어보니까요, 요새 일본에서 새로 나온 자력 선광기(磁力選鑛機)가 있는 모양이예요."

"그래?"

"선광기도 선광기지만, 앞으로는 화약을 우리가 직수입해야 할 텐데 일본 측의 거래선을 하나 정해 놔야 하지 않겠어요?"

"그런 일이라면 김 사장 자네가 가야지, 내가 가서 되나?"

"그래도 형님은 일본에 가면 대학 동창들도 있고 저보다는 그쪽 사정에 훤하잖아요?"

"하지만 화약 관계를 내가 알아야지."

"일본에 가서 일본유지주식회사만 찾아가면 돼요. 거기 가면 전에 '화약공판' 취체역을 한 마쓰무로 씨가 있을 테니까 그 사람을 만나서 상의

하면 아마 잘 협력해 줄 거예요."

마쓰무로(松室信夫)는 일본유지주식회사의 자회사(子會社)인 조선유지 인천화약 공장 공장장을 역임하고 '화약공판' 취체역으로 근무 해오다가 패전 후에 일본으로 귀환한 화약 전문가다. 그는 김종희 사장에게 한국의 화약산업 장래를 위해 화약계를 떠나지 말아 달라고 부탁한 장본인이다. 그는 귀국 후 일본유지화약 부장으로 복직한 이래 1947년 7월에는 상무 취체역으로 승진해서 일본유지 주력사업의 하나인 화약 분야를 관장해 오고 있었다. 김종희 사장이 그의 근황을 알게 된 것은 작년 가을, 일본 화약협회가 발행하는 회지〈화약〉을 통해서였다.

"형님도 마쓰무로 씨 몇 번 만났잖아요?"

"만나기야 만났지. 사무실에서도 보고 홍제동 사택에서도 만나고."

"6.25 후에 우리나라에 들어오고 있는 화약은 거의 다 일본에서 만든 것들이에요. 일본유지도 아이치현에 대단위 화약공장이 있거든요. 마쓰무로 씨하고 얘길 잘해서 일본유지하고 거래를 트게 되면 앞으로 우리가 화약을 직접 생산하게 될 때도 많은 도움을 받을 수 있을 거예요."

김종철이 일본에 간 것은 1953년 11월 중순, 유일하게 노스웨스트항공이 부산-동경 간에 취항하고 있으나 결항이 잦기 때문에 그때까지만 해도 한·일 간 내왕은 부관연락선이 이용되던 시기다. 동경에 도착한 김종철을 맞은 마쓰무로 상무는 십년지기를 만난 것처럼 반가워했고 특히 김종희 사장의 근황을 전해 듣고는 자신의 일처럼 기뻐했다.

그런데 유감스럽게도 일본유지에서는 그때까지 산업용 화약을 생산하지 못해오고 있는 실정이었다. 마쓰무로 상무는 일본유지는 태평양전쟁 중에 군용 화약만 제조해 왔다는 이유로 패전 후에 맥아더 사령부에 의해 화약 생산 시설을 철거당하고 화약 생산을 재개하지 못하고 있다는 것이다.

"현재 일본유지에서는 화약 수요가 많은 홋카이도(北海島) 지방에다가 새로 건설할 화약공장 부지를 물색하고 있는 중입니다.”

“사실은 마쓰무로 상무님만 만나면 모든 일이 해결될 것으로 생각하고 왔습니다만...”

“내 일로 생각하고 최선의 방법을 찾아보겠습니다.”

다음 날 마쓰무로 상무는 김종철에게 오카니시 쇼지(岡西商事) 주식회사 사장을 소개해 주었다. 1930년 합자회사 오카니시 상점으로 출발, 1932년에 일본질소화약주식회사가 다이너마이트를 생산하기 시작하면서 그 회사 제품의 특약점으로 발전해 온 오카니시 쇼지는 일본 굴지의 화약 중개상이었다. 오카니시 쇼지는 화약뿐 아니라 광산용 착암기를 비롯해서 석유정제장치용 기계에 이르는 각종 기계류도 취급하고 있어서 김종철은 덕령광산에 필요한 자력 선광기를 오키니시 쇼지를 통해서 손쉽게 구할 수 있었다. 김종철은 그 외에도 오카니시 쇼지로부터 한국화약이 채광하는 모나자이트 전량을 일본으로 수출할 수 있도록 주선하겠다는 약속을 받아 왔다.

“그럼 선광기를 도입하기 전이라도 광산 일을 서둘러 시작해야겠어요, 형님!”

“그래야지. 어차피 추위도 다 지나갔으니까....”

“그런데 광산 일은 누구한테 맡기죠?”

“첨부터 어떻게 남한테 맡기나?”

“화약 수입 신용장(L/C)을 열라면 내일부터라도 돈을 맞춰야 하거든요.”

“광산 일은 내가 올라가서 먼저 준비시키지.”

덕령광산이 채광을 개시한 것은 2월 초. 한편 한국화약주식회사 명의로 최초의 수입 신용장이 개설된 것은 2월 중순이었다. 오카니시 쇼지 앞으로 개설된 신용장 내역은 다이너마이트 40톤, 과염소산폭약 10톤, 공업용 뇌관 20만 개, 도화선 30km, 신용장 금액은 2만 9천9백58달러였다. 당시의 국가의 외환 사정에 비추어 만만찮은 액수였다.

화폐개혁(貨幣改革, Currency Reform) 피해를 피한 행운

김종희 사장은 운이 좋았다. 한국화약주식회사는 화약 수입에 필요한 3만 달러를 마련하는데 악전고투를 했다. 그 무렵 이미 공매불(公賣弗) 제도가 실시되고 있었기 때문에 일반 무역업자는 정부 보유 달러를 매입할 수 있었지만 한국화약(주)의 경우는 아직 '화약공판'을 인수하기 전이어서 정부불 공매 입찰에 참가할 수가 없었다. 그래서 작년 7월부터 김종희, 김종철 형제가 반년 가까이 상공부 재무부 문턱을 교대로 드나들며 당국자들을 붙잡고 통 사정을 해 가지고 지난 연말이 됐을 때 비로소 3만 달러를 배정받게 된 것이다.

달러가 배정되고 나면 30일 이내에 달러 금액에 해당하는 원화를 불입해야 하고 배정된 달러는 특별한 사정이 없는 한 90일 이내에 신용장(L/C)을 개설해야 한다. 이렇게 신용장 개설을 강제조항으로 만든 것은 일부 악덕 무역업자들이 배정받은 공매 달러를 명동 암달러상 등에 높은 값으로 팔아 부당한 이득을 챙기기 때문이었다. 그런 현상이 그즈음에는 비일비재했다.

당시의 공정환율이 600대 1.3만 달러면 1억 8천만 원이다. 아무리 전시 인플레로 화폐가치가 떨어졌다고 하지만 1억 8천만 원이면 결코 적은 돈이 아니다. '한국화약'에는 그만한 여유자금이 없었다. 김종희 사장은 1월 30일까지로 되어있는 3만 달러에 대한 한화 불입 기일을 부득이 2월 14일까지 15일간 연장하지 않을 수 없었다. 2월 14일은 음력 설날이다. 김종희 사장은 설날 대대목을 앞두고 각 지방 영업소가 보관하고 있는 현찰까지 싹싹 긁어모아서 1억 8천만 원을 불입하고 13일에는 신용장 개설을 끝냈다.

그리고 하루가 지난 설날 밤 12시, 15일 '0' 시를 기해서 대통령 긴급명령 제13호가 공포되었다. 민족 대명절인 설날 자정을 기해 모든 국민들이 약간은 들떠있는 시점을 택해 정부는 긴급명령을 발표한 것이다. 긴급명령 13호는 '화폐개혁'으로 불리기도 하는데 주요 골자는 ① 화폐 단위를 100대 1로 절하(切下) ② 원(圓)을 환(圜)으로 표시 ③ 원화의 통용 금지 ④ 원화의 예입 기간 중의 생계비 지불 등을 규정한 것으로 전시 인플레이션으로 파국에 직면한 경제 위기를 극복하려는 비상조치였다.

정부 통계는 2월 13일 현재의 통화 발행고는 1조 1천3백60억 원이라는 천문학적 수준이었으며 물가 폭등이 통화량의 증가를 앞질러 거대한 구매력이 반복 작용을 일으키는 악성 인플레이션이 극단을 향해 치닫고 있었다. 화폐개혁의 근본 목적이 통화량을 감축시키는 것이었으므로 정부는 후속 조치로써 〈긴급금융조치법〉을 제정, 공표하여 2월 14일 이전의 예금에 대해서는 25%만 지불하고 원화 예입기간(2월 17일 ~ 2월 25일) 중에 예입된 분에 대해서는 체감률을 정해서 △1억 이상은 30% △10억 이상은 15% △50억 이상은 5% △100억 이상은 아예 한 푼도 지불하지 않는 것으로 되어 있었다.

한국화약(주)이 신용장 개설을 서둘지 않았더라면 화폐개혁으로 인한 타격이 막심했을 것이다. 제날짜에 신용장 개설이 불가능했을 것이다. 그것은 김종희 사장이 받은 타격보다는 한국 광업계나 토목계가 더 큰 타격을 받았을 것이다.

이즈음 포로 교환 문제를 놓고 무조건 전원 송환을 고집하는 공산군 측 주장과 자유의사에 의한 송환을 관철하려는 UN군 측 주장이 맞서는 가운데 작년 10월부터 좌초했던 정전회담이 5개월 만에 상병포로(傷兵捕虜) 우선 교환이라는 극적 합의에 도달하자 한동안 움츠렸던 평화 무드가 다시 활기를 띠기 시작하면서 화약 수요가 급증했다. 일본으로부터 수입한 화약이 부산항에 도착한 것은 4월 초였고 그때 '한국화약' 화약고가 모두 바닥을 드러내고 있을 때였다.

어떤 경우에도 화약을 필요로 하는 업계에 화약이 고갈되어 생산 활동을 하지 못한다는 사태가 일어나서는 안 된다. 이제는 '한국화약'도 당당히 정부 보유 공매 입찰에 참가할 수 있었고 때마침 정부에서도 화폐개혁 후의 인플레이션을 진정시킬 목적으로 1억 달러에 가까운 FOA(Foreign Operation Administration, 미국의 군사적, 경제적 대외 원조를 주관하는 기관) 자금을 방출하고 있었기 때문에 달러 매입이 한결 수월해졌다.

소유권 이전과 회현동 시대 개막

1953년 6월 10일, 김종희 사장은 〈귀속재산 매각에 있어서 그 매각계약 당시로부터 2년 이내에 매각 대금의 5할(50%) 이상, 또는 4년 이내에 매각 대금의 7할(70%) 이상을 납부한 자에 대하여는 정부에 대한 납부금 잔액에 상당한 저당권 설정에 의하여 귀속재산의 소유권을 매수자에게 이전시킬 수 있다〉라는 법 제22조 규정에 따라 매각대금 2천3백45만 6천8백 환의 절반인 1천1백72만 8천4백 환을 납부하고 '화약공판' 소유권을 인수했다. 명실상부하게 김종희 사장은 '한국화약(주)'의 소유주로 등극했다. 김종희 사장은 한국화약(주) 자본금을 5백만 원에서 1천만 원으로 증자하고 화약 국산화를 위한 기반을 확충했다.

마침내 7월 29일, 한국전쟁은 승자도 패자도 없이 '휴전'이라는 형태로 전쟁의 막이 내렸다. 전쟁 중에 우리 측이 입은 인명 피해만 해도 1백50만 명을 헤아렸으며 미국이 투입한 전비만도 1백 50여억 달러, 우리나라의 재산 피해액도 무려 4천 15여억 원에 달했다. 김종희 사장은 〈자아, 이제부터는 복구다 재건이다하고 화약 수요가 폭증할 텐데 그 화약 수요를 어떻게 감당하나?〉 하고 혼자 되뇌고 있었다.

김종희 사장은 국토 재건에 필요한 화약 수요를 차질없이 공급해야 한다는 생각에 밤잠을 설치기도 했다. 국내 화약 수요를 언제까지나 수입에만 의존할 수는 없는 일. 그렇다고 화약을 국내에서 생산한다는 것도 요원하다. '화약공판' 다이너마이트 계장을 지내면서 이미 전국의 4대 화약공장을 모두 둘러본 경험이 있는 그로서는 화약 제조 설비가 어느 정도로 방대한지는 잘 알고 있었다. 그는 사무실을 서울로 옮기고 나서 먼저 일본 화약계를 둘러보고 올 작정이었다.

　정부는 8월 15일을 기해서 서울로 환도했다. 김종희 사장도 가족은 부산에 남겨둔 채 우선 한국화약 본사 사원들만 데리고 서울로 올라왔다. 남대문 화약공판 사무실은 폭격으로 파괴되어 사용할 수 없었기 때문에 회현동 2가에 미리 2층 사옥을 하나 마련해 놓은 것이 있어서 회현동에서 회사 일을 시작했다. 사무실 정돈은 끝났는데 아직 전화가 통하지 않는다.

　"이봐! 혁중이! 버버리 전화 이게 어떻게 되는 거여?"

　"내일은 통화될 거예요."

　"그럼, 전화국에 가서라도 부산 전화 한 통화하고 와! 이거 답답해서 살 수 있나?"

　"무슨 전화를요?"

　"아 모자나이트 선적했나 못 했나 알아봐야지. 이번이 첫 거랜데 선적 기일을 못 지키면 신용 문제 아녀?"

　일본에 수출할 모자나이트 40 드럼통을 부산항으로 실어낸 지 보름이 지나도록 아직 선적을 못 하고 있는데 선적 기일은 8월 말로 다가오고 있었다. 모자나이트 한 드럼통의 무게는 500kg이다. 40 드럼통이니까 20톤인 셈인데 수출 금액은 2만7천5백 달러, 톤당 CIF 가격 1천3백75 달러인데 다른 광산물에 비하면 꽤 많이 받는 편이다. 전화국에 갔던 권혁중이 돌아왔다.

"어떻게 됐어?"

"내일 싣는데요, 사장님!"

"내일. 내일이 몇 일이여?"

"24일이예유."

"됐어! 그럼, 전화국에 한 번 더 갔다 와."

"또요?"

"심부름 다니기 싫거든 빨리 도와줄 일 볼 사람 하나 데려다 놔!"

"가서 무슨...?"

"나 토요일에 내려가면 바로 일본에 갈 테니까 비행기 표 좀 사놓으라고 해!"

당시까지만 해도 일본을 가려면 부산으로 내려가서 비행기를 타야 한다. 한·일을 취항하는 노스웨스트 항공이 서울에서는 아직 뜨지 않았기 때문이다.

생동감이 넘치는 일본 화약계(한국사람이 화약 만들 수 있겠나?)

김종희 사장이 일본에 온 지도 어느덧 1주일이 지났다. 김 사장은 그동안 일본유지(日本油脂)의 마쓰무로 상무의 친절한 주선으로 전에 조선화약공판 중역으로 있던 일본 카릿트의 요시다(吉田政五郎) 전무와 일본화약의 우에노(上野行) 상무, 그리고 아사히가세이(旭化成)의 스즈키(須木勤) 취체역을 만나보고 각 사의 화약공장도 한 번씩 둘러보았다. 일본화약의 고쿄공장, 아사히가세이 노메오카 공장, 그리고 일본 카릿트의 시부가와(渋川) 공장은 그 제조설비나 규모가 전에 김 사장 자신이 돌아본 한국의 4대 공장하고는 비교가 안 될 만큼 거창한 것이었다.

그러나 김종희 사장은 이번 화약공장 시찰을 통해서 화약 생산의 불모지인 한국에서의 화약의 국산화 방향을 찾을 수 있었다. 김 사장은 화약 국산화의 1단계로서 먼저 원료 구입이 용이하고 제조 공정이 비교적 복잡하지 않은 초안폭약(硝安爆藥)을 생산하는 것이 바람직하다고 판단했다. 초안폭약의 주된 원료는 초산, TNT(Trinitrotoluene) 또는 DNN(Dinitronaphthalene), 식염, 목분, 전분(澱粉) 등이다. 제조공정도 각 원료를 일정 비율로 배합해서 고르게 혼합되도록 혼화기(混和機) 등에 넣고 돌리면서 두세 시간 김을 올려 찐 다음에 말렸다가 가루로 빻아서 적당한 크기의 종이통에 담아내면 된다.

물론 말처럼 쉽고 간단한 일은 아니다. 초안폭약 한 가지만 생산하려고 해도 일본 화약계의 기술 협력 없이는 국내 생산이 불가능하다. 일본에서는 일본화약의 고쿄공장과 아사히가세이의 노베오카공장, 그리고 호쿠요(北洋)화약의 스나가와공장에서 초산폭약을 생산하고 있었다. 김종희 사장은 일본화약의 우에노 상무와 아사히가세히의 스즈키 취체역을 각각 따로 방문하고 초안폭약의 제조기술 협력 문제를 의논해 보았다.

그러나 그들의 반응은 아주 냉담한 것이었다. 일본화약의 우에노 상무는 화약에 대한 기초 이론이 없는 한국에서 도대체 어떻게 화약을 만들 수 있겠느냐고 묻고 동경대학 화약학과(火藥學科) 교제인 이론화약학(理論火藥學) 한 권과 제조화약학(製造火藥學) 한 권을 내주면서 화약공장은 한 10년 후에 건설할 생각하고 우선은 화약학을 이해하는 학생부터 양성하는 것이 좋을 거라고 권고했다. 진지한 충고였다. 아시히가세이의 스즈키 취체역은 한·일 간에 국교가 없는 상황에서 기술 협력을 어떤 방법으로 하느냐 하면서 이승만 대통령의 반일(反日) 정책만 한참 비난하다가 일본 화약 기술자의 한국 입국 문제와 비싼 로열티가 문제라고 했다.

"김 사장! 초안폭약에 관한 기술 협력 문제는 얘기 잘 됐소?" 마쓰무로 상무가 저녁 식사를 같이하면서 물었다.

"내가 생각한 것보다 여러 가지 어려운 문제가 제기되었습니다." 김 사장은 생각만 해도 입맛이 썼다.

"회사마다 입장이 있을 테지."

"회사 입장이 아니고 한국 사람이 어떻게 화약을 만들 수 있겠느냐는 식입니다."

"고생할 것 없이 일본에서 만드는 화약을 수입해다 쓰면 되지 않느냐, 그런 뜻인가? 핫하."

"그러나 언젠가는 한국에서도 화약을 자체적으로 제조해서 써야 할 것 아니겠습니까?"

"물론 나는 한국인이 화약 정도는 언제든지 만들어낼 수 있다고 생각하는데...? 마, 우에노 전무나 스즈키 취체역도 한국인이 정말 화약을 만들지 못할 거라고 생각하는 건 아니겠지!"

"그렇다면 왜...?"

"한국이라는 화약 시장을 의식하지 않을 수 없었겠지. 솔직히 말하면 패전 후에 일본 화약계가 오늘날 이만큼 성장할 수 있었던 것은 사실상 한국전쟁으로 인한 화약의 특수(特需) 때문이었네. 전쟁이 끝났으니 앞으로는 재건 붐을 타고 한국의 화약 수요는 더욱 늘어날 것이 아닌가."

"그래서 내가 이렇게 출장을 오지 않았습니까?"

"김 사장은 그래서 이곳에 왔지만 이쪽 입장으로서는 시장 관리라는 측면에서도 기술을 팔기보다는 계속해서 제품을 팔아야 할 것 아니겠는가."

"상무님도 그동안 장사꾼이 되셨군요?"

"핫하.... 그러나 내게는 김 사장한테 갚아야 할 빚이 있어."

"빚이라니요?"

"김 사장한테 한국 화약계라는 무거운 짐을 지운 빚 말일세!"

"정말, 나는 상무님이 아니었다면 이미 오래전에 화약하고는 결별했을 것입니다.'

"김 사장!" 마쓰무로는 무언가를 다짐하려는 듯 힘주어 불렀다.

"내일 일본 카릿트의 요시다 전무를 한 번 더 만나보지 않겠소? 패전 직전까지도 해군(海軍) 기뢰용 초안폭약을 전문적으로 생산해 왔기 때문에 초안폭약에 관한 한 일본 카릿트에는 나름대로 고도로 축적된 제조기술이 있을 걸세."

"그렇군요!"

"그리고 현재도 김 사장이 며칠 전에 가본 군마겐 시부가와공장에서는 초안폭약 원료인 DNN을 생산하고 있어요. 요시다 전무하고 협의한다면 아마 DNN을 팔기 위해서라도 초안폭약 제조기술 정도는 쾌히 협력할 걸세."

마쓰무로 상무의 예상은 적중했다. 다음 날 김종희 사장은 요시다 전무를 만나서 한국화약(주) 측이 초안폭약 공장을 건설할 경우 모든 기술 지원을 아끼지 않겠다는 약속을 받아낼 수 있었다.

서둘러 귀국한 김종희 사장은 10월부터 바로 천안군 직산면 수헐리(愁歇里) 일대의 야산을 화약공장 부지로 사들이기 시작했다. 화약공장을 짓기 위해서는 부지 면적이 넓지 않으면 안 된다. 연쇄 폭발 위험을 예방하기 위해서는 공정(工程)마다 작업장과 작업장 사이를 일정 거리로 멀리 격리해야 하기 때문이다. 따라서 아무리 작은 초안폭약 공장을 짓는다 해도 부지 면적이 최소한 5만 평 정도는 확보되어야 한다. 땅 주인이 각각 다른 시골 땅을 공장부지로 5만 평이나 사들인다는 것은 쉬운 일이 아니다. 더구나 땅값이 오르지 않도록 소리 소문 없이 사들여야 하는 것이다. 수백 년 조용히 잠자던 직산면 수헐리도 공업화에 따른 땅 값이 오르는 시기를 맞이한 것이다.

15

이승만 대통령, 화약 국산화 채근

정부는 국내 화약 생산을 유도하기 위해 국방부가 제2 조병창으로 관리해 오던 인천 화약공장 관할을 국방부에서 상공부로 이관하는 조치를 취했다. 상공부는 화약 국산화를 위해 2년 내에 공장시설을 복구하고 화약 생산을 개시하면 불하(拂下)한다는 조건으로 화약 실수요자인 대한광업협회(大韓鑛業協會)에 임대 해주었다. 불하는 국유나 공유 재산 또는 귀속재산을 개인에게 팔아넘기는 일이다.

"이봐, 김 사장! 정부가 인천 화약공장을 복구하는데 우리가 애써 화약공장을 지을 필요 없잖아?"

김종철은 김종희 사장이 직산면 수헐리에 초안폭약 공장을 지으려는 것을 지적하면서 던지는 말이었다.

"형님! 인천 화약공장에서 5년 안에 화약이 나오거들랑 내 손에 장을 지지시오."

"2년 안에 화약이 나오기 시작해야 공장을 불하해 준다는 조건이라는데?"

"2년이 아니라 글쎄 5년 안에도 화약이 나오기는 힘든 대두요."

"해방 전에 다이너마이트를 생산하던 데 아냐?"

"형님! 인천 화약공장에 대해서 나만큼 애정을 가진 놈이 대한민국 안에 누가 있어요? 난 사무실을 서울로 옮겨오던 다음날 바로 인천을 다녀온 사람이에요."

"그래."

"내가 6.25 전에 미 고문들하고 인천공장을 본래의 화약공장으로 돌려야 한다고 주장했을 때 그때 국방부가 내놨어야 하는데 그놈의 마식수류탄(摩式手榴彈)인가 하고 소총 뇌관을 만들다가 1.4 후퇴 때 웬만한 설비는 죄다 뜯어서 해군 LST에 싣고 제주도로 내려갔지요. 그때 공장에서 화약을 다루던 사람들도 일부는 동래(東來) 조병창으로 가고 또 뭘 좀 안다는 사람은 국방 연구원으로 가고 다 뿔뿔이 흩어져서 내가 인천에 내려갔을 때 거기 붙어 있는 사람은 18명밖에 없읍디다. 그런데 복구는 누가 하고 화약은 누가 만들어요?"

"사람 없는 건 우리도 같지, 뭘."

"우린 일본에서 기술자들이 나오는 거예요."

"한·일 회담이 잘 돼야 일본 기술자들이 나오든지 들어가든지 할 건데 이번에 열린 3차 한·일 회담도 그놈의 구보다(久保田) 망언(妄言) 때문에 결렬됐으니..."

"공산당하고 하는 회담에서도 휴전협정이 성립됐는데 또 오래지 않아 4차 회담이 열리겠지요. 천안 땅이나 빨리 사들이도록 해요."

"글쎄, 그 일도 쉽지 않구나."

"지금까지 계약한 건 전부 몇 평이나 되나요?"

"이제 겨우 7천 평이나 될까 말까 하다."

"그런 식으로 땅을 사 나가다가는 내년 1년 걸려도 다 못 사겠어요."

김종희 사장은 급증해 가는 화약 수입 물량을 하루빨리 국산화약으로 대체하는 일이야말로 '한국화약(주)'가 해결해야 할 급선무라고 생각했다.

'그래야 귀중한 외화도 절약하는 것 아닌가!'

김 사장은 혼자서 되뇌었다.

휴전 후에 정부에서 발주한 각종 시설과 도로 및 교량 등의 대형 복구 공사가 활발하게 진행되고 있었고 전국의 탄광이 겨울철을 맞아 월동용 석탄을 주야로 캐내고 있어서 화약 사용량이 예상보다도 훨씬 많이 늘어나고 있었다. 김종희 사장은 다시 화약 수입을 서둘렀다.

"사장님! 이번에는 왜 화약을 그렇게 많이 들여오려고 해요?"

영업부장 유삼열은 김 사장이 전례 없이 500톤이라는 막대한 화약을 한꺼번에 수입해 오려는 의도를 이해할 수 없었다. 화약 500톤을 수입하기 위해서는 최소한 15만 달러 이상을 준비해야 한다. 다행히 정부 보유 달러 가운데 3·4분기 화공품(火工品) 수입분으로 할당한 달러가 아직 20여 만 달러가 남아 있기는 했으나 15만 달러를 매입하자면 공정환율인 60대 1로 계산한다 해도 9백만 환이라는 한화를 동원해야 한다.

"화약 많이 들여와서 썩힐까 봐 그래요, 유 부장?"

"은행 돈을 쓰더라도 금리를 생각해야죠."

"화약을 내년 봄까지 공급하려면 그 정도는 들여와야 해요."

"두 번에 나누어 들여올 셈 치고 화약은 10만 달러어치만 들여오고 나머지 5만 달러 가지고는 다른 화공품을 들여 옵시다."

"다른 화공품 뭐를요?"

"아 일본화약에서 나오는 염료도 있고 일본유지에서 나오는 도료같은 것도 있잖아요?"

당시 염료나 도료를 수입해 오면 10배 내지 20배 수익을 보는 것은 어렵지 않았다. 풍문에는 삼성물산이 설탕과 원당을 수입해서 4~50 배의 이익을 보고 있다는 것이었다.

"그것도 얘기라고 해요, 유 부장!"

"왜요?"

"아니 화약을 들여와야 할 달러를 가지고 물감이나 페인트를 들여 오자니 말이 돼요?"

"우리가 매입하는 공매 달러가 꼭 화약만 수입해야 한다는 명찰 박힌 달러예요? 염료나 도료나 다 화공품이예요. 화공품이면 아무거나 들여올 수 있는데 지금 염료 같은 걸 들여오면 몇 배가 남는지 아세요?"

"글쎄 몇 배가 남는지 모르지만 몇십 배가 남는다고 해도 난 물감이나 페인트 들여올 달러가 있으면 단 얼마라도 화약을 들여오겠어요. 화약이 뭡니까. 국가 주요 생산활동을 도와 경제 부흥을 하도록 하는 핵심 원료입니다."

화약 500톤에 대한 신용장을 개설한 것은 12월 12일, 김종희 사장은 신용장을 개설한 지 사흘 만에 가만히 앉아서 1천8백만 환을 벌었다. 한미합동경제위원회가 한국의 경제 재건과 재정 안정을 위한 조치로 환율을 현실화하기로 합의하고 12월 15일을 기해 종전의 환율 60대 1을 180대 1로 올렸던 것이다. 물론 180대 1이 당시의 환율의 시세는 아니었다. 시중 달러 시세는 300대 1을 넘고 있었다.

"우리 사장님은 운이 좋은 분이야."

"이런 걸 시운(時運)이라는 거여."

"암. 지난번엔 화폐 개혁 하루 전에 L/C를 열어서 살았잖아?"

"돈이 벌릴려면 다 이렇게 하늘이 돌봐야 하는 거라구!"

"사장님 말대로 돈은 억지로 못 버는 거여."

김종희 사장의 화약 사업은 그야말로 화약처럼 폭발적으로 번창해 나갔다. 한국화약(주)의 창업 초년도(1953년) 8천4백83만 7천 환이던 총매출액이 1년 사이에 1억 9천8백11만 8천 환으로 무려 233%라는 놀라운 신장세를 보였던 것이다.

한국화약(주)의 매출액은 물론 80% 이상이 수입 화약 판매에 의한 것이었다. 그러나 총매출액 가운데는 모자나이트 수출대금이 포함(53년 1백64만 8천 환, 총매출의 3.3%, 54년 1천7백24만 환, 총매출의 8.7%)되어 있었는데, 이는 김종희 사장이 수출(輸出)에 남다른 노력을 기울여 온 결과다.

모자나이트 수출은 1년 사이 10% 이상 늘어나 국산 광산물 수출의 가능성을 보여준 쾌거였다. 김종희 사장은 회사의 자금 여력이 생기자 천안공장 부지 매입에 박차를 가하는 한편 신당동(405번지의 1)에 살림집을 따로 하나 장만하고 그때까지도 부산에서 피난살이를 하고 있던 가족들을 서울로 불러올렸다. 그동안 김종희 사장은 결혼 후에 홍제동 사택에서부터 형님(김종철)네 가족과 세 동생(鍾煥, 鍾植, 鍾淑)들, 그리고 1.4 후퇴 때 같이 피난 나온 부모님들하고 한 지붕 밑에서 같이 살아왔다. 지금은 형님네 새 식솔이 늘고 김종희 사장 슬하에도 남매(장녀 英惠, 장남 昊淵)가 자라고 있어 13명이나 되는 대가족이었다. 김종희 사장은 어차피 분가해 나와야 할 입장이었기 때문에 서울로 환도할 때 아예 신당동 집으로 살림을 났다.

　1954년 2월 김종희 사장은 1년 안에 초안폭약 공장을 세운다는 목표를 세우고 일본과의 업무 연락을 원활히 추진하기 위해 도쿄에다 한국화약(주) 연락사무소를 개설했다. 일본 카릿트와의 기술 협력 관계 협의는 요시다 전무의 협조로 매우 순조롭게 진행되었다. 그러나 실질적인 기술 협력이 이루어지기 위해서는 어디까지나 교착 상태에 빠져 있는 한·일 회담이 타결되어야 한다는 것이 전제이기 때문에 원칙적인 합의 이상은 더 나아가지 못했다. 일본 측에서 기술을 제공한다고 해도 우리 측에서 그 기술을 수용할 만한 능력이 부족하니까 화약공장을 건설하자면 일본 기술자들이 한국으로 입국해야 하는데 한국 정부에서는 어떤 명목으로도 일본인 입국은 절대로 허가되지 않았다. 이승만 대통령의 반일 정책은 철통같았다.

　1955년에도 국내 화약 수요는 전년의 그것에 비해 100% 이상 늘어날 전망이었다. 상반기 화약 매출이 이미 전년도의 총매출 수준을 넘어서고 있었다. 한·일 관계는 1953년 10월 제3차 회담이 결렬된 이대로 호전될 기미가 보이지 않았다. 오히려 독도(獨島)에 대한 양국 간의 일본의 영유권 주장과 함께 평화선(平和線, Peace Line, 1952년 1월 18일 대한민국 이승만 대통령이 대한민국 인접 해양의 주권에 대한 선언) 안에서 발생하는 양국 간의 충돌로 더욱 험악해지기만 했다. 1955년에 들어와서는 한국 정부가 평화선을 침범한 일본 어부에게 어족보호법(魚族保護法)을 적용해서 체형을 가하는가 하면 일본 정부는 북한과의 어업협정을 체결하는 등으로 양국 관계가 강경 대립으로 치달았다.

"형님! 금년에도 한일 관계가 좋아질 전망을 안 보이죠?"

"글쎄. 일본 애들이 북괴하고 어업협정만 맺지 않았어도 모를 텐데...."

"화약공장 짓는 일은 이왕에 늦어지는 거고 이런 때에 사옥(社屋)이나 지어야겠어요."

"어디? 남대문 그 터에다?"

"아녜요. 시청 앞의 명당자리를 하나 봐 놨어요."

김종희 사장이 정한 시청 앞 사옥 자리는 풍수지리로 봐서도 일급 명당이었다. 청와대와 고궁, 광화문이 인근에 있고 100m 거리에 반도, 조선호텔이 있다. 덕수궁도 건너편에 있다. 권력과 돈이 집중되는 곳이다.

상공부 장관의 면담 요청

상공부를 출입하는 권혁중이 밑도 끝도 없이

"사장님! 내일 아침 10시까지 상공부 광무국장이 좀 들어와 달래요."
하고 말했다.

"광무국장이 왜?"

"모르겠어요. 꼭 10시까지 오셔야 한대요."

"뭐 잘못한 일 있어?"

"없는데요."

상공부 광무국장은 한국화약(주)에게는 두려운 존재다. 수입 화약의

판매가격을 승인해 주는 주무국장이다. 여태까지 좋은 일로 해서 주무국
장이 찾는 일은 별로 없었다. 김종희 사장은 광무국장이 무슨 소리를 하
려고 들어오라는지 궁금했다.

다음 날 10시 김종희 사장이 상공부에 들렀을 때 광무국장은 자리에
없고 낯익은 여비서가 맞았다.

"김 사장님 오시면 바로 장관실로 모시랬어요." 라고 말했다.

(장관실이라....?)

"국장님도 방금 장관실에서 불러서 가셨어요. 가시죠!"

현재의 상공부 장관은, 안동혁(安東赫) 장관 후임으로 기용됐다가 한
달 만에 해임된 박희현(朴熙賢) 장관에 이어 작년 7월에 기용된 강성태(姜
聲邰) 장관이다.

(강 장관은 내가 알지도 못하는 분인데....)

강 장관이 취임한 지 1년이 되지만 김종희 사장은 아직 인사도 한 적
이 없다.

"처음 뵙겠습니다, 장관님! 김종희라고 합니다."

"반갑습니다, 김 사장! 나는 사장이라고 해서 나이가 좀 지긋한 분으로
생각했더니 아주 젊군요?"

"예! 서른셋입니다."

"아니 그럼 언제부터 사장을 하시는 거요?"

"우리 한국화약주식회사가 설립된 지는 이제 3년밖에 안 됐습니다."

"그렇군요. 자, 앉읍시다. 박 국장도 이리 앉아요!"

강 장관을 중심으로 김 사장과 광무국장이 소파에 앉았다.

"김 사장은 왜정 때부터 화약계에 종사해 온다구요?"

"그렇습니다."

"사업에 애로는 없나요?"

"예. 그럭저럭...."

"박 국장 말을 들으니, 화약공장을 세우려고 천안에다 공장부지를 마련했다던데…"

"예! 화약을 좀 만들어볼까 하고요."

"훌륭한 생각입니다. 안 그래도 내가 업무 보고차 며칠 전에 경무대에 들어갔다가 각하(이승만 대통령)가 걱정하시는 말씀을 듣고 나왔어요. 우리나라에서는 왜 화약 같은 것도 만들어 내지 못하느냐고요."

"화약을 만든다는 것이 쉬운 일이 아닙니다, 장관님!"

"그런데 각하께서는 간단하게 만들 수 있는 걸로 생각하고 계시는 것 같았어요." 하면서 강 장관은 새로 공장을 건설하는 것보다는 현재 있는 공장 시설을 복구하는 편이 빠르지 않겠느냐면서 인천 화약공장에 대한 얘기를 꺼내는 것이었다.

인천 화약공장을 대한광업협회에 임대한 것은 안동혁 장관이 재임하던 1953년 11월의 일이다. 임대 조건은 2년 내에 공장 시설을 완전히 복구하고 화약을 생산하게 되면 상공부가 '광협(鑛協)'에 불하한다는 조건이었다. 그러나 임대한 지 1년 반이 지나도록 광협에서는 복구공사도 착수하지 않은 채 그대로 방치해 놓고 있었다. 그런 실정을 자세히 알지 못하는 강성태 장관이 경무대로 들어갔다가 이승만 대통령으로부터 화약 국산화 계획을 채근당하게 되었던 것이다.

"각하! 수일 내로 자세한 내용을 조사해서 보고드리겠습니다."

"강 장관! 전임 장관이 계획한 일이라 할지라도 그 계획이 국가 경제 발전에 도움이 되는 일이라면 잘 추진해야 합니다. 우리나라에도 화약공장이 있는데도 일본 사람이 만드는 화약을 사다 쓴다는 것은 아주 부끄러운 일이 아닐 수 없으므로 하루속히 우리 손으로 화약을 만드는 방법을 세워서 추진하시오!"

이 대통령의 명령은 매우 엄했다. 경무대에서 나온 강 장관은 즉시 인천 화약공장에 관한 현황 보고를 받고 광협에 대하여 복구비는 얼마가

들든지 걱정하지 말고 앞으로 1개월 내에 구체적인 복구 계획을 수립 제출할 것을 지시했다. 그래 놓고도 강 장관은 마음이 놓이지 않았다. 1년 반이 지나도록 손도 대지 못한 광협에다 대고 강압적으로 재촉만 한다고 해서 일이 진전될 것 같지 않았다. 강 장관은 공업국장과 광업국장을 불러 대책을 협의했다. 그 자리에서 한국화약(주)의 김 사장이 화약공장 건설에 대단한 의욕을 보이고 있다는 얘기가 나왔던 것이다.

"그렇다면 그 김 사장이라는 분에게도 인천공장 복구 계획을 세워보라고 하는 것이 어떻겠어요?"

"하지만 김 사장이 광협 일을 협조하겠습니까, 장관님!"

"김 사장이 내놓는 복구 계획이 더 나으면 인천공장을 그 김 사장한테 임대해 주고 복구시키면 될 것 아니오?"

"그러나 '광협'의 임대 기간이 아직...."

"임대 기간이 무슨 상관 있어요? 귀속재산 처리법에도 선량한 관리자로서의 의무를 다하지 아니하거나 정부의 지시나 명령을 위반할 때에는 관리재산의 반환을 명할 수 있게 되어 있어요. 내일 아침에 당장 그 김 사장이라는 분, 내 방에 좀 오게 해요!"

김종희 사장이 강 장관과 대면하게 된 경로는 꽤 드라마틱하다. 김종희 사장은 복구계획서를 내달라고 하는 강 장관의 요구를 선뜻 받아들이기 어려웠다.

"저도 인천공장에 가본 지가 하도 오래돼서요."

"김 사장이야 화약 전문가니까 내려가 공장을 보기만 하면 어떻게 복구해야 할지 대번에 알 수 있을 것 아닙니까?

"저도 화약을 만드는 기술자는 아니거든요."

"어떻든 내일이라도 한번 가보고 복구 계획을 세워봐 줘요! 그 대신 아까도 말했지만 내가 장관 자리를 걸고 약속하리다. '광협'에서 내는 계획서하고 김 사장이 내는 계획서를 전문가들에게 검토시켜서 김 사장 계획서가 낫다는 결론이 나면 김 사장이 인천공장을 불하 받아가지고 화약 생산을 할 수 있게 해주겠어요!"

김종희 사장은 상공부에서 나오자마자 차를 인천으로 몰았다. 아무 데서나 화약을 빨리 생산해 낼 수 있으면 된다. 화약 국산화는 국가적으로 시급한 과제다. 인천 화약공장의 기계는 이미 낡아서 못 쓰게 되었을는지 모른다. 그렇더라도 공실(工室) 별로 쌓아 올린 토제(土堤)는 허물어지지 않고 그대로 있을 것 아닌가.

김종희 사장이 본 인천 화약공장은 문자 그대로 폐허였다. 김종희 사장은 우거진 갈대밭을 헤치며 초화공실부터 교화, 날화, 압신, 뇌관, 도화선 순으로 각 공실을 대강 돌아보았다. 대강이나마 남아 있는 기계라는 것들이 초화기, 날화기, 압신기 등 뜯어갈 수 없는 큰 쇳덩어리뿐이어서 자세히 살펴볼 것도 없었다.

(이 지경이었으니까 '광협'에서도 손을 댈 수가 없었겠지. 그렇다고 나까지 여기에서 물러선다면 우리나라에 하나밖에 없는 화약공장이 영 폐허가 되고 말 것 아니냐! 무슨 방법으로든지 이 화약공장은 꼭 복구되어야 한다.)

김종희 사장은 인천 화약공장을 복구해야 하는 일이야말로 자신이 수행해야 할 화약인으로서의 시대적 사명이라고 생각했다.

16

설계도(設計圖, Blueprint)를 찾아서
- 인천 화약공장 건설도면

김종희는 일국의 대통령이 채근하고 있는 화약 국산화를 이루고 화약인으로서 인천공장을 복구하는 것이 하나의 사명으로 여겼다. 김종희 사장은 무슨 일이 있더라도 이를 실현해야겠다고 굳게 결심했다. 김종희 사장은 우선 공장을 복구하려면 공장 건설 당시의 설계도면을 확보하는 것이 필수라고 생각했다. 김종희 사장은 일본 출장을 서둘렀다.

"이 회사 내에는 인천 화약공장을 건설할 때 처음부터 관계했던 사람들이 지금도 많이 근무하고 있을 것 아니겠습니까?"

인천 화약공장 설계도를 입수할 수 있을까 해서 일본으로 날아온 김종희 사장이 일본유지(日本油脂)의 마쓰무로 상무를 만나 던진 첫 질문이었다. 일본유지는 인천 화약공장을 건설한 조선유지(朝鮮油脂)의 모기업(母企業)이었다.

"그 당시 나는 화학부 차장으로 있었는데 그때 인천공장은 화학부장으로 있던 후카오(深尾健次) 부장하고 무호공장의 아리모도(有本完) 원공장장이 주로 주축이 되어 계획을 하고 현지 시찰도 다녀오곤 했는데...."

"그분들이 지금도 회사에 있습니까?"

"야마모도 공장장은 작년에 세상을 떠났어요."

"또 한 사람은요?"

"후카오 부장도 얼마전까지는 규슈공업대학(九州工業大學)에서 제조화학 강의를 하고 있었는데 최근에는 건강이 좋지 않아서 쉬고 있다는 얘기를 들었어요."

"후카오 씨 집은 어디인가요?"

"후쿠오카요."

"후쿠오카라고요?"

"왜?"

"작년에 내가 후쿠오카를 한 번 다녀온 적이 있습니다."

"무슨 일로?"

"상무님도 기억하실 겁니다. 경기도 경찰부 보안과장으로 있던 고이케 경부 말입니다."

"아, 그 돼지같이 생긴 친구....?"

"그 사람 고향이 후쿠오카입니다."

"지금은 뭘 하고 있던가?"

고이케는 후쿠오카에 없었다. 그의 본적지에는 아저씨가 된다는 먼 친척이 한 사람 살고 있었는데 그는 고이케가 아직 조선에서 그냥 살고 있는지 귀국했는지 모른다는 것이었다. 김종희 사장은 고이케 경부에 대한 고마움은 잊을 수가 없었다. 물론 고이케 뒤에는 당숙 김봉서 공이 있었지만, 자신이 화학계에 입문한 것은 고이케 경부의 호의에 의했던 것이다.

(그때 고이케 부부를 따라서 부산까지 내려갔던 민영만이 분명히 일본행 연락선에 타는 것을 확인했다고 했는데.... 귀국 후에 고생만 하다가 세상을 떠난 것은 아닌가. 시간이 있으면 친척 집에 다시 한번 들러서 소식이 있나 알아보자.)

그런 생각을 하며 후쿠오카에 온 김종희 사장은 먼저 규슈공업대학으로 가서 후카오 교수의 거처를 알아보았다. 대학 사무처의 한 직원이 약도까지 그려 주면서 후카오 교수의 집 주소를 친절하게 가르쳐 주었다. 후카오 교수의 집은 시내 번화가에서 멀리 떨어진 텐신마치(天神田丁)에 있었다. 다행히 그는 건강이 나빠서 쉬는 것은 아니고 정년퇴직으로 명예교수가 되어 물러나 있었다.

"인천 화약공장 설계도라...."

김종희 사장의 이야기를 듣고 난 노교수는 먼 기억을 살려내려는 듯 백발을 쓸어 올리며 고개를 들고 천정을 응시했다. 후카오 교수는 천천히 입을 열었다.

"나는 일본유지화학 부장으로 근무하면서 명치(明治, 1907년)부터 동경제국대학에서 제조화약의 화약화학(火藥化學) 분야를 강의했어요."

"그러셨군요."

"인천공장을 건설할 무렵에도 계속 강의해 오고 있었는데 그때 나하고 같은 제조화약학 교수 중에는 화약공장 관리(火藥工場管理)를 강의하던 '하마노 유키오'라는 젊은 교수가 있었어요."

"네."

"소화(昭和) 16년(1941년)으로 기억되는데 그 하마노 군이 나에게 강의용 교재로 사용하겠다고 하면서 화약공장 설계도를 하나 얻어 달라고 하더군요. 그래서 내가 본사에 있는 인천공장 설계도를 복사해 준 일이 있어요."

"그럼 그 하마노 교수는 지금 어디 있습니까?"

"참 유능한 교수였습니다. 아까운 젊은이였는데 그만 태평양 전쟁 때 출정했다가 전사해 버리고 말았습니다."

"예...?"

"그러나 김 사장이 찾고 있는 설계도는 지금도 동대(동경제국대학)에 있을지도 몰라요."

"예....!"

"하마노 군이 출정할 때 나에게 이렇게 말했어요. 〈선배님! 선배님이 주신 설계도는 폭격에도 안전하도록 도서관 지하 창고에 보관해 놓고 가 겠습니다. 만약 내가 죽고 돌아오지 못하면 나 대신 강의할 사람에게 그 설계도가 어디 있다는 것을 가르쳐 주십시오!〉 하고 말이오."

"...."

"그렇지만 패전 후에는 동경대학 화약학과도 항공학과, 조병학과(造兵 學科), 그리고 석유학과하고 같이 폐과되는 바람에 그 설계도는 필요 없 게 된 거지요."

"그럼 현재는 동대에는 화약학과가 없습니까?"

"2년 전부터 응용화학과에서 화약학을 강의하고는 있지만 지금은 화 약 제조 방법이나 공장 관리 기법이 많이 변했으니까요."

"현재 동대에서 화약학을 강의하는 교수는 누굽니까?"

"얼마 전까지는 난바 고이치(難波辛一)라고 하는 화공학 박사가 화약학 과 주임교수로 있었습니다."

(난바 고이치, 난바 고이치.....)

김종희 사장은 동대 교수의 이름을 잊지 않으려고 속으로 외웠다. 그 는 고이케 친척을 만나려던 생각을 바꾸었다. 설계도를 찾게 되면 어차 피 후카오 교수에게 인사를 해야할 테니까 그때 후쿠오카에 다시 와서 고이케의 소식을 알아보아도 충분하다. 김종희 사장은 동대의 난바 교수 를 바로 만나볼 수 있을지 걱정이 되었다.

대학은 마침 여름방학이 시작된 때였다. 동경으로 돌아온 김종희 사장 은 퇴근 시간이 가까워지고 있었지만 난바 고이치 교수의 근황만이라도 확인하고 싶어서 그대로 택시를 몰아 동경대학으로 달렸다. 김종희 사장 의 일을 미뤄놓지 못하는 성격이 그대로 나타났다.

"실례합니다!"

김종희 사장은 정문 수위실 앞으로 다가갔다. 동경대학 교문은 아카몬(赤門)으로 불리는 붉은색으로 칠해져 있다. 때마침 누런 금 테두리 모자를 쓴 수위 한 사람이 수위실에서 나오다가 김종희 사장을 바라보다 흠칫 굳어버렸다. 김종희 사장도 그 수위 영감과 마주치곤 자기 눈을 의심하며 그저 멍하니 바라보기만 했다. 몸집이 마른 수위 영감의 얼굴 생김새가 꼭 10년 전의 고이케 경부하고 흡사했다.

"실례지만 고이케 경부 아니십니까?"

"아! 당신은 역시...."

"예, 김종희입니다."

"김 지배인!"

"안녕하셨습니까?"

김종희 사장은 허리를 굽히고 정중히 인사했다.

(독자들이여. 우리는 김종희 지배인이 고이케 경부와 작별 인사를 하면서 인류 역사가 파괴되지 않는 한 언젠가는 다시 만나게 될 수 있다고 말한 것을 떠올려 보면 이 장면을 실감할 수 있다. 그리고 김종희 사장과 고이케의 만남은 우리 화약 산업계의 행운이었고 기적이었다.)

고이케는 와락 다가와서 김종희 사장의 두 손을 꼭 잡고 기뻐 어쩔 줄을 몰라 했다.

"김 지배인 이게 지금 꿈이요, 생시요?"

"이렇게 건강한 모습을 뵙게 되니 정말 반갑습니다."

"그런데 내가 여기 있다는 걸 어떻게 알고 찾아왔는가?"

"나는 경부님이 여기에 계시는지는 몰랐습니다. 오히려 경부님 소식을 들을까 해서 작년에 후쿠오카엘 찾아간 적이 있습니다."

"아 그랬었군!"

"경부님이 여기 근무하신 지는 얼마나 되셨습니까?"

"벌써 7년째라네."

"그럼 난바 고이치라는 화약학과 교수를 아시겠군요?"

"물론 알고 있지. 난바 박사한테 용무가 있어 온 건가?"

"예! 좀...."

"하지만 지금은 미국에 가 계신데..."

"예?"

"자아, 잠깐 안으로 들어가세!" 고이케는 김종희 사장을 수위실 안으로 안내했다. 김종희 사장은 수위실에 들어가서야 그가 평수위가 아니라 수위장이라는 것을 알았다.

설계도 찾아내고야 말았지!

고이케 경부는 동경대학 수위로 취직하기 전까지 귀국 후 3년 동안 한국을 떠나올 때 김종희 사장이 마련해 준 6백25 달러를 밑천으로 양담배 장사부터 시작해서 주로 미군 PX를 상대로 하는 장사를 하면서 살았다고 했다. PX(Post Exchange)는 미 육군의 면세점으로 이곳에서 흘러나오는 물건들은 품질은 좋고 가격이 싼 것이 특징이다.

"우리 가족은 6백25 달러가 아니었으면 틀림없이 굶어 죽었을 거요."

"최소한 1천 달러는 마련해 드렸어야 하는데 그 무렵에는 나도 돈 사정이 여의찮아서요."

"아냐, 지금 생각해도 10년 전의 6백25달러는 큰돈이었어. PX에서 흘러나오는 양담배 한 보루가 보통 1달러 20센트밖에 안 했으니까."

"도움이 되셨다니 다행입니다."

"김봉서 어른은 지금 무얼하고 계시는가?"

"저어, 당숙께서는 돌아가셨습니다."

"뭣이?"

"6.25 사변 때 천안으로 피난 나오셨다가 다음 해 7월에 작고하셨습니다. 그때는 나도 부산에 피난 중이었기 때문에 당숙 어른이 돌아가신 것을 몰랐습니다."

"아! 그분은 대인군자였는데.... 내가 죽기 전에 그 어른 묘소를 한 번 참배할 수 있을는지..."

"한일간에 왕래가 자유롭게 이루어지면 내가 경부님을 초청하겠습니다."

"아, 그리고 보니 내 얘기만 했었군. 난바 박사는 무슨 일로 만나려는 거지?"

고이케는 무엇보다도 김종희 사장이 한국 화약계를 대표하는 인물로 대성했다는 데 대해서 여간 만족해하지 않았다.

"역시 사람을 보는 내 눈 하나만은 정확했어. 나는 김 사장이 반드시 큰일을 해낼 사람이 될 거라고 생각했었지. 김 사장에게 황국신민이 되어야 한다고 설교한 것은 내가 바보스러운 짓을 한 거지만 말야. 나는 일본의 패전이란 상상도 못 했거든.... 하하."

"내년에는 우리 동경 연락사무소에 선생님 자리를 하나 마련해드리겠습니다."

"아니, 동경에 연락사무소까지?"

"예! 작년에 일본 화약회사들이 모여있는 마루노우치(丸の内)에다 연락사무소를 하나 개설했습니다."

"그럼 잘됐군. 김 사장이 찾고 있는 그 공장 설계도는 난바 박사가 돌아오는 대로 내가 알아보고 마루노우치 사무소에 연락해 놓도록 하지."

"난바 박사는 언제쯤 귀국하게 되는지 모르겠습니까?"

"아마 금년 연말이라고 했지....?"

"아이구, 그럼 너무 늦는군요."

김종희 사장이 난처해하자 고이케는 어딘가에 전화를 걸어 난바 교수의 귀국 예정일을 확인했다.

"뭐랍니까?"

"역시 귀국 예정은 연말인데 경우에 따라서는 늦어질 수도 있다는 거야."

"다른 교수한테 알아보는 방법은 없겠습니까?"

"화약학과의 다른 교수한테 한번 물어보기는 하겠지만 글쎄...."

그날 밤 김종희 사장은 고이케와 함께 긴자(銀座)에서 밤이 으슥하도록 술잔을 나누면서 지난날의 회포를 풀었다. 다음 날 김종희 사장은 하루 종일 마루노우치 연락사무소에 나와 고이케 수위장의 전화를 기다렸다. 어젯밤 헤어질 때 사이도(齋藤)라는 화학학과 교수에게 설계도에 관한 것을 물어보고 그 결과를 연락해 주기로 한 고이케와의 약속이 있었기 때문이다.

김종희 사장은 퇴근 시간이 다 되도록 아무 연락이 없자 동경대학 수위실에 전화를 걸어보았다. 그러나 고이케 수위장은 자리에 없었다.

(사이도 교수를 만나지 못한 모양이구나! 만약 설계도를 입수하지 못하면 인천공장 복구 계획은 어떻게 세운다...? 내일 동대로 가서 사이도 교수를 직접 만나 보자!)

김종희 사장은 퇴근하는 길에 서점에 들러 화학 관련 신간 서적을 한 권 사 들고 숙소인 데이고쿠호텔로 돌아왔다. 현관을 들어서는데 "김 사장!"하고 부르는 소리가 로비 한 쪽에서 들려왔다. 로비 소파에 앉아있던 고이케 수위장이 일어나서 다가왔다.

"여기 와 계셨군요?"

"연락사무소에 연락하니까 막 호텔로 들어갔다고 해서."

"잘 오셨습니다. 안 그래도 연락이 없어서 궁금했습니다."

"나는 아침부터 설계도를 찾는다고 종일 자료실에 들어앉아 있었어요."

"아! 사이도 교수하고 얘기가 잘 됐습니까?"

"사이도 교수가 시카고에 있는 난바 박사한테 전화를 했었어요. 그랬더니 난바 박사가 종전 후에 폭격으로 날아간 도서관 지하 서고를 정리하는데 설계도가 하나 나와서 그걸 자료실로 옮겨 놓은 기억이 있다고 하면서 거기를 뒤지만 혹 나올지도 모른다고 하더래요."

"그래서요?"

"찾아내고야 말았지!"

거의 불가능해 보이던 일이 현실로 나타난 것이다. 한화그룹, 한국 화약산업 발전사(史)의 역사적 순간이었다.

"감사합니다, 경부님!"

"한 장 한 장 복사해서 저렇게 한 상자 들고 왔네!" 하고 손으로 가리키는 소파 옆에 꽤 큰 마분지 상자가 하나 놓여 있었다.

"수고하셨습니다. 정말 수고하셨습니다."

"아냐! 저 설계도가 김 사장 말대로 한국 화약계에 도움이 된다면 한국인에게 죄가 많은 나에겐 조금이라도 위안이 될 걸세."

고이케 수위장이 복사해 온 인천화약 설계도는 보존 상태가 거의 완벽한 것이었다. 공장 건물의 배치도를 비롯해서 건물의 구조와 현상, 그리고 제조설비 등의 도면과 함께 설계서까지 보존되어 있었다. 그런데 설계에 대한 시방서(示方書, 설명서)가 없어서 전문지식을 요하는 주요 제조설비의 복잡한 내용은 자세히 알 수가 없었다.

김종희라는 사장이 성실한 인물이요, 강 장관?

김종희 사장은 인천 화약공장 설계도 복사본을 가지고 서울로 돌아왔다. 김종희 사장은 즉시 서울대학교의 박원희(朴元熙) 교수를 찾아가서 인천공장 복구 계획에 관한 문제를 협의했다. 박원희 교수는 일찍이 교토제국대학(京都帝國大學) 이공학부를 졸업하고 연희전문 화학교수를 거쳐

1947년에 서울대학교 교수로 임용된 사계의 석학(碩學)이었다. 김종희 사장이 박 교수를 알게 된 것은 1953년 일본 출장길에서 귀국할 때 가지고 온 동경대학 화약학과 교재라는 〈이론화약학〉과 〈제조화약학〉 두 권을 서울대학교 교재로 활용하라고 기증하면서부터였다. 김종희 사장의 화약에 대한 열정이 어떻다는 것을 우리는 알 수 있다.

그 후 두 사람은 자주 만나면서 화학에 관한 일본 신간 서적을 부탁하기도 하고 또 초안폭약 공장 건설에 대한 자문을 구하기도 하는 사이가 되었던 것이다.

"김 사장! 우리 이렇게 하면 어떻겠어요?"

"어떻게요?"

"나 혼자서는 이 설계도를 들여다봐도 잘 알 수 없으니까 건축설계사 한 사람하고 기계 전문가 몇 사람하고 내가 같이 현장에 내려가 보고 나서 어디를 어느 정도까지 복구해야 할지를 연구하는 방향으로 일을 진행시킵시다."

"좌우간 어떤 식으로 하든 박 교수님이 책임지고 빠른 시일 안에 화약을 만들어 낼 수 있는 복구 계획안만 짜 주십시오!"

설계도상의 인천화약 부지 면적은 48만 8천4백25평이었으며 공장 건물은 관리사무실과 기숙사, 각종 공실 및 자재 창고 등 28개 동 연건평 5천2백7평, 그리고 토제 등의 구축물이 8점이었다. 주요 기계설비로는 발전실, 냉동실, 보일러실 등 각 기관실과 각 공정별 다이너마이트 제조시설, 공업뇌관 및 도화선 제조시설 등 고착되어 있는 대형 기계가 1백여 점에 달했다. 그러나 48만여 평에 이르는 광활한 공장부지의 대부분은 갈대만 무성하게 우거진 황폐한 갯벌이었으며 일부는 인근 주민들에 의해 농경지로 점유되어 있는 상태였다. 공장 건물도 이미 폭발 사고로 날아가 버린 뇌홍공실 같은 것은 흔적만 남아 있을 뿐이었고 그 밖의 다른 건물도 보수하지 않고 그대로 쓸 수 있는 건물을 단 한 채도 없었다. 특히 제조설비의 경우는 탈초탑(脫硝塔)의 각종 배관 시설이 너무 낡아서 단기 복구는 어려운 실정이었고 혼화공실, 날화공실, 압신공실 시설도 국내 조달이 불가능한 각종 부품들의 부식 상태가 심하거나 없어진 것들이 많아서 모든 제조설비를 완전히 복구하고 다이너마이트를 생산해 내는 데는 상당한 시일이 소요될 것으로 예상되었다.

박원희 교수가 이끄는 복구계획팀은 현장 조사를 끝내고 인천 화약공장을 복구하는 것보다는 차라리 새로 화약공장을 건설하는 편이 오히려 시간을 단축시킬 수 있을 뿐 아니라 투자비용도 크게 줄일 수 있을 것이라는 데 의견을 같이했다.

그러나 김종희 사장은 그와 같은 복구계획팀의 의견에 동의하지 않았다. 목전의 이익만 생각한다면 그럴 수도 있겠지만 적어도 국가 경제적인 차원에서는 물론이고 기업 장래를 위해서도 가능한 한 기존 시설을 최대한으로 활용하는 방안이 강구되어야 한다고 주장했다.

김종희 사장은 복구계획팀과 머리를 맞대고 협의한 끝에 제조 공정이 비교적 덜 복잡한 초안폭약과 함께 공업뇌관과 도화선을 우선 생산하기로 하고 초안폭약 배합공실과 전약포장공실(填藥包裝工室)을 신축하는 한편 뇌관공실과 도화선 공실의 시설을 대폭 보완 복구한다는 1차 복구 계획을 수립했다.

1차 복구 기간은 그해 9월 15일부터 56년 1월 30일까지 135일간, 이에 소요되는 복구공사비용 5천1백58만 환, 약 20일 동안 철야 작업을 하다시피 해서 7월 31일 자로 상공부에 제출된 '한국화약(주)'의 〈인천 화약공장 1차 복구계획서〉는 설계도 및 설계서 등 무려 400페이지에 달하는 방대한 내용이었다. 같은 날짜로 '광협(鑛協)'에서 제출한 복구계획서가 있었다. 그러나 '광협'이 제출한 복구계획서는 설계도면 한 장도 첨부되지 않은 20페이지짜리에 불과한 것이었다.

두 복구계획서는 전문가들에게 검토를 의뢰할 필요도 없었다. '광협'

이 제출한 복구계획서는 근본적으로 복구하겠다는 의지가 전혀 나타나 있지 않았다.

"각하! 이 계획서에 의하면 내년 1월까지는 1차 복구공사를 완료하고 바로 시험 생산에 들어가는 것으로 되어 있습니다."

'한국화약(주)'이 제출한 인천 화약공장 복구계획서를 들고 경무대(景武臺, 현 청와대의 전신, 이승만 대통령의 집무실)에 올라간 강성태 상공장관이 이승만 대통령에게 '화약 국산화 계획'을 설명했다.

"계획서도 중요하지만, 사람이 더 중요한 법인데 이 계획서를 만들어 낸 김종희라는 사람이 성실한 인물이요, 강 장관?"

"예, 아주 성실할 뿐 아니라 추진력도 강하고 패기가 넘치는 청년입니다."

"그렇거들랑 강 장관이 직접 재무장관하고 협의해서 복구비 전액을 보조해 주고 잘 감독해서 내년 안에는 반드시 우리 손으로 만드는 화약이 나오게 해서 장차 국방에 필요한 화약까지도 국산 화약을 쓰게끔 노력하시오!"

"분부하시는 말씀 명심하고 이행하겠습니다."

"내가 이 계획서에다 사인을 할 테니 김 사장에게 보여주고 계획서대로 틀림없이 일을 잘 해가라고 말해 주시오."

"예, 각하!"

복구계획서 표지 위에 〈可晩〉이라고 쓴 이 대통령의 사인이 유난히 큼직했다.

8월 10일 '한국화약(주)'은 귀속재산처리법 제24조의 규정에 따라 인천 화약공장을 임대하고 같은 날짜로 복구공사비 전액 5천1백85만 환에 대한 국고 지원을 재무부에 신청했다.

17

차라리 인천 화약공장을
매수(買收, Buy) 하시오!

김종희 사장은 최악의 시련기를 맞았다. 8월 17일에 내려진 정부의 대일교역(對日交易) 전면 금지 조치로 '한국화약(주)'은 일본으로부터 화약을 수입할 수 있는 길이 막히고 말았다. 일본이 지난 6월 북괴와의 어업협정을 체결함으로써 이 대통령의 심기를 불편하게 만들더니 이번에는 민간무역 회담을 개최하면서 한편으로는 재일교포의 북송(北送) 계획을 추진하기 위한 예비 교섭을 전개했던 것이다. 이는 대한민국 정부 수립 이래 반일·반공을 국시로 표방해 온 이 대통령에 대한 일본 정부의 정면 도전이었다.

"형님! 형님이 대만을 한번 다녀와야겠어요."

"대만에는 왜?"

"이번 대일 교역 금지가 쉽게 해제될 것 같지 않잖아요?"

"국내 한국 선박의 대일 출항까지 금지시키는 걸 보면 정부가 아주 강경하게 대응할 작정인 것 같아."

"그러니 당분간은 화약도 일본에서는 수입해 올 수 없을 것 아니냐 말예요."

"무슨 대책은 세워야 할 거야!"

"미국에서 수입해 오는 경우엔 워낙 거리가 멀어서 시일도 문제고 운임도 문제예요."

그래서 김종희 사장은 대만산 화약을 수입할 생각이었다. 재빠른 대응책을 생각해 낸 것이다.

대만에는 태평양전쟁 기간 중에 일본군의 전도 요새화(全島要塞化) 전략의 일환으로 도내(島內) 화약을 자급하기 위해 건설한 대만질소공업대북화약 공장이 하나 있었다. 대북화약 공장에서는 과염소산 폭약을 생산해 냈는데 종전 후에도 일본인에 대한 대만인의 감정이 별로 나쁘지 않은 편이어서 일본인 화약 기술자들이 그대로 남아서 일해 왔고 1950년 이후에는 중국 대륙에서 밀려온 국부군(國府軍)의 본토 수복 전략사업으로 각광을 받으면서 화약산업은 성장을 거듭해 오고 있는 중이었다.

그러나 대북화약 공장 생산량은 연간 6백 톤에 불과해서 수출 여력이 없었다. 김종희 사장은 부득이 중개무역(仲介貿易) 형식으로 일제 화약을 대만을 통해서 수입해 오는 비상대책을 강구했다. 김종희 사장은 어느덧 무역 전문가였다. 그런 방법으로 화약을 수입한다 해도 일본산 화약 수입 가격이 미제 화약보다 싸게 치인다. 미국산은 생산원가 자체가 일본산보다 비싼 데다가 선적항(船積港)이 뉴욕이기 때문에 운임이 엄청나게 비싸게 먹히는 것이다.

그래도 김종희 사장은 중개무역 형식 수입이 여의치 않을 경우를 대비해서 우선 미국으로 각종 화약 1백 톤을 발주했다. 문제는 화약이 적기에 도착하느냐였다. 여태까지는 군수용 화약을 전용하는 비상수단을 동원해 어떻게라도 해서 업계가 필요로 하는 화약을 공급해 왔다. 그러나 지금은 군수용 화약을 전용하는 길도 없다. 미군 화약 관리 용역사업이 8군 사령부의 일본 이전으로 작년 11월에 끝남에 따라 보관 중인 군수용 화약이 없기 때문이다. 앞으로 두 달 안에 화약이 들어오지 않으면 '한국화약(주)'의 모든 화약고가 바닥날 판이었다.

화약 수입 가격이 하루아침에 배로 뛰어오르게 된 것도 큰 문제였다. 180대 1 하던 공정환율이 8월 15일을 기해서 500대 1로 껑충 뛰었다. 화약 수입에 할애되는 공매불은 이미 지난 1월부터 대충자금환율(代充資金換率)인 350대 1이 적용되어 왔으니까, 실제는 94%밖에 인상되지 않은 셈이지만 비싼 운임과 가중되는 수입 비용 부담을 감안하면 앞으로 수입되는 화약 판매가격은 최소한 배로 올려받지 않을 수 없다.

대일교역 금지 조치는 모자나이트 수출에도 큰 타격을 가져왔다. 상반기 수출 실적이 2백16만 5천 환인데 비해 오히려 9월 초에 선적하기로 하고 받아놓은 신용장 금액은 5백86만 6천 환(미화 3만 2천7백 불. 180대 1로 환산)이었다. 대일교역 금지가 장기화되는 경우 천안의 덕령 광산은 부득이 조업을 단축하거나 중단할 수밖에 없다.

재무부에 신청한 인천 화약공장 복구비 지원은 한 달이 지나도 감감무소식이었다. 이승만 대통령이 복구비 전액을 국고에서 보조할 것을 지시했을 뿐 아니라 인천 화약공장이 정부 관리 귀속재산인 만큼 그 복구비는 당연히 정부가 부담해야 하는 것이지만 재무부로서는 나름대로의 고민이 있었다. 5천여 만 환의 복구비를 지출할 만한 예산 항목이 없었다. 5천만 환 때문에 추경 예산을 편성할 수도 없는 일이고 예비비 중에서 지출하자니 번거로운 국회 동의를 받아야 하고 변태 지출을 하자니 예산회계법에 저촉돼 위법 상황이 벌어진다.

김종희 사장은 정부만 쳐다보고 가만히 앉아 있을 수가 없었다. 화약의 국산화는 국고 보조가 없더라도 어차피 '한국화약(주)'이 실현해야 할 시대적 소명인 것이다. 김종희 사장은 인천공장 복구비를 '한국화약(주)'에서 부담해야 한다는 원칙을 스스로 정했다.

(자아. 복구 현장의 책임은 누구에게 맡길 것인가?)

김종희 사장은 마침내 공장장으로 진태두(陣泰斗)를 초빙해 오기로 정했다. 진태두는 일찍이 경성고등상업학교(서울大 상대 전신)를 졸업하고 한때 아산금융조합에서 근무한 적이 있는 김종철의 직장 동료이기도 했다. 다음으로 공무과장(工務課長)에는 충주비료 공장 건설 현장에서 일하고 있는 서울고등학교(서울工大 전신) 출신의 이우희(李雨希)를 스카웃해 오고 그 밖의 복구공사에 필요한 기술 요원들은 사방에서 불러 모았다.

9월 15일 아침에 복구공사팀을 인천 화약공장 현장으로 내려보낸 김종희 사장은 그 사실을 보고하기 위해 상공부에 들렀다가 복도에서 강성태 장관을 만났다. 강 장관은 오늘부터 인천 화약공장 복구공사가 시작되었다는 김종희 사장의 보고에 대단히 만족해하면서 이렇게 격려하는 것이었다.

"복구비는 조금도 걱정하지 말아요, 김 사장. 인천공장 복구비는 내년도 상공부 예산 속에 편성해 넣기로 재무장관하고 약속이 되어 있어요."

"꼭 그렇게 해주셨으면 좋겠습니다. 이왕이면 예산보다 먼저 은행 돈이라도 좀 쓰게 해주십시오, 장관님! 제힘만 가지고는 도저히 계획된 기간 내에 복구공사를 끝낸다는 게 어려울 것 같습니다."

"얼마나 있으면 되겠어요?"

"한 3천만 환만 융자가 되면 나머지는 제가 어떻게 해보겠습니다만…."

"내가 재무장관한테 말해 줄 테니 돈 걱정 하지 말고 복구공사나 차질 없게 진행시켜요!"

"감사합니다, 장관님만 믿겠습니다."

"알았어요."

신임 김일환(金一煥) 상공부 장관, 인천 화약공장 매수 용의는?

김종희 사장은 그다음 날 석간신문을 받아 보고는 아연실색했다. 〈법무, 상공, 체신 3부 장관 돌연 경질〉이라는 특대호 활자가 정치면 머리기사를 장식하고 있었다.

(아니, 이럴 수가? 그럼 강성태 상공장관의 약속은 다 공수표가 되는 것 아닌가!)

장관이 바뀌면 정책이 바뀌기 마련이다. 김종희 사장은 뒷골이 떵했다. 그래도 김종희 사장은 신임 상공장관이 김일환 전 국방차관이라는데 다소 안도할 수 있었다. 3년 전에 육본(陸本, 육군 참모본부) 참모부가 상공부의 전후 화약 수요 대비책(戰後 火藥需要 對備策)에 반발하여 제2 조병창(인천 화약공장)을 상공부로 이관하는 것을 반대했을 때 김일환 중장(中將)이 직접 설득에 나섰던 일은 화약계에 널리 알려져 있다. 화약산업계의 친화적인 인물인 것이다. 새로 취임한 김일환 상공장관이 인천 화약공장 복구공사에 대해서 전임 장관만큼의 이해와 열의를 보일 것이냐 하는 것은 의문이었다.

김 상공장관은 취임 1주일 만에 김종희 사장을 장관실로 초청했다. 김 상공장관은,

"김 사장. 차라리 인천 화약공장을 매수(買收)할 용의가 없습니까?"라고 의외의 제안을 했다. 김종희 사장에게는 뜻밖이었다. 김 사장은 신임 장관이 해줄 수 있는 이야기라면 전임 장관의 정책을 이어가겠다는 수준으로 생각했던 것이다. 김일환 장관은 몇 단계 높은 수로 접근하는 것이다. 김종희 사장은 김 장관의 제의에

"저한테 그럴만한 능력이 있어야지요."라고 대답했다. 약간은 평범한 대답이었다.

"일시불로 사지 말고 연불로 살 생각하면 되잖아요?"

김 장관은 상업학교 출신이다. 연불 거래 방식을 알고 있었다. 김일환 장관은 유능한 관리였다. 상공장관을 2년 11개월이나 장수한 기록을 가지고 있다.

"돌릴 수 없는 공장을 사기만 하면 무얼 하겠습니까? 복구공사나 어서

끝내야지요.”

“복구공사는 이미 시작했다면서요?”

“시작은 했지만 앞으로 돈 들어갈 일이 큰 걱정입니다.”

“실은 나도 복구비 문제가 있어서 김 사장이 아예 공장을 샀으면 하는 겁니다. 며칠 전에 그만둔 강성태 장관은 공장 복구비를 정부 예산에서 지출하려고 생각했던 모양인데 그게 쉬운 일이 아니네요!”

“....”

“인천공장 복구비를 정부 예산으로 확보한다는 것도 간단한 일이 아니지만 설령 확보된다 하더라도 예산을 집행하는 과정은 얼마나 복잡하고 까다로우며 또 집행한 후에는 감사까지 받아야 하잖아요? 그것도 복구공사가 한 번에 완전히 끝난다면 모르겠는데 계속해서 복구해 나가자면 정부 예산 가지고는 소기의 목적을 달성하기가 여간 힘들지 않을 거요!”

“그야 쉬운 일이 어디 있겠습니까?”

“그보다는 인천공장을 김 사장이 매수해가지고 소신껏 의욕적으로 밀어붙일 수 있게 하는 것이 어떨까 해서 하는 말입니다.”

“자금 문제가 있잖습니까? 장관님.”

“그 대신 복구공사에 필요한 돈은 대통령께서 재가하신 사항이니까 얼마든지 융자해 주도록 하지요. 융자받는 돈이야 누구의 간섭도 받지 않고 김 사장 맘대로 복구공사에 쓸 수 있을 것 아닙니까.”

“말씀대로 해주신다면야....”

“화약은 각하의 관심사예요. 다만 국고 보조가 까다로우니까 그걸 어떻게 융자로 돌려볼까 하는 것뿐이예요.”

김일환 장관은 취임 후 업무 보고를 받고 나서 화약의 국산화를 실현하기 위해서는 인천 화약공장을 매각해서 민간기업으로 전환시키고 복구비를 국고 지출이 아닌 산업자금으로 지원해야 한다는 방침을 마음속에 굳혀 놓고 있었다.

"김 사장은 어떻게 생각해요?"

"장관님 결정에 따르겠습니다."

"그럼 빠른 시일 안에 1차 복구비 전액을 산업은행해 융자해 달라고 신청하세요!"

"아무 때나 신청만 하면 되는 겁니까?"

"담보물은 충분하겠지요?"

"'한국화약' 재산이 그 정도야 안 되겠습니까?"

"그리고 각하의 재가를 받는 대로 불하 절차를 밟도록 합시다!"

산업은행으로부터 1차 복구공사비 5천1백58만 환이 대출된 것은 그로부터 16일이 지난 10월 10일이었다. 다시 16일이 지난 10월 26일에는 한국화약(주)과 관재청 사이에 인천 화약공장 매수계약이 체결되었다. 화약의 국가 관리 시스템에서 민간 관리로 전환되는 순간이었다.

매수계약은 수의계약의 형식으로 이루어졌으며 매수대금 총액은 6천5백만 환이었다. 공장 건물 및 각종 기계설비 평가액 4천3백여만 환, 공장부지 평가액 약 2천2백만 환이었는데 실제 건물 중에는 그동안의 관리 소홀로 오히려 철거해야 할 것들이 여러 채 있었고 기계설비도 고철로 철거해야 할 것들이 대부분이었다. 공장부지는 평당 54환꼴로 평가된 셈이었는데 공장 주변의 밭(田) 값이 평당 1백 환인데 비해서 40만 5천4백25평 중의 39만여 평이 황무지나 다름없는 개펄이라는 점을 감안하면 싼 편이 아니었다. 김종희 사장으로서도 대망의 인천 화약공장을 매수하는 마당이라 해도 이해타산을 전혀 고려하지 않을 수 없었다. 시세를 따지면 정부 평가액이 비싼 것은 사실이다. 그러나 그는 한국 화약계가 당면한 화약의 국산화를 조속히 실현해야 한다는 명분에 밀려서 먼 10년 앞을 내다보고 정부 평가액을 그대로 받아들이기로 했다.

감격의 인천 화약공장 화입식(火入式)

화입식이란 처음 불을 넣는 일을 축하하는 의식이다. 복구공사에는 당초 예상했던 것보다 더 많은 애로가 따랐다. 볼트 하나, 너트 하나, 심지어 못 하나까지도 국산은 쓸만한 것들이 없어서 일일이 청계천 고물전을 뒤져가며 외국산을 사다 써야 했고 주요한 부품은 하는 수 없이 일본에서 수입해 오되, 대만을 거치는 중개무역 형식을 거쳐야 했다.

한·일 관계는 더욱 악화되어 일본이 북괴와의 민간무역 협정을 체결하자 한국 정부는 이에 대한 보복 조치로 해경(海警)에게 평화선을 침범하는 일본 어선에 발포(發砲)할 것을 명령하기에 이르렀다. 드디어는 대일 수입 의존도가 높은 우리나라 경제에 주름살이 밀려왔다. 정부의 대일 교역 전면 금지 조치에도 불구하고 모든 한국 수입업자들은 정부의 그와 같은 강경책이 곧 해제될 것으로 기대하고 차일피일 기다려 오다가 그제야 수입선을 다른 나라로 바꾸느라고 고역을 치렀으며 일부 생활필수품과 원자재가 품귀 현상을 빚자, 악덕 상인에 의한 매점매석 행위가 기승을 부렸다.

그런 긴박한 경제 혼란 속에서도 광업계와 토목계에서는 화약이 적기에 안정적으로 공급되어 평상시와 다름없는 안정적 상태를 지속할 수 있었다. 김종희 사장이 일찍이 대만을 통한 중개무역 방식으로 화약을 충분히 비축해 놓은 효과가 빛을 발휘한 것이다.

12월 24일, 인천 화약공장 보일러 굴뚝에서 검은 연기가 소용돌이치듯 피어올랐다. 이제 막 화입식이 끝났다. 김종희 사장은 용 꼬리처럼 하늘로 치솟는 굴뚝 연기를 보면서 가슴에 만감이 서렸다. 화약계에 입문한 지 어느덧 15년, 약지 못해 다른 돈벌이를 놔두고 화약 한 가지에만 매달린다는 주위의 빈축을 사 가면서도 미련하리만큼 화약에만 집착해 온 열정.

(아....! 끝내는 내 손으로 저 굴뚝에 다시 연기를 피워 올렸구나!)

9월 1일부터 다음 해 1월 30일까지로 예정했던 1차 복구공사를 한 달 이상 앞당겨 끝내고 화입식으로 준공식을 대신한 김종희 사장은 관리사무실에서 조촐하게 자축 파티를 베풀고 그동안 복구 현장에서 밤낮없이 돌관작업으로 고생해 온 여러 사원들을 위로했다. 그 자리에는 1월부터 시험 가동에 들어가기로 되어 있는 뇌관공실과 도화선공실에서 근무할 기술자들도 함께하고 있었다. 일본인들이 비교적 위험도가 낮고 고도의 기술이 필요하지 않는 뇌관공실이나 도화선공실 같은 데는 한국인을 많이 고용했던 관계로 그런 부분에서는 한국인 중에도 숙련공이 여러 사람 있어서 바로 시험생산에 들어가는 데 어려움이 없었다.

그러나 다이너마이트 제조공정 중에서도 위험도가 높은 초화공실이나 날화공실 같은 데서 일한 한국인은 몇 명 되지도 않았으며 특히 인천화약공장에서는 다이너마이트만 생산해 왔기 때문에 초안폭약 기술자는 한 명도 없었다. 다행히 흥남의 조선질소화약 공장에서 초안폭약 분야에 종사하다가 1.4 후퇴 때 피난 나온 월남화약 기술자들이 대구에서 동양화학이라는 화약공장을 차리고 가내수공업식으로 사제 초안폭약을 제조해 오고 있었는데 그 중의 몇 사람이 인천공장으로 오게 되어 있었다.

김종희 사장은 초안폭약도 원료가 확보되는 대로 2월이나 3월에는 시험생산에 들어갈 계획을 세웠다. 초안폭약 원료 중 배합비율이 75% 이상을 차지하는 초안암모늄만 외국에서 들여오면 나머지 가연제로 쓰이는 목분(木粉)과 감열 소염제인 식염은 얼마든지 국내 조달이 가능하고 예감제(銳感製)로 쓰이는 TNT도 국내에서 군용 포탄 중에서 불발탄이나 폐탄을 수집 분해해 쓰면 된다.

김종희 사장은 1차 복구공사를 끝내고 2차 복구공사를 협의하기 위해 박원희 교수를 찾아갔다.

"이번에는 시일이 좀 오래 걸리더라도 다이너마이트 제조공정을 완전히 복구하되 보완할 것은 보완하고 확장할 것은 확장해서 아예 화약을 자급자족할 수 있게끔 대량 생산이 가능한 대대적인 복구계획을 세웠으면 합니다."

"그러려면 내가 공부를 좀 해야 해요."

"무슨 공불 말입니까?"

"외국에 있는 큰 화약공장을 한 번 봐야 감을 잡지요."

"그야 뭐 어렵겠습니까? 시간나는대로 저하고 같이 가까운 일본에라도 잠깐 다녀오시죠!"

"여권 내는 일이 힘들어서...."

"여권 같은 건 제게 맡기십시오. 우리 회사 고문 자격으로 초청장을 보내라고 해서 제가 수속하겠습니다."

며칠 후 1차 복구공사 계획에 참여했던 김명수 교수가 사무실로 김종희 사장을 찾아왔다.

"어이구, 잘 오셨습니다. 그러잖아도 한 번 찾아뵐려고 하던 참인데...."

"그래요?"

무슨 언짢은 일이 있어서 왔는지 김 교수의 반응은 삐딱했다.

"날씨가 풀리는 대로 우리 사옥을 하나 지을까 하는데 김 교수님이 사옥 설계를 좀 해주시지요."

"사옥보다도 인천공장 2차 복구 계획을 하신다구요?"

"예! 본격적으로 복구해 볼까 해서요."

"1차 계획 때 내가 무슨 잘못한 일이라도 있었나요, 김 사장?"

"잘못이라뇨. 그게 무슨 말씀이십니까?"

"그렇잖으면 어째서 나를 2차 계획에서 제쳐 놓는 거요?"

"제쳐 놓다니....김 교수님이 빠져서 될 일이겠습니까?"

"그렇다면 정작 설계를 맡을 나는 왜 일본 견학 가는데 빼는 거지요?"

"아....그건 김 교수님이 오해하셨습니다."

"오해라구요?"

"제가 잘못했습니다. 제 생각이 거기까지 미치지 못했군요. 같이 가시죠. 기계과의 홍 교수님도 같이 가시도록 하십시다, 하하...."

김종희 사장이 박원희 교수 일행과 일본 화학계를 시찰하고 돌아온 것은 2월 초순이었다. 그들은 곧바로 2차 복구공사에 착수했으며 김종희 사장은 작년에 사놓은 태평로(2가 23번지) 땅에다 4층 규모의 사옥을 짓기 시작했다.

18

화약 국산화는
강력한 다이너마이트 제조부터

인천공장에서 생산하고 있는 뇌관과 도화선은 아직 상품화할 수 있는 단계에는 못 미치고 있었다. 2월부터 시험생산에 들어간 초안폭약도 폭파 시험 결과 만족할 만한 것이 못 되었다. 시험용으로 들여온 대만산 초산암모늄의 순도(純度)가 약한 데에 그 원인이 있었던 것 같았다.

초안폭약 원료로서의 초산암모늄 순도는 99% 이상이어야 한다. 그러나 국내에 정밀화학실험소가 없어서 대만산 초산암모늄의 순도를 확실하게 측정할 길이 없었다. 김종희 사장은 아사히가세이(旭化成)가 생산하는 초산암모늄을 들여오는 문제를 검토했다. 아사히가세이는 본래 흥남의 조선질소화약 공장을 건설한 일본질소화약주식회사였는데 종전 후에 맥아더 점령 사령부가 일본의 재벌을 해체하게 되자 일본질소비료그룹으로부터 독립하면서 상호를 바꾸고 근래에 와서는 화학섬유 분야에서도 괄목할만한 활약을 보이고 있는 화학 전문회사다.

그런데 일본제 초산암모늄을 들여오자면 역시 제3국을 통해서 들여와야 한다. 완제품인 화약은 과중한 비용 부담을 감수하고라도 하는 수 없이 중개무역 형식으로 수입해 올 수밖에 없지만 원료까지 그런 방법으로 들여와야 하느냐는 생각해 볼 문제였다. 그런 시기에 전면적으로 금지되었던 대일교역이 풀리기 시작했다.

3월 중순에 한국에 온 미국의 덜레스 국무장관의 거중조정(居中調整, 제 3자가 분쟁 당사국 사이에 개입하여 분쟁 해결을 도모하는 외교적 방식)도 있었 지만 5월에 실시될 대통령 선거를 앞두고 있는 자유당(自由黨) 정부로서 도 더이상 국내 경제활동을 위축시키면서까지 대일 강경책을 그대로 밀 고 나갈 형편이 못 되었던 것이다. 당시 우리나라의 교역량이라고 해봐 야 수출이 고작 1천2, 3백만 달러, 수입은 대충자금에 의한 물자 원조를 제외하면 1억 5천만 달러에 불과했다. 그런데도 6개월간의 대일교역 중 단이 몰고 온 우리나라 경제의 고통은 심각한 것이었다. 경제 각 부문이 뒤틀려 있었다.

위축될 대로 위축되었던 우리 경제가 대일교역이 재개되면서 서서히 활기를 되찾기 시작했다. 한국화약(주)으로서도 광산물의 대일 수출이 재개되면서 화약 수요가 늘어났고 대일교역 금지령에 묶여서 신용장(L/ C)를 받아놓고도 선적할 수 없었던 모자나이트 250톤(3만 2천7백 달러, 1 천6백35만 환)을 수출하고 중단되었던 덕령광산의 조업이 재개되었다. 4 월부터는 국산 뇌관과 도화선이 공급되기 시작했으며 5월부터는 일제 초산암모늄으로 제조된 초안폭약이 세이프티마이트(Safetymite)로 명명 되어 한국 근대 화약사(史)의 새 장(章)을 장식하며 전국의 각 탄광으로 팔려나갔다.

그러나 김종희 사장은 초안폭약의 국내 생산으로 화약의 국산화가 이 루어진 것이라고 생각하지 않았다. 올곧은 신념이었다. 김종희 사장의 화약의 국산화 목표는 보다 강력한 전천후 다이너마이트를 제조해 내는 것이었다.

김종희 사장은 7월 7일 회현동의 '한국화약(주)' 본사 사무실을 태평 로에 신축한 4층 사옥으로 옮겼다. 회현동 시대를 마감하고 태평로 시대 를 연 것이다. 김종희 사장은 이내 인천공장 2차 복구공사에 박차를 가했다. 2차 복구공사에서는 주로 다이너마이트 제조설비를 복구하되 그 설비 내용을 보완하거나 확장해 나가는 데에 집중적으로 투자되고 있었다. 초안폭약 분야도 채탄용(採炭用)과 암석 폭파용을 구별해서 품종을 용도별로 개발하는 한편 품질 자체도 더욱 높여간다는 방침을 세웠다.

인재 영입과 다이너마이트 원료 - NG(Nitroglycerin, 니트로글리세린) 제조 시도

김종희 사장은 다이너마이트를 제조하고 화약의 품질을 높이기 위해서는 이를 추진할 수 있는 능력이 있는 인재(人材)가 필요하다고 판단했다. 김 사장의 이런 판단은 옳은 것이었고 성공하는 모든 기업의 창업자들의 공통된 선택이다. 당시 우리나라의 모든 산업 분야가 전문 인력의 절대 빈곤으로 허덕였지만, 특히 화약 분야에는 학문적인 이론과 실무 경험을 겸비한 인재가 전무한 상태였다.

김종희 사장은 박원희 교수의 전화를 기다리고 있었다. 박 교수가 얼마 전부터 책임지고 소개하겠다는 자기 제자 한 사람이 있었기 때문이다. 그가 소개하겠다는 사람은 연희전문(현 연세대) 화학과를 졸업하던 해에 학병으로 끌려 나가서 일본군 공병학교(工兵學校)를 졸업하고 종군하다가 해방 후에는 인천에 있는 조선화약비료 공장에서 생산부장을 지낸 사람이라고 했다. 일본공병 장교 출신이면 화약에 관해서도 어느 정도 교육을 받았을 것이고 더구나 비료공장 생산부장까지 지낸 사람이라면 화약에 관한 제조공정도 이론적으로는 어느 정도 이해하고 있다고 생각되었다.

"들어와요!"

노크 소리가 나자 김 사장은 문 쪽을 바라보았다. 권혁중이 결재 서류를 들고 들어왔다.

"내가 인천공장에 내려가 있는 동안에 박 교수님한테서 전화 안 왔어?"

"아, 아뇨. 전화 못 받았습니다. 사장님, 이거 좀...."

"뭐야?"

"상공부에 제출할 화약 판매가격 인상 신청서입니다."

"이번에 초안폭약 값을 20% 인상하면 결국 화약값이 일본하고 비슷해지는 거 아녀?"

"아닙니다. 이래도 우리가 일본보다 15% 가량 싼 편입니다."

"좌우간 손해가 나면 나는 거지. 우리가 만들어 내는 화약 값을 일본보다 비싸게 받아서는 안 돼! 알아들어?"

"사장님, 이렇게 받아봐야 현재는 이자도 안 남습니다. 어디 우리가 흙을 파다가 화약을 팔고 있습니까?"

"이봐! 난 돈 벌고 싶은 욕심이 없는 줄 알어? 하지만 욕심도 부릴 때 가서 부려야 하는 거여. 아, 대한민국 정부가 이 김종희가 이뻐서 돈 벌라고 산업은행 돈 싼 이자로 융자해 줘가면서 인천공장 복구시킨 거여?"

이때 사장실을 노크하는 소리가 들렸다.

"들어와요!"

기다리던 박원희 교수가 30대 중반의 한 청년을 데리고 들어왔다.

"아이구, 어서 오십시오! 그러잖아도 어째 소식이 없나 하고 궁금했습니다."

"아, 그랬어요?"하고 박 교수가 함께 데리고 온 청년을 소개했다.

"내가 얘기하던 신현기 군입니다."

"예에, 반갑습니다. 나 김종희라고 해요."

"첨 뵙겠습니다. 박 교수님한테서 말씀 들었습니다."

김 사장은 박 교수와 신현기(申鉉琦)를 소파로 안내했다.

"신 군은 지금은 삼성화학에서 투명 고무에 관한 연구를 하고 있답니다."

"아, 예...."

"내가 집으로 보낸 엽서 연락을 신 군이 그동안 못 받았던 모양이에요. 그랬는데 조금 전에 광화문 고서점에서 서로 우연히 안 만났겠어요. 그래서 데리고 왔습니다."

"고맙습니다. 이렇게 더운 날씨에."

"신 군! 내가 말한대로 이 김 사장 밑에서 일해 보게나! 김 사장이 틀림없이 자네 능력을 십분 발휘할 수 있게끔 뒷받침해 주실 걸세."

"생각해 보겠습니다."

"신 선생에 관해서는 이미 박 교수님한테서 말씀 들어서 잘 알고 있습니다. 나하고 한 번 우리나라 화약계를 위해서 같이 일해 봅시다."

"너무 갑작스런 일이라서요."

신현기의 나이는 37세, 김종희 사장보다는 두 살이 많다. 그래도 그는 사장 앞이라는 것을 의식하듯이 시종 허리를 꼿꼿이 세우고 앉아서 묻는 말에만 대답했다. 그는 자그마한 키에 다부지게 생간 체구로 일본인 장교 출신다운 발랄한 패기가 넘치고 있었다. 김종희 사장은 신현기의 예의 바른 몸가짐과 자신에 찬 태도에 호감이 갔다. 김 사장은 총무과에 연락해서 직원을 채용할 때 받는 선서용지(宣誓用紙)를 가져오게 했다.

"자아, 신형! 이 선서 한 장 써놓고 지금 나가고 있는 회사 일을 정리한 다음에 출근하도록 하시오! 내일이라도 발령 내놓고 기다릴게요."

신현기는 선서용지 내용을 읽어 보았다.

　(소생 금반 귀사에 채용됨에 있어 회사 규정을 준수함은 물론이고 회사 발전을 위하여 전심전력할 것이며 만약 회사의 방침이나 상사의 명을 불복하는 경우에는 여하한 회사 측의 처분에도 하등 이의 없을 것을 선서하옵고자 이에 서명 선서하나이다.)

선서란 원래 많은 사람 앞에서 공표하는 것을 말하지만 여기서는 회사에게 하나의 약속이라 볼 수 있다.

신현기가 인천 화약공장 제조과장 발령을 받고 첫 출근을 한 날짜는 1957년 8월 11일이었다. 그에게 맡겨진 과제는 초안폭약의 품종을 용도별로 개발하는 동시에 품질을 향상시키는 한편 2차 공사가 끝나는 1958년 1월 31일 이전에 다이너마이트를 생산해 내도록 하라는 것이었다. 아주 막중한 임무였다.

다이너마이트 생산! 한국화약의 명운이 걸린 문제다. 인천공장 제조과에는 이미 9명의 직원이 일을 하고 있었다. 그들 중의 일부는 조병창에서 스카우트해 온 뇌관 기술자들이 있었고 다른 일부는 해주(海州) 조선화약공장과 흥남 조선질소화약 공장에서 근무한 경력을 가진 사람도 있었다.

때마침 제조과에서는 다이너마이트 국산화에 관한 연구와 실험이 진행되고 있었다. TNT 가루를 어떻게 하면 떡 반죽처럼 눅진하게 교화(膠化)시킬 수 있느냐 하는 연구였다. 다이너마이트는 뇌관이 폭발하는 힘에 의해서 폭발하기 때문에 뇌관이 꽂힐 수 있도록 눅눅해야 한다. 그래서 TNT 가루에 찹쌀가루를 혼합해서 인절미처럼 쪄내는 방식을 실험하고 있었다.

"그런데, 나중에 진짜 인절미처럼 땡땡하게 굳어버리면 어떻게 할 거요?"

신현기가 제조과 직원들에게 질문을 던졌다.

"보관만 잘하면 꽤 오래가지 않겠습니까? 과장님."

"TNT 가루에 찹쌀가루를 섞어도 잘 터질까?"

"배합비율만 잘 조정하면 문제없을 겁니다."

"글쎄 어쨌든 시험해 봐요!"

그런 식으로라도 다이너마이트를 만들어보겠다는 그들의 열의가 가상해서 신현기는 굳이 실험을 중단시키지 않았다. 그러나 그것은 다이너마이트가 무엇인지도 모르는 어린아이들 장난 같은 짓이었다. 그들 중에 다이너마이트의 본질인 니트로글리세린(Nitroglycerin)을 올바르게 이해하는 사람이 없었기 때문이다.

NG($C_3H_5NO_3$)는 초산(HNO_3)과 유산(H_2SO_4)를 혼합한 냉각 혼산으로 글리세린을 용해시키는 이른바 초화(硝化) 과정을 통해서 얻어진 강력한 폭발성 액체이다. 이 NG는 열을 받기만 하면 곧 폭발하기 때문에 운반할 때나 사용할 때 많은 위험이 따른다. 그래서 NG를 다공질(多孔質) 물질과 혼합함으로써 그와 같은 폭발의 위험을 극소화시킨 것이 바로 발명가인 알프레드 노벨에 의해 명명(命名)된 다이너마이트다. 따라서 근본적으로 NG의 국내 생산이 선행되지 않는 한 다이너마이트의 국내 생산은 불가능한 것이다. NG는 수입해 올 수도 없다. NG를 수입해 오려면 위험성과 유독성이 높은 화학 제품을 수송하는 특수선박이 있어야 하는데 그런 선박이 당시에는 동양권에는 취항하지도 않았거니와 설사 수입해 온다 해도 보관 관리상의 위험을 해결할 길이 없었다.

신현기는 먼저 복구공사 현장을 체크하기 시작했다. 인천공장의 NG 제조시설은 동일(同一) 초화기(硝化機) 내에서 초화 분리가 가능한 네이턴(Nathan)식 초화 분리 시스템으로써 일본의 각 화약공장에서는 물론이고 세계적으로 널리 사용되고 있는 초화 설비였다. 초화공실의 혼산 탱크와 글리세린 탱크가 반응조(反應槽) 속의 혼산을 휘젓게 할 공기 압축 시설, 혼산의 온도를 조절하기 위한 냉각시설, 그리고 만일의 경우를 대비하기 위한 초화기의 위험 비상 장치도 완벽하지 않으면 안 된다.

공무과 직원들에 의해 복구공사가 진행되고는 있었지만 10년 이상씩 방치해 놓다시피 한 기계들이어서 성능이 제대로 발휘될지는 시운전을 해봐야 할 일이었다. 막상 모든 설비가 완전히 복구된다 하더라도 누가 초화공실 작업을 해내느냐 하는 것이 문제였다. 초화공실 작업을 하자면 충분한 경험이 있어야 한다. 혼산의 온도를 섭씨 5도 내지 10도 사이에서 조절해야 하고 초화 온도는 17도 이하로 유지해야 하며 초화 상태의 이상 유무를 배기가스 색깔로 식별하는 한편 만약 작업 중 폭발 위험이 있을 때는 즉시 비상조치를 취해야 한다.

"사장님! 복구공사를 효율적으로 수행하기 위해서는 부분적인 시운전을 병행하는 것이 좋겠습니다."

신현기 과장이 의견을 내놓았다.

"공장장하고 의논해서 신 과장 소신대로 진행시켜요."

"그런데 현재 우리 제조과에는 다이너마이트 제조설비를 다루어 본 기술자가 없습니다."

"하긴 나도 그 문제를 걱정하고 있는 중인데...."

김종희 사장은 해방 직후에 마쓰무로 취체역이 하던 말이 생각났다.

"일본은 조선에 화약공장을 네 군데나 건설했지만 화약이 갖는 특수성 때문에 조선인에게 화약에 대한 전문지식을 전수하는 데는 매우 인색했던 것이 사실이다. 그러나 나는 조선유지인천 화약공장의 몇몇 조선인 종업원을 초화공실이라든지 날화공실 같은 주요 생산공정에 견습공으로 일할 수 있게 해왔다. 그랬지만 결국 인천공장이 오랜 기간 휴업 상태에 있었기 때문에 그들이 기술에 익숙해질 수 있는 충분한 기회를 얻지 못한 채 오늘에 이르고 말았다....."

"전에 견습공으로 일하던 사람들만 살아 있었어도 큰 힘이 되었을텐데 그들이 해방되던 해 11월에 일어난 뇌홍 화성공실 폭발 사고로 죽어버렸단 말야."

"저도 그 얘기를 들었습니다만 그때 초화공실 기술자는 두 사람밖에 안 죽었답니다, 사장님!"

"그래요?"

"초화공실에서 일하던 견습공은 모두 5명이었답니다."

"그럼 세 사람은 어디 있어요?"

"이성구라고 하는 사람은 제가 한번 만나봤는데 다른 두 사람도 그 사람하고는 서로 연락이 되는 것 같습니다."

"그렇다면 그 사람들을 데려와야지."

"그런데 그 친구들이... 너무 엉뚱해서요."

"엉뚱하다니?"

"월급을 너무 터무니없이 많이 내라는 겁니다."

"월급이 문제요, 신 과장? 지금은 우리가 외국 기술자를 데려올 수 있는 형편도 아니고 그렇다고 우리 기술자를 외국에 내보내서 배워 오게 할 수도 없는 일 아니요?"

"그렇습니다. 그렇지만....제가 만난 이성구라는 사람은 글쎄 30만 환을 요구하는 겁니다."

"아아. 그건 좀 지나치구나!"

당시 쌀 한 가마니에 1만 4천 환, 인천공장 공장장 월급이 3만 환이고 한국화약(주) 사장 월급도 5만 환밖에 안 할 때였다. 김종희 사장 기억 속에 다시 마쓰무로 취체역의 말이 떠올랐다.

"김 군도 아는 바와 같이 조선인 화약 기술자는 단 한 사람도 없다. 일본인들이 떠나고 나면 조선에 있는 화약공장 시설은 고철이 될지도 모른다. 그러나 너는 다행히 지난 4년 동안에 화약공판 구매부와 생산부에 근무해 오면서 화약이 무엇이며 화약이 어떤 경로로 생산된다는 것을 알았다. 네가 진정으로 너의 조국을 사랑하거든 우리 일본인이 조선을 떠난 후에라도 너만은 화약계를 떠나지 말아다오! 화약의 뒷받침 없이 산업 근대화를 이룩한 나라는 이 지구상에 한 나라도 없다는 사실을 명심해 주기 바란다...."

"신 과장! 그들을 데려오면 NG(니트로글리세린)을 만들어낼 수 있어요?"

"실력이 어느 정도나 되는지 알아봐야지요."

"신 과장이 NG를 만들어 낼 자신이 있거든 그들이 얼마를 달라든지 달라는 대로 다 주고 데려다 써요!"

화약을 아는 김종희 사장만이 내릴 수 있는 결단이었다.

신현기 과장은 그날로 초화공실 견습공으로 근무한 경력이 있다는 이성구, 유영수, 이종현을 개별적으로 만나 보았다. 세 사람 모두 초화 작업에 직접 참여한 경험은 많지 않았다. 이성구가 11번, 유영수는 7번, 이종현은 겨우 4번이었다. 그래도 그들은 초화작업이 어떻게 진행된다는 것을 알고 있었으며 초화작업이 얼마나 위험한 것인가를 인식하고 있었다. 초화작업의 내용을 알고 있다는 사실 하나만으로도 가능성은 충분했다.

신현기 과장은 도박 판돈을 거는 심정으로 그들의 월급을 정했다. 이성구 23만 환, 유영수 15만 환, 이종현 10만 환, 단 정상적인 월급은 최초의 초화 작업이 시작되는 월에 지급하며 그 이전의 실습 기간 중에는 월급의 1/10만 지급하기로 했다. 그들은 곧 월급의 90%가 위험수당에 해당하는 것임을 알아차렸다.

그래도 초화작업을 시작하려면 한 사람이 부족하다. 초화작업반은 글리세린 주입 담당, 배기가스 감식 담당, 냉각온도 계측 담당, 공기압력 계측 담당 등 4명으로 편성된다. 부득이 이성구가 글리세린 주입을 맡고 유영수는 배기가스를 체크하고 이종현이 공기압력과 냉각 온도를 체크하기로 했다.

신현기 감독하에 초화작업반이 실습에 들어간 것은 그해 12월 초. 실습에는 혼산도 글리세린도 맹물을 사용했다. 1월에는 보일러용 석탄이 대만에서 들어오고 2월에는 유산과 초산이 일본에서 들어왔다. 이제 다이너마이트용 글리세린(순도 98.5퍼센트 이상)과 초화 분리 촉진제로 쓰일 파라핀오일(Parapin Oil)만 들여오면 초화작업을 위한 모든 준비가 끝난다.

최초의 시험 초화 예정일이 다가오자 인천공장에는 하루하루 긴장감이 고조되기 시작했다. 시험 초화가 성공하느냐 실패하느냐 하는 것은 한국화약(주)의 장래와 직결된 중대사이며 개인적으로는 작업반 세 사람이 죽느냐 사느냐의 목숨이 걸린 한판승부였다.

19

마침내 다이너마이트 국내 생산 성공

　김종희 사장은 다이너마이트 국내 생산에 성공했다. 그것은 기적 같은 일이었고 과정은 드라마틱했다.

　1959년 5월 29일 인천 화약공장 초화공실을 둘러싼 높다란 토제(土堤, 흙으로 된 언덕) 위에는 대형 직삼각형 적색(赤色) 깃발이 바닷바람에 펄럭이고 있었다. 적색 깃발은 공장 종업원들에게 초화작업 중임을 알리는 신호로써 초화작업이 시작되기 직전에 게양되고 초화작업이 끝난 직후에 하강된다. 그러나 오늘은 시험 초화작업이 있는 첫날이어서 공장 직원들의 각별한 주의를 환기시키기 위해 특별히 아침 일찍부터 적색 깃발을 내걸었다. 초화작업이 진행되는 동안에는 모든 공장 직원들은 정숙한 가운데 정신적으로 초화작업에 협조해야 하며 초화작업이 진행되는 동안에는 누구도 초화공실 주위에 접근해서는 안 된다. 초화는 그만큼 위험한 작업이다.

　NG 제조공실이 폭발한 예는 세계 도처에 수없이 많다. 알프레드 노벨이 헤렌버그(Heleneborg)에 건설했던 최초의 NG 공장이 1864년 9월에 폭발해서 그의 동생 에밀(Emile) 노벨을 위시한 4명의 희생자를 냈고 가까운 일본에서만도 1923년에 최초로 NG를 생산하기 시작한 이래 무려 9차례에 이르는 대형 사고가 발생해서 많은 희생자를 냈다. 만에 하나 인천공장의 초화공실이 작업 중에 폭발한다면 1회 초화분 초산 1천

800kg, 유산 3백40kg, 글리세린 350kg, 파라핀오일 10kg이 동시에 폭발하기 때문에 직경 100m 이상의 커다란 웅덩이가 생길 판이었다.

글리세린 350kg을 초화하는데 소요되는 시간인 약 50분간의 작업을 위해 초화작업반원인 이성구, 유영수, 이종현 세 사람은 그동안 손발을 맞추기 위해 맹물 실습을 수십 차례에 걸쳐서 반복해 왔다. 글리세린 주입, 공기 압축에 의한 혼산 교반(攪拌) 및 냉각 온도 조절, 초화 분리 촉진제인 파라핀오일 주입, 초화 분리 후의 폐산 수거와 NG 처리 방법 등. 신현기는 그래도 안심이 안 되어 일주일 전부터는 그들을 기숙사에 합숙시키면서 혼산이 들어있는 반응조에 글리세린을 직접 주입시키는 과정만 빼놓고는 모든 과정을 실제상황 그대로 매일 두 차례씩 종합적인 실습을 반복 실시해 왔다.

"때르릉, 때르릉...."

제조과장 테이블의 전화벨이 울렸다. 막 초화공실과 기관실을 점검하고 들어오던 신현기 과장이 급히 들어와서 전화를 받았다.

"신 과장입니다!"

"나, 김 사장인데."

"안녕하십니까, 사장님!"

"오늘은 예정대로 시험 초화를 하는 거요, 신 과장?"

실은 그동안 기관실 기계정비 미비로 두 번이나 시험 초화가 연기되어 왔다.

"예! 오늘은 모든 준비가 완벽합니다."

"몇 시부터 시작이요?"

"11시 정각에 시작합니다."

"그럼 끝나는 시간은....?"

"12시 전후해서 끝나겠습니다."

"초화작업반 사람들은 지금 무얼하고 있어요?"

"목욕 재개하고 초화공실에서 대기하고 있습니다."

"초화에 들어가기 전에 말 좀 전해줘요, 신 과장!"

"예! 알겠습니다, 사장님!"

"자신있어요, 신 과장?"

"예!"

"오늘 초화에 성공하면 내가 서울로 데려와서 한턱내겠다더라고 말야."

"염려 마십시오, 사장님! 그동안 충분한 실습을 했으니까 실수 없이 해낼 수 있습니다!"

"나도 사무실을 지키고 앉아 있을 테니까 작업이 끝나는 대로 바로 연락 좀 하세요."

"예! 즉시 전화 올리겠습니다."

신현기는 사장의 격려 메시지를 전하기 위해 다시 초화공실로 갔다. 초화공실 앞에는 쓰리쿼터 트럭 한 대가 대기하고 있었다. 그 차는 만약 불행한 사태가 발생하는 경우 작업반원을 병원으로 후송할 앰뷸런스 대용이었다. 초화공실 작업반원들이 각기 맡은 설비를 점검하고 있었다.

"다 이상 없지?" 하고 신현기가 힘차게 들어섰다.

"이상 없습니다!" 작업반원들의 대답도 자신에 차 있었다.

"방금 사장님한테서 전화가 걸려 왔는데 말야. 오늘 초화작업을 성공리에 끝내면 사장님께서 자네들을 서울로 데려다가 한턱 내시겠다고 하셨어!"

"화약공장 덕분에 촌놈들 목의 때 벗기게 생겼네요, 과장님."

"원님들 덕분에 내 목의 때도 좀 벗기자구. 하하하...."

"과장님한테는 이달부터 정상 월급 타면 우리가 따로 한 턱 낼게요."

"그것도 좋지! 자네들 월급이 나보다 10배는 되니까. 하하..."

"월급이 아무리 많아 봐야 우린 과장님 졸병 아닙니까? 허허...."

"하여간 침착하게 잘들 하라구!"

"걱정 마십시오, 과장님! 우리끼리 눈 감고도 할 수 있게 연습해 봤습니다!"

"그래도 정신을 똑바로 차려야 돼! 다시 주의해 두겠는데 말야, 잘 들어둬! 내가 말하는 이 다섯 가지 사항만 명심하고 지키면 절대 안전할 테니까!"

신현기는 '초화'의 절대 수칙 다섯 가지를 다시 한번 힘주어 설명했다.

① 글리세린을 반응조에 주입할 때는 반드시 1분에 10kg 내지 15kg씩 주입할 것

② 냉각용 브라인(Brine, 소금물)은 5도 내지 10도 이내로 조정할 것

③ 초화 온도는 필히 17도 이하로 유지할 것

④ 작업 중 배기가스가 빨간 색으로 변하거나 염산가스가 발생하는 경우 또는 초화 온도가 갑자기 올라갈 때는 즉시 글리세린 주입을 중지할 것

⑤ 모든 것이 정상이라 할지라도 초화 온도가 23도 이상으로 올라갈 때는 글리세린에 불순물이 섞여 있다는 증거니 무조건 초화기 밑바닥의 비상 밸브를 열어서 반응조 속의 약물을 몽땅 땅속의 물탱크로 쏟아버릴 것!

그동안 수없이 실습을 반복해 오면서 귀에 못이 박히도록 설명해 온 초화수칙(硝化守則) 사항들이다. 그러나 정작 초화 과정에서 제일 중요시되어야 할 배기가스를 식별하는 그들의 훈련은 아주 미흡했다. 배기가스는 천상 색깔과 냄새를 눈과 코로 식별하는 수밖에 없었다. 실험실이 없기 때문에 신현기는 부득이 자신이 화학비료 공장에서 터득한 가스 식별지식을 총동원해서 색종이를 갖다 놓고 설명해 주는 식으로 가르칠 수밖에 없었다.

"자아, 그럼 11시 정각에 작업을 개시해서 12시까지 끝내고 점심식사는 나하고 같이 시내로 들어가서 하자구!"

"고맙습니다."

"그리고 작업이 끝나면 바로 토제 위에 꽂힌 깃발 내리는 일 잊지 말아. 그래야 공장 안에서 일하는 다른 사람들도 초화작업이 끝난 것을 알게 될 테니까 말야."

피(血) 말린 지연된 90분(1시간 30분)

초화작업은 11시에 시작해서 12시 정각에 끝나는 것으로 되어 있다. 60분이면 충분한 시간을 준 것이다. 그런데도 초화작업이 끝났다는 신호가 되는 토제 위에 꽂힌 적색 깃발은 1시 30분이 되어도 그대로였다. 초화작업이 끝나지 않은 것이다.

앞서 인천공장은 11시가 가까워지자, 정적에 싸이기 시작했다. 11시 10분 전, 신현기는 기관실에 들러서 공기압축설비와 냉각설비를 다시 한번 최종적으로 점검했다.

"댕! 댕! 댕...."

신현기가 관리사무실에 들어서자, 벽에 걸린 괘종시계가 오늘따라 유별나게 큰 소리로 열한 점을 울렸다. 긴장의 시간이 흐르기 시작했다. 초화공실 근처에는 물론이고 공장 건물 외부에서 얼씬거리는 직원은 단 한 사람도 없었다. 제조과 직원들은 숨을 죽인 채 둔탁하게 흔들리는 괘종시계 추만 응시하고 있었다.

"때르릉..."

제조과장 테이블의 전화벨이 울리자 긴장해 있던 신현기가 거의 반사적으로 수화기를 들었다.

"인천공장입니다!"

"나 김 사장인데 지금 초화하고 있어요?"

"예! 열한 시 정각에 시작했습니다."

"별일 없겠지요?"

"예!"

"끝나는 대로 바로 전화해 줘요."

"예, 알겠습니다."

서울 본사 사무실에 있는 김종희 사장도 긴장되어 있기는 신현기 과장과 다르지 않았다.

괘종시계는 11시 30분을 가리키고 있었다. 초화작업이 다 끝나려면 아직도 20분은 더 기다려야 한다. 정말 일각이 여삼추(一刻如三秋)라는 말을 실감케 하는 지리한 시간이었다. 숨 막히는 시간은 흘러 드디어 11시 50분,

"이봐, 박태호!"

신현기가 직원을 불렀다.

"밖에 나가서 초화공실 토제의 깃발이 걷혔나 좀 보고 와!"

"예."

"초화공실 근처까지 가면 안 돼. 요 앞에 나가면 바로 보이지?"

"예, 보입니다."

예정된 시간은 50분이지만 경우에 따라서는 10분이나 20분 정도는 늦을 수도 있다. 밖에 나갔던 박태호가 돌아오더니

"과장님! 아직 깃발이 힘차게 날리고 있습니다." 하고 씩씩하게 보고했다.

'힘차게 날리다니... 남 속 타는 줄 모르고....'

"이봐! 밖에 나가서 기다리고 있다가 깃발이 내려지거든 바로 연락해!"

"예, 알겠습니다."

박태호가 다시 신난 모습으로 밖에 나갔다.

12시 20분이 지나자 신현기 잔등에는 식은땀이 흐르기 시작했다. 예정 시간보다 30분이 지났는데도 아직 작업이 끝나지 않았다는 것은 초화가 정상으로 진행되고 있지 못하다는 증거다. 그렇다고 해서 초화 중인 작업장에 접근한다는 것은 더욱 위험한 일이다.

　　"이봐, 이병호! 박태호 밖에서 뭘 하고 있나 나가봐!"

　　"박태호, 밖에 있어?"

　　"예! 아직 깃발이 그대로 꽂혀 있습니다, 과장님!"

　　"이 친구들이....? 뭐가 잘 안되는 것일까? 혹 배기가스가...."

　　신현기는 생각이 배기가스에 미치자 불현듯 엄습해 오는 불안을 떨쳐 버릴 수가 없었다. 그는 들려올지도 모를 폭음을 듣지 않으려고 두 손으로 귀를 막기까지 했다. 때마침 전화벨이 요란하게 울렸다.

　　"여보세요?"

　　김종희 사장의 목소리가 들려왔다.

　　"예, 신 과장입니다."

　　"어떻게 됐어요?"

　　"아직 끝나지 않았습니다."

　　"두 시간이 지났는데도 여태 안 끝났으면...."

　　"예, 아직...."

　　"무슨 사고가 난 것 아니오?"

　　"아닙니다, 사장님!"

　　"이거 어디 피가 말라서 살겠어요?"

　　"끝나는 대로 곧 전화드리겠습니다, 사장님!"

　　관리사무실 안에는 터질 것 같은 긴장감이 감돌았다. 신현기는 자리에 앉았다 섰다 하면서 안절부절못했다.

　　"이 사람들이 도대체 산 거야, 죽은 거야....?"

　　시곗바늘이 오후 1시 30분을 가리키자, 신현기는 더는 그대로 기다릴 수가 없었다. 그는 죽음을 각오하고 사무실을 뛰쳐나가 초화공실을 향해 달려갔다. 정신없이 초화공실 토제 앞으로 달려온 신현기가 "아니...?" 하고 놀라며 우뚝 섰다.

'초화작업이 무사히 끝났단 말인가?'

신현기는 자신이 무엇인가에 홀려서 큰 착각을 일으키고 있다고 생각했다. 그는 정신을 차리고 다시 한번 토제 위를 쳐다보았다. 이때 "과장님!"하고 부르는 소리가 마치 유령이 부르는 소리처럼 들려왔다. 신현기는 소리가 들려오는 곳으로 고개를 돌렸다. 토제 입구를 나서는 작업반원 세 사람의 기진맥진한 모습이 보였다.

"아니, 왜 거기 그러고 서 계셔요? 과장님."

신현기는 그제서야 그들이 살아있다는 사실을 실감하고 큰 목소리로

"어떻게 된 거야, 이 사람들아...."하고 울부짖으며 제자리에 털썩 주저앉았다. 놀란 세 사람이 우르르 달려왔다.

"과장님! 과장님이고 뭐고 여태까지 뭘 하고 있었어!"

"이제 막 끝냈습니다."

"뭐야? 왜 이렇게 오래 걸렸어."

"아이고 말씀 마십시오, 과장님! 그렇게 연습을 했는데도 막 손발이 사정없이 떨려서 글리세린을 반응조 속에 주입시킬 수가 있어야죠!"

"그래서 어떻게 했어?"

"한 30분쯤 지나니까 덜 떨리대요. 그리고 초화 온도가 18도에서 20도까지 올라가는 거예요. 그래서 17도 밑으로 떨어질 때까지 기다렸다가 다시 글리세린을 집어넣고 하다 보니까 자연 시간이 이렇게 걸렸어요."

"바보들아, 23도까지는 괜찮다고 했잖아?"

"하지만 17도가 넘으면 초화 비율이 그만큼 낮아진다고 말씀하셨잖아요?"

"하긴 잘한 거야. 하지만...."

"말씀마십시오, 처음 몸이 막 사시나무 떨리듯 사정없이 떨릴 땐 그냥 그대로 내팽개치고 도망 나오려고 했었어요."

"10년 감수했습니다. 과장님!"

"10년 감수한 사람이 한두 사람 인줄 알아?"

신현기는 급히 사무실로 달려와서 본사 사장실로 전화를 걸었다.

"사장님! 해냈습니다. 드디어 해냈습니다!"

한국 다이너마이트 국산화를 이룩하는 감격의 순간이었다.

"수고했어요, 신 과장! 나는 아까 오후 1시에 전화 걸 때 그때 이미 무슨 사고가 난 걸로 생각하고 있었어요."

"사고가 왜 나겠습니까, 사장님? 글쎄 그동안 얼마나 열심히 공불했던지 첫날부터 초화 온도를 맞춰 가면서 초화 비율을 높이느라고 작업 시간이 그렇게 오래 걸린 거랍니다, 하하...."

"핫하....정말 수고했어요, 신 과장!"

"예, 사장님!"

"거 노벨 박사 제자님들 말야, 오늘 저녁이라도 당장 서울로 모시고 올라와요!"

며칠 후 도하 각 신문들은 〈다이너마이트 국산화에 개가〉라는 제목 하에 초화작업반원 세 사람을 노벨의 후예들이라고 소개하고 '한국화약(주)'이 오랜 각고의 연구 끝에 화약의 불모지인 우리나라에서 마침내 니트로글리세린(NG) 제조에 성공했다는 사실을 대서특필로 보도했다. 그러나 NG 제조에 성공했다고 해서 곧바로 다이너마이트를 생산해 낼 수 있는 것은 아니다. 다이너마이트를 생산해 내기까지에는 아직도 해결해야 할 기술적인 난제들이 많이 남아 있었다.

NG의 자가생산으로 다이너마이트의 국산화의 길을 연 김종희 사장은 곧바로 인천공장 3차 복구공사 계획을 수립하고 제2 초화공실을 위시한 날화공실과 압신공실 및 포장공실을 순차적으로 보수 확장해 나갔다. 김종희 사장은 또한 공장 안에 연구실을 설치하고 다이너마이트 교질화(膠質化) 연구에 주력하게 하는 한편 초안폭약 품질 향상에도 박차를 가했다.

그 결과 1959년 10월에는 젤라틴 다이너마이트(Gelatin Dynamite) 시제품을 내놓을 수 있었으며 종래의 초안폭약에 NG 50%를 배합시킨 암모나이트(Ammonite)를 개발하여 1958년 6월부터는 석탄공사(石炭公社)에서 사용하는 채탄용 폭약 전량을 암모나이트로 대체시킬 수 있었다.

그 후 젤라틴 다이너마이트의 품질 향상으로 국내 화약 수요의 대부분을 국산으로 충당할 수 있게 되었다. 정부에서도 그동안 수입에 의존해 오던 일반 산업용 관급화약(官給火藥) 수입을 전면 중단하기에 이르렀다.

마침내 김종희 사장의 오랜 숙원이던 화약의 국산화로 정부는 해마다 화약 수입에 배정하던 귀중한 외화를 절감할 수 있었으며 '한국화약(주)'으로서도 화약 매출액을 대폭 늘릴 수 있었다. 56년 3억 8천8백11만 환, 57년 3억 9천4백75만 환으로 해마다 4억 환 수준을 넘지 못 하던 한국화약(주)의 화약 매출액이 58년에는 무려 8억 4천7백만 환으로 늘어났다.

20

형(김종철)의 국회의원 진출

6·25 이후 정치하고는 담을 쌓고 동생 일만 도와오던 김종철이 10만 선량으로 국회에 진출한 것은 1958년의 일이다. 김종철의 적성은 역시 사업가보다 정치가에 어울리는 편이었다. 그는 그동안에도 남모르게 정계 진출을 위한 노력을 꾸준히 계속 해왔었다.

주말에는 의례 천안에 내려가 살았고 한국화약(주)에서 직원을 채용할 때는 가능한 한 천안 출신들을 채용해 오곤 했다. 그리고 1956년 대통령 선거 때는 자유당(自由黨) 천안지구당 부위원장으로 활약하기도 했다. 그 결과 마침내 자유당 공천을 받아 천안 을구에서 제4대 국회의원으로 출마할 수 있게 되었던 것이다.

그의 경쟁 후보는 제헌 국회 보선의원(補選議員)으로 진출했다가 2·3대 국회의원 선거에서 낙선의 고배를 마신 민주당 소속의 이상돈(李相敦) 후보였다. 정치 경력이 화려한 막강한 상대였다. 당시는 똑똑한 사람 병신 만들고 싶고 부자가 망하는 꼴 보고 싶거든 국회의원 나가라고 부추겨라는 말이 유행했다. 국회의원에 입후보했다가 낙선하게 되면 패가망신하기에 십상이라는 뜻이었다. 김종희 사장으로서도 형을 국회의원에 당선시키기 위해서는 선거운동에 발 벗고 나서지 않을 수 없었다.

김종희 사장은 어느 날 선거구민의 여론을 들어보기 위해 천안을 다녀와서 영업부장 유삼열을 불렀다. 유삼열은 1·4 후퇴 당시에 부산으로 피난 나왔다가 '한국화약(주)' 설립에 동참한 김종철 후보의 처삼촌이다.

"유 부장님! 장 화백에게 연락해서 내일 아침에 회사로 함께 나오세요.'

장리석(張利錫) 화백과 유삼열은 인왕산 조기회(早起會)의 한 멤버였다.

"천안의 선거전이 약해서 야단났어요!"

김종희 사장은 장 화백에게 부탁해서 선거용 대형 입간판을 만들 생각이었다.

김종희 사장은 원래 그림을 좋아했기 때문에 많은 화가들을 알고 지냈으며 또 화가들의 어려운 형편을 도울 겸 해서 그들이 그린 그림을 많이 사서 소장해 오기도 했다. 장 화백도 김종희 사장이 알고 지내는 가난한 화가 중의 한 사람이었다.

장리석 화백은 1916년 4월 8일(음력) 평양시 신창리에서 치과의사인 부친 장수현 씨와 모친 안인화 씨 슬하의 3남 중 막내로 태어났다. 소학교 즈음에 부모를 모두 여의고 두 형과 함께 외갓집에서 자랐다. 장리석이 화가로 공식 데뷔한 것은 1942년 제21회 조선 미술 전람회 〈선전〉에 처음으로 입선하면서였다. 출품작은 밥상과 과일 등을 소재로 한 30호 크기의 ''정물'이었다. 그는 1956년 대한민국 미술 전람회에서 연이어 특선과 최고상인 대통령상을 받게 됨으로써 한국 화단의 정점에 올랐다.

김종희 사장과 장리석 화가와의 일화는 장 화백 초기의 이야기다. 김종희 사장이 장 화백을 알게 되는 것은 작년에 개최된 미협전(美協展)에서 그가 출품한 '조랑말'이라는 50호짜리 구상화(具象畵) 한 점을 사들인 후부터였다. 장리석 화백은 북에서 작품 활동을 해오다가 1950년 12월 UN군이 원산(元山)에서 철수해 올 때 월남해 한동안 제주도 해군 정훈실 화가로 일했다. 당시 제주도에는 최영림, 홍종명, 이중섭, 이대원, 최덕휴, 구대일 등이 있었다.

김종희 사장이 아직 이름도 알려지지 않은 신진화가 장리석의 작품인 〈

조랑말)을 산 것은 그가 말(馬)을 좋아해서였다. 김종희 사장은 3년 전부터 당뇨 증세가 있다는 진단을 받고 당뇨에는 적당한 운동을 해야 한다는 의사의 권유에 따라 운동 겸 취미 삼아 승마(乘馬)를 해오고 있었다.

김종희 사장의 장리석 화백 화실 방문

김종희 사장은 어느 토요일 오후 장 화백의 화실을 구경할 생각으로 그의 집을 찾아갔다. 장리석 화백은 효자동 근처의 누상동(樓上洞) 높은 지대에 있는 한옥에서 세를 살고 있었다. 난데없이 신사 양반이 찾아왔다는 집주인 말에 방 안에서 그림을 그리고 있던 장 화백이 어리둥절해하며 마당으로 나왔다.

"장 화백이십니까?"

"예, 그렇습니다만....?"

"나, 장 화백의 그림 한 점을 소장하고 있는 김종희입니다."

작가나 화가는 자신의 작품을 읽었다거나 소장하고 있는 분을 만나는 것은 최상의 기쁨의 순간이다.

"아이고, 사장님!"

장 화백은 반갑게 그를 맞았다.

"장 화백 화실 구경 좀 할까 해서 왔어요."

"아, 예! 안 그래도 제가 한번 찾아뵐까 했습니다만, 찾아뵙는 것이 오히려 뭣한 것 같아서 그만...."

장 화백은 송구해서 몸 둘 바를 몰라 했다. 그림을 사 준 것만으로도 고마운 일인데 화실까지 방문해 주었으니 황송하기까지 했다. 그도 그럴 것이 그 무렵에는 그림을 사는 사람이 거의 없기도 했지만 그로서는 20여 년이라는 화가 생활을 통해서 그림을 팔아 본 것이 지난 미협전 때 출품한 〈조랑말〉이 처음이었다.

장 화백은 김 사장을 방으로 안내했다. 방이래야 한 칸 남짓한 안집 건 넌방이다.

"방이 누추해서요...."

"아니, 괜찮습니다."

방 안 살림은 석유 궤짝 위에 올려놓은 이부자리하고 100호짜리 화판을 걸어 놓은 캔버스 하나가 전부다.

"그림을 이 방에서 그리는가 보죠?"

"예, 아직 화실을 마련할 형편이...."

"하지만 그림을 그리는 데는 방이 너무 좁아서 불편하겠군요...."

"예! 그래서 그림을 그릴 때는 이 방문을 열어놓고 마당으로 나가서 한 번 보고 들어와서 그리고 또 마당으로 나가서 보고 들어와서 그리곤 합니다, 하하..."

"하하....그래도 국선 입선작만 그려내니 장하십니다. 장해요!"

"부끄러운 일이지요."

"원, 별말씀을.... 그림은 더러 파나요?"

"제가 지금까지 그림을 그려오는 동안 그림을 판 것은 사장님한테 처음이었습니다."

"아, 그래요?"

"사장님 덕분에 처음으로 제가 한번 안사람한테 남편 체면을 세워봤습니다, 하하...."

"부인께서는 어디 나가시는 곳이 있나 보죠?"

"예! 남대문 시장 난전에서 조그만 좌판 하나를 놓고 미제 화장품 장사를 하고 있습니다."

"아아....예...."

"이왕 여기까지 오셨으니 제 그림이나 몇 점 보여드리겠습니다."

"그럴까요?"

장 화백은 다락 위로 올라가더니 먼지가 뽀얗게 쌓인 크고 작은 그림들을 들고 내려왔다. 그 그림들은 대개가 시골의 소박한 정경을 담은 것들이었다.

"나도 어려서는 이런 시골에서 아주 가난하게 살았어요."

"그러셨군요."

"나도 요만한 하숙 방에서 내 능력의 한계에 도전하느라고 몸부림치던 학창 시절이 있었습니다. 그래서 결국은 해냈지요. 그것은 우리 학급에서 1등을 하는 것이었습니다, 하하...."

"아이구....의지가 대단하셨군요?"

"문득 옛날 학생 시절이 생각납니다."

"전 그림밖에 모르니까 그림에만 매달려서 씨름하고 있는 것입니다."

"나도 '화약' 하나에만 매달려 온 지 10년이 지났습니다. 그래서 마침내는 화약 불모지인 이 땅에서 지난 5월에는 다이너마이트 원료인 NG(니트로글리세린)를 제조해 내는 데 성공했습니다!"

"사장님 말씀에서 저도 힘이 생기는 것 같습니다."

"장 화백! 시내에 나오는 길이 있으면 내 사무실에도 들르곤 해요!"

"예! 앞으로는 가끔 찾아 뵙고 좋은 말씀 좀 들어야겠습니다."

그해 가을 김종희 사장은 장리석 화백의 작품 〈소한(小寒)〉이 제6회 국전에서 특전으로 입선했다는 신문 보도를 접했다. 신문에 실린 소한이라는 작품은 구멍가게 담장 밑에서 노인들이 장기를 두고 있는 정경을 그린 120호짜리 대작이었다.

(장 화백이 그동안 이런 역작을 그리느라고 두문불출했었군!)

김종희 사장은 장 화백이 그 좁은 단칸방에서 120호 되는 대작을 그려냈다는 것이 더없이 대견스럽고 기뻤다. 그날 장 화백이 퇴근 무렵에 인사차 김 사장을 방문하기 위해 태평로 '한국화약(주)' 사옥에 들렀다.

"실례합니다. 사장실이 몇 층에 있습니까?"

"어디서 왔어요?"

현관 수위가 초라한 장 화백의 차림새를 뜯어보며 퉁명스럽게 물었다.

"장리석이라고 하는데요."

"사장님하고 만날 약속이 있었어요?"

"아닙니다. 잠깐 뵙고 인사드릴 일이 있어서요."

"예,예.... 이제 막 퇴근하셨어요."

"아, 그럼 담날 다시..." 하고 돌아서는데

"장 화백!"

하고 부르는 소리가 들려왔다.

"아이구, 사장님!"

"어서 와요!"

"지금 막 퇴근하셨다고 해서..."

"이 사람들이 내가 나간 줄 알았던 모양이군."

그 순간 장 화백은 수위들이 자신을 일부러 따돌리려 했다는 것을 바로 알아차릴 수 있었다.

(나의 초라한 모습이 이 사람들 눈에 동정을 구하러 온 사람으로 비쳤으리라!)

"자, 내 방으로 올라가요. 그러잖아도 오늘 아침 신문을 보고 얼마나 기뻤던지 신문에 난 장 화백의 그림을 오려서 내 테이블 유리판 밑에 끼워놨어요."

"사장님 덕분이었습니다. 실은 그 그림이 지난여름에 저희 집을 찾아오셨을 때 그때 주신 돈으로 그린 그림입니다. 그래서 고맙다는 인사라도 드릴까 해서 들렀던 겁니다."

"좌우간 올라갑시다."

"아닙니다! 이만 저는...."

"아, 이왕 여기까지 왔으니 내 방 구경도 하고 이번에 입선한 그림 설

명도 좀 해주고 해요!" 하고 장 화백의 체면을 높여주려는 듯 수위들에게

"앞으로 이 장 선생님이 오시면 언제든지 내 방으로 모시도록 해요! 알 겠어요?" 하고 다짐을 놓았다.

사장 집무실에는 국내 유명 화가들의 그림이 여러 점 걸려 있었는데 그중에는 특히 임화동 화백의 작품이 많았다. 임 화백은 고향 선배라고 했다. 테이블 유리판 밑에 끼워놓은 장 화백의 그림 '소한'에 대한 설명을 듣고 난 김종희 사장은

"지난여름에 본 장 화백의 그림도 그랬는데 역시 장 화백 그림에는 얘 깃거리가 있고 사상이 있어요." 하고 칭찬을 아끼지 않았다.

"장 화백은 마치 소설의 주인공 같은 사람이에요."

"그렇습니까."

"부인이 화장품 장사를 해서 뒷바라지를 하시는 그 어려운 환경 속에 서도 의연한 모습으로 화필에 대한 집념을 불태우면서 그런 단칸방에서 끝내는 이런 역작을 그려냈으니 말이오."

"격려하시는 말씀으로 알고 더욱 노력하겠습니다!"

장 화백이 자리에서 일어서자, 김종희 사장은 문밖까지 따라 나와 악 수하면서 장 화백 손바닥에 무언가를 쥐여 주었다. 장 화백은 손에 닿는 촉감으로 그것이 차비나 하라고 주는 돈이라는 것을 알 수 있었다. 사옥 현관을 나와서 손을 펴 보니 그것은 돈이 아닌 수표였다. 수표를 펴 본 장 화백은 깜짝 놀랐다. 장 화백으로서는 감히 상상도 할 수 없는 거금 이었기 때문이다. 〈금 5만 환 정〉 50호짜리 〈조랑말〉을 5천 환에 팔고도 감격했던 장 화백이 아니던가!

(아아! 내가 열심히 노력하고 있다는 것을 알아주는 사람이 있구나!)

장 화백은 온몸에서 솟아오르는 힘을 느꼈다. 그 힘은 곧 넘치는 자신 감이었고 불굴의 용기였다. 그의 머릿속에는 불현듯 아내의 얼굴이 떠올 랐다. 아내는 오늘 아침에도 김장 담글 걱정을 하면서 시장으로 나갔다.

장 화백은 남대문 시장 쪽으로 발길을 재촉했다. 아내가 화장품 장사를 해오고 있었지만, 아직 한 번도 가 본 적이 없는 남대문 시장이었다. 아내는 도깨비시장 난전의 세 번째 좌판 앞에 앉아 있었다.

"여보!"

아내는 장 화백을 보는 순간 기절할 듯이 놀랐다. 꿈에도 생각하지 않은 남편이 시장 바닥에 나타난 것이었다.

"당신이....당신이 여길 웬일이세요?"

"이리 와봐!"

김 화백은 아내를 한 쪽으로 데리고 가서 말없이 수표를 내주었다. 아내는 또 한 번 깜짝 놀랐다.

"아니 당신....이거 어디서 난 수표예요?"

"오늘은 장사 그만하고 일찌감치 김장거리 사 가지고 집에 들어가요!"

남의 남편이 된 후로 처음 해보는 큰 소리였다.

"도대체 이 수표가 어떻게 된 거예요?"

"왜, 가짜 같아서 그러는 거요?"

"싫어요! 난 이런 출처 모를 수표는 싫어요."

"저녁에 집에 가서 얘기해 줄게!"

그날 밤 장 화백은 김 사장이 격려금으로 준 돈이라고 설명했지만, 아내는 믿으려고 하지 않는 것이었다. 워낙 거금이었기 때문이었다.

그런 일이 있은 후에 김종희 사장은 장 화백을 불러서 자신의 '말탄 모습'을 그려 달라는 부탁을 했다. 장 화백은 김 사장의 애마(愛馬)가 있는 수송동 경찰기마대 막사로 나가서 여러 가지 포즈로 사진을 찍고 나서 물었다.

"사장님! 어떤 포즈로 그리면 되겠습니까?"

"사진 뽑아봐서 장 화백이 그리기 편한 포즈로 그려요."

"크기는 어느 정도로 원하십니까?"

"한 10호 정도면 돼요."

김종희 사장이 장 화백에게 자신의 그림을 그려달라고 한 것은 그림을 꼭 원해서가 아니었다. '그리기 편한 포즈, 10호 크기의 그림' 그것은 순전히 김종희 사장이 장 화백을 도와주기 위한 배려였던 것이다.

김종철 후보 초상 입간판 제작

장리석 화백은 새벽에 인왕산 약수터에 올라갔다가 유삼열로부터 김종희 사장이 찾는다는 말을 듣고 아침 출근 시간에 맞춰서 태평로 사장실로 갔다. 장리석 화가는 간판을 그리는 사람은 아니다. 그는 화가였다. 그런데도 김종희 사장이 선거 입간판을 만들겠다고 하면서 장 화백을 찾는 것은 같은 값이면 그에게 일감을 맡기고 싶은 것이었다.

"장 화백이 이번에 우리 형님 국회의원에 당선되도록 좀 도와줘야겠어요."

"제가 할 수 있는 일이 있다면 해야지요."

"이것 우리 형님 사진인데... 이 중에서 제일 멋있는 걸로 하나 골라봐요."

김종희 사장은 초상화를 그린 대형 입간판을 한 50개 만들어서 선거구 요소요소에 세워 놓겠다는 계획이었다. 선거일인 5월 2일까지는 40여 일밖에 남지 않았다. 그러니 늦어도 한 달 전에는 입간판 제작이 끝나야 한다. 초상화를 아무리 빨리 그린다고 해도 한두 사람이 10일 이내에 50장을 그려낼 수는 없다. 초상화만 그리는 것도 아니고 선거 구호며 선거 기호 같은 것도 일일이 다 그려 넣어야 하는 것이다.

"시일이 너무 촉박해서 걱정입니다, 사장님!"

"어떻게 만들 수는 있겠어요?"

"그럼요, 저도 제주도에서 해군 정훈실 일을 할 때는 선전 포스터 많이 그렸습니다."

"그럼, 돈이 좀 들더라도 장 화백이 맡아서 수고 좀 해줘요!"

돈보다 장 화백으로서는 이런 기회에 김 사장 은혜를 조금이라도 보답할 수 있었으면 했다. 장 화백은 사진을 들고 문화극장(현 수운회관 자리) 간판부를 찾아갔다. 문화극장 간판부에는 북에서 김일성 초상화를 그리다가 월남해 온 초상화 작가 세 사람이 일하고 있었다.

장 화백의 설명을 듣고 난 그들은 밤새워 일하면 못 해낼 것도 없을 거라고 하면서 한번 해보자고 했다.

작업팀은 한편에서는 초상화를 그리고 다른 한편에서는 기호와 이름, 그 밖의 선거구호를 써 나가면서 10주야에 걸친 돌관작업 끝에 초상화 입간판 50개가 완성되었다.

초상화 입간판은 트럭에 실려 천안 선거구로 보내졌다. 초상화 입간판이 등장한 것은 우리나라 선거운동 사상 처음이었다. 초상화 입간판은 선전전에 뒤져 있던 김종철 후보의 전세를 역전시키기에 족했다. 한 달간 계속된 선거전에서 김종철은 마침내 강력한 라이벌이었던 이상돈 후보를 물리치고 대망의 10만 선량으로 국회에 진출했다. 이와 더불어 자유당 충남도 당 위원장까지 맡게 됨으로써 일약 정치 중진으로 부상했다.

제 2 부

21

정치 격동기의 한국화약(주)

1958년은 자유당 집권 말기를 예고하는 2·4 파동으로 저물었다. 12월 24일, 국회는 경호권을 발동, 무술 경위를 동원하여 농성 중이던 야당 국회의원들을 의사당 밖으로 몰아내고 정치적으로 악용될 것이라고 해서 야당이 반대하는 '국가보안법'을 자유당 국회의 원안으로 통과시켰다. 정국은 바야흐로 60년에 실시될 대통령 선거를 앞두고 여야 간에 극심한 대결 양상을 띠기 시작했다.

1959년에는 대일통상(對日通商)이 또 한차례 중단되는 바람에 '한국화약(주)' 경영에도 적지 않은 타격을 가져왔다. 일본 정부가 대한재산청구권(對韓財産請求權)을 포기한다는 조건으로 1958년 4월에 재개된 제4차 한일회담이 한국 측의 문화재 반환 요구와 일본 측의 평화선(平和線, Peace line) 시비로 별다른 진전 없이 시일만 끌어오던 중에 일본 정부가 재일 교포 북송 방침을 발표했다. 타는 불에 기름을 부었다. 한국 정부는 만일 일본이 교포 북송을 강행할 경우 무력행사도 불사하겠다는 통고를 하기에 이르러 양국 관계는 다시 악화됐다. 그럼에도 일본 정부는 인도주의를 표방하면서 일본 적십자사로 하여금 북괴 적십자사를 상대로 교포 북송 계획을 합의(6월 11일)하게 했고, 한국 정부는 이에 대해서 대일 통상 중단이라는 조치로 강력하게 대응했다.

이때까지도 '한국화약(주)'에서는 여러 가지 화약 기초원료를 일본으로부터 수입해 오고 있었기 때문에 부득이 그 수입선을 미국으로 돌려야만 했다. 물론 1954년에 단행된 대일교역 중지 조치 때처럼 대만을 통한 중개무역 형식으로 들여올 수 없는 것은 아니었다. 그러나 이번만큼은 김종희 사장도 일본의 농간을 마땅히 응징해야 한다고 생각했다.

모자나이트 대일 수출은 이미 작년 말로서 일단 중단된 사업이어서 아무 상관이 없었다. 작년 상반기부터 말레이시아 지방에서 질이 좋은 모자나이트가 양산되기 시작해서 국산 모자나이트가 경쟁력을 잃은 때문이었다.

한국의 대일통상 중단 조치에도 불구하고 일본은 칼가타에서 북한 측과 교포 북송 협정에 정식으로 조인(8월 13일)했고, 9월 21일부터는 일본 전역에서 북송을 희망하는 교포들의 등록 사무를 일제히 개시했다. 이보다 앞서 국제 적십자(ICRC, International Committee of The Red Cross)가 일본 적십자사의 〈북송 안내서〉를 승인(9월 3일)하는가 하면, 미 국무성은 일본의 교포 북송이 자유 송환이라는 견해를 밝힘으로써 일본의 입장을 지지했다. 한국 정부는 외교적으로 그런 수모를 당하면서도 대일통상 중단 조치를 해제(10월 8일)할 수밖에 없었다. 국력이 약한 데서 오는 뼈저린 패배였다.

한국의 대일통상 의존도가 1954년 당시보다 훨씬 높아졌기 때문에 대일통상 중단으로 인한 우리 경제의 어려움이 그만큼 더 심했다. 더구나 추석날인 9월 17일에 삼남 지방을 휩쓸고 간 태풍 '사라호(Sarah, 태풍 번호 5914)'의 엄청난 피해가 우리 경제를 빈사 일보 직전으로 몰아붙이고 말았다. 태풍 사라는 전국에 사망 849명, 부상 2,533명, 실종 206명으로 이재민 37만 3,459명의 피해를 입혔다. 재산 피해는 당시 화폐로 1,662억 원(2022년 가치로는 6조 9,140억 원)을 냈다.

김종희 사장은 대일통상 중단 조치가 해제된 후에도 한동안은 화약 원료를 일본에서 수입하지 않았고 그 자신도 일본 출장을 가지 않았다. 비록 국가적으로는 어쩔 수 없이 대일통상을 재개할 수밖에 없었다 해도 김종희 사장 자신은 창자 끝에서 치미는 대일 굴욕감과 의분 때문에 일본하고 거래해야겠다는 마음이 내키지 않았던 것이다.

김 사장이 일본으로부터 다시 화약 원료를 들여오기 시작한 것은 자유당 정권이 3·15 부정선거로 붕괴되고 허정(許政) 과도 내각이 들어선 뒤에 일본인 기자들의 무제한 입국을 허용한 5월 초순부터다.

인천 화약공장에 노조 결성

4월 학생 혁명이 몰고 온 민주화의 거센 바람이 '한국화약(주)'에도 불어닥쳤다. 소위 삼난(三難)이라고 일컬어지던 노사난(勞使難), 자금난, 판매난이다. 학생 혁명의 여파로 모든 경제활동이 거의 비상 상태에 빠진 가운데 자금 순환 악화의 여파로 각 분야에 걸쳐 생산이 위축되고 수요가 격감되어 경제계가 날로 허덕일 때였다.

그런 상황 속에서 인천 화약공장은 혁명 후에 파급된 무궤도한 노동조합 운동에 휘말려서 노조원들 사이에 벌어진 어용 노조 시비로 하루도 조용한 날이 없었다. 폭발물을 취급하는 화약공장 노동 인력이 공장 안에서 소란을 피운다는 것은 마치 어린아이들이 화약고 근처에서 불꽃놀이를 하는 것과 같다. 작업에 임하는 화약공장 근로자들은 항상 정신적으로 안정되어 있지 않으면 안 된다. 하기 때문에 그들에게는 군기(軍紀)에 가까운 엄격한 기율이 적용되어 오고 있었으며 심지어 가정에 돌아가서도 도박을 한다거나 과음을 하는 행위까지도 규제 대상이 되어오고 있었다. 근로자 개개인의 안전이 곧 공장의 안전이며 그 안전은 99%의 안전이 아닌 완벽한 100% 안전이 아니어서는 안 된다. 화약은 1%의 불안전으로 폭발할 수 있는 것이며 그 폭발로 인한 피해는 여느 산재(産災)와 달리 치명적이다. 그렇기 때문에 화약공장의 안전 대책은 아무리 철저해도 지나치다고 말할 수 없다.

그러나 공장의 그와 같은 일련의 팽팽한 안전 대책이 근로자들의 불만으로 폭발했고 때를 같이 해서 인천 화약공장에 노동조합 바람이 열풍처럼 불어닥쳤던 것이다. 김종희 사장은 근로자들 사이에 노조 결성 움직임이 있다는 전태두 공장장의 보고를 접하고 즉석에서 그들의 요구를 수용한다는 방침을 정했다.

"그런데 공장장! 그 사람들이 노조를 만들면 노조 운영을 해 나갈 수 있을 것 같아요?"

"딴 데서 노조 노조하니까 우리 공장에서도 그러는 거 아니겠습니까?"

"덮어놓고 그냥 노조만 결성하게 내버려 두지 말고 딴 데 가서 좀 배워 오게 하면 어때요?"

"배워 오게 하다니요?"

"노조 운영을 잘하고 있는 공장들이 경인 지역에 더러 안 있겠어요?"

"글쎄요...."

"그런 데를 돌아보면 우리 종업원들도 노조를 만들면 노조가 어떤 일을 해야 할지 알게 될 것이고 또 자신들이 현재 받고 있는 월급이 다른 공장 근로자들하고 비교해서 많은지 적은지도 알게 될 것 아니겠어요"

"근로자들 월급이야 현재 경인 지역에서는 우리 공장이 제일 높을 겁니다."

"그러니까 그런 것도 우리가 말로 할 것이 아니라 그 사람들이 직접 돌아다니면서 확인하게 해주란 말예요."

인천공장 종업원 약 30명이 경인 지역 노조 활동을 시찰하고 나서 한국화약 노동조합을 결성한 것은 5월 25일. 1차 노사협의에서 노임 인상은 앞으로의 경제 전망이 불투명하다는 데 인식을 같이하고 당분간 유보하기로 했으며, 회사는 노동조합을 지원하기 위해 소비조합 기금으로 1백20만 환을 무이자로 대여하고 노조에서는 공장 안에 매점을 개설, 1%

미만의 마진으로 생필품을 판매키로 하는 등에 합의했다. 아주 원만한 노사협의였다.

그런데 노임 인상을 유보하기로 합의한 것이 근로자들 간에 어용노조 시비를 불러일으킨 불씨가 되었다. 노조 집행부 선출에서 탈락한 일부 종업원들이 다른 근로자들을 선동해서 1차 노사협의 결과의 무효를 주장하며 노조 사무실 앞에서 시위를 벌이기 시작한 것이 나중에는 어용노조를 해산하라는 농성 투쟁으로 발전했던 것이다. 회사로서는 근로자들 간의 어용노조 시비가 자체적으로 수습되기를 기다리고 관망할 수밖에 없었다. 회사 측에서 당초 노조 결성을 도운 결과가 어용노조 시비의 구실이 된 이상 그들 시비에 섣불리 개입한다는 것은 또 다른 분쟁을 야기시킬 수 있는 소지가 될지 모른다는 판단에서였다.

그즈음 서울 거리는 매일 데모로 밝고 데모로 저물었다. 영관급 장교들이 연합참모부장의 사퇴를 요구하는 소위 군 내 하극상(下剋上) 사건이 일어나는가 하면 학교 선생들이 교원노조 불법화에 항의하여 철야 단식 투쟁을 전개하고 3·15 부정선거, 4·19 발포 명령 원흉, 부정 축재 공무원 등에 대한 1심 공판 결과에 불만을 품은 데모대가 국회의사당에 난입하여 의장단(議長壇)을 점거하는 등 정국은 걷잡을 수 없는 혼란에 빠져 무정부 상태를 방불케 하고 있었다.

그런 중에도 1961년 2월에는 '한미 경제원조 협정'이 정식으로 조인되고 국무원령(國務院令) 제209호로 광업 조성령(鑛業造成令)이 공포되어 정체되었던 광업 경기가 살아나기 시작하면서 화약 수요가 늘어났다. 그러나 화약 수요는 4·19 이전 수준에도 훨씬 못 미쳤다. 화약 수요가 가장 컸던 1959년도의 인천공장 화약 생산 실적은 다이너마이트 1천1백58톤, 초안폭약 5백29톤이었으며 1960년도 생산 실적은 다이너마이트 8백69톤, 초안폭약 3백41톤으로 부진했다.

반년 이상 끌어오던 근로자들의 어용노조 시비가 4월에 실시된 정기총회에서 노조 집행부가 개편됨으로써 일단락되고 5월에 들어서면서부터는 공장 분위기가 안정된 가운데 생산활동이 정상궤도에 오르기 시작했다. 화약 수요도 차츰 늘어서 1959년 최전성기에 육박하고 있었다.

개편된 노조 집행위가 30% 임금 인상안을 내놓고 임금 협상을 제의해 왔다. 김종희 사장은 그렇지 않아도 인천공장 생산 실적이 1959년도 실적만 넘어서게 되면 종업원들의 임금을 올려줄 생각을 하고 있었다. 김종희 사장은 언제나 '한국화약(주)' 근로자들이 다른 회사 직원들 앞에서 한국화약 사원임을 떳떳하게 자랑할 수 있게 되기를 원했다. 그래서 김종희 사장은 한국화약 사원들이 다른 어느 회사 사원들보다도 더 나은 대우를 받고 일한다는 자부심과 긍지를 갖게 해주려고 항상 최고 수준으로 지급해 왔다.

5·16 군사혁명과 화약 특수(特需, Boom)

1961년 5월 16일, 군사혁명이 일어났다. 데모 공화국은 막을 내렸다. 한국화약 노조는 임금 협상도 시작하기 전에 뜻하지 않은 군사혁명으로 노조가 해체되고 말았다.

군사혁명 위원회는 포고령을 발포하고 전국에 비상계엄령을 선포하는 한편 공항 및 항만 폐쇄, 금융 동결, 집회 및 해외여행 금지, 각급 의회 해산, 정치사회 단체의 활동 금지, 보도관제 등의 비상조치를 취하면서 장면 정권 전 각료에 대한 체포령을 내렸다.

김종희 사장은 일말의 불안을 느끼면서도 올 것이 왔다는 생각을 했다. 사실상 민주당 신·구파는 정권에만 연연해서 국민경제는 뒷전으로 제쳐놓고 사사건건 트집만 잡고 싸워왔다고 해도 과언이 아니다. 김종희 사장은 무엇보다도 민주당 치하에서 피폐할 대로 피폐해진 우리나라 경제가 또 한차례 군사혁명이라는 커다란 충격으로 다시 마비될 일이 큰 걱정이었다. 다행히 군사혁명위원회가 발표한 혁명 공약 3장에서 〈사회의 모든 부패와 구악을 일소하고 퇴폐한 국민 도의와 민족정기를 바로잡기 위하여 참신한 기풍을 진작한다〉고 했고, 또 4장에서는 〈절망과 기아선상에서 허덕이는 민생고를 시급히 해결하고 국가 자주경제 재건에 총력을 집중한다〉고 천명하고 있었다.

5월 18일 군사혁명은 드디어 성공한 쿠데타로 굳어지고 있었다. 마침내 장면(張勉) 내각이 총사퇴하고 윤보선 대통령도 군사혁명위원회가 선포한 계엄령을 추인하면서 국민에게 군사혁명에 협조할 것을 당부하는 담화문까지 발표했다. 그리고 미국에서는 볼즈 국무장관 서리가 한국의 군사정권을 인정한다고 성명했다.

5월 19일에는 군사혁명위원회가 국가재건 최고회의(國家再建最高會議)로 개편되면서 실질적으로 3권을 장악하더니 다음 날부터는 요인들의 검거 선풍을 일으키기 시작했다. 특검(特檢) 검찰관 전원을 필두로 용공분자 2천여 명, 깡패 4천2백여 명이 구속되고 마침내 검거 선풍은 경재계에도 불어닥치기 시작했다.

5월 28일, 국가재건 최고회의는 이주일(李周一) 소장을 위원장으로 하는 부정축재처리위원회를 발족시키고 5월 31일을 기해서 경제인 일제 검거에 나섰다.

김종희 사장은 은근히 불안했다. 4·19 이후에도 이유 없이 부정축재자라는 구설수에 오른 적이 있었기 때문이다. 정치권력의 비호 없이 또는 정권과 야합하지 않고서야 '한국화약(주)'이 국내 화약계를 어떻게 10여 년 간이나 독점할 수 있겠느냐고 하는 게 일반 여론이었다.

'한국화약(주)'이 해방 후 줄곧 국내 화약계를 독점해 온 것은 사실이다. 그러나 그것은 정권의 비호나 정권과의 야합에 의한 것이 아니고 화약이라는 특수성 때문에 아무나 취급할 수 없었고 또 아무나 취급하게 해서도 안 되기 때문에 전국적인 화약 보관시설망과 화약 취급 인력을 확보하고 있는 한국화약(주)이 국내 화약 수급을 담당해 오는 수밖에 없었던 것이다.

그렇다고 자연인 김종희가 특별히 정부의 혜택을 누려온 것도 없다. 1952년에 정부로부터 화약공판을 매수할 때는 시가(時價)를 무시하고 1945년도 장부가격에다가 당시의 물가상승률을 곱해서 산출해 낸 감정가격인 2억3천여만 환에 계약했고 1955년에 매수한 인천 화약공장도 황무지나 다름없는 개펄 땅을 평당 54환꼴에 매수했다. 화약공판도 그렇고 인천 화약공장도 다른 사람들이 서로 사겠다는 것을 산 것도 아니다. 화약공판의 경우는 불하 가격이 터무니없이 비싸기도 했지만, 화약고의 용도를 다른 용도로 변경할 수 없다는 불하 조건 때문에 누구도 사겠다는 사람이 없었던 것이다. 토지 가격 상승을 기대할 수 없는 땅이었다. 인천 화약공장의 경우는 정부가 화약 실수요자인 광협(鑛協)에 불하한다는 조건으로 임대해 주었던 것을 '광협'이 2년이 되도록 공장 복구에 손도 못 대고 있으니 정부 측에서 김종희 사장에게 떠맡기다시피 한 것이었다.

'한국화약(주)'이야말로 김종희 사장이 비료나 염료 같은 것을 수입해 오면 떼돈이 벌릴 것을 잘 알면서도 한눈팔지 않고 오직 화약계를 지키려는 일념으로 가꾸어 온 우리나라의 대표적인 민영 국가 기간산업이다. 그럼에도 불구하고 부정축재 운운으로 남의 구설수에 오르내리는 것은 한국화약(주)의 성장 속도가 너무 빠른 데다가 이제는 아무도 넘볼 수 없으리만치 국내 화약계에서 독주하고 있었기 때문이었다.

"형님! 부정 축재 바람이 우리한테까지 불어오는 건 아닐까요?"

"설마…. 4·19 이후에도 말만 있었지 결국은 아무 일 없었잖아?"

"이번엔 군인들이 하도 설쳐대니…."

"설쳐 봤자지. 우리가 무슨 부정 축재한 것이 있어야지?"

"귀에 걸면 귀걸이, 코에 걸면 코걸이가 되는 세상이니까 하는 말예요.”

“글세....군인들이 앞으로 일을 어떻게 처리해 나갈는지....”

학생 혁명 후 정계에서 일단 물러난 김종철 전 의원은 다시 한국화약 (주)에 나와서 회사 일을 도우며 군사혁명 후의 사태 추이를 관망하고 있는 중이었다.

6월 초, 최고회의는 정권의 민간 이양은 현안 문제의 진척 여하에 달려 있음을 발표했고 윤보선 대통령도 기자회견을 통해서 군의 조속한 정권 이양을 촉구하고 국민들의 혁명 지지를 호소했다. 이에 호응하듯 6월 5일에는 정재호(삼호방직), 최태섭(한국유리), 설경동(대한전선), 남궁련 (극동해운), 함창의(동림산업), 조성철(중앙산업), 이정림(대한양회) 및 이병철(삼성물산) 등이 자신들의 전 재산을 자진해서 국가에 헌납하겠다는 결의문을 최고회의에 제출했다.

김종희 사장은 국내 대기업들이 국가에 몰수되는 것이 아닌가 하는 생각을 하기도 했다. 한국화약(주)는 그와 같은 대기업 대열에 낄 수 있을 정도의 큰 기업은 아니다. 부정축재처리위원회가 조사 대상으로 선정한 기업체 수만 해도 1백 개가 넘는 곳으로 알려지고 있었다.

6월 14일, 최고회의는 마침내 부정축재처리법을 제정 공표했다. 그것은 민주당 정권이 제정해 놓고 미처 시행하지 못했던 부정축재처리법에 비하면 가혹하리만큼 엄했다.

법은 제2조2항에 부정 축재자의 유형을 여러 가지로 규정하고 있었는데 한국화약(주)에 해당 사항은 어느 것 하나도 없었다. 더구나 법의 적용 기간을 1953년 7월 1일로 소급해서 혁명 전야인 5월 15일까지로 정하고 특별히 국세 포탈에 관해서는 1950년까지 소급 적용할 것을 규정하고 있었으나 한국화약(주)의 경우는 아직 국세를 2억 환씩 포탈할 만큼 큰 기업도 아니었지만, 근본적으로 탈세 같은 것은 생각해 볼 수도 없는 일이어서 문제 될 것이 없었다.

당시 모든 기업들은 절세(節稅)라는 명목으로 세금을 적게 내려고 하던 시기다. 그러나 화약 사업은 불의의 사고에 대비하기 위해 원료 수입부터 시작해서 제조 판매된 후에 소비될 때까지 전 유통과정을 항상 경찰 관서에 정확한 수치로 보고해야 하기 때문에 실제로 탈세가 불가능했다.

1백여 조사 대상기업에 서슬이 퍼런 군인들로 편성된 부정 축재 조사반이 파견되었다. 조사 대상이 된 기업은 모두 예외 없이 호된 곤욕을 치를 수밖에 없었고 그러자니 우리나라 전체 경제활동이 거의 마비 상태에 빠질 수밖에 없었다.

그런 상황 속에서 아이러니하게도 화약의 특수(特需)가 일어났다. 화약 수요가 폭발적으로 증가한 것이다. 군사정부가 국토개발 사업을 착수한 때문이었다. 군사정부는 고용 효과를 극대화시키고 사회 간접자본을 확충하기 위한 정책사업으로 먼저 국토개발을 선택했던 것이다. 군사정부는 부흥부(復興部)를 건설부로 개편(5월 27일)하고 1차로 깡패 4천여 명을 도로 건설에 투입하고 계속해서 크고 작은 토목공사를 발주하는 한편 7월에는 대규모의 춘천(春川)댐 및 수력발전소 건설을 발주했다.

이례적인 호황 국면을 맞은 한국화약(주)이 8월에는 미8군과의 4백톤 화약 공급 계약을 체결하여 재계를 놀라게 했다. 이는 국산 화약의 품질이 국제 수준에 도달한 것을 입증하는 쾌거로서 국산 화약 수출의 효시가 되었다.

재계 일각에서는 또 김종희 사장을 가리켜 운이 좋은 사람이라고들 말했다. 그러나 김종희 사장이 국내 화약 수요를 여전히 국산 화약이 아닌 수입 화약에 의존하고 있었다면 행운의 여신이 미소를 보낼 리 없었다.

22

박정희 장군,
"김 사장은 미국에서 더 유명하더군요."

5·16 혁명은 정치, 경제, 사회, 문화 등 모든 분야에 걸쳐서 일대 변혁을 가져왔다. 혁명 정부는 7월 하순에 5개년 종합경제계획안을 발표하고 이를 적어도 금년 안에 확정한 다음 내년 초부터 강력하게 추진해 나갈 것이라고 선언했다. 그 선언 대로라면 대한민국은 경제 자립을 뛰어넘어 경제 선진국의 길로 접어드는 것이었다.

김종희 사장도 한국화약(주)이 화약 하나에만 연연하고 있을 때가 아니라고 생각했다. 기업의 현실 안주는 곧 퇴보를 의미하는 것이며 화약 산업을 보다 높은 차원으로 발전시켜 나가기 위해서도 일본의 화약 회사들처럼 합성의약(合成醫藥)이나 농약 제품, 기타 도료나 염료 같은 관련 산업 분야로 진출하지 않으면 안 된다.

김종희 사장이 사업 영역을 정밀화학 분야로 넓혀 가려고 생각한 것은 어제오늘의 일이 아니다. 그는 인천공장 연구실에 성환(成歡) 일대 개울에서 나는 일메나이트(Ilmenite, 빨간 모래) 원광으로 안료 제작에 사용되는 이산화티탄(TiO_2)을 개발해 내도록 지시해 놓고 있었다.

1961년 8월 김종희 사장은 한국화약(주)의 연관 산업 진출을 추진할 목적으로 본사에 기획실을 설치하고 먼저 한국은행 영업부에서 10여 년

간 근무해 온 권오균(權五均)을 스카우트 해왔다. 김종희 사장의 사람에
대한 욕심은 대단하다. 그리고는 유능한 중견 사원을 특채하기 시작했
다. 김종희 사장은 오늘도 여러 사람이 천거한 특채 후보 사원들의 이력
서를 검토하고 있는 중이었다.

"탕탕...."

노크 소리가 크게 울렸다.

"들어오게!"

김종희 사장은 노크 소리만 듣고도 누가 찾아왔는지를 알 수 있었다.
사장실을 그토록 크게 무례(?)하게 노크할 수 있는 사람은 심영구밖에 없
었다.

독자들이여, 심영구 씨를 기억할 수 있으리라고 믿는다. 심영구는 김
종희 사장의 도상(道商) 동기로 1학년 때는 김종희하고 같은 '촌뜨기'로
일본인 학생들의 놀림감이 되기도 하고 3학년 때는 김종희에게 가정교
사 자리를 알선해 주었고 1등을 다투던 라이벌이기도 했다. 그는 해방
후에 동국대학(東國大學) 사학과를 졸업하고 모교인 도상에서 교편생활을
해오고 있었다. 김종희 사장하고는 내내 허물없는 사이로 터놓고 지내왔
다. 특히 1955년도에 개최된 '경기상업' 전체 동창회 석상에서 심영구는
일제에 항거하여 의협심을 발휘한 것이 죄가 되어 부당하게 퇴학 처분을
당한 김종희의 명예 회복을 위해 졸업장을 수여하도록 동창회 이름으로
교장에게 건의할 것을 발의, 만장일치로 통과케 함으로써 김종희에게 때
늦은 도상 졸업장을 받게 한 일도 있다. 그들 두 사람은 만나기만 하면
지난 학창 시절 얘기를 나누면서 요절하게 웃는다.

심영구는 경기상업 동창회 회지(會誌) 백악회보(白岳會報, 1983년 2월 28
일 자)에 기고한 교우록에서 김종희를 이렇게 회고했다.

「그는 항상 성실하게 노력하는 사람을 도우려고 힘쓰며 무사안일
한 사람을 미워한다. 우유부단이란 말이 있다. 사람이 무슨 일을 하는

데 철저하고 완벽하게 노력하여 초지를 관철하는 것이 우리가 가져야할 태도다. 그러나 실제로 하다 보면 꾀도 나고 어렵기도 하여 유야무야가 되고 용두사미로 끝나기 쉽다. 이것이 우리가 갖기 쉬운, 또 우리생활 습관에 스며드는 무서운 적이다. 목표를 설정하고 목표에 접근하는 과정에서 그에 상당한 노력을 요하는 것인데 그 노력을 다하지 않거나 못하기 쉬운 일이다. 중도에서 방향감각마저 잃고 그날그날을 헛되이 보낸다. 김종희는 이것이 나의 약점이요, 충청도 사람들의 아니, 한국 사람들의 생활 태도의 결함 임을 깊이 깨닫고 그렇게 되지 않으려고 노력한 사람이다. 소위 〈Yes〉와 〈No〉가 분명한 사람이었다. 어쨌든 나는 〈적극 활동〉이라는 말을 그로부터 골백번도 더 들었다. 아마의욕이 너무 앞서서 그랬을까. 실로 그는 적극 활동으로 입신하고 적극 활동으로 생을 마쳤다 하여도 과언이 아닐 것이다. 나도 그의 성격에 좀 물이 든 편이었다. 그가 부하 직원에 대해서 항상 못마땅하게 여기던 사항은 다음과 같은 것들이었다.

첫째, 대답만 하고 실천하지 않거나 해도 시간을 지체시키는 것.

둘째, 누가 시켜야 하고 안 시키면 안 하는 것.

셋째, 뒤에서 보고 있으면 하고 안 보면 안 하는 것.

넷째, 목전에 이익이 있으면 하고 없으면 안 하는 것.

다섯째, 성과는 고려하지 않고 하는 체만 하는 것.

여섯째, 옳은 일인데도 강력히 주장하지 않는 것.

그는 항상 태도가 확실하고 분명했다. "장학금 줄 돈이 3만 원 부족해."하고 내가 말하면 그는 "응. 내가 5만 원 줄께!" 하지 않으면 "요사이 사정이 좋지 않아서 이번에는 안돼."하고 분명하게 말한다. 그는 내가 사람을 추천하면 으레 적극성을 가진 사람이냐고 물었다. 사람을 천거하면 "좋은 학생 있어?" 하면서 그는 "내일 명함에 써 보내!" 하지 않으면 "자리가 없어." 하고 확실하게 말한다.…」

그래 저래 한국화약(주) 안에는 도상 출신 사원들이 충남 출신 사원 다음으로 많았다.

(우리의 이야기는 경기상업 동창회 회지 백악회보에 실린 김종희에 대한 심영구 씨의 교우록에서 다시 본래 이야기로 돌아온다.)

심영구는 오늘도 누군지 낯선 젊은이를 한 사람 데리고 들어왔다.

"어서 와!"

"응, 바쁘지 않나?"

"아니, 별루...."

"그럼 우리 후배 한 사람 소개할게!" 하고 같이 온 젊은이에게 먼저 인사를 시켰다.

"나하고 같이 학교에 다닌 분이다. 인사드려라!"

"오재덕이라고 합니다."

"이쪽으로 오다가 시청 앞에서 우연히 만났기에 같이 왔지."

"아, 그래?"

"선생님은 고3 때 저희 담임이셨습니다."

오재덕(吳在德)은 서울 법대를 졸업하고 군에 갔다 와서 현재는 경향신문 출판국에 근무하고 있는 중이다. 심영구는 오재덕이 서울 법대 출신이라는 점을 강조하면서 여간 성실한 사람이 아니라고 극찬했다. 오재덕은 추후 한화그룹 부회장까지 역임했다.

"하기는 상업학교를 다니고 법대를 나온 사람은 흔치 않지. 그런데 법대를 나왔으면 법관이 안 되고 어떻게 신문사에서 근무하나?"

"고시 한번 쳤다가 떨어졌습니다."

"거, 고시를 한 번에 붙을 수 있는 건가."

"그저 한번 쳐 본 거죠. 잘못해서 고시에 붙었더라도 저는 법관 생활은 안 했을 것입니다."

"그건 왜?"

"평생을 법조문에 얽매여 살면 얼마나 숨이 막히겠습니까."

"하하....법관이 적성에 안 맞았던 게로군. 그래, 지금 하고 있는 일에는 만족하고 있나?"

"그런대로 불만은 없습니다. 다만 제 전공하고는 좀 거리가 있는 일이라서요...."

"우리 회사에서 전공을 살려가면서 한번 일해 보면 어때?"

"여기는 화약 회사인데 더구나 제 전공하고야...."

"화약 회사니까 오히려 화약이라는 특성 때문에 여러 가지 법률적 제약이 많아. 그보다도 자네는 상업학교 출신이니까 세법이나 관세법, 그리고 보험법 같은 것하고 관련이 있는 회계 업무를 맡아서 일할 수 있을 것 아닌가."

"오 군! 이왕 얘기가 나왔으니까 잘 생각해 봐! 자네 직장을 옮기라고 하려고 여기 데리고 온 건 아니지만 말야. 이 회사는 우리 경기상업 졸업생들이 많이 일하고 있어."

그런 연고로 해서 회계 업무를 맡게 될 거라고 생각해 한국화약(주)으로 직장을 옮긴 오재덕은 생각지도 않은 구매부에서 일하게 되었다. 때마침 5·16 직후에 동결되었던 금융이 전면적으로 해제(8월 24일)되어 대외 교역이 재개되는 바람에 한국화약(주)으로서는 그동안에 거의 바닥난 화약 원료를 서둘러 들여와야 할 일에 손이 부족했다.

1963년 5월에 총선거를 치르겠다고 하는 최고회의 박정희(朴正熙) 의장의 민정 복귀에 관한 특별성명에도 불구하고 미국 정부가 여전히 군사 정권을 견제하느라고 경제 원조를 중단하고 있어서 국내 경제는 심각한 침체 국면을 맡고 있었다. 그런 중에서도 5·16 후에 재계를 휘청거리게 했던 군사정부의 강력한 부정 축재 처리 방침이 부정 축재 통고액(89개 업체, 47억 7천6백만 환) 환수에서 국가 기간산업에 투자하도록 유도하는 방향으로 전환되면서 경제 활동이 서서히 살아났다.

10월 하순부터는 혼미를 거듭해 오던 정국이 안정권으로 진입했다. 제6차 한·일 회담이 재개되고 김종필 중앙정보부장이 일본으로 건너가서 이케다(池田)수상과 막후교섭을 벌이는가 하면 11월 초에는 스키(杉) 일본 측 한·일 회담 수석 대표가 내한해서 한·일 정치 고위 회담을 갖는 등 한·일 간에 빈번한 외교 접촉이 계속되는 가운데 미국에서 덜래스 국무장관이 날아왔다. 마침내 박정희 의장의 방미 일정(訪美日程)이 확정되고 최고회의는 장면 총리의 연금을 해제하는 한편 그의 불기소(不起訴)를 결정했다. 박정희 의장은 방미 일정을 성공리에 마치고 귀국했다.

김종희 사장, 최고회의 의장실로 나와주시오!

11월 하순의 어느날이었다. 김종희 사장은 내일 오전까지 최고회의 의장실로 나와 달라는 연락을 받았다. 최고회의 의장실이란 의장인 박정희 대통령(당시 최고회의 의장)이 찾는 것이었다.

(만고에 나를 최고회의 의장실에서 찾을 일이 뭐 있단 말인가....?)

김종희 사장으로서는 아무리 생각해도 짐작이 가지 않았다. 전부터 알고 지내는 군인 가운데는 최고회의 멤버도 몇 사람 있기는 있었다. 그렇다고 그들에게 의장실에서 무엇 때문에 나를 찾는지 아냐고 물어볼 수도 없었다.

다음 날 아침 장충동 집을 나선 김종희 사장은 곧바로 구 참의원 자리에 설치된 국가재건 최고회의로 갔다. 김종희 사장이 정문에 도착한 시간은 10시 10분 전, 그는 즉시 최고회의 2층 소 접견실로 안내되었다. 김종희 사장의 머릿속에는 신문에서 보아 온 박정희 소장(거사 당시 직위)의 냉철한 모습이 퍼뜩 떠올랐다. 작은 키에 검은색 안경, 그리고 대쪽같은 그의 강인한 인상. 김종희 사장은 자연히 긴장되지 않을 수 없었다.

이윽고 10시 정각에 사진에서 본 모습 그대로 깡마른 체구의 박정희 대장(11월 1일 자로 승진)이 예의 그 까만 안경을 쓴 채 시곗바늘처럼 정확하게 소 접견실로 들어섰다. 그 뒤를 이어 박 의장과는 대조적으로 훤칠한 키에 호남형으로 생긴 군인이 뒤따라 들어왔다. 그는 바로 혁명 내각의 상공장관 정래혁(丁來赫) 소장이었다. 세 사람은 서로 의례적인 인사만 나누고 박 의장을 중심으로 마주 앉았다.

"김 사장은 한국에서 보다 미국에서 더 유명하더군요."

"예...?"

김종희 사장은 박 의장의 말을 얼른 이해할 수가 없었다. 박 의장의 말씨는 인상과는 달리 아주 부드러웠다.

우리는 여기서 이병철 삼성그룹 창업회장이 동일한 장소에서 박정희 의장과 초대면할 때 느낀 박 의장의 부드러운 목소리를 듣고 안도의 한숨을 내쉰 것을 떠올려 볼 수 있다. 이병철 회장은 5·16을 일본 동경에서 맞이했고 혁명정부의 부정 축재자 처리 문제를 보면서 자신의 전 재산을 헌납하겠다는 의사 표시를 기자회견을 통해 발표했다. 그러나 혁명정부는 이 회장의 귀국을 종용했고 이 회장은 귀국해 명동 메트로 호텔에 연금 상태로 있다가 박 의장의 제의로 김종희 사장이 사용한 소회의실에서 초면으로 박 의장을 만났던 것이다. 불안한 마음으로 있던 이병철 회장은 박 의장의 첫마디 음성을 듣고 그 부드러움에 안도감을 느꼈다고 회고했다. 박 의장은

"부정 축재 문제는 어떤 방향으로 나가는 것이 최선이겠습니까?"하고 물었고, 이병철 회장은

"처벌보다는 국가 경제 재건에 참여토록 하는 것이 상책일 것입니다."라고 대답했다.

박 의장은 이 회장의 견해를 받아들였고 이에 따라 대기업에게 국가 기간산업에 참여토록 해 오늘의 경제 부국의 기틀을 마련했다.

박 의장은 계속해서,

"메그루더 장군하고 친하십니까?"하고 물었다.

"친하기 보다는....메그루더 장군이 서울에 있을 때 가끔 만나곤 했습니다."

메그루더 장군은 1959년 4월에 UN군 사령관으로 부임했다가 지난 6월에 본국의 합참의장으로 전임된 4성 장군이다. 김종희 사장은 미군 화약 관리용역 사업을 해 온 1951년 이후 역대 8군 사령관을 비롯한 UN군 사령관을 모르는 사람이 없었지만, 특히 메그루더 장군하고는 각별하게 지낸 사이었다.

"내가 이번에 미국 갔을 때 백악관 만찬 석상에서 메그루더 장군을 만났습니다."

"그러셨습니까?"

"나는 처음에 그분이 '다이너마이트 김'을 아느냐고 물어서 농담을 하는 줄 알았어요."

"죄송합니다. 여기 있는 미국 친구들이 부르기가 편한지 그렇게들 부르고 있습니다."

"하지만 다이너마이트 김! 멋있는 애칭입니다. 마침 김 사장을 이렇게 만나고 보니 김 사장 체구에서 풍기는 다이나믹한 맛도 있고....아주 잘 어울리는 닉네임이에요."

"감사합니다."

"지금 UN 사령관으로 와 있는 메로이 대장도 잘 아시겠군요?"

"예! 지난 8월에는 저희 인천 화약공장에서 생산되는 다이너마이트를 1년에 4백 톤씩 납품하기로 계약한 적이 있습니다. 그때부터...."

"화약공장에 관한 이야기는 이 정내혁 장관한테 들었습니다. 어려움은 없습니까?"

"예! 잘 해 나가고 있습니다."

"메로이 장군은 요새도 자주 만납니까?"

"어쩌다가 가끔...."

실은 자주 만나는 편이었다. 그리고 한 달이면 한 번씩 8군영 내 골프장에서 골프도 같이 치는 사이였지만 혁명정부가 골프는 사치스러운 운동이라고 해서 골프장 출입을 하는 사람을 체크하고 있어서 곧이곧대로는 말할 수가 없었다.

볏짚 펄프 공장을 건설하도록 해보시오!

박정희 의장은 마침내 오늘 김종희 사장을 부른 본론을 꺼냈다.

"내가 김 사장을 부른 것은 다름이 아닙니다. 김 사장도 아시겠지만 요즘 우리나라 대기업들이 모두 다 정부가 추진하는 기간산업에 적극적으로 참여하고 있습니다. 한국화약에서도 뭔가 하나를 맡아 주었으면 합니다."

"그렇잖아도 현재 저희 회사 기획실에서도 여러 분야로 사업성을 검토하고 있는 중입니다."

"화약 회사니까 내가 아이디어를 하나 제공할까 하는데...."

"아, 그래 주시면야...."

"역시 화약하고 관련이 있는 펄프 분야가 어떨까 싶은데 캐나다에 사는 우리 교포가 특허권을 가지고 있는 볏짚펄프 공장을 하나 건설하도록 해보시오!"

"연구해 보겠습니다."

"공장을 건설하는 데 필요한 외국 자본은 이 정 장관한테 해내라고 해요!"

"예! 알겠습니다."

"김 사장님! 지금 의장 각하께서 말씀하시는 볏집펄프에 관한 자료는 우리 상공부에 다 있으니까, 사람을 보내십시오!" 정내혁 장관의 말이었다.

펄프(Pulp)란 주로 목재에서 뽑아내는 셀룰로스(Cellulose, 섬유소)로서 아세테이트(Acetate) 같은 인견(人絹)이나 종이를 만드는 데 쓰이는 원료다. 그 펄프를 목재가 아닌 볏짚에서 만들어 낸다는 것이다. 펄프를 제조하는 방법(기계적, 화학적)도 목재를 이용하는 것보다 볏짚을 이용하는 편이 훨씬 간편하다고 했다. 다만 그 제조 방법이 아직은 국제적으로 특허권만 획득해 놓고 있을 뿐 실용화된 전례가 없기 때문에 과연 사업성이 있느냐 하는 것은 미지수였다. 그러나 목재가 귀하고 볏짚은 흔한 우리나라 실정을 감안한다면 경제성으로 보아 적합한 사업이 될 가능성이 있어 보이기도 했다.

김종희 사장은 기획실 권오균 부장에게 즉시 볏짚 펄프에 관한 사업성을 검토하도록 지시했다. 한편으로는 인천공장 연구실 기능을 보강할 목적으로 화공과 출신의 전문 인력을 특채하기 시작했다.

1962년 1월, 혁명정부는 총 투자 규모 3조 2천억 환(투자 재원 정부 조달 56%, 민간 조달 44%)의 제1차 경제개발5개년계획을 확정 발표했다 그 경제개발 계획에는 볏짚펄프 공장 건설도 기초 산업 분야의 한 아이템으로 포함되어 있었다. 당시에는 좋거나 싫거나 부정 축재 기업체들은 말할 것도 없고 다른 대기업들도 대개는 다 정부가 추진하는 경제개발 사업을 한 가지씩 떠맡아야 했던 시기다.

'한국화약(주)'이 맡게 된 볏짚펄프도 그와 같은 정부 시책의 일환이었다. 그러나 볏짚펄프의 경우는 박 의장이 직접 김 사장에게 지시한 사업이었기 때문에 어떤 의미에서는 특별한 배려였다. 김종희 사장으로서는 박정희 의장의 그와 같은 배려가 큰 부담이 아닐 수 없었다. 가능하면 볏짚펄프 공장을 하루빨리 건설해야 하겠는데 그 사업성이 문제였다.

"이봐, 권 부장! 사업이라고 해서 다 돈을 버는 것은 아니잖아? 아 쓰기만 하는 자선사업도 있는데 밑지지만 않으면 되는 거 아녀?"

"하지만 기업이 추구하는 궁극의 목적은 이윤입니다, 사장님!"

"그러니까 당장은 이익이 나지 않더라도 장래성이라는 게 있잖아?"

"사장님! 분명히 말씀드리지만, 이 볏짚펄프는 장래성도 없습니다."

"이 사람이...?"

"사장님 입장은 저도 충분히 이해하고 있습니다. 그러나 이 사업은 일단 포기하시는 걸로 결단을 내리시는 게 좋겠습니다."

사업성이 없다는 기획실의 견해는 다음과 같은 것이었다.

① 벼농사를 1년에 한 번밖에 짓지 않는 우리나라 농촌에서 생산되고 있는 볏짚의 대부분이 해마다 농가의 지붕을 입히는 데 사용되고 있으며 일부는 월동용 소(牛)먹이로, 또 일부는 새끼를 꼬거나 가마니를 짜는 데 사용되고 있어서 볏짚 여분이 없다는 것이다. 그 당시만 해도 농가의 90% 이상이 초가지붕이었고 곡물 사료나 비닐 같은 것은 전혀 생산되지 않고 있었다.

② 전국적으로 볏짚을 수집하고 공장까지 운반해 오는 데 투입되는 비용이 볏짚 값보다 비싸게 치인다는 것이다. 요새처럼 아스팔트로 포장된 도로망이 사통팔달로 된 시기가 아니었다. 곡창 지대인 호남평야 한복판에 공장을 건설해 놓는다고 하더라도 강원도나 경상도 지방에서 볏짚을 트럭으로 실어 나르자면 배보다 배꼽이 더 커질 것은 불문가지 사실이다.

③ 볏짚 값이 자연 오르게 될 것이므로 나중에는 볏짚 값이 목재 값보다 비싼 기현상이 일어나 결국은 볏짚펄프의 생산원가가 국제 가격을 상회하게 될 것이라는 것이었다.

김종희 사장으로서도 중대한 결단을 내리지 않을 수 없었다. 아무리 박 의장의 배려도 좋고 혁명정부의 개발 의지가 강력하다 해도 뻔히 안 될 일인 줄 알면서 손을 댈 수는 없는 일이었다. 김종희는 고민 끝에 정래혁 상공장관을 찾아가서 부득이 볏짚펄프 사업을 포기하지 않을 수 없는 이유를 설명했다.

"하지만 각하께서 직접 부탁한 신사업이 아닙니까, 김 사장님!"

"그래서 저도 당장은 손해가 나더라도 장래성만 있으면 그대로 밀고 나가려고 했습니다. 그랬다가 끝내 실패하는 날에는 결국 국가적으로도 손실을 끼치게 되지 않겠습니까?"

"글쎄요..."

"좌우간 제 입장을 장관님께서 이해하시고 의장님한테도 좀 전해주셨으면 합니다."

"김 사장님이 직접 뵙고 말씀드리는 것이 좋을 것 같습니다....."

"저 같은 사람이 이런 일로 의장님을 뵙는다는 것이...."

"그래도 직접 말씀드리십시오!"

"글쎄요, 의장님을 뵐 수나 있는지요."

"의장 비서실에는 내가 연락을 해 놓겠습니다."

며칠 후 김종희 사장은 최고회의 소접견실에서 다시 박정희 의장과 대좌하게 되었다. 이번에는 그 자리에 송요찬(宋堯贊) 내각 수반이 배석했다.

"볏짚펄프의 사업성이 희박하다구요?" 박 의장이 먼저 말문을 뗐다.

"예, 실은 그동안 자세히 검토해 본 결과...."

김종희 사장은 조목조목 이유를 들어 설명해 나갔다. 박 의장은 잠자코 듣기만 했다.

"그래서 지금 공장을 짓겠다는 거요, 안 짓겠다는 거요?"

"글쎄 장래성이 있어야 공장을 짓지 않겠습니까."

"각하의 관심 사업인데 일단 공장을 짓고 일을 해봐야 할 것 아니오, 공장도 짓기 전에 안 되겠다는 말이 어딨어요?"

송 수반은 고압적인 자세로 꾸짖듯이 말했다.

"설사 손해가 나더라도 국가적으로 이익이 된다면 해야겠지요. 그러나

이 볏짚펄프의 경우는 저 개인적으로도 그렇고 국가적으로도 이익이 없다는 결론입니다."

"이익이 있고 없고는 해봐야 알지. 해보지도 않고 어떻게 알 수 있어요?"

송 수반이 다시 윽박질렀다.

"이익이 되는 일인데 제가 손해난다고 하겠습니까."

(독자들이여. 여기에서 우리는 김종희 사장의 대단한 면모를 볼 수 있어 흥미롭다. 일국의 최고 권력자와 2인자인 수반 앞에서도 안 되는 것은 안된다고 의지를 굽히지 않는 모습은 경탄을 자아내고 있다.)

"당신 앞으로 사업 해나가는 데 정부 지원 필요 없어요?"

" …."

그다음 날 아침이었다. 감찰원(현 감사원)으로부터 화약 원가 계산서를 제출하라는 통고가 날아왔다. 이유인즉 한국화약(주)에서 화약이 독점 사업인 것을 기회로 화약 값을 비싸게 받아왔기 때문에 원가 조사를 철저히 실시해서 별도의 조치를 취하기 위해서라고 했다.

김종희 사장으로서는 드디어 보복을 당하는구나 하는 생각을 했다. 그러나 겁날 일은 없었다. 원가 계산서에 관한 한 언제 어디에 내놓아도 정당한 평가를 받을 수 있는 자신이 있었기 때문이다.

한국화약(주)이 국내 화약 시장을 의도적으로 독점해 온 것은 아니다. 화약 사업은 폭발물을 취급해야 한다는 위험 부담 외에도 다른 사업에 비하면 이윤에 대한 투자 비율이 높기 때문에 아무도 굳이 화약 사업에 손을 대려는 사람이 없어서 한국화약(주)이 독점해 오고 있는 것 뿐이다. 국내 화약 시장을 독점하고 있는 이상 '한국화약(주)'이라고 해서 다른 독점 기업들이 범해오는 상도의(商道義)상의 과오를 범하지 않았다는 보장은 없다. 가격 횡포, 수급 파동, 서비스 부재 등이 바로 독점기업들이 범하기 쉬운 3대 폐단으로 지적되어 오고 있다. 김종희 사장은 한국화약

(주)이 그와 같은 폐단에 빠지는 것을 스스로 방지하기 위해 3대 영업 방침을 정해놓고 이를 지켜왔다. 그것은 적정 가격 유지, 무제한 공급, 철저한 서비스였다. 국내 화약 판매가격은 어떤 이유로든지 국제 가격보다 비싸서는 안 되며 최소한 가까운 일본의 국내 시판 가격보다는 싸야 한다. 화약 공급 과정에서 어떤 경우에도 품절, 품귀 현상이 일어나게 해서는 안 되며 항상 늘어나는 수요에 대비해서 주요 원료를 비축하고 생산 시설을 여유 있게 증설, 확충해야 한다. 화약이 필요한 현장이면 양의 다과를 불문하고 전국 어느 지역에서나 편리하게 구입할 수 있도록 판매망을 최대한으로 운영하며 애프터서비스도 만전을 기해야 한다.

이상과 같은 김종희 사장의 영업 방침이 실 수요자를 위하고 나아가서는 화약 산업의 발전을 도모하는 것임에는 틀림없다. 그러나 그 이면에는 애써 쌓아 올린 화약 왕국에 그 누구도 발을 못 붙이게 하려는 김종희 사장의 강력한 수성(守城) 의지가 숨어있는 것 또한 사실이다.

"차 과장! 요새 우리 화약 갖다 쓰는 사람들한테서는 별다른 불평, 불만 없잖아?"

"달라진 게 있어야지요."

"어때, 원가 계산서에 꼬투리 잡힐 것 없겠어?"

"꼬투리나마나 상공부가 인정한 원가 계산서 아닙니까."

"뭘 가지고 트집을 잡을지 모르겠지만 우리 화약 값이 미국이나 일본보다 싸다는 건 상공부에서도 지난번 화약 값 승인할 때 확인한 거예요."

"그 친구들. 값이 싸고 비싼 걸 따지는 게 아닌 것 같애."

"걱정할 것 없어요. 우리 원가 계산서는 어디에 내놔도 자신 있어요."

회계과장 차경준(車慶俊)은 1956년에 한국화약(주)이 초안폭약을 생산하기 시작할 때부터 원가 계산을 담당해 왔다. 그는 천안 부대리에서 골목 하나를 사이에 두고 김종희 사장과 같이 자란 사이지만 비교적 넉넉한 집안에 태어난 덕택으로 일찍이 천안 농업학교를 졸업하고 6·25 전까지 서울금융조합에서 근무했다. 그러나 6·25 후에는 천안에서 실직 상태로 있다가 1953년 8월에 복직 차 서울로 올라오는 길에 천안 사람이 부탁하는 편지를 김종희 사장에게 전해주기 위해 회현동 사무실에 들른 것이 계기가 되어 그날로 입사한 부대리 토박이다.

그가 처음 화약 원가 계산을 해야 했던 때만 해도 일반적으로 원가 개념이 없었던 시기다. 그런데도 한국화약(주)이 원가 계산을 해야 했던 것은 그때나 지금이나 상공부로부터 화약 판매가격을 승인받아야 했기 때문이다. 막상 화약 원가 계산을 해내자니 화약 1톤을 생산하는데 들어가는 각종 원료가 어떤 비율로 배합되는지, 전력은 얼마를 쓰고 공업용수는 얼마를 쓰며 생산시설의 감가상각은 어느 정도 해야 할지 막연하기 짝이 없었다. 더구나 원료의 배합비율 같은 것은 비밀이라고 말해 주지도 않았고 제조공정 같은 것도 어떤 공정은 비밀에 속한다고 구경도 시켜주지 않았다.

하루는 차경준이 시내 헌책방을 뒤져서 일본 카릿트의 원가 계산 양식이 있는 문헌 하나를 찾아내는 데 성공했다. 그 문헌에는 화약 원가 계산 양식이 공정별로 자세히 나와 있었다. 처음에는 그 문헌에 나와 있는 대로 두들겨 맞추는 도리밖에 없었다. 그 후 차경준은 횟수를 거듭하는 동안에 독자적 원가 계산 방법을 개발해 오늘에 이르렀다.

차경준은 화약 원가 계산서를 가지고 감찰원에 출두했다가 회사로 돌아왔다.

"그 친구들, 대체 어떻게 할 작정이래?"

"어디서 바람이 들어간 것 같아요."

"바람이 들어가다니?"

"석공 사장이 우리 화약 값이 비싸다고 해서 정식으로 원가 조사를 의뢰해 왔다는 거예요."

"석공에서...."

현재의 석탄공사 사장은 5·16 이후에 부임한 현역 장성이다.

"석공에서 그런 의뢰를 했을 리 있나! 석공에서는 우리 화약 값이 비싸지 않다는 걸 잘 알고 있을 텐데...."

"누가 모함한 게 아닐까요?"

"뻔한 일이야! 볏짚펄프 공장 때문에 그러는 거야!"

그런데 일이 이상하게 돌아갔다. 감찰원이 화약 원가 조사를 '서울경리사무소'에 의뢰한 것이다. 서울경리사무소는 유병욱 박사(경영학)가 개설한 우리나라 최초의 공인회계사 사무소다. 회계 업무에 관한 한 한국 최고 권위를 자랑하는 기관이기도 했다.

15일간의 정밀 조사가 실시되었다. 조사 결과는 '일일이 정확성을 규명하자면 문제점이 있을 수도 있겠으나 대체적으로 하자 없는 원가 계산인 것으로 사료됨'이었다.

그러나 원가 조사는 그것으로 끝나지 않았다. 며칠 후에는 산업은행 기업 분석과 원가계산반 직원 6명이 회사로 나와서 직접 조사를 실시했다. 사계의 엘리트들임을 자부하는 산은 조사반 직원들은 이런 기회에 민간 기업들의 모호한 원가 개념을 바로 정립해 놓겠다는 의욕을 보이면서 인천공장의 제품별 제조공정과 각종 기계시설에 관한 자료 제시를 요구해 왔다. 한국화약(주)의 원가 계산서를 검토해 본 결과 전반적으로 감가상각비가 제품별로 정확하게 반영된 것 같지 않다는 것이다.

한국화약(주)은 감가상각 대상인 건축물이 크고 작은 것을 합해서 3백여 동, 각종 기계류는 5천여 점에 달한다. 아무리 원가 계산의 권위들로 구성된 산은 조사반이었으나 일일이 계산해 낼 수는 없는 일이었다. 산은 원가 계산 조사반이 정밀 조사에 실패하자 이번에는 고려대학교 경영대학 원가 조사반이, 다음에는 연세대학교 대학원에서, 마지막으로는 한국 생산성 본부에서까지. 서울대학교 원가 조사반만을 빼놓고는 우수한 원가 조사 기관이 무려 다섯 군데나 동원되었다. 참으로 철저하고도 집요한 원가 조사였다.

김종희 사장은 그와 같은 원가 조사가 진행되는 동안에 그것이 볏짚펄프 공장 건설을 포기한 데 대한 혁명정부의 압력 수단이 아니고 화약 수입을 노리는 일부 화공약품 수입상들의 농간이라는 것을 알았다. 잠시나마 김종희 사장이 혁명정부의 압력으로 생각했던 것이 오해였다는 것을 알고 박정희 의장에게 미안한 생각이 들었다.

5·16 혁명정부는 만년 적자에 허덕이는 각 국영기업체의 경영 개선의 일환으로 먼저 민간인 사장들을 현역 군인들로 대체했다. 그것을 기회로 몇몇 화공약품 수입상들이 석탄공사 사장을 은밀히 접촉하면서 석공의 적자 요인 중의 하나가 비싼 국산 화약을 사 쓰는 데 있으니, 값이 싼 일본산 화약을 수입해야 한다고 종용했던 것이다. 당시 일본 화약의 수출 가격은 22.3kg들이 한 상자당 12달러 내지 13달러였는데 이는 국산 화약(한국화약(주)) 판매가격에 비하면 엄청나게 싼 가격이었다. 일본산 화약 수출 가격을 직접 확인한 석탄공사 사장이 담당 임원에게 적자 경영을 하면서 구태여 비싼 국산 화약을 사 써야 하는 이유가 무엇이냐고 따져 물었다.

담당 임원의 대답은 일반 산업용 화약 수입이 금지되어 있는 데다 화약값은 상공부가 업자에게 승인해 준 것이어서 그대로 사 쓸 수밖에 없다는 것이었다. 석공 사장은 화약업자와 상공부 사이에 화약 가격 승인을 둘러싼 흑막이 있을 것으로 생각했다. 석공 사장은 그 흑막을 철저히 파헤쳐서 화약값을 내리게 하거나 석공에서 사용하는 화약만이라도 값이 싼 외제 화약을 수입해 쓸 작정이었다.

그런데 국산 화약보다 값이 싸다는 일본산 화약 수출 가격은 어디까지나 자국 내의 제세(諸稅) 공과금과 제반 영업비용 및 영업 이윤을 제외한 것일 뿐이었다. 일본의 자국 내의 판매가격은 22.5kg 한 상자당 다이너마이트값은 5천9백20엔(약 22달러)였으며 미국 내의 다이너마이트 판매

가격도 상자당 24달러로써 국내 가격보다 16% 비싼 값이었다. 한국화약
(주)이 원가 조사에 시달려 오는 동안에도 화약 판매고는 계속 신장세를
보이고 있었다.

경제계는 5·31 증권 파동과 6·10 통화개혁(通貨改革:10대1로 평가절하하
고 환(圜)을 〈원〉으로 변경, 현재 통용)으로 또 한 차례 휘청거렸다. 그러나
한국화약은 혁명정부의 잇따른 대형 토목공사 발주와 강력한 광산물 수
출 지원책에 의해 호황을 누리며 인천공장 3차 복구의 최종 공사인 글리
세린 정제 공장 건설에 총력을 기울였다. 글리세린 공장이 준공되면 화
약의 국산화율은 80% 선으로 끌어올리게 되고 생산원가도 큰 폭으로 낮
추게 되어 국제 경쟁력을 갖추게 된다. 또한 3차에 걸친 복구공사로 인
천공장은 연간 다이너마이트 2백80여 톤, 암모나이트(초안폭약) 7백80여
톤, 도화선 1만2천km, 공업뇌관 1천만 개, 전기뇌관 1백만 개 등을 생산
해 낼 수 있는 국제 규모의 대시설 용량을 갖추게 된다.

석유화학(Petrochemistry),
PVC(폴리염화비닐) 사업 구상

　김종희 사장은 세계 화학공업계를 시찰하고 돌아와서 기획실장 권오균을 불러 석유화학(石油化學) 진출을 모색해 보라고 지시했다. 김종희 사장은 인천공장 생산부장 겸 연구실장인 신현기를 대동하고 미국, 영국, 이태리 등 세계 일주를 하고 왔다. 그러면서 일본에서 구입한 〈석유화학의 장래〉라는 책 한 권을 내놓았다.

　그 무렵 우리나라 경제계는 외자도입(外資導入) 바람이 강하게 일어났다. 혁명정부가 국운을 걸고 추진하는 경제개발 정책을 추진하려면 내자축적이 없는 상황에서 외국 자본을 도입하는 것은 필수인 것이다. 외자도입은 모든 후진국들이 선택하는 모델이다. 정부는 민간기업의 외자도입을 적극 유도했다.

　5월에는 6·25 동란 중(51년 4월 ~ 53년 1월)에 미8군 사령관을 지낸 벤플리트 장군을 단장으로 하는 미국 실업인 28명이 한미간의 민간경제제휴를 위해 내한해서 2주일 동안 염화비닐(Polyvinyl Choloride) 프로젝트에 관한 합작투자를 그들과 협의했는데 그들의 투자 조건이 AID(US Agency for International Development : 미 국제개발처) 차관을 전제로 하는 것이어서 구체적인 합의에는 도달할 수 없었다. 그 후 김종희 사장은 본사 기획실에 화약을 중심으로 하는 군수산업 분야와 함께 이산화티탄을 포함한 정밀화약 분야의 사업성을 연구해 보도록 했다. 마침내 한국화약(주)이 화약 단일에서 벗어나 다각 경영으로 태동하는 것이다. 김종희 사장이 권오균 기획실장에게 석유화학 관련 서적을 줄 때는 정부가 추진하고 있는 울산 정유공장(精油工場)도 착공하기 이전이었다.

"석유화학이 지금 한국 실정에 맞겠습니까, 사장님?"

"왜?"

"원료도 그렇고 기술도 그렇잖습니까?"

"기술이야 선진국에서 돈 주고 사 오면 되는 거고 원료는 오래잖아 우리나라에도 정유공장이 설 텐데 거기서 나오면 되는 거지 실정에 안 맞을 게 뭐 있나? 그 책을 한번 읽어봐요! 장차 우리 인간의 의식주는 물론이고 인류 문화까지도 석유화학이 지배하게 되어 있다구!"

"하지만 우리나라에선 지난 연초에 발족한 석유공사가 이제 겨우 법인 설립 등기를 마친 상태 아닙니까?"

"정유공장이 곧 착공되는 모양이야. 이번에 미국에서 플루어(Fluor) 사라고 울산 정유공장을 설계한 회산데 그 회사 부사장 디이더(Diether)를 만났더니 건설 계약도 금년 안에 맺게 될 거라는 거야."

"그나저나 저도 그렇고…. 기획실에 석유화학을 이해할 만한 사람이 있을지 모르겠습니다."

"내년에 대학 졸업하는 화학과 출신을 공채해 보면 어때?"

그렇지 않아도 김종희 사장은 미국에서 돌아본 뒤퐁(Dupont)사 연구실에 자극되어 인천공장 연구실을 대폭 보강할 생각을 하고 있는 중이었다. 뒤퐁사는 프랑스 국립 화약 제조사에서 근무한 적이 있는 뒤퐁 드 느모르(Du Pont de Nemours)가 미국으로 이민 와서 1802년에 델라웨어주 월밍턴(Wilminton)에다 화약공장을 건설한 이래로 2세기에 걸쳐 세계적인 화약 메이커로 군림해 오는 미국의 대표적인 화학회사다.

처음에는 화약으로 시작해서 각종 화학 약품과 염료, 질소, 메타놀, 고급 알콜, 합성고무 등을 만들면서 나일론(Nylon)을 발명하고 지금은 원자탄과 수소탄 연구 제작에도 참여하고 있는데 뒤퐁사의 연구실을 한 번만 둘러본 사람이면 누구든지 그 회사가 세계적인 대기업으로 성장해 온 이유를 한눈에 알 수 있다. 27만여 평의 광활한 연구단지 안에 종사하고 있는 연구진이 무려 2천4백여 명, 그들 가운데 박사 학위를 가진 전문 인력만도 1천여 명을 헤아린다.

물론 한국화약(주)이 당장은 뒤퐁사를 따라갈 수 없고 흉내 낼 수도 없다. 그러나 김종희 사장은 '한국화약(주)'이 적어도 우리나라를 대표할 수 있는 화학회사로 발전하기 위해서는 무엇보다도 과감한 연구비 투자가 선행되어야 한다고 생각했다.

한국화약(주)에서는 그해 12월에 각 대학으로부터 추천해 온 1963년도 졸업 예정자 중 화공과, 법과, 상과 출신 40여 명을 상대로 최초의 공개 채용 시험을 실시했다. 당시 한국화약(주)은 학생들 사이에 독점기업이기 때문에 사원들의 대우가 좋고 군수산업 진출이 확정적이어서 성장 전망이 매우 밝은 회사로 알려져 있었다. 그동안 기획실에서 추진해 온 AR 소총 및 총탄공장 건설 계획이 이미 관계 당국 과의 협의가 끝나서 고위층의 최종 결재를 기다리는 단계에 있었다.

김종희 사장은 응시자들의 필기시험 성적이 궁금했다. 응시자들 가운데는 피치 못할 자리에서 잘 봐줄 것을 부탁해 온 사람도 있었다. 그는 기획실장에게 필기시험 채점 결과를 보고하도록 했다. 처음부터 몇 명만 채용한다는 결정이 있는 것은 아니었다. 인재를 확보하고 양성하기 위해서 공채하는 것이기 때문에 필기시험 성적이 80점 이상인 사람은 모두 1차 합격자로 정하고 면접에서 특별한 결격 사유가 없으면 전원 합격시킨다는 방침이었다. 그래서 시험 문제도 한은 조사부에 의뢰해서 다른 기업 공채 시험 문제보다 조금 더 어렵게 출제했다.

"사장님! 필기시험 성적이 저조한 편입니다."

"합격자가 몇 명이나 돼?"

"아홉 명밖에 안 됩니다."

"겨우 아홉 명이야?"

"그래도 시험 문제에 비하며 많이 합격한 것입니다."

"시험 문제가 너무 어려웠나?"

"어떤 학생은 시험 도중에 아예 포기해 버린 사람도 있습니다."

"아홉 명만 합격시키면 추천해 보낸 대학 측에 미안하지 않을까?"

"하지만 이번 공채는 인재를 뽑자는 게 목적 아닙니까, 사장님."

"그렇기는 하지만. 거 합격자 중에 김병세라는 이름 들어있어?"

"김병세요?"

권 부장이 채점표를 뒤적였다.

"누가 좀 봐달라는 사람인데...."

"김병세 이 사람, 점수 괜찮습니다, 사장님!"

"몇 점인데?"

"아깝습니다. 2점이 모자라서 일단 합격자 명단에는 제외 되었지만, 이 정도면 좋은 성적입니다."

"78점이라...."

"사장님께서 꼭 봐줘야 할 사람이면 이 사람까지 1차 합격자를 10명으로 발표 하시죠?"

"일단 결정해 놓은 원칙을 깰 수야 있나.... 차라리 부탁해 온 친구한테 내가 술 한잔 사면서 양해를 구하지!"

김종희 사장은 원칙주의자다.

"그럼...?"

"아홉 명만 그대로 발표해!"

그들 9명 중 1명이 면접에서 탈락했다. 1명이 탈락한 것은 근무지가 인천이 될 것이란 말을 듣고 스스로 입사를 포기한 때문이었다. 공채 1기 8명이 신입사원으로 임용된 것은 1963년 1월 10일. 그들은 자기 전공에 따라 4명은 인천공장 연구실에, 4명은 본사 기획실에 배속되었다.

그 후 4명은 중도에서 탈락하고 허주욱(許柱旭), 박웅섭(朴雄燮), 신상진(辛商鎭), 이한상(李漢相) 등이 남아서 한국화약 그룹 중역으로 활약했는데 60년대 초에 공채를 실시해 온 회사 가운데 이처럼 공채 1기가 여러 사람 남아 있는 것은 극히 드문 일이었다.

김종희 사장은 사람을 함부로 쓰지도 않지만 버리지도 않는다. 부하 직원이 잘못을 저질렀다 해도 그것이 고의가 아닌 것이면 책임을 추궁하지 않았고 부하 직원을 나무랄 때는 눈에서 불이 나게 야단을 쳤지만, 화장실 한번 다녀오면 언제 그랬더냐는 식으로 웃는 얼굴이 되었다. 김종희 사장은 잘 된다고 크게 좋아하는 표정을 나타내지도 않지만, 사업이 좀 안 된다고 해서 화를 내거나 짜증을 내지도 않는다. 떼돈이 벌린다고 해도 공익에 반하는 일이면 거들떠보지도 않았고 소비성 사업이거나 사치성 사업일 경우에는 손댈 생각을 안 했다.

1963년은 '한국화약(주)'이 고전한 한해였다. 민정 이양을 앞둔 정치적 난기류 속에 모처럼 의욕적으로 추진되던 경제 기획이 침체 국면을 맞게 된 데 원인이 있었다. 정부의 재정 사정으로 각종 토목공사가 중단되어 화약 수요가 줄어들고 61년 8월에 체결된 미 8군과의 화약납품 계약이 바이 아메리칸 정책(Buy American Policy)에 걸려 잘 이행되지 않았다. 정부의 외환 고갈로 인한 구상무역 프리미엄이 폭등해서 화약 원료를 수입해 오는데도 막대한 원가 부담을 떠안게 되었던 것이다.

정부는 61년 하반기부터 부족한 외환 사정을 타개하기 위한 정책 수단으로 수출을 권장하고 수입은 억제하는 정책을 실시했다. 이때부터 이른바 수출 드라이브 정책이 시동이 걸린 것이다. 대한민국은 '수출'에 국가의 운명을 걸고 수출할 수 있는 모든 것을 해외에다 내다 팔았다. 김종희 사장은 한국화약(주)에서도 최소한 화약 원료를 수입해 오는 데 필요한 외화 정도는 자체적으로 해결해야 되겠다고 생각했다. 일찍이 모자나이트를 수출한 경험이 있는 그는 수출 전망이 밝은 광산물을 물색하는 한편, 1962년 가을부터 우선 손쉬운 수산물 수출을 시작했다. 그 무렵 한국산 김, 오징어가 일본에서 인기였다. 62년도 수출 실적은 1만 2천 달러에 불과했지만 63년도에는 8만 6천 달러의 실적을 올림으로써 어느 정도의 수산물 수출 기반을 구축할 수 있었다.

민정 이양을 둘러싸고 혼란을 거듭하던 정국이 10월 15일에 실시된 대통령 선거를 고비로 서서히 안정 기미를 보이기 시작했다. 군사혁명을 주도했던 박정희 후보와 야당 단일 후보였던 윤보선 후보와의 대결에서 박 후보가 우세하리라던 예상대로 박정희 후보가 대통령에 당선되었고 뒤이어 4월 26일에 실시된 6대 국회의원 선거에서도 야당 후보들의 난립으로 공화당이 압승을 거두었다. 그러나 천안에서는 지난 5대에 이어 6대 의원 선거에서도 야당의 이상돈 후보가 당선되었다. 이상돈은 4대 국회의원 선거 때 천안 을구에서 입후보했던 김종철의 강력한 라이벌이었다. 이상돈 후보는 당시 김종철 후보에 패배했었다.

1963년 1월 1일 자로 행정구역이 개편됨에 따라 천안읍이 천안시로 승격되면서 종전의 천안갑·을 선거구가 천안시와 천원군으로 조정되었던 것이다.

"형님! 이번에도 형님이 출마했으면 문제없이 당선될 뻔했어요."

"글쎄...."

김종철은 5대 국회의원 당시에 자유당 충청남도 도 당위원장을 역임했기 때문에 구 정치인들의 정치 활동을 금지하고 있는 이른바 정치활동 정화법에 묶여서 피선거권이 없었다.

"다음엔 형님이 꼭 나가십시오!"

"설마, 기회가 또 오겠지."

"아, 자유당 좀 했다는 게 무슨 죄가 됩니까? 다들 풀렸는데요."

"그래도 나야 도 당위원장까지 지냈으니까 좀 자숙하는 것도 해로울 건 없어."

"좌우간 정치하는 사람들 정신 차릴 때가 왔어요. 이번에도 보셨잖아요? 야당 한다는 사람들이 민주당 때는 신·구 파로 갈라져서 그 야단을 치더니 이번엔 또 민정당, 민중당, 자민당, 국민당....4파로 갈라져서 싸우니 공화당을 당해냅니까?"

"그러다가 자네가 정치하겠다고 나서겠네. 핫하..."

"형님이 아니었으면 내가 정치했을지도 모르지요. 하하..."

"하긴 자네 같은 사람들이 정치하면 나라가 잘될 거야."

"정치가 별겁니까, 형님? 정치하는 사람들이 사욕을 버리고 국익만 생각하면 되는 거 아닙니까?"

"옳은 말야. 제3공화국에 발을 들여놓은 정치인들이 잘해 나가겠지."

"우리나라는 민주주의도 해야 하지만 경제 제1 주의 정책을 그대로 밀고 나가야 해요."

"정부가 벌써 총연장 1천4백 km에 달하는 64년도 도로 보전 계획을 발표했는데 내년에 화약 모자란다는 소리 안 나오겠어?"

화약 수요 낙관론을 김종철이 말하고 있다.

"아, 형님두. 금년에 확장공사 한 게 얼마라구요?"

김종희 사장은 금년 한 해 동안에도 늘어날 화약 수요에 대비해서 날화기 2대를 추가로 설치한 데 이어 날화기 가마 12대를 바꿨으며, TNT 분쇄공장을 신축하고 포장공실을 증축하면서 최신 자동 포장기를 서독에 발주하는 한편 제1,2,3,5 포장공실에 롤러 컨베이어(Roller Conveyer)를 설치하여 작업 능률을 높이고 안정성을 제고시켰다.

신한베어링(新韓 Bearing) 인수

김종희 사장은 창업 12년 만에 처음으로 화약 이외의 업종에 발을 들여놓았다. 김종희 사장은 기획실에 신한베어링공업주식회사 인수 작업 진행을 지시했다. 부평(富平)에 있는 신한베어링 공장은 원래 일본의 3대 베어링 메이커의 하나인 고요(光陽)베어링이 1937년에 군수용 베어링을 생산하기 위해 건설했던 것으로 8·15해방 후에는 육군 조병창이 관리해 오던 것을 유병선 씨가 1953년에 신한베어링공업(주) 명의로 인수하고 각종 베어링 강구(鋼球) 및 기타 기계 부속품을 생산 판매해 오다가 58년에는 ICA 자금 20만 달러를 들여서 서독으로부터 최신 기계까지 도입하는 등 생산시설을 대폭 확충해 온 우리나라 유일의 베어링 공장이다.

베어링은 기계의 회전 부분(回轉部分)을 지지(支持)하는 기계 부품으로써 가공, 생산, 재료, 설계, 성능, 계측(計測), 규격 등 고도의 기술과 정밀성이 요구된다. 또 베어링은 그 형식에 따라 종류도 다양하지만, 회전 기능을 갖는 모든 기계를 제작하는 데는 빼놓을 수 없는 부속품이기도 하다.

그러나 당시 신한베어링에서는 탄광에서 쓰는 탄차(炭車)와 농기계 제작에 사용되는 일부 제한된 베어링밖에 생산하지 못했다. 기계공업은 일반 장치 공업과는 달리 운전기술 이외에 고도로 축적된 기술 숙련도를 필요로 한다. 베어링 공업의 역사만 해도 방적기와 증기기관이 발명되던 제1 산업 혁명기로 거슬러 올라가는 2백 년 역사를 가지고 있다. 하지만 우리나라에 베어링 기술이 들어 온 지는 불과 20년, 그나마 우리 손으로 직접 베어링을 생산한 지는 10년이 채 안 된 때여서 아무리 기계시설이 좋아도 국산 베어링은 조잡할 수밖에 없었다.

국산 베어링의 품질을 높이기 위해서 서독(西獨)으로부터 최신 기계까지 들여왔지만, 그 결과는 오히려 자금 사정을 악화시켰을 뿐이었다. 기계공업은 투자가 막대한 데 비해 회임기간(Gestation Period, 투자 회수기간)이 늦은 것이 특색인데, 더욱이 베어링의 경우는 시설 개선에도 불구하고 매출이 늘지 않으니까 산은(産銀)에서 대출한 ICA 자금 20만 달러에 대한 금리 부담만 가중되고 있었다. 국산 베어링의 품질이 다소 좋아졌다고는 하지만 군부대에서 유출되는 외제 베어링이 시장에 범람하고 있어서 판매 전략상 도저히 이겨내는 방법이 없었다.

신한베어링에서는 회사 운영을 위해 부득이 총발행 주식의 60%를 할애하고 두 사람의 동업자를 영입했다. 그럼에도 불구하고 여전히 적자의 늪에서 허덕이게 되었다. 그런 시기에 동업자 한 사람이 김종철에게 자기네 주식을 인수하지 않겠느냐고 제의해 왔다. 두 사람 중의 하나가 김종철과 가까이 지내던 4대 국회의원이었는데, 그가 지난 7대 국회의원 선거에서 낙선한 후에 빚에 몰리고 있었다.

"저쪽 친구한테 가부간에 대답을 해줘야 할 텐데 뭐라고 말해줄까, 김 사장?"

"어떻게 하면 좋아요, 형님?"

"아, 그거 자네가 알아서 결단을 내려야 할 일이지."

"거 맡을 수도 없고 안 맡을 수도 없고...고민이에요."

"왜?"

"우리나라 기계공업을 위해서는 누군가가 꼭 하기는 해야 하는 사업인데...."

"그런데?"

"기획실에서 검토한 결과로는 현재의 기계공업 수준으로 봐서 앞으로 최소한 10년은 손해볼 각오 하고 꾸준히 투자해야 할 거라니 문제 아녜요?"

"장래성은 있는 건가?"

"장래성이나 마나 신한베어링이 제대로 잘못되는 날이면 20만 달러나 들여서 새 기계까지 들여왔는데 국가적으로도 손해잖아요?"

'국가 사회에 이바지하자'는 한국화약의 사훈(社訓)이다. 이것은 김종희 사장의 일관된 창업이념이다.

김종희 사장은 1963년이 저물기 전에 신한베어링 주식 60%를 인수하고 1964년 1월 4일을 기해 대표이사에 취임함으로써 화약 이외의 이종 분야에 진출하기 시작했다. 김종희 사장은 1964년 5월 취약한 신한베어링의 재무 구조를 개선하기 위해 2천5백만 원의 종래 자본금을 4천5백만 원으로 대폭 증자했다. 또한 그동안 경영 부실로 그동안 체불되어 온 사원들의 노임을 전액 지급하고 상호도 한국베어링공업주식회사로 변경하여 회사 이미지를 일신시켰다.

24

석유화학(石油化學, Petrochemistry) 진출

김종희 사장은 석유화학 분야 진출을 결심하고 기획실에 구체적인 실행 계획 작성을 독려하기 시작했다.

석유화학이란 연료 및 윤활유 이외의 모든 석유화학 공업의 기초가 되는 석유계 탄화수소에 관한 화학으로 현대 산업의 마술사로 일컬어지리만큼 근대 산업사회 전반에 미치는 파급효과가 매우 큰 유망업종이다.

그러나 석유화학에 진출한다는 것이 그렇게 쉬운 일이 아니다. 석유화학 분야로 진출하는 데는 정유산업 못지않은 고도의 기술과 막대한 투자가 뒤따라야 한다. 정부가 일산(日産) 3만 5천 배럴 규모의 울산 정유공장 하나를 건설하는 데도 대한석유공사를 설립하고 석유를 생산 해내기까지에는 장장 27개월이 걸렸으며 공장 건설에 투입할 자금만 해도 내외자를 합하면 약 80억 원(내자 25억 2천5백만 원, 외자 51억 5천5백만 원)이나 된다.

"권 부장? 사업계획서는 언제까지 만들어 낼 수 있겠어?"

"하도 어마어마해서요...."

"겁주지 마라, 이 사람아! 뭐가 어마어마하다는 거야?"

"나프타 크래킹 시설 하나만 하자고 해도 몇천만 달러가 들어가야 할 것 같습니다."

"그런 걱정 말고 빨리 계획서나 만들어서 경제기획원에 제출해! 정부

허가만 나면 돈하고 기술하고는 얼마든지 있어. 석유화학 산업은 정부가 직접 한다고 해도 어차피 자금하고 기술은 선진국에서 들여올 수밖에 없는 거야!"

기획실이 석유화학 사업계획을 완성한 것은 그해 11월 하순, 그 내용은 나프타(Naftha) 분해시설을 비롯한 석유화학 계열 공장을 총망라하는 것으로 80여 페이지에 달하는 방대한 것이었다.

사업계획서 내용은 석유화학 콤비나트(Combinat) 건설에 관한 해설을 겸한 것 이외에도 이해를 돕기 위한 여러 가지 도표, 그리고 각종 일람표 등이 잔뜩 첨부되어 있었다.

그 무렵 우리나라에서는 PVC 제품 시장을 럭키화학에서 거의 독점하다시피 한 가운데 많은 군소 플라스틱 공장들이 연간 1만 톤 이상 소요되는 PVC 원료 전량을 수입에만 의존하고 있을 때였다. PVC 제품도 초기의 간단한 주방 용기에서 점차 다양해지기 시작해서 각종 포장 용기 및 농업용 필름 등으로 확대되고 있어서 그 수요가 해마다 급증하는 추세를 보이고 있었다. 그런데도 우리나라에서는 미국이나 일본에서의 현지 생산가격이 톤당 300달러에 불과한 PVC 레진을 7백50달러라는 고가로 수입해 오고 있는 실정이어서 이의 국산화가 시급한 당면 과제로 대두했다.

김종희 사장은 우선 석유화학 사업계획서를 경제기획원에 제출하도록 지시했다.

"도대체 이게 뭘 하겠다는 겁니까?"

경제기획원 공공차관과(公共借款課) 서석준(徐錫俊) 사무관이 사업계획서를 접수시키기 위해 온 맹원기(孟元起)를 빤히 쳐다보았다. 서석준은 추후 부총리 겸 경제기획원 장관을 지낸 엘리트 경제관료다. 맹원기는 특채 2기로 62년 초에 입사한 후 인천공장 글리세린 계장을 지내면서 작년에 글리세린 정제공장을 준공시키고 기획실로 전보되어 와서 석유화학

사업계획 수립의 기술 분야를 담당했던 화공과 출신의 공학석사다.

"보시면서도 모르시겠습니까? 석유화학 사업을 하겠다는 거 아닙니까?"

"경제기획원에선 이런 사업계획서를 접수한다고 말한 적이 없을걸요?"

"제1차 경제개발 속에는 이미 PVC 공장 건설이 들어가 있잖습니까."

"PVC 공장이 석유화학하고 관련 있나요?"

"아, 그럼요."

"경제개발 계획에 포함되어 있는 PVC 공장은 카바이트 공법에 의한 건데 카바이트도 석유화학에 속해요?"

"PVC 생산은 이미 세계적으로 석유화학으로 바뀌고 있습니다. 카바이트 공법에 의한 PVC 생산은 코스트가 비싸게 먹히기 때문에 선진국에서는 벌써 사양길에 들어선 지 오래됩니다."

"한국은 아직 선진국이 아닙니다!"

"이 사업계획서를 자세히 검토해 보시면 이해가 되실 겁니다."

"현재로서는 석유화학에 관한 아무런 계획이 없기 때문에 이 사업계획서를 접수할 수가 없습니다."

"계획이 없다고 해서 접수할 수 없다고 해서야 말이 되겠습니까?"

"이 양반이...."

"경제기획원이 뭘 하는 뎁니까? 계획이 없더라도 민간 기업이 이런 첨단 산업에 진출하겠다고 사업계획서를 내면 경제기획원에서 마땅히 검토해서 허가해 줘야 할 것 아닙니까?"

석유화학 계획서는 시비 끝에 겨우 민원서류라는 명목으로 접수되었다. 맹원기도 보통 인물은 아니었다. 한국화약(주)에서 석유화학 사업을 추진한다는 소문이 정부 안에서 파다하게 퍼져 나갔다.

"한국화약 친구들, 화약하고 석유화학하고 같은 걸로 착각하고 있는 거 아니야?"

"한국화약 총재산이 얼마나 되는데 석유화학 사업을 하겠다는 거야?"

"요즘 제 돈 갖고 공장 짓겠다는 사람이 어디 있어야지..."

"차관도 그렇지. 석유화학을 1, 2천만 달러 갖고 할 수 있다는 거야?"

관가에서 들려오는 소식은 하나 같이 비관적인 것이었다.

김종희 사장은 기획실에 지시해서 간단한 브리핑 차트를 만들게 했다. 그리고 하루는 그 차트를 들고 장기영(張基榮) 경제기획원 장관을 찾아가서 석유화학에 대한 설명을 하고 그 필요성을 강조했다. 연방 고개를 끄덕이며 듣고 있던 장 장관이 시원스럽게 대답하는 것이었다.

"김 사장님! 좋습니다! 우선 타당성부터 조사하도록 지시해 놓겠습니다. 타당성만 인정되면 정부 차원에서 적극적으로 밀어드리겠습니다!"

세간에서는 장기영 장관을 '불도저'라고 부른다. 일을 화끈하게 밀어붙이는 스타일이라고 해서 그런 닉네임을 붙인 것이다. 이날의 대담을 보아도 과연 닉네임 그대로다.

그 후 경제기획원에서는 65년도 AID 자금으로 미국의 유명한 기술용역 회사인 ADL사에게 6개월 기한으로 한국의 석유화학 사업 타당성 조사를 의뢰했다. 석유화학 타당성 조사가 진행되고 있는 동안 20여 년을 끌어오던 한·일 국교 정상화의 최대 장애 요인이던 청구권, 재일교포 법적 지위, 어업 등의 3대 현안이 타결되어 한일협정(韓日協定)이 정식으로 체결(65년 6월 22일)되고 드디어 야당의 격렬한 반대에도 불구하고 제51회 임시국회에서 비준 동의안이 발의되었다.

미국 ADL사의 타당성 조사 결과는 한국에서 석유화학 사업은 '시기상조'라는 것이었다. 석유화학 콤비나트가 성립하기 위해서는 석유 부산물인 콜타르(Coltar)양이 나프타 분해에 필요한 최소 경제 단위가 보장되어야 하는데 그렇기 위해서는 석유 생산량이 일산 10만 배럴 선이어야 한다는 것이다. 울산의 일산 3만 5천 배럴 규모의 정유 공장이 가동하기 시작한 지 겨우 1년 조금 지난 때였다.

"그럼, 한국에서 석유화학 사업을 하려면 울산 정유공장 시설이 지금의 3배로 증설될 때까지 기다려야 한다는 거야, 뭐야?"

김종희 사장이 실망을 감추지 못하면서 맹원기에게 물었다. 맹원기는 그동안 ADL사의 타당성 조사 업무를 협조하기 위해서 경제기획원이 촉탁으로 고용, 한국 내 조사원 3명 중 한 명으로 일해 왔다.

"그래서 경제기획원에서 지금 성안 중인 제2차 경제개발5개년 계획 속에 석유화학을 포함시키기로 했습니다."

"경제개발 계획 속에 넣기만 하면 뭘 해. 정유공장이 증설돼야 하는 거지."

대어(大魚) 제2 정유공장을 잡아라

대어는 뜻하지 않은 곳에서 불쑥 나타난다. 김종희 사장은 맹원기와 석유화학 사업에 관해 이야기하는 중에 뜻밖의 말을 듣고 깜짝 놀랐다. 그것은 충격에 가까웠다. 맹원기는 대화 도중 주위를 한번 살펴보고 나서 소곤대듯이 말했다.

"이번 제2차 5개년 계획에는 국산 자동차 건설 계획과 함께 제2 정유공장을 건설한다는 계힉이 검토되고 있습니다."

"어! 제2 정유공장을....?"

"예!"

김종희 사장은 석유화학 분야로 진출하기 위해서는 정유회사의 생산 능력을 늘리는 것이 필수라는 것을 알고 있는 터였다. 정부가 울산에 제1 정유 공장을 짓고 있지만 일산 3만 5천 배럴에 지나지 않는 것이다. 미국 ADL사의 보고서는 최소한 정유회사 생산 능력이 일산 10만 배럴은 되어야 석유화학 산업이 성립된다고 밝히고 있다. 정유 사업은 그 자체가 황금알을 낳는 거위다. 수익성이 매우 높은 것이다.

"석유화학 콤비나트를 우리가 계획하고 있는 이상 제2정유 공장은 당연히 우리가 해야 할 것 아닌가!"

"그렇습니다."

"좀 더 확실하게 알아봐!"

당시 재계에서는 3만 5천 배럴(일산) 규모의 울산정유가 당해 년에 20억 원의 이익을 내다보고 있다는 놀라운 전망을 내놓고 있었다. 2차 경제개발5개년 계획 속에 제2 정유공장 건설이 포함된다는 것이 확정 사실로 굳어지자 김종희 사장은 석유화학 진출의 1단계로 PVC 공장 건설로 확정하고 그해 8월 20일에 한국화성공업주식회사(韓國化成工業株式會社)를 설립했다. 나프타 분해로 시작해서 PVC 원료인 VCM에 이르는 석유화학 계열 공장은 제2 정유공장이 들어선 다음에 추진해도 늦지 않다.

김종희 사장은 이제 제2 정유공장 건설에 몰입하기 시작했다. 대기업 반열에 진입이 시작되는 것이다. 김종희 사장은 정유공장 건설 파트너를 알아보기 위해 서둘러 일본으로 건너갔다.

8월 14일 제52회 임시국회에서 한·일 협정 비준 동의안이 국회를 통과하자 경제인들이 앞으로 도입될 대일 청구권에 의한 재정차관(財政借款) 획득을 겨냥하고 서로 앞다투어 일본 출장 러시를 이루었다. 김종희 사장은 이미 석유화학 진출을 구상하던 1963년부터 일본의 대표적인 재벌 기업들을 상대로 기술 및 자금 문제를 폭넓게 협의해 온 터여서 PVC 건설 때문에 따로 교섭을 해야 할 일은 없었다.

김종희 사장은 일본에 진출해 있는 몇몇 미국의 석유 메이저 회사와 접촉했다. 당장은 한국의 제2 정유공장 건설 문제를 드러내놓고 협의할 수 있는 단계는 아니었으므로 다만 한국화약(주)이 추진하는 석유화학 콤비나트 건설 계획의 일환으로 정유공장까지 갖추고 싶다는 말로 그들의 한국 진출 의향을 타진해 보았다. 이미 한국에 상륙한 걸프(Gulf)가 한국 정부에 의해 특별한 우대를 받고 있다는 사실에 깊은 관심을 갖고 있는 미국 석유회사들은 저마다 한국 진출을 열망하고 있는 눈치였다.

울산 정유공장의 경우는 당시 한국 정부의 재정 규모가 미약했을 뿐 아니라 정유공장 건설은 물론이고 운영에 관한 기술이나 경험이 전무한 상태였기 때문에 걸프를 합작 파트너로 받아들이면서 유공(油公, 대한석유공사) 주식의 25%를 인수하는 동시에 정유공장 건설에 필요한 2천만 달러 차관을 장기 저리로 제공한다는 조건으로 '거부권'을 인정하는 경영참여권과 함께 원유의 독점 공급권까지 부여하는 파격적인 대우까지 했다. '거부권과 원유 공급권' 이것은 사실 불평등 계약이었다. 한국 정부는 이를 알면서도 공업화 정책을 밀고 나가는데 정유공장 건설이 시급하기 때문에 이런 계약을 했다.

김종희 사장은 미국 석유 자본과 접촉을 통해서 제2 정유공장 건설에는 '유공' 때와 같은 특별 우대를 하지 않더라도 합작선을 구할 수 있을 것이라는 자신을 얻었다.

김종희 사장은 일본에 온 김에 전부터 얘기가 되어 있던 미쓰비시 쇼지(三菱商事)와의 PVC 공장 건설에 필요한 8백만 달러 규모의 차관 가계약을 체결하고 9월 말에 귀국했다. 김종희 사장은 어느새 일본통 재계인이 되어 있었다.

"권 부장! 기획실에서 지금부터 미리 정유 사업에 관한 스터디를 해놓도록 해요!"

"알겠습니다. 그런데 다른 회사에서도 움직임이 있는 것 같습니다."

권 부장의 보고는 정확한 것이었다.

제2 정유공장 건설 계획이 정부에 의해 공식 발표만 나지 않았을 뿐 톱클래스 대기업들은 움직이고 있었다. 럭키화학(현 LG), 롯데, 판본방적, 한양대 계열이 정보 수집에 분주했다.

"그야 사업하는 사람이면 누구나 한 번쯤 생각해 보지 않겠어?"

"결국 마지막 승부는 누가 더 유리한 합작선하고 제휴하느냐 하는 데 달려있습니다."

"최선을 다해 봐야지."

"PVC 사업은 당초 계획대로 밀고 나가는 겁니까, 사장님?"

"물론이지! 언제든지 정부가 2차 5개년 계획만 확정했다 하면 즉각 제출할 수 있게끔 사업계획서를 완벽하게 준비해 놓고 있으라구."

정부가 연간 경제성장률 7%를 목표로 하는 제2차 경제개발 5개년 계획 요강을 확정 발표한 것은 그해 11월 24일, 김종희 사장은 그달에 '한국화성' 자본금 1억 원을 5억 원으로 증자하고 경제기획원에 PVC 공장 건설에 필요한 차관 승인을 신청했다. 그것은 국내 기업이 승인 신청한 민간 베이스의 최초의 일본 차관으로서 경제기획원 공공차관 관계관들을 또 한 번 당혹스럽게 만들었다. 아직 한일협정 비준서도 교환되기 이전이었으므로 정부의 대일(對日) 차관 방침도 확정되지 않을 때였다.

12월 18일에 한일 협정 비준서가 정식으로 교환되고 우리나라의 김동조(金東祚) 주일 대사가 현지에 부임한 것은 1966년 1월 14일, 정부가 대일 차관업무를 본격적으로 시작한 것은 한·일 청구권 관리위원회가 1차년도 사용 계획안(1억 3천7백53만 달러)를 확정한 2월 하순부터였다.

정부의 대일 차관업무만 개시되면 일사천리로 처리될 것으로 믿었던 한국화성의 PVC 사업계획이 의외의 벽에 부딪혔다. 그것은 상공부에서 선뜻 승인하려 하지 않았다. 이유는 국내 PVC 공장이 과잉 건설이라는 것이었다. 이미 1963년에 허가한 대한프라스틱(주)의 연산 7만 톤 규모의 PVC 공장과 1964년에 허가한 공영화학(共榮化學)의 연산 8만 톤 규모의 PVC 공장이 준공되면 국내 PVC 수요를 충족시킬 수 있다는 것이 상공부의 주장이었다. 그러나 1962년에 허가된 대한프라스틱 부강공장(芙江工場)은 작년 1965년 9월에야 짓기 시작해서 금년 말경에 완공될 예정이었고 공영화학의 울산공장은 언제 착공한다는 계획도 확정되지 않은 상태였다. 더구나 경제기획원이 추진하고 있는 1965년도 국내 PVC 수요량이 1만 5천 톤이었고 국내 PVC 제품 소비 추세가 해마다 40% 이상씩 증가될 전망이어서 대한프라스틱과 공영화학에서 건설하는 PVC 공장이 완전히 준공되는 시기를 1967년 말로 예정한다면 벌써 1968년부터는 국내 PVC 공급 물량이 1만 톤 이상 부족하게 된다는 것이다. 따라서 상공부가 PVC 생산과잉을 이유로 한국화성의 사업 허가를 하지 않은 것은 이해가 되지 않는 것이다.

사실, 문제는 한국화성에서 건설하려고 하는 PVC 공장이 기존의 두 공장 공법과는 다르다는 데 있었다. 한국화성의 제조 공법은 카바이트 공법이 아닌 석유화학 공법이라는 것이다. 카바이트 공법에 의한 두 공장이 건설되자마자 석유화학 공법에 의한 공장이 등장하면 두 공장은 문을 닫게 될지도 모른다. 같은 PVC 제품이라 하더라도 카바이트 공법에 의한 것은 석유화학 공법에 의한 것보다 생산원가가 엄청나게 비싸기 먹히는 것이다.

"이봐! 말도 안 되는 수작하지 말라고 해!"

김종희 사장은 상공부를 출입하는 권혁중을 몰아 세웠다.

"시발 자동차 공장이 있는데 새나라 자동차 공장은 왜 허가했대? 미투리 장사 망할까 봐 고무신 공장 차리지 말라면 말이 되느냐 말여. 아직 언제 준공될지도 모르는 카바이트 PVC 공장 보호하자고 해서 석유화학 PVC 공장을 허가 안 한다면 말이 되는 거여?"

"저쪽 업자들이 되게 붙들고 늘어지는 모양이에요."

"저쪽에서 물어 늘어지거든 이쪽에서는 자네가 물고 늘어지면 될 거 아닌가 벼."

"암만해도 사장님이 고위층에 계신 분들을 한 번 만나보셔야 할 것 같아요."

"쓸데없는 소리 하고 있다. 경제기획원에서 승인했으면 그만이지. 이만 일에 대통령을 만날 거여, 누굴 만날 거여? 좌우간에 여러 말 말고 다음 국회에 차관 지불 보증금 동의안을 낼 수 있게끔 처리햇! 알겠어?"

25

불붙은 제2 정유공장 실수요자 전쟁

　김종희 사장은 정부가 발표한 제2 정유공장 실수요자 공모 발표를 보고 전의를 다지기 시작했다. 권오균 기획실장이 노크를 하면서 신문 한 장을 들고 들어왔다.

　"뭐야?"

　"사장님. 이걸 좀 보십시오!"

　"뭔데 그래."

　권오균이 테이블 위에 펼쳐 놓는 신문 하단에 전면 광고는 '제2 정유공장(일산 6만 배럴 규모) 실수요자 공모' 광고였다. 우리 에너지 정책의 일대 전환을 예고하는 획기적인 것이었다. 정부는 드디어 국영 형태의 유공(油公)과 더불어 민영(民營) 형태의 제2 정유공장을 세운다는 것을 공식적으로 밝힌 것이다. 경제개발 계획 성공에 따른 유류 소비는 폭발적으로 늘어나 제1 정유공장 하나만으로는 감당할 수 없게 된 것이다. 재계는 황금알을 낳는 거위라는 정유공장이 100% 민영으로 운영된다는 것에 매력을 느끼지 않을 수 없는 것이다. 이 사업권을 확보하는 사람은 새로운 강자로 부상하게 되고 재계 판도를 바꾸게 된다.

　김종희 사장은 광고 내용을 훑어보고

　"공모 마감일이 6월 10일이면 앞으로 며칠 남아 있는 거야?"

　"오늘이 5월 7일이니까 약 한 달 기간밖에 안 됩니다, 사장님."

"한 달이라...."

"정부에서 무슨 꿍꿍이속이 있는 거 아닐까요? 공모 마감 시간을 이렇게 짧게 잡아 놓은 거 보니...."

"글쎄. 그렇다고 가만있을 수도 없는 일 아닌가."

"기한이 촉박합니다."

"내가 일본에 다녀올 테니까 그동안에 권 부장은 이 공모 요령대로 실수요자 신청서 준비나 완벽하게 해 놔!"

예상했던 대로 재계는 제2 정유공장을 둘러싸고 치열한 각축전을 벌이기 시작했다. 쟁탈전에 뛰어든 대기업들은 10여 개가 넘었다. 신문 매체들은 정유 사업에 대한 특집 기사를 다투어 보도했다. 한 신문 기사 내용을 보면 이런 것이었다.

'요즘 재계에서는 제2 정유공장 사업권을 놓고 공전의 쟁탈전을 벌이고 있는데 왜 이번 쟁탈전이 그토록 심각한 것일까.

그 이유는 첫째, 석유산업이 지닌 고도의 이윤성이다. 원래 석유는 일확천금의 원천, 유명한 서부극 영화 '자이언트'의 주인공이 목동의 발자국에서 검은 황금이 분수처럼 솟아오르는 것(석유)을 발견하듯이 알라신(神)이 준 중동의 석유는 세계적인 시혜 덕택으로 늘 풍운을 거칠게 했다. 석유산업이란 채유권(採油權)과 함께 정제권(精製權), 수송권, 그리고 판매권이 각기 고도의 이윤성을 지니고 있다. 제2 정유공장 사업권 쟁탈전은 그와 같은 석유의 사업성 말고도 또 하나의 요인이 작용하고 있다. 대 재벌들의 경쟁인 데다가 그 배후에 거대 국제 석유 자본의 경쟁이 얽혀 있는 것이다. 국내 정유산업은 울산정유에 의해서 독점되어 있는 경쟁의 처녀지인 데다가 세계 석유 시장의 입장에서 볼 때도 한국은 걸프(Gulf) 일색의 처녀 시장이다. 이러한 시장의 낙후성이 공전의 경쟁을 유발시키고 있는 것이다.

거기에다 정유사업은 가장 이윤도가 높은 석유화학 공업과의 콤비나트를 용이하게 한다는 점에서도 쟁탈전을 한층 자극하고 있다. 국내적으로는 재계의 판도를 바꾸게 될 패권을 위해, 국제적으로는 정유 사업의 처녀지 한국 시장 개척을 두고 미국의 거대 석유자본의 시장 쟁탈전이 벌어지고 있는 것이다.

제2 정유공장의 가장 큰 매력은 그 사업이 지니고 있는 이윤성이다. 3만 5천 배럴 규모의 울산정유 공장이 작년 20억, 올해는 13억 원의 이윤이 계산되고 있는 것이다. 제2 정유공장 규모는 일산 6만 배럴이다. 평면적으로 계산한다 해도 울산정유보다 근 배가 되는 연수익이 40억 원이 계산되는 것이다. 아무튼 정부가 발표한 제2 정유공장 실수요자 모집이야말로 단군 이래 최대이고 누가 재계 선두 주자가 되느냐의 경쟁이다

김종희 사장이 일본으로부터 귀국한 것은 실수요자 모집 마감일을 하루 앞둔 6월 9일이다.

"권 부장! 다른 서류들은 다 준비되어 있겠지?"

"예! 자금 계획만 첨부하면 됩니다."

"그럼 자금 계획도 오늘 밤 안으로 끝내야 하겠군."

"합작 문제는 잘 타결이 되셨습니까?"

"고무줄처럼 늦췄다 당겼다 하느라고 어젯밤 10시에 가서야 겨우 사인을 했는데.... 이게 바로 스켈리사하고의 합작 계약서야. 잘 검토해봐!" 하면서 김종희 회장은 여행 가방 속에서 두툼한 서류봉투를 하나 꺼내는 것이었다.

김종희 사장이 이번 출장에서 스켈리 오일(Skelly Oil)과 제휴할 수 있었던 것은 우연한 행운이었다. 그는 일본에 진출해 있는 미국의 유명 석유회사 측을 접촉했다. 그런데 그들이 제시하는 조건은 거의 다 걸프가 유공과 제휴한 조건하고 대동소이한 것들이었다. 실수요자 경쟁에서 이기려면 보다 유리한 합작선과 제휴하지 않으면 안 된다. 그런 즈음에 같은 호텔에 투숙 중인 플루어(Fluor)사의 부사장 디이터(Diether)를 만났

다. 플루어사는 울산 정유공장을 건설한 회사로 지금은 진해(鎭海)에서 제4 비료공장을 건설하고 있는 중이다. 미스터 디이터와 김종희 사장은 전부터 친분이 있는 사이다. 디이터가 마침 동경에 출장 중인 스켈리사의 영업 담당 사장을 소개했는데 스켈리사는 제4 비료공장의 지분 회사로 한국 경제계에도 이미 잘 알려진 회사였다.

스켈리사와의 합작 계약 내용은 다음과 같은 것으로써 유공(油公)이 3년 전 받아들인 걸프의 투자 조건에 비하면 월등하게 유리한 조건이었다. 투자계약 내용은

① 자본금 5백만 달러(약 13억 5천만 원) 규모의 합작 정유회사를 설립하고 주식 지분율은 50대 50으로 한다

② 정유공장 건설에 필요한 3천5백만 달러 중 3천만 달러는 스켈리 측에서 차관을 주선하되 금리는 미국 은행의 우량 대출 선에 대한 표준 금리인 연리 6%로 하며 상환은 3년 거치 10년 분할 상환으로 한다

③ 스켈리 측은 정유공장 건설 자금 이외에 운영자금 1천만 달러를 투자하되 이는 무이자로 2년 거치 3년 분할 상환토록 하며 스켈리 측은 원유공장 준공 후 10년간 원유를 독점적으로 공급할 권리를 갖는다.

마지막 조항인 10년간의 원유 독점 공급권이 최종적으로 핵심 쟁점으로 떠올랐는데 김종희 사장이 양보할 수밖에 없었다. 그 당시는 정유 사업 이권(利權) 중 원유 공급권이 석유 판매권보다도 비중이 더 컸던 것이다. 중동 원유 산유국들이 오일쇼크 이전에는 발언권이 약해 미국의 석유 메이저들이 중동 원유 공급권을 완전히 장악해 쥐고 흔들었다.

기획실이 자금 계획을 세워서 제2 정유공장 실수요자 신청서를 완벽하게 구비한 것은 마감시간을 한 시간 남긴 6월 10일 오후 4시였다. 경제기획원 통인 맹원기가 실수요자 신청서를 싸 들고 부리나케 공공차관과로 달려갔다.

맹원기가 공공차관과를 가 보니 너무 조용했다. 경쟁사들이 벌써 다

접수를 끝낸 것으로 보였다.

"아! 이거 너무 늦어서 미안합니다."

맹원기가 짐짓 미안해하며 담당 직원 앞에 신청서 보따리를 끌러 놓았다. 그때는 두툼한 서류는 책보자기로 싸고 다닌 것이 유행했다.

"그래도 한국화약이 제일 빠른 편인데요."

"아니 그럼, 아직 아무 데서도 접수시키려 오지 않았습니까?"

"이제 몰려오겠지요."

그때가 4시 30분. 5시 10분 전이 되니까 그때서야 서로 약속이나 한 듯이 한꺼번에 몰려와서 6건이 접수되었다. 이는 당국이나 재계가 예상했던 10여 건에는 훨씬 못 미친 것으로 경쟁률이 저조한 것으로 나타났다. 아무리 메리트가 높은 정유사업이라고 해도 1, 2백만 달러 수준이 아니고 몇천만 달러의 거대한 석유자본과 제휴해야 하는 것이 그리 쉬운 일은 아닌 것이다.

다음 날 신문지상에 공개된 6건의 신청 사항은 다음과 같았다.

1. 東洋石油(韓國火藥의 金鍾喜) 美 스켈리(合作投資 및 借款)와의 제휴
2. 東邦石油(롯데製菓系의 辛格浩) 日本 伊藤忠(借款)과의 제휴
3. 三洋石油(三洋開發 系의 宋大淳) 日本 日綿(借款)과의 제휴
4. 三南石油(阪本紡績系의 徐甲虎) 美 선오일 또는 컨티넨탈오일(合作投資나 借款)과의 제휴
5. 漢陽石油工業(漢陽財團系의 金連俊) 美 에소스탠다드(借款 및 合作投資)와의 제휴
6. 湖南精油(樂喜化學界의 具仁會) 日本 三井物産과 美 스코니모빌(借款 및 合作投資)과의 제휴

실수요자 공모 신청이 끝나자, 경제기획원 문턱은 기자들의 발길로 불이 났다. 미증유의 제2 정유공장 향방을 점치는 것은 기자들의 취재 촉각을 자극하기에 충분했다.

이때부터 항간에는 밑도 끝도 없는 루머가 난무하기 시작했다. 이번

제2 정유공장 실수요자 결정이 사업계획의 타당성 여부보다는 정치적 배려에 의해 좌우될 것이란 풍문이 나돌았다. 실제로 경쟁자들은 온갖 정치적 배경을 다 동원하기 시작했다.

그러나 김종희 사장은 실수요자 결정이 어디까지나 차관이나 합작 조건 여하에 의해 결정될 것으로 믿고 내심 느긋해 하고 있었다. 한국화약이 제시한 합작투자 조건이야말로 우리나라가 지금까지 도입해 온 어떤 상업 차관보다도 제일 유리한 것이라는 확신을 가지고 있었기 때문이다.

장기영(張基永) 부총리의 통고

장기영 부총리실에서 김종희 사장 면담을 요청해 왔다. 김종희 사장은 엊그제 국회를 통과한 PVC 차관에 무슨 변동이라도 있는 줄 알고 급히 경제기획원으로 달려갔다. 그러나 장 부총리의 얘기는 제2 정유공장에 관한 것이었다.

"이번 제2 정유공장은 김 사장이 양보해야겠어요."

"양보라니 어떤 결정이 난 겁니까?"

"아직 결정이 난 건 아니지만 그 문제 때문에 청와대에 들어가서 박정희 대통령에게 브리핑을 하고 나오는 길이에요."

"그런데 되면 되고 안 되면 안 되지 양보란 무슨 말씀입니까?"

"김 사장도 소문을 들어서 알고 계시겠지만 지난 6월 9일에 별안간 나타나서 정부에다 백지 위임장을 내고 갔던 칼텍스(Caltex)가 덤핑을 해왔어요."

"덤핑을 해오다니요?"

"얘길 하자면 복잡해지는데…."

김종희 사장도 백지 위임장 건을 들어서 알고 있었다.

칼텍스는 캘리포니아 스탠다드와 텍사스오일이 해외 석유 시장 개척을 위해 설립한 회사로서 일찍이 일본에 진출, 일본 석유 시장의 주도권을 장악하고 있는 회사다. 울산정유 공장 건설 당시에 걸프, 쉘, 엑슨 등과 함께 경쟁을 벌이다가 걸프가 합작 파트너로 결정되는 바람에 한국 진출의 기회를 놓친 칼텍스에서는 한국 정부가 제2 정유공장 실수요자를 공모한다는 정보를 입수하고 판본방적(阪本紡績)의 삼남석유와 제휴하기로 하고 협상해 왔다. 협상 과정에서 칼텍스가 너무 고자세로 버티자 삼남석유가 막판에 가서 갑자기 파트너를 선오일(Sun Oil)로 바꾸게 되어 칼텍스는 결국 닭 쫓던 강아지 지붕 쳐다보는 격이 되고 말았던 것이다.

당황한 칼텍스에서는 실수요자 공모 마감 하루 전인 6월 9일에 대표한 사람을 서울로 급파했다. 그러나 시간이 너무 촉박했기 때문에 속수무책이었다. 칼텍스 대표는 하는 수 없이 투숙하고 있던 조선호텔에서 타이프 용지 한 장에다 '한국 정부가 제시하는 모든 조건을 수락할 용의가 있으니 제2 정유공장 건설에 참여할 기회를 주기 바란다'는 요지의 백지 위임장을 작성해서 경제기획원에 제출하고 돌아간 적이 있었다.

"대체 칼텍스가 무엇을 덤핑했다는 겁니까, 장관님?"

"연리 5.25%에 5년 거치 12년 분할 상환 조건의 차관을 제시해 왔어요."

"그렇습니까...?"

연리 6%, 3년 거치 10년 분할 상환인 스켈리 차관 조건에 비하면 확실히 유리하다.

"그리고 원유 공급 조건에 있어서도 걸프보다는 배럴당 7센트 내지 9센트까지 싸게 해주겠다는 거요."

"...."

김종희 사장은 쓴 입맛만 다셨다.

"유조선 운임도 배럴당 20% 정도 싸게 할 수 있다는 거요."

"...."

"솔직히 말해서 칼텍스가 이런 제의를 해 오지 않았다면 이번 공모 경쟁에서는 한국화약이 제일 유리했어요."

"장관님! 칼텍스의 행위는 분명한 반칙입니다."

"반칙이니까 이렇게 김 사장의 이해를 구하고 있는 거 아니요?"

"김 사장만 이해한다면 다른 사람은 아무도 할 말이 없어요."

"저는 이해할 수 없습니다!"

김 사장의 진면목은 이 지점에서 나오고 있는 것이다.

(독자들이여. 김 사장은 볏짚펄프 프로젝트에 대해서도 일국의 최고 권력자와 2인자 앞에서도 굴하지 않았던 것을 기억해 보면 이 장면을 이해할 수 있을 것이다.)

"김 사장! 국가 이익이라는 게 안 있어요? 이 장기영이 개인 이익을 취하자고 해서 이런 얘기하는 거 아녜요."

"그렇다면 우리 한국화약에서 칼텍스 조건을 받아들이겠습니다."

"김 사장! 내년에 대통령 선거가 있다는 거 아시죠?"

"압니다."

"김 사장은 정유공장을 경상남도 진해에다 건설하겠다는 거 아녜요?"

"그렇습니다."

"그렇지 않아도 지금 호남지방에서는 자기네들을 푸대접한다고 불만들인데 이번 제2 정유공장까지 경상도에 건설한다고 하면 대통령 선거 때 호남표가 나오겠어요?"

(묘한 데다 끌어다 붙이는구나! 호남이면 럭키화학이 전라남도 여수에 공장부지를 확보해 놓고 있지 않은가....)

독자들도 알고 있지만 제2 정유공장 사업권은 구인회 럭키화학그룹으로 정해졌다. 여기서 잠깐 럭키화학 캠프에서 제2 정유공장 사업권 획득을 위한 전략을 어떻게 짰는가를 보면 우리나라 정유산업의 흐름을 이해할 수 있다.

"공장부지를 어디로 하는 게 좋겠노?"

구인회 사장은 사업계획을 완성해 놓고 공장부지 결정을 위해 참모들하고 논의에 들어갔다.

우선 제일 조건은 대형 유조선의 접안이 가능한 바다에 접근해 있고, 공업용수 확보가 용이해야 하고 도시 민가가 밀집한 곳에서 먼 곳이어야 한다는 것이었다. 참모들의 여러 의견이 나온 중에 여수 인근의 삼일항(三日港)이 떠올랐고 전문가들이 그곳에 출장을 나가 조사해 본 결과 적지라는 평가가 나왔다. 럭키화학이 이곳을 정하면서 회사명을 호남정유(湖南精油)라고 정한 것은 다분히 정치적 배려가 있었다는 것을 알 수 있다. 럭키화학은 사업자 선정 막바지에 합작선을 스코니모빌에서 칼텍스로 갈아타는 기민성을 보여 성공했다.

"그래서 각하께서도 김 사장하고 한번 의논해 보라는 말씀이 있었어요."

(대통령이...?)

"그 대신 제3 정유 때는 김 사장한테 프라이어리티(Priority, 우선순위)를 드리겠습니다. 각하께서도 그런 뜻으로 말씀하셨기 때문에 내가 하는 말입니다."

김종희 사장은 결국 국가 이익이라는 명분 앞에서 반칙을 묵인하고 KO패 당하는 것을 감수했다.

11월 17일 장기영 경제기획원 장관은 내외 기자들 앞에서 여수(麗水)에 건설되는 제2 정유공장의 실수요자를 럭키화학 계열의 호남정유로 결정했다고 발표하면서 제3 정유공장의 실수요자도 연내에 선정할 방침이라고 덧붙였다.

김종희 사장은 제2 정유 발표가 있은 직후 제3 정유공장에 도전을 선언하는 한편 그날로 PVC 공장부지 매입에 들어갔다. PVC 공장은 제2 정유공장 후보지로 꼽았던 진해에 건설하기로 했다. 진해에는 이미 제4

비료공장이 들어서 있어서 공업용수를 비롯한 전력, 부두 시설 등이 갖추어져 있기 때문에 입지 조건이 매우 유리할 뿐 아니라 진해는 여수 호남정유와 울산정유와의 중간 지점이라는 점에서 장차 거론될 제3 정유공장 후보지로서도 각광을 받을 수 있는 곳이다.

26

김 사장! 고속도로 공사에 화약 떨어져 공사 중단 말 안 나오게 할 자신 있어요?

김종희 사장은 1969년 12월 초 청와대 비서실에서 박정희 대통령이 한 시간 후에 인천 화약공장을 시찰하게 된다는 연락을 받았다. 비서실에서는 사장이 미리 내려가서 대기하고 있다가 직접 안내하도록 하라는 것이다. 김종희 사장은 당황했다. 화약공장이라면 폭발 위험이 있다는 선입관 때문에 세무서 관리들조차 드나드는 것을 싫어하는데 그런 데를 대통령이 갑자기 시찰하겠다니 무슨 영문인지 모를 일이었다.

(그 어른이 군인 출신이라서 역시 겁이 없으신 모양인데...?)

김종희 사장이 부랴부랴 인천공장에 도착한 것은 오후 3시 20분 전, 미처 공장을 한 바퀴 돌아볼 겨를도 없이 경호 백차를 앞세운 대통령 전용차가 공장 정문으로 들어와 섰다.

"각하! 어서 오십시오."

"오랜만입니다. 김 사장!"

김종희 사장이 박 대통령을 처음 만난 것은 5·16이 나던 해 최고회의 의장으로 있을 때다. 독자들도 기억하고 있듯이 볏짚펄프 프로젝트를 제안하면서 처음 만났던 것이다. 그 뒤로는 공식 석상에서 몇 번 대했을 뿐 사사로이 만난 적은 없다.

"김 사장이 브리핑 좀 할 수 있겠어요?"

"예! 준비는 없습니다만 이 공장은 제 분신이나 다름없으니까 할 수 있습니다."

김종희 사장은 박 대통령을 공장장실로 모시고 브리핑을 시작했다. 공장 건설 년, 월, 일, 건설 당시의 면적과 건물 동수 및 연건평, 공장 건설 배경, 초창기 고용 인원과 연간 화약 생산량으로부터 시작해서 6·25 후에 제1, 2, 3차 복구공사를 끝내고 계속 시설을 확충해 오면서 오늘에 이른 과정과 현황을 막히는 데 없이 그야말로 일사천리로 설명해 나갔다. 박 대통령은 연방 고개를 끄덕이고 브리핑이 끝나자, 질문을 시작했다.

"김 사장, 학교는 어디를 나왔어요?"

"상업학교밖에 못 나왔습니다."

"어느 상업학교요?"

"지금의 경기상업 전신인 도상을 다니다가 4학년 때 일본 학생들하고 싸우고 퇴학 맞는 바람에 졸업은 원산상업학교로 가서 했습니다."

"학교 다닐 때 공부 잘했겠어요?" 대통령의 이 말은 브리핑이 훌륭했다는 것을 의미했다.

"아닙니다. 저는 학교 다니는 동안 1등은 한 번도 못 해 봤습니다."

그것은 겸손의 말이었다.

"지금은 우리나라에서 화약은 수입 안 해 오지요?"

"일반 산업용 화약은 수입하지 않습니다만 일부 특수 화약은 지금도 수입하고 있습니다."

"특수화약은 기술이 없어서 못 만드나요?"

"아닙니다. 수요가 적기 때문에 생산원가가 비싸게 먹혀서 만들지 않습니다."

"그래요? 화약값은 여기서 나오는 국산이 외국산 보다 약간 비싸다는 말을 들었는데 품질은 어때요?"

"각하! 미 8군에서도 저희 공장에서 나오는 화약을 쓰고 있습니다."

"그야 김 사장이 8군 사령관하고 친하니까 써주는 거겠지요, 핫하...."

"하하....아닙니다. 절대로 그런 건 아닙니다."

"김 사장!"

"예!"

"지난 대통령 선거 때 내가 공약한 경부 고속도로를 곧 착공하려고 하는데 고속도로 공사하다가 화약이 떨어져서 공사 중단한단 소리 안 나오게 할 자신있어요?"

"자신 있습니다! 저희 공장의 화약 제조시설 용량은 혼화기 기준으로 하면 연간 1만 8천 톤입니다. 1만 8천 톤이면 22.5kg들이 다이너마이트 80만 5천3백 상자가 됩니다. 저희 공장에는 현재 2.67 톤짜리 혼화기 6대가 설치되어 있습니다. 혼화기라는 것은 화약의 각종 원료를 고르게 섞는 기계설비를 말하는데 2.67 톤짜리 혼화기 6대를 하루에 3번씩 365일 가동시키면 곧 1년 생산량이 1만 8천1백 톤이 되는 것입니다. 이 1만 8천 톤이라는 화약 물량은 일본의 5대 화약공장이 65년도에 생산해 낸 총 4만 4천 톤의 38%에 해당하는 것입니다. 또한 저희 공장의 전기뇌관 생산시설 용량은 1일 10만 발입니다. 이 전기뇌관 역시 65년도에 일본에서 생산해 낸 1억 1천4백만 발의 31%에 해당하는 물량입니다."

"좋아요. 그럼 공장이나 한번 둘러봅시다."

"각하! 죄송한 말씀입니다만 화약공장은 규칙상 작업 중에는 누구도 접근할 수 없는 데가 몇 군데 있습니다."

"여기서는 김 사장이 대통령이니까 하라는 대로 해야죠. 하하...."

수행원들 사이에 활짝 웃음이 터졌다.

김종희 사장은 박 대통령을 안내하고 공장 전경을 한눈에 내려다볼 수 있는 관망대에 올랐다. 관망대에서 내려다보는 화약공장 전경은 마치 어느 변방의 군사 요새지를 방불케 했다. 웅장한 토제(土堤)로 둘러싸인 오두막 같은 공실들이 깊은 정적에 잠겨 있어서 긴장감이 감돌기까지 했다.

"김 사장, 공장 분위기가 왜 이렇게 적막해요?"

"조용한 것이 화약공장의 특색입니다, 각하!"

"그래요?"

"화약공장 기계는 돌아가는 소리도 조용합니다. 일단 이 공장 정문 안에 들어서면 보행 속도까지도 1분간에 80보 이상 걸어서는 안 된다는 제한을 받습니다. 위험물을 들고 다니기도 하거니와 뛰는 사람이 있으면 무슨 사고가 난 줄 알고 사원들이 놀라게 되니까요."

"그럼 내가 작업장에 불쑥 들어가면 종업원들이 긴장할 거 아니오?"

"사원들이 각하를 뵙게 되면 다소 당황하게 될 겁니다."

"어떡한다....?"

"사원들은 간혹 제가 나타나기만 해도 긴장하는 것 같아서 특별한 경우가 아니면 제 자신이 작업장 출입을 삼가고 있습니다."

"내가 작업장을 들르지 않는 것이 좋겠어요."

"각하께서 필히 현장을 시찰하시겠으면 종업원들을 지금이라도 퇴근시키고 난 다음에...."

"그럴 필요까지는 없어요. 김 사장 브리핑을 들었고 또 이렇게 화약공장 전경을 내 눈으로 확인했으니까."

"그래도 예까지 먼 길을 오셨는데...."

"괜찮아요. 그래 그동안 이 공장에서 안전사고는 몇 건이나 발생했어요?"

"사소한 폭발 사고는 해마다 두세 건씩 일어났습니다만, 인명 피해를 가져온 대형 사고는 59년, 62년, 64년에 각각 한 건씩 발생해서 그때마다 한 사람씩 목숨을 잃었습니다."

"그렇다면 위험한 화약공장치고는 재해율이 낮은 편 아니오?"

"항상 폭발 위험이 크기 때문에 안전 수칙도 그만큼 엄격하게 지키고 있습니다."

"아무쪼록 안전 관리에 더욱 노력하고....나하고 같이 올라갑시다."

화력발전소 및 간이 정유공장 사업 신청

김종희 사장의 사업 다각화를 위한 보폭은 빨라졌다. 김종희 사장은 박 대통령이 인천공장을 방문했던 다음 날 갑자기 홍콩으로 출장을 떠났다. 3일 후에 돌아온 그는 기획실장을 불러 민간 화력발전소 건설 계획을 세우라고 지시했다.

이보다 앞서 정부는 11월 27일에 민간 화전(火電) 건설 계획을 확정 발표했다. 소위 토마스 리포트(Thomas Report)로 일컬어지는 국내 전력(電力) 수요 측정이 크게 빗나갔던 것이다.

정부가 제1차 경제개발5개년 계획을 성안하던 1961년 당시의 우리나라 발전시설 용량은 36만 킬로와트에 불과했다. 이에 정부에서는 전력 개발 대책을 수립하기 위해 향후 5년간의 전력 수요 측정을 위해 미국의 용역 전문회사인 토마스 엔지니어링에 의뢰한 바 있었다. 그 결과 제1차 경제개발5개년 계획의 마지막 년도인 1967년까지의 국내 전력 수요가 약 1백10만 킬로와트로 증대될 전망이라는 것이었다. 1백10만 킬로와트면 61년 발전시설 용량인 36만 킬로와트의 거의 3배가 넘는 발전량이다. 토마스 리포트에 따라 정부가 연차적으로 증설해 온 발전시설 용량은 66년도 말 현재 83만 킬로와트에 달했다. 그런데 국내 전력 수요는 66년 후반부터 이미 80만 킬로와트를 초과하게 되어 일부 제한송전(制限送電)을 실시하지 않을 수 없었다. 전력 수요의 증대 추세로 보아 토마스 리포트에 의한 발전량 1백10만 킬로와트 전량이 확보된다 해도 68년 이후에는 전력 부족 현상이 더욱 심각해질 전망이었다. 토마스 리포트가 크게 잘못되었다기보다는 우리나라의 경제 성장이 그만큼 앞지른 결과였고 실제로는 토마스 조사단도 경제성장에 따르는 일반 가정용 전력 수요가 그렇게까지 급격한 속도로 증대되리라는 것은 미처 예상하지 못한 일이었다.

정부로서는 전력 비상 수급 대책을 강구해야만 하게 되었다. 모든 동력 개발은 국가가 직접 관장해야 한다는 것이 정부의 확고한 에너지 정책이었다. 그러나 전력 개발을 담당해 온 한전(韓電, 한국전력)의 외채(外債) 부담 능력이 이미 한계점에 도달해 있었기 때문에 정부로서는 부득이 전력난을 시급히 해결하기 위한 방법으로 1백만 킬로와트(㎾) 규모의 발전시설을 민간 베이스에 의해 건설한다는 방침을 확정, 그중의 66만㎾의 화전 건설 실수요자를 물색하고 있을 때였다.

김종희 사장의 어떤 흐름을 보는 눈은 빠르다. 전력이야말로 근대 산업 발전의 원동력이다. 김종희 사장이 화력발전소 건설에 참여하려는 것은 발전소 건설 자체도 중요하지만, 궁극적으로는 제3 정유 실수요자 경쟁에서 유리한 고지를 선점하려는데 그 목적이 있었다.

34만㎾ 규모의 화전을 건설하되 화전에 필요한 연료 벙커C유를 자가 생산으로 공급하기 위한 간이 정유공장을 동시에 건설한다는 것이 김종희 사장의 복안이었다. 절묘한 전략이었다. 그러나 34만㎾ 규모의 화력발전소를 건설하면서 간이 정유공장까지 동시에 건설하자면 적어도 1억 달러에 가까운 막대한 자금을 동원해야 한다. 김종희 사장이 홍콩 출장을 간 것은 자금 문제를 해결하기 위해서였다.

미국의 유니온오일(Union Oil) 부사장 찰스(Charles)를 홍콩에서 만나기로 되어 있었다. 유니온오일 홍콩지사장 맥(Mack)은 한국화약 동경지사장으로 있는 김종환의 사우스캘리포니아대학원 동기로 김종희 사장하고도 잘 아는 사이였다. 유니온오일이 걸프나 칼텍스와 같은 대형 석유회사는 아니지만은 미국 석유회사 랭킹 11위에 속할 뿐만 아니라 미국내 100대 기업 가운데 80위 권에 랭크되어 있는 회사다. 그러면서도 유니온오일은 아직 단 한 번도 해외투자를 해본 적이 없는 회사다. 다소 보수적인 경향이 있는 유니온오일이었으나 한국에다 화력발전소와 병행해서 간이 정유공장을 함께 건설하자는 김종희 사장의 제의에는 매우 호의적이었다. 걸프가 이미 한국에서 재미를 보고 있고 칼텍스가 제2 정유공장에 투자하고 있다는 사실을 잘 알고 있었기 때문이다.

김종희 사장은 유니온오일과의 협의에서 합작투자 원칙에는 쉽게 합의할 수 있었다. 세부사항은 정부의 상업 승인이 난 후에 다시 구체적으로 협의하기로 했다.

가칭 경인전력개발(京仁電力開發) 명의로 화력발전소 및 간이 정유공장 건설을 위한 외국인 투자 승인 신청서가 경제기획원에 제출된 것은 1968년 1월 16일, 마침내 4월 10일에는 투자 승인이 떨어져서 유니온오일과의 본격적인 협의에 들어갈 수 있게 되었다.

이 무렵에는 지난 2월 1일에 시공한 경부고속도로 건설 공사가 구간(區間)별로 일제히 전개되어 화약 수요가 폭발하기 시작한 때였다. 7월에는 작년 10월에 착공한 연산 1만 5천 톤 규모의 진해 PVC 공장이 준공되고, 8월에는 한국베어링 부평공장의 1백20만 달러 차관에 의한 시설 확장공사가 완료되어 연산 2백80만 개의 베어링이 쏟아져 나오기 시작했다.

제일화재해상보험 인수

김종희 사장이 제일화재해상보험(주)를 인수하고 제2금융권에 진출한 것은 1968년 9월의 일이었다.

제일화재해상보험은 1949년 3월에 자본금 3만 원으로 설립된 화재 단종(單種) 회사다. 그 후 1955년에 해상보험이 추가되고 1957년에는 삼호방적(三護紡績) 계열에 흡수되어 각종 신종보험을 개발, 판매하면서 사세를 확장해 오던 중 삼호그룹이 퇴조하면서 자금난을 겪게 되었던 것이다.

그 당시 보험업은 인기 있는 업종이 아니었다. 사회적 신뢰도도 낮은 수준이었다. 보험회사들이 보험금을 제때 지불하지 못하는 사태가 비일비재했다. 그러나 김종희 사장은 선진국에서 보험이 차지하는 금융권에서의 비중이 얼마나 큰 것인가를 잘 알고 있었다. 김 사장은 삼호 측에서 방출하는 제일화재해상보험 주식을 적극적으로 사들일 수 있었다.

27

거대 석유자본 칼텍스의 위협

1968년이 저물어가는 12월 중순의 어느 날, 미국으로부터 칼텍스 본사의 릴리(Relie) 회장이 극동 담당 중역 스톤(Stone)을 대동하고 전용기 편으로 김포공항에 도착했다.

칼텍스 본사 회장이 직접 움직인 것은 예삿일이 아니다. 스톤은 제2정유 사업자 선정 때 락키화학과 제휴하는 데 결정적 역할을 했고 계약서에 사인한 당사자다. 호남정유 기공식이 거행된 것은 금년 초 2월 20일, 기공식이 끝난 지 불과 두 달 만에 정부가 경인전력 개발에 또 하나의 정유공장 건설을 허가했다 해서 강력한 항의를 제기해 놓고 있는 칼텍스 경영 수뇌진의 돌연한 방한이었다.

김종희 사장은 그들의 방한이 어쩌면 간이 정유공장 건설에 큰 변수로 작용할지도 모른다는 예감이 들었다. 김종희 사장의 감각은 날카롭다.

한국화약(주)의 화력발전소 및 간이 정유공장 사업을 허가한 장관은 장기영 장관이 아니고 67년 10월 개각 때 부총리 겸 경제기획원 장관으로 기용된 박충훈(朴忠勳) 전 상공부 장관이다. 박충훈 장관도 이미 릴리 칼텍스 회장이 내한한 사실을 알고 있었다. 김종희 사장은 릴리 회장 일행이 반도호텔에 여장을 푸는 사이 경제기획원으로 달려갔다.

"릴리 회장이 온 목적이 대체 뭐랍니까? 장관님."

"내일 청와대에 들어가게 되어 있어요."

"청와대를요?"

"참 골치 아파요."

"청와대 들어가면 어떻게 하겠다는 거요."

"인천에다 정유공장 짓는 걸 허가하면 자기네는 호남정유에서 손을 떼겠다는 거요."

"정말 한심한 친구들이군…. 화력발전소에 딸린 간이 정유소를 짓는 건데 그게 어째서 정유공장이랍니까?"

"결국은 그 간이 정유공장이 제3 정유가 되는 거라고 생각하는 거지요."

"어차피 제3 정유는 장기영 장관이 제2 정유 실수요자를 발표하면서 67년 중에 결정할 거라고 한 거 아닙니까?"

"제3 정유공장을 왜 하필이면 인천에다 짓게 하느냐, 이겁니다."

"…."

그 말에는 김종희 사장도 대꾸할 말이 궁색했다. 칼텍스 측 주장에 일리가 있었기 때문이다.

여수의 제2 정유공장이 준공되려면 아직 1년은 있어야 한다. 그때까지는 울산 정유공장 시설 용량이 일산 11만 5천 배럴로 늘어나기 때문에 일산 6만 배럴 규모의 여수 정유공장으로서는 판매 경쟁에서 불리할 것이 당연하다. 거기에다 인천의 제3 정유가 뛰어드는 경우 여수 정유공장은 치명적인 타격을 입게 된다. 전국적으로 가장 큰 석유 시장인 경인 지역을 지리적으로 가까운 제3 정유가 석권할 것은 불을 보는 것 같이 뻔한 일이다. 말이 경인 지역이지만 핵심은 '서울'인 것이다.

"그래서 김 사장한테는 미안한 말이지만 이미 허가한 간이 정유공장에 조건을 하나 붙여야 할 것 같아요."

"조건이라뇨?"

"간이 정유공장에서 생산되는 벙커C유 중에서 발전소에 공급하고 남는 분량하고 그 밖의 나프타를 비롯한 모든 부산물 일체를 '전량 수출한다'라는 조건 말이오."

"아니, 장관님! 나더러 사업을 하라는 겁니까, 망하라는 겁니까?"

김종희 사장의 흥분은 당연했다.

"일단 그런식으로라도 칼텍스를 달래 놓고 나중에 국내 수요가 달릴 때 해제하면 될 거 아니오."

칼텍스가 그렇게 고압적으로 나오는 것은 국가 안보하고 직결되어 있었다. 칼텍스가 한국에 정유공장을 짓는 것은 미군 1개 사단을 주둔시키는 것과 맞먹는다는 국가 안보론이었다. 당시 북한의 대남 군사 위협이 대단했기 때문에 이런 논리가 설득력을 가지고 있었다.

"지난번 제2 정유 때는 칼텍스가 덤핑 반칙을 했는데도 국가 이익을 생각해서 양보해라. 이번에는 칼텍스 비위를 맞추려고 공장에서 나오는 물건 네 맘대로 못 판다....서러워서 살겠습니까?"

김종희 사장은 말은 그렇게 하면서도 은근히 그런 선에서 칼텍스의 반발이 무마되기를 바랐다. '전량 수출' 조건은 정부가 지금까지 각종 신규 공장을 허가하면서 동종업체의 반발을 막기 위해 곧잘 이용해 오는 정책 수단이었다. 이것이 지켜지는 일은 거의 없었다.

1969년 2월 19일, 김종희 사장은 인천시 북구 원창동(元倉洞) 100번지 해안 일대의 34만 평이나 되는 허허벌판 위에 일산 5만 5천 배럴 규모의 정유공장과 발전 용량 34만 4천㎾(17만 2천㎾ 발전기 2기) 규모의 화력발전소 기공식을 거행하고, 그해 4월 3일에는 유니온오일과의 합작회사인 경인(京仁)에너지주식회사를 정식으로 발족시켰다.

율도(栗島)에 건설 중인 경인에너지발전소가 준공되는 것은 3년 후인 1971년 말경, 당시로서는 경인에너지 건설 사업이 국내 최대의 민간(民間) 프로젝트였다. 국가에너지 정책이 국영 일변도에서 민영으로 전환되는 것이었다. 소요 사업비가 무려 1억 4백여만 달러, 투입되는 연인원 1

백8만여 명, 1972년 9월 17일 마침내 청색 홍색 대형 애드벌룬이 하늘을 수놓은 율도 화력발전소 광장에서 경인에너지 준공식이 거행되었다. 이날 준공식은 박정희 대통령과 태완선(太完善) 부총리를 비롯한 3부 요인들과 국내 경제인들, 그리고 유니온오일의 하틀리(Hatlie) 사장과 플루어의 디이터 부사장 등이 참석했다. KBS 라디오는 준공식을 전국에 실시간으로 중계하기도 했다.

정유공장이 가동되기 시작한 것은 이보다 훨씬 앞선 1971년 4월. 이란산 원유 22만 배럴을 실은 탱커 시파라(Sea Para) 호가 율도 앞바다에 건설된 경인에너지 전용 부두에 접안하던 때부터였다. 그 후 '전량 수출 조건'이 해제되어 1971년 12월에는 이미 벙커C유와 디젤유가 시판되기 시작해서 1970년 9월에 설립한 제3 석유 판매 주식회사가 '석유산업의 신시대를 개척하는 경인에너지'라는 캐치프레이즈를 내걸고 본격적인 판촉 활동을 전개하고 있는 때였다.

베어링, PVC 부문의 고전

한국화약(주)이 창립된 지도 어느덧 20년. 경인에너지의 준공은 한국화약이 그동안 축적해 온 기업 역량의 총집대성이었다. 화약 일변도에서 벗어나 에너지, 기계공업, 석유화학 분야로 진출해 기업의 성격이 바뀌게 되었고 한화그룹 성장사에 한 획을 긋게 되었다.

그러나 이 무렵 한국화약 그룹의 재무 구조는 별로 신통치 않았다. 1970년에 경부고속도로 건설이 거의 끝나가면서 토목계의 화약 수요가 감소된 데다 1971년부터는 정부의 연료 정책이 주탄종유(主炭從油)에서 주유종탄으로 전환됨에 따라 탄광에서의 화약 수요도 차츰 줄어들고 있었다. 그동안 호남 고속도로와 영동 고속도로가 착공되고 서울의 지하철 1호선이 착공되기는 했지만 역시 화약 수요는 경부고속도로 공사가 피크를 이루던 69년도 수준에 비하면 70%도 미치지 못했다.

1964년에 인수한 한국베어링은 증자를 거듭하면서 시설을 확장하고 철도 차량용 베어링을 개발하는가 하면 품질 향상을 위해 니혼 세이코(日本精工)와 기술 제휴하고 한국정공주식회사를 설립(1971년 4월 19일), 내외륜(內外輪)선삭 가공 공장을 설립하는 한편 일부 베어링을 수출까지 하는 데도 경영이 악화되어 적자가 쌓여갔다.

한국베어링의 적자 요인은 무리한 시설 확장으로 인한 과중한 자금 부담에도 원인이 있었지만 보다 근본적인 원인은 국내 베어링 시장을 장악하고 있는 특정 대리점의 농간 때문이었다. 유통구조의 문제였다.

당시 국내 베어링 시장은 동양철물(東洋鐵物)이라는 베어링 도매상이 지배하고 있었는데, 동양철물이 막대한 자금력을 배경으로 한국베어링에서 생산되는 제품을 독점적으로 공급 받아 일반 소매점에 판매해 오고 있었다. 인기 있는 베어링은 선금을 주고 매점하는 대신에 인기 없는 베어링은 의도적으로 사 가지 않고 재고가 쌓이게 한 다음에 정상가격에서 30%씩 싸게 사가면서 6개월짜리 약속어음을 끊어주었다. 동양철물은 그 어음을 뒤에서 월 7부라는 비싼 이자로 바꾸어주어 금리 장사까지 했다. 그뿐 아니라 한국베어링에서 쓰는 철강제까지도 공급하면서 정부기관 등 각종 베어링 납품 입찰에도 참가하여 생산업자인 한국베어링보다 싼 값에 응찰함으로써 폭리를 취했다. 결과적으로 한국베어링은 동양철물의 횡포 때문에 좋은 시설로 좋은 제품만 생산하는 하청 공장이 되었다.

국내 베어링 공업을 보호해야 한다는 정책 차원에서 내륜(內輪) 70mm 이하의 베어링 수입이 제한된 때였다. 한국베어링은 독점기업이었다. 그런데도 한국베어링이 시장을 지배하지 못한 것은 베어링 시장을 지배할 만한 자금력이 없었기 때문이다. 한국화약에서는 그동안 모든 자금력을 경인에너지 건설에 집중시키느라고 미처 한국베어링 쪽을 돌아볼 겨를이 없었다. 한국화약 그룹의 수출 창구인 골든벨 상사(태평물산(주)의 상호를 68년에 변경)의 영업실적도 부진을 면치 못하고 있었다.

한국화성의 PVC 공장도 심각한 경영난에 봉착하고 있었다. 진해 PVC 공장이 준공되던 68년에 톤당 56만 원 하던 PVC 레진 값이 69년에는 36만 원으로 폭락하더니 70년에는 16만 원으로 다시 71년에는 13만 6천 원으로 폭락해서 현찰로는 8만 5천 원에 거래되기도 했다.

PVC 레진(Resin) 값이 그렇게 폭락하게 된 이유는 정부가 진해공장 이외에도 우풍화학(友豊化學)의 군산공장과 동양화학(東洋化學)의 인천공장을 허가함으로써 기존의 대한프라스틱과 공영화학까지 5개 공장에서 생산해 내는 PVC 레진이 공급 과잉을 빚게 되어 각 사가 치열한 가격 경쟁을 벌여온 때문이다. 플라스틱 원료인 PVC 레진의 판매 경쟁으로 가공업체가 호황을 누리는 가운데 5개 사는 다 같이 심각한 경영난에 부딪혔다.

정부에서는 PVC 업계가 더 이상 부실화되는 것을 막기 위해 5사 통합을 검토하게 되었다. 어떤 정책적 단안을 내리지 않으면 한국의 PVC 산업은 공멸을 면치 못한다. 5사가 모두 차관업체들이다. 차관 업체가 도산하면 정부가 그 차관을 상환하지 않으면 안 된다. 정부가 차관 지불을 보증했기 때문이다. 선발업체인 대한프라스틱과 공영화학 경영권은 이미 누적 적자 때문에 69년 9월과 70년 4월에 각각 신동아(新東亞) 그룹으로 넘어간 때였다.

한때는 PVC 업계가 자구책의 일환으로 원료를 비롯한 제품의 협정가격제를 실시한 일도 있었다. 그러나 협정 가격은 제대로 지켜지지 않았으며 협정가격제로 한국화성은 오히려 불리해지기만 했다. 한국화약 출신인 한국화성 사원들은 PVC 장사도 화약 장사 방식으로 했다. 화약 장사란 융통성이 없다. 초안폭약을 달라는데 폭발력이 더 좋다고 해서 다이너마이트를 줄 수 없고, 다이너마이트를 반토막도 덤으로 줄 수 없다. 한국화약 출신들은 좋은 의미에서든 나쁜 의미에서든 그런 식으로 융통성이 없는 정직한 사람들이다. 그와 같은 기업 체질은 한국화약 그룹의 장점인 동시에 약점이다. 그래서 한국화약 그룹은 장사에 약하고 특히 다른 기업과의 경쟁 관계에서는 늘 뒤로 처지게 마련이다.

베어링을 출하하지 말라

김종희 사장은 경인에너지 준공식을 마치자 한국베어링의 경영 혁신을 서둘렀다. 3억 6천만 원의 자본금을 5억 3천만 원으로 대폭 증자, 몸집을 키웠다.

한편 한국화약 본사 관리부장 오재덕을 한국베어링 영업담당 이사로 발령냈다. 오재덕은 특채 1기로서 10여 년간 그룹 각사의 구매 업무를 총괄해 오다가 71년 각 사가 독립 채산제를 실시하게 되어 관리부장으로 전보된 후 경영분석을 전담해 오고 있었기 때문에 한국베어링의 경영이 부실한 이유를 누구보다도 잘 알고 있었다.

김종희 사장은 오재덕에게

"시중에 베어링이 고갈될 때까지 공장에서 생산되는 베어링을 일절 출하하지 말라."고 지시했다.

"국내 베어링 메이커는 우리뿐인데 앞으로는 배를 튕기는 대리점한텐 베어링을 팔아 달라고 사정하지 말란 말야!"

"알겠습니다. 회장님 말씀대로 6개월만 안 팔고 버티면 대리점에서 아우성이 날 겁니다."

(독자들이여. 오재덕이 김종희 사장을 '회장님'으로 호칭하는 것에 주의해 주기 바란다. 앞으로 이 책에서도 회장님(존칭)으로 쓰게 된다. 김종희 사장은 1968년 7월 1일 그룹 회장으로 취임했다.)

"그땐 대리점에서 감히 베어링 값을 깎는다든가 6개월짜리 어음 같은 걸 떼는 짓은 못 할 거 아니냐 말야."

"그렇게 되면 대리점의 덤핑 입찰까지도 막을 수 있을 것입니다. 지금까지는 대리점에서 할인 가격으로 사간 베어링을 가지고 덤핑한 거니까요."

"이번 기회에 그런 악질적인 대리점을 아예 잘라버려."

"그래야지요."

"그리고 생산 관리를 철저히 하도록! 잔뜩 만들어서 재고가 쌓이게 되면 재고에 투자된 만큼 자금 압박을 받게 되는 거 아니겠어?"

"시장 조사를 철저히 해보겠습니다. 아직까지는 어떤 종류의 베어링이 어디에 얼마만큼 쓰이고 있는가 하는 수요 파악조차 제대로 안 되어 있는 실정이니까요."

"그래서 좌우간 대리점에서 뜨끈뜨끈한 현찰을 들고 와서 〈오 이사님, 오 이사님....〉하고 매달릴 때까지 일절 팔지 말고 버티란 말야. 알겠어?"

"염려 마십시오, 회장님!"

당시 한국베어링은 산은(産銀) 인사부장을 역임한 노정호 사장이 맡고 있었다. 한국베어링이 기사회생하기 시작한 것은 지난 달부터였다. 시중에 베어링이 동나자, 각 지방 대리점에서 현찰을 가지고 직접 부평공장으로 몰려드는 것이었다. 예상했던 대로였다.

5개 PVC 합병회사 탄생

상공부는 이전투구 싸움을 벌이고 있는 5개 PVC 레진 업체를 어떻게든 정리해야 했다. 차관 업체들의 부도는 국가적 차원에서 꼭 피해야 하는 것이다. 한국화성을 비롯한 대한프라스틱, 공영화학, 우풍화학, 동양화학 등 5개 사는 10월 30일에 정부가 주도하는 통합 원칙에 따라 주식 비율을 확정하고 '한국프라스틱공업주식회사'라는 하나의 합병회사를 설립하는 데 합의했다.

5개 사의 주식 비율은 다음과 같았다. 한국화성 31.8%, 대한프라스틱 30.8%(공영화학 포함), 우풍화학 27.4%, 동양화학 10%. 상공부는 합병회사인 한국프라스틱 경영을 지분 주식이 제일 많은 한국화성에 맡기려 했다. 그러나 김종희 회장은 이를 사양했다. 그러자 재계에서는 '한국화약의 김 회장은 차려주는 밥상도 마다하는 사람'이라고들 비꼬았다.

김종희 회장으로서도 욕심이 없는 것은 아니었다. 그러나 그는 남하고 다투기가 싫었다. 한국화성의 지분이 제일 많다고는 하지만 31.8%에 불과하다. 만약 경영을 맡는다면 절대 경영권을 행사해야 한다. 그러기 위해서는 대한프라스틱이나 우풍화약 중의 한 회사하고 제휴하지 않으면 안 된다. 그럴 경우 다른 회사와의 마찰이 없으란 법이 없다. 그럴 바에는 차라리 경영에서 손을 떼는 것이 편하다고 생각했다. 김종희 회장은 본래 외유내강(外柔內剛)의 반대로 외강내유한 편이어서 겉으로만 강했지 실상 마음은 언제나 약하다 못해 여린 편이었다.

""회장님! 만약 대한프라스틱에서 경영권을 맡겠다고 나오면 어떻게 합니까?"

한국화성의 업무 담당 이사인 송명호는 통합사의 경영권을 맡아야 한다고 주장했다.

송명호는 김종희 회장의 직산초등학교 후배이자 죽은 동생 종근이의 친구다. 그는 서울 상대를 졸업하고 1954년 육군 대위로 제대하면서 한국화약에 입사했다. 69년에 이사로 승진하여 본사 경리를 담당해 오다가 현재 한국화성에서 업무 담당을 하고 있는 것이다.

"사실상 이번 주식 비율 결정은 잘못된 것입니다. 실제 공장 가치를 따진다면 우리 한국화성이 적어도 전체 주식의 40%는 차지했어야 합니다."

"이 사람아! 흑자 합병도 어려운 법인데 적자합병을 하면서 어떻게 내 이익만 주장할 수 있나?"

"그러니까 회사 경영은 당연히 우리가 맡아야 하는 겁니다, 회장님!"

"경영은 상공부에서 추천하는 전문경영인에게 맡기기로 했어. 그 대신 실무는 각 사에서 대표 한 사람씩을 파견하기로 했는데 우리 회사에서는 자네가 나가도록 해!"

"제가요....?"

"자네는 곧 나를 대신해서 나가는 거야. 딴 회사에서 나오는 사람들하고 잘 협조해 나가야 할 거야."

"딴 회사에서는 어떤 사람들이 나오게 됩니까?"

"그야 아직은 모르지. 영업은 아마도 우리 측에서 맡게 될 텐데 앞으로 우리나라 PVC 업계가 사느냐 죽느냐 하는 것은 자네 손에 달렸어. 종전과 같은 무모한 경쟁 체제가 아닌 독점 체제하에서의 시장 관리를 어떻게 하느냐 하는 데에 PVC 업계의 사활이 걸려 있는 거야, 알겠어?"

만에 하나 한국화성이 도산하는 날이면 한국화약 그룹 전체가 도산을 면치 못하게 되는 것이다. 한국화성의 차관 지불 보증에 대한 연대 담보 책임을 한국화약과 한국베어링이 지고 있기 때문이다.

김종희 회장은 오늘도 점심시간에 골프를 치러 나갔다. 그는 주말에는 물론이고 평일에도 매일 비가 오나 눈이 오나 12시에서 1시 사이에 미 8군 골프장을 찾곤 했다. 파트너가 없어도 그는 혼자서 꼭 골프를 쳤다. 김 회장에게는 골프는 취미라기보다는 지병인 당뇨를 극복하기 위한 것이었다. 한때 김 회장은 승마를 한 일이 있었는데 골프가 시간과 비용이 덜 드는 데다 골프가 훨씬 운동량이 많았다. 그가 근래에 사업에 쫓기다 보니 그의 당뇨는 다소 악화된 듯했다. 김 회장은 40대 후반으로 곧 50대가 된다. 그는 부인 강태영 여사의 권유로 시간이 나면 붓글씨도 쓰고 전자 올겐도 친다. 긴장은 당뇨를 악화시킨다. 김 회장이 전자 올겐으로 즐겨 치는 곡은 〈울밑에 선 봉선화야〉, 〈으악새 슬피 우니 가을인가요〉, 이난영의 〈사공의 뱃노래 가물거리며〉 등 우리 전통가요였다.

28

농림 장관의 아이스크림 공장 제의

김종희 회장이 골프를 마치고 사무실에 들어오자마자 전화벨이 울렸다. 회장실 직통전화였다.

"여보세요. 한국화약입니다."

"여기 농림장관실입니다."

"어디라구요?"

"농림장관실입니다."

"그럼 전화 잘못 거셨어요, 끊읍시다."

"아닙니다. 장관님께서 김종희 회장님하고 통화하실 일이 있어 전화했는데 회장님 계십니까?"

"내가 김종희요."

"아, 그러시군요. 지금 바쁘시지 않으면 저희 장관님 바꾸어 드리겠습니다."

(이상하다...? 농림 장관한테서 전화가 올 일이 없는데.)

이윽고 김보현(金甫炫) 장관이 나왔다.

"김 장관입니다. 드릴 이야기가 있으니 아무 때고 한가하신 시간에 만나뵐 수 있으면 좋겠습니다."

김종희 회장은 김 장관이 체신부 장관을 지낼 때부터 아는 사이다. 무슨 일인지는 몰라도 일국의 장관이 만나자는데 안 만날 이유는 없었다.

김종희 회장이 농림장관실을 찾아간 것은 퇴근 시간이 거의 다 되어갈 무렵이었다. 김 장관이 반색하고 김 회장을 맞이했다.

"내가 찾아뵙고 말씀드릴까 했는데 김 회장님이 이렇게 와주셔서... 감사합니다."

"대체 무슨 얘긴지 궁금해서요."

"김 회장님은 왜, 아이스크림 장사를 단순한 먹는장사라고만 생각하십니까?"

"아... 그 아이스크림 공장 얘기군요?"

"아이스크림만 만드는 게 아니고 그 공장에선 생우유도 가공해 내게 됩니다."

"장관님하고 그 아이스크림 공장 사장님하고 잘 아는 사이십니까?"

"사장이라는 사람은 잘 몰라요. 그러나 김 회장님이 나를 좀 도와줘야겠어요."

"그야 도울 일이 있으면 도와드려야지요."

"단순하게 먹는장사라고만 생각지 마시고 전국의 낙농가(酪農家, Dairy)를 돕는다는 생각으로 도농리 아이스크림 공장을 김 회장님이 좀 맡아주십시오. 지금 우유가 남아돌아 가서 젖소를 가진 농가에선 야단입니다."

그 무렵 전국에는 정부가 농가 소득 증대 사업의 일환으로 추진해 온 적극적인 낙농 지원 정책에 힘입어 약 5천5백 호의 농가에서 5만 2천 4백여 마리의 젖소를 사육하고 있었으며 하루의 평균 집유량(集乳量)이 280톤에 달했다. 특히 전국에서 사육하는 젖소의 약 60%가 남양주군(南陽州郡) 일대에 몰려 있었다. 그때까지만 해도 분유 공장이라든가 아이스크림 공장 같은 유제품(乳製品) 가공공장이 없는 데다가 정부가 주도하는 〈우유 먹기〉 캠페인에도 불구하고 국민의 생활 형편이 우유를 마실 만큼 넉넉하지 못했기 때문에 학교 급식을 전담해 오던 서울우유 조합에서는 그날그날 나는 우유를 중랑천(中浪川)에다가 버려야만 했다. 개발 연대 초기에 일어났던 웃어넘기기에는 가볍지 않은 에피소드(Episode)였다.

그런 시기에 일찍이 영등포에서 인댕코(Indenco)라는 합작회사를 설립하고 뱅카(Bangcar, 아이스크림을 만드는 차)를 이용하여 주한 미군 부대에 아이스크림을 납품해 오다가 67년에 대일유업(주)(大一乳業)을 설립하고 월남에 진출, 월남에서도 미군을 상대로 아이스크림 장사를 해서 많은 돈을 번 홍순지(洪淳芝) 사장이 남양주군 일대에 젖소가 많다는 사실에 착안하고 미금면 도농리(渼金面 陶農里)에 유제품 가공공장을 건설하기 시작했던 것이다. 대지 1만 평, 건물 1천7백 평 규모의 도농리 유제품 가공공장이 완공되면 하루 평균 우유 20톤, 아이스크림 20톤의 생산시설이 갖추어짐으로써 매일 생우유 25톤 내지 30톤을 처리할 수 있게 된다.

당시 우리나라에서는 유제품이 아닌 '하드'니 '콘'이니 하는 빙과(氷菓)류가 호황을 누릴 때였다. 유제품인 아이스크림을 만드는 기술도 없거니와 생산원가도 비싸서 진짜 아이스크림은 시판되는 것이 없었다. 우유를 덮어놓고 얼린다고 해서 아이스크림이 되는 것은 아니다. 우유를 얼리되 얼음처럼 딴딴하게 얼리지 않고 먹기 좋도록 부드럽게 얼리는 데는 전문적인 기술이 필요하다. 아이스크림은 2천 년의 역사를 가진 기호식품으로 부유층이나 귀족들의 간식이었다.

이에 대일유업에서는 전부터 '뱅카'의 아이스크림 원액을 공급해 온 미국의 퍼모스트 메케슨(Foremost Mekesson Inc.) 사와 기술 도입 계약을 체결하고 AID 차관 95만 달러에 의한 아이스크림 제조 시설을 발주했다. 그때부터 대일유업의 자금 사정이 어려워졌다. 미군이 베트남에서 철수하면서 베트남에서의 아이스크림 장사가 잘 안되었기 때문이다. 아이스크림 제조 기계가 부산 세관에 도착했을 때는 대일유업이 이미 도농리 공장 건설로 인한 막대한 자금 부담 때문에 부도를 낸 다음이었다. 홍 사장은 동업자를 구하기 위해 기존의 빙과 업자들을 찾아 다녔다. 그러나 그들의 반응은 냉담했다. 현재의 빙과만 가지고도 장사가 잘되는데 굳이 전망이 불투명한 값비싼 유제품 생산에 투자할 이유가 없었다.

그러던 어느 날 한국화약 그룹에서 신규사업을 모색한다는 말을 들은 홍 사장이 기획실장 한정섭을 찾아왔다. 한국화약에서는 서울시의 태평로 재개발 계획에 따라 현 사옥을 철거하고 그 자리에 고층빌딩(현 프라자호텔)을 신축하지 않으면 안 되게 되어 있어서 차제에 건설업에 진출하느냐 마느냐 하는 문제를 검토하고 있는 중이었다.

홍 사장의 동업 제의를 받은 한 실장은 식품 사업도 해볼 만한 사업이라고 생각했다. 식품업은 현찰 거래인 데다가 자금 회전이 빠르고 수익성도 높은 편이다.

"회장님! 아이스크림 같은 식품 업계에 한 번 진출해 보는 것도 좋을 것 같습니다."

"먹는장사야 할 수 있나..."

"우리나라에선 아이스크림이 그저 여름 한 철에 더위나 식히기 위해 먹는 걸로 잘못 인식되어 있습니다. 실은 계절하고 관계없이 먹을 수 있는 일종의 영양식이거든요." 하고 한 실장이 대일유업에서 제의해 온 동업 조건을 설명하기 시작했다.

"대일유업에서는 공장 건물도 거의 다 지어 놓고 기계도 AID 차관으로 들여다 놓았답니다. 다만 자금 사정이 여의치 않아서...."

"아, 이 사람아!"

"예...."

"나는 6·25 피난 때도 설탕 장사를 안 한 사람이야. 이제 와서 날 더러 아이스크림 장사를 하라는 건가? 떼돈이 벌린다 해도 난 그런 먹는 장사 안 해! 나는 여태까지 기간산업에만 투자해 왔어. 앞으로도 기간산업을 일으켜서 국가 사회에 기여하겠다는 나의 기업 목표는 변치 않아!"

홍 사장은 마지막으로 축산 자금이라도 융자받을 수 있을까 해서 농림부에 들렀다. 축산국장을 만난 자리에서 홍 사장은 그동안 동업자를 구하기 위해 돌아다닌 얘기를 하던 끝에 한국화약 김종희 회장 얘기를 했다. 김 회장이 먹는장사라고 해서 동업 제의를 거절하더라는 얘기가 축산국장을 통해 김보현 장관 귀에 들어갔던 것이다. 김 장관은 농촌의 딱한 사정을 늘어 놓았다.

"지금 시골 농가에서는 젖소 한 마리가 큰 재산입니다. 그 사람들이 없는 돈에 빚까지 내서 애들 학비라도 벌까 해서 산 젖소들인데, 우윳값이 떨어지니까 소값까지 내려서 난리랍니다."

"예에...."

"도농리 공장만 완공돼도 최소한 젖소 4천 마리에서 나는 생우유를 그곳에서 처리할 수 있습니다."

"대체 한 집에서 젖소를 몇 마리씩이나 먹이고 있습니까?"

"목장 간판을 내붙인 데서는 여남 마리 먹이는 데가 있지만 대개 한집에 많아야 두세 마리예요."

"그럼 4천 마리면 천 가호(千家戶) 이상이 먹이고 있는 젖소 아닙니까?"

다음날 김종희 회장은 한정섭 기획실장을 불러 대일유업에 얼마를 지원하면 도농리 공장을 완공시킬 수 있는지를 알아보게 했다.

"관세만 내고 밀린 노임만 내고 나면 남은 공사는 어떻게 한다는 거야?"

"베트남에서 아이스크림 파는 돈으로 공사비 조달은 가능한 모양입니다."

"그럼 그 정도로 확실하게 선을 그어서 밀어주도록 해 봐!"

"하지만 9천만 원이면 대일유업 자본금 3억 원의 30%밖에 되지 않습니다."

"그래서?"

"불입된 자본금은 현재 1억 5천만 원이라는데. 이왕이면 나머지 1억 5

천만 원을 우리 측에서 불입하는 걸로 하면 어떻겠습니까?"

"그럴 필요 없어. 아이스크림 장사로 돈 벌자고 투자하는 것 아니니까. 9천만 원 투자해서 도농리 공장이 완공되고 그 덕분에 젖소 먹이는 1천여 호 농가에 혜택이 미칠 수 있으면 되는 거야."

도농리 아이스크림 공장은 김종희 회장이 투자한 후에도 지지부진했다. 대일유업이 미 8군에 파는 아이스크림 값으로는 그날그날 들어가는 경상비를 충당하는 데만도 빠듯했다. 결국 김종희 회장은 속된 말로 물린 꼴이 되어 울며겨자먹기식으로 대일유업의 주식 50%를 인수하고라도 도농리 아이스크림 공장 건설을 떠맡는 수밖에 없었다. 그때가 1973년 2월 17일.

'전천후 영양식', '주고 싶은 마음 먹고 싶은 마음'이라는 캐치프레이즈를 내걸고 퍼모스트 아이스크림이 시중에 선을 보인 것은 그해 6월 6일, 과연 퍼모스트 아이스크림은 설탕물을 얼린 빙과가 아닌 싱싱한 우유에 딸기와 초콜릿, 바나나 등을 배합한 유제품으로써 감칠맛을 자랑하며 날개 돋친 듯 팔려나갔다. 제품명이 '투게더'였다.

1976년 1월부터 '대일퍼모스트유업'으로 사명을 갈았다. 퍼모스트사와 제휴 기간이 끝나면서 상표를 '빙그레'로 바꾸고 법인명도 대일유업으로 회귀했다. 1978년 기업공개를 단행해 1979년 한국증권거래소에 상장한 뒤 1981년 프랑스 소다마사와 유제품 기술 제휴를 맺었다. 1985년에는 닛산식품과 기술 제휴를 맺으며 라면 사업에 진출했다. 빙그레 라면은 국내시장에서 상당한 후발주자임에도 맛이 좋다는 평을 받았으나 2003년 라면 사업에서 철수했다.

29

대성공 한국베어링(주) 기업공개

김종희 회장은 한국베어링이 적자 늪에서 허덕인 것을 흑자경영으로 전환시키고는 이를 기업공개(企業公開, Initial Public Offering IPO) 하기로 결심했다. 기업공개란 외부 투자자에게 주식을 공개하고 일반에게 투자 기회를 제공하는 것이다. 때마침 정부에서도 '기업공개 촉진법'을 제정 공포(1972년 12월 30일)하고 공개 지정 대상 법인 선정에 들어간 때였다. 한국 경제가 고도성장을 거듭하면서 대기업군이 탄생함에 따라 부의 집중 현상이 심화되어 갔다. 정부는 부의 집중을 완화하고 일반 국민들에게도 기업공개를 통해 대기업에 주주로서 참여해 재산 축적을 이루도록 하는 정책 목표를 세운 것이다.

한국베어링은 어차피 기업공개 촉진법에 규정하는 공개 지정 법인에 속한다. (외자도입법에 의한 현금 차관이나 자본재 도입을 한 기업이기 때문이다.) 그러나 김종희 회장은 한국베어링의 기업공개를 단행한 것은 한국베어링이 공개 지정 대상 법인이라고 하는 단순한 이유만은 아니다. 김종희 회장이 한국베어링 주식을 공개하면서 밝힌 메시지를 보면 그의 철학을 알 수 있다.

"본인은 우리가 처한 내외 여건과 정부의 시책에 부응하여 한국베어링의 주식을 공개하기로 결정하였습니다. 이번의 주식 공개는 격증하는 베어링 수요 충족을 위한 시설 자금을 직접 금융 방식으로 조달한다는 기본적인 목적 이외에 다음과 같은 주요한 의의가 있습니다.

첫째, 80년대의 국민소득 1,000달러, 수출 1백억 달러 달성을 위한 국가 산업의 광범위한 편성에 호응하여 기간요소기업으로서의 확고한 자세와 우리가 서야 할 위치를 확립, 정착하자는 것이며 주식의 공개 분산을 통하여 회사의 이익을 사회에 환원시킴으로써 회사의 사회적 기반을 견고히 구축하자는 것입니다.

둘째, 사회의 공기로서의 성격이 강화될 것입니다. 주주 층 확산을 통한 경영의 민주화는 시대의 추세인바 우리도 대중의 기업으로서 보다 효율적으로 기업의 사회적 책임을 다할 수 있을 것이며 보다 큰 보람 속에 일할 수 있을 것입니다.

셋째, 소유와 경영의 분리를 통한 명실상부한 책임 경영 체제가 갖추어질 것입니다. 앞으로 경영 실적은 다수의 주주에 의해 냉엄하게 평가될 것입니다. 따라서 모든 사고(思考)와 행동의 기준은 업적 신장의 극대화가 되어야 할 것이며 경영진은 전문경영자로서의 자세를 더욱 공고히 해야 할 것입니다.

넷째, 종업원 지주제의 채택으로 새로운 국면이 전개될 것입니다. 본인은 종업원의 복지 향상과 참여의식 제고를 위해 공모 신주의 10%를 종업원에게 배당하기로 결정하였습니다. 이제까지 회사와 종업원 사이의 관계는 단순한 노사 관계에 불과하였으나 자본 참여로 회사와 새로운 차원의 유대를 맺게 됨으로써 더욱 견고한 공동운명체로서의 결속이 가능할 것입니다.

이번의 한국베어링의 주식 공개는 그룹 전체에 있어서 어제의 경영 풍토를 쇄신해야겠다는 본인의 결의의 표시인바, 우리 그룹의 경영사에 있어서 중대한 전환점으로 기록될 것입니다. 우리는 이를 계기로 분위기를 일신해야 하겠습니다. 이제까지 우리는 비교적 단조롭고 순탄한 업종에 종사해 온 탓으로 매너리즘에 빠졌을 뿐 아니라 관료주의적이고 형식적인 사고방식이 내부적인 발전을 저해하는 면도 있다는 점을 부인할 수도 없다는 사실입니다. 그러나 앞으로는 불합리, 낭비, 안일 등 과거의 고질적인 기업 체질은 원칙적으로 존재할 여지가 없어질 것이므로 경영진을 위시한 모든 종업원은 예민한 시대감각으로 여건 변동을 정확히 인식하여 현대적인 경영기법으로 업무를 처리하는 회사의 철학을 확립해야 할 것입니다.

끝으로 본인은 앞으로도 우리 그룹을 새로운 이념을 추구하는 건전한 기업으로 발전시키기 위한 필요한 모든 조치를 과감히 추진해 나가리라는 것을 첨언하면서 임직원 여러분의 적극적인 협조를 부탁하는 바입니다."

아주 신선한 메시지였다. 6월 8일부터 11일까지 공모하기로 한 주식은 60만 주, 1주당 주식 가액은 5백 원. 아무리 장래성이 밝은 국내 유일의 베어링 메이커라고는 하지만 창업(1953년) 이래로 20년간 적자 경영만 해오다가 이제 겨우 흑자 국면으로 돌아선 한국베어링 주식이 과연 제대로 팔릴 것이냐 하는 것은 증권가의 의문이 아닐 수 없었다. 그러나 한국베어링 주식은 증권가의 우려를 뒤엎고 매출 예정 총액 3억 원의 18배가 넘는 55억 원(총청약자 수 4천4백51명)이 몰림으로써 종업원을 제외한 일반청약 비율이 무려 207%에 달하는 대성황을 이루었다. 이 현상은 그동안 김종희 회장이 보여준 열정 어린 한국화약그룹을 이끌어 온 사회적 신뢰의 일단이기도 했다.

세계적 일류호텔을 지으시오! (서울 프라자 호텔)

김종희 회장은 시청 앞에 있는 그룹 본부 대지에 호텔을 짓기로 했다. 마음에 내키지는 않지만, 서울시의 도시재개발 정책에 따라 하는 수 없이 본사 사옥을 허물고 그 자리에 고층빌딩을 짓게 되었다. 김종희 회장은 한국화약 본사 자리에 맘모스(Mammoth)형 오피스 빌딩을 건설할 생각으로 이미 사옥 대지에 인접한 차이나타운 대지 일부를 매입해 1천3백90여 평이나 되는 터를 확보해 놓고 있었다. 이곳 차이나타운은 인천 차이나타운에 사는 화교들이 서울에 진출해 상권을 형성하고 있었다. 차이나타운이란 화교들이 많이 사는 곳을 말한다. 한국화약 사옥 자리는 서울시의 태평로 재개발 계획에 의해 대형 관광호텔을 건설하지 않으면 안되게 되어 있었다. 당시 서울 시내에는 조선호텔, 반도호텔 이외에는 국제 규모의 숙박 시설이 없었다. 한국화약 본사 자리는 이들 호텔과 불과 직선거리 2~3백m 안에 있다. 서울의 요지 중의 요지였다.

김종희 회장은 사옥을 헐어낸 자리에 호텔을 지을 바에야 차라리 그 터를 남에게 팔아넘기는 것이 낫겠다고 생각했다. 김 회장은 '내가 어떻게 하다가 아이스크림 장사를 하게 되었는데 이제 밥장사까지 하겠느냐'는 것이었다. 김종희 회장은 호텔을 밥장사로 생각했다. 그런데 대지를 사겠다는 사람이 나타나지 않았다.

하루는 양택식(梁擇植) 서울 시장이 김종희 회장을 찾아왔다.

"호텔 사업이 어째서 밥장삽니까, 회장님!"

"외화 획득을 위한 관광사업이라고 생각하셔야지요."

"관광사업은 관광사업 전문가들이 안 있습니까?"

"현재 우리나라에서 관광사업을 하는 사람 중에 그 자리에다 호텔을 지을 만한 재력을 가진 이가 어디 있습니까? 그러지 말고 김 회장님이 서울의 '새 얼굴'을 하나 만든다는 생각으로 번듯한 호텔을 하나 지어 주십시오. 김포공항에 내린 외국 손님들이 서소문 방향에서 시청 쪽으로 들어오노라면 바로 마주 보이는 정면이 한국화약 사옥 자리 아닙니까?"

"그러니 그 자리에 고층빌딩을 세우면 될 거 아니오?"

"그 자리에 일반 빌딩이 들어서면 서울 시내 중심가에 호텔 들어설 만한 곳이 마땅치 않습니다."

김종희 회장은 그렇다면 하는 수 없이 호텔을 짓되 이왕 지을 바에는 세계 어디에 내놓아도 손색이 없는 일류호텔을 짓기로 하고 일본 마루베니(丸紅, Marubeni)와 합작을 추진했다. 이 호텔이 현재 '더 프라자(The Plaza)'다. 1976년 10월 1일에 당시 '서울 프라자 호텔'이라는 이름으로 개관했다. 한화그룹의 계열사인 한화호텔 앤드 리조트(주)에서 운영한다. 2010년 리노베이션을 통해 재개관했다. 본관 3층, 지상 22층에 별관 지하 8층, 지상 18층 규모이며 총 408개의 객실과 5개의 레스토랑, 6개 국어 동시통역 시설을 갖춘 그랜드볼룸을 포함한 9개의 중대형 연회장, 피트니스 센터 등으로 이루어졌다. 호텔 시공(施工)은 삼환기업에 맡겼다. 삼환의 최종환(崔鍾煥) 사장과 김종희 회장은 아주 가까운 사이다.

최종환 사장은 김종희 회장에게 한국화약에서도 이런 기회에 건설 회사를 하나 설립해서 경험 삼아 호텔 건설에 참여해 보는 것이 어떻겠냐고 권유했다. 김종희 회장으로서도 자체 건설회사가 아쉬운 때였다. 그동안 진해의 PVC 공장을 위시해서 경인에너지 발전소, 묵호의 수산물 가공공장, 천안의 프라스틱 가공공장, 그리고 지난봄에 인수한 도농리 아이스크림 공장 같은 것을 지으면서 늘 자체 공사만이라도 담당할 수 있는 직영 건설회사가 하나 있으면 하는 생각을 해오고 있는 터였다.

막상 건설회사를 설립하려고 하니까 건설 면허가 문제였다. 신규 면허는 동결되어 있고 기존 면허를 사려고 해도 팔려고 내놓는 사람이 없었다. 당시 건설 면허는 포화 상태로 신규 면허가 나오지 않았고 중동(中東) 건설 붐으로 건설업자들이 대거 중동에 진출해 건설 면허 값이 높은 수준으로 올라 있었다. 마침 건설 면허를 팔겠다고 하는 것이 하나 있었는데 터무니없이 비싼 값을 내라는 것이었다. 김종희 회장이 그 면허를 사느냐 마느냐 하고 고민하고 있는 때에 오랜만에 심영구가 놀러 왔다.

"왜 그렇게 이마에 내천 자를 긋고 있어?"

"글쎄 건설회사를 하나 차릴려니까 토건업 단종 면허 하나에도 몇천만 원을 내놓으라는 거여."

"건설 면허 같은 걸 무엇 때문에 돈 주고 사나?"

"신규 면허는 안 내준다니까 사야지, 어떡해?"

"아, 부총리한테 가서 부탁하면 그런 거 하나 안 내주겠어?"

"에이, 그런 부탁을 어떻게...."

"자네가 직접 말하기 싫으면 내가 얘기해 주지!"

"아냐, 아냐!"

"아, 서로 잘 안다는 게 뭔가?"

당시 부총리는 태완선(太完善)이다. 태완선은 일찍이 민주당 정권 때 부흥부 장관과 상공부 장관을 역임한 바 있는 '도상(경기상업학교)' 동창회 회장을 지낸 도상 선배이다. 5·16 군사혁명 직후에 그는 민주당 각료의 한 사람으로서 반년 가까이 연금 생활을 당한 적이 있다. 그때 김종희 회장이 그의 생활비를 도와주었고 중간에서 그 심부름을 한 사람이 바로 심영구였다. 그 후 태완선이 석탄공사 사장으로 기용되었다가 건설부 장관을 거쳐 부총리로 영전되기까지에는 김종희 회장의 숨은 지원이 얼마나 큰가는 심영구는 잘 알고 있었다.

"건설 면허는 내가 받아낼 테니 자네는 건설 면허 살 돈으로 우리 학교 공부 잘하는 아이들 장학금이나 내주게!"

"장학금이야 꼭 줘야 할 학생이 있으면 줘야지. 하지만 자네가 건설 면허를 받아낸다는 건 찬성 안 하네. 차라리 내가 돈을 주고 사는 게 옳지. 그만 일에 태 선배 입장을 난처하게 해서야 되겠나!"

김종희 회장의 강직한 단면이 보이는 대목이다. 김종희 회장은 역대 정치권의 핵심 인사들을 어느 누구보다도 가장 가까이 접촉해 온 기업인의 한 사람이다. 그러나 김종희 회장은 정치권력을 이용하지 않았으며 정치권력의 특혜를 누리려 하지 않았다.

건설 면허만 해도 690개 건설 업체 중에서도 도급순위(都給順位, 개별

건설회사의 도급한도액) 533위에 속하는 동원공업주식회사의 토건업 단종 면허를 인수했다.

9월 12일, 김종희 회장은 동원공업의 상호를 태평양건설주식회사(太平洋建設株式會社)로 변경하고 자본금을 증자하는 한편, 건설 공제조합 구좌를 확대해 나가면서 건설업계 진출을 위한 대장정에 나섰다.

호텔을 짓기 위해서는 먼저 이사를 하고 본사 사옥을 철거해야 한다. 종로에 있는 미려빌딩 3, 4, 5, 6층(연면적 1,028평)을 세로 얻어 놓고 이사 준비를 하느라고 사무실이 한참 어수선할 때였다.

"야아, 이게 누구여? 노엘 임마!"

이층 계단을 내려서던 김종희 회장이 막 현관을 들어서는 송태식을 반색하며 맞았다. 송태식은 부대리 토박이로 해방 직후에는 남대문에 있던 화약공판 사무실에 들려서 종근이가 위독하다는 소식을 전해주었던 죽마고우다.

"나, 김 회장 좀 만나러 올라오는 길여."

"임마, 우리끼리 김 회장이 뭐여! 내 이름 잊어버렸어?"

"아녀. 자네 이름은 디도 아닌가 뵈."

"그려! 나는 시방 디도여. 자아, 올라가자."

김종희 회장은 옛날 고향 친구들을 만날 때마다 그들이 행여 거리감을 느낄세라 으레 먼저

"아, 자." 하고 반말을 썼다.

"너, 노엘. 마침 잘 왔다. 우리 돌아오는 10월 12일 날 종로로 이사하는데 이사한 담에 왔으면 너 같은 부대리 촌놈이 이사 간 사무실 찾는다고 욕봤을 거 아녀?"

"이사는 왜 간대여?"

"여기는 도시 재개발 지역이라 헐리게 됐어."

"아 그럼.... 안 되겠구나."

"뭐가?"

"사실은 말여. 부탁이 있어 왔는데..."

"말해봐! 무슨 부탁이여?"

송태식은 부대리 이장이었다. 부대리는 여전히 가난했다. 이웃 마을에서는 마을마다 마을 회관을 짓는다, 경노당을 짓는다 하고 활발한 새마을 운동이 전개되고 있었지만 부대리는 그럴 만한 마을 기금이 없었다. 송태식은 부대리에도 경노당을 하나 지어야겠다고 생각했다. 경노당을 짓자면 아무리 작게 짓는다 해도 2백만 원이 필요하다. 버젓하게 짓자면 250만 원은 든다. 그러나 3년 동안 모아온 기금은 고작 80만 원에 불과했다.

"그래서 실은 김 회장한테 성금을 좀 부탁할까 해서 올라온 거여!"

"알았어! 내가 내일 가브리엘 편에 내려보낼게. 동네 사람한테 내가 돈 냈다는 말만 하지 마!"

가브리엘은 부대리 출신인 차경순 감사의 신명(神名)이다. 김종희 회장은 남을 도와주되 생색을 내지 않았으며 특히 남에게 알려지는 것을 싫어했다.

1970년 9월 중순에 내린 중부지방의 집중폭우로 천안군 내 4개 면이 극심한 수해를 당했을 때도 김 회장은 이름을 밝히지 않는다는 조건으로 거액의 재해복구비를 지원했으며 1954년에 초안폭약 공장부지를 매입할 때 일부 공장부지로 매입했던 논에서 나는 쌀 6백 가마니를 해마다 천안 빈민들에게 나누어 주고 있었지만, 받아먹는 사람들 대부분은 그 쌀이 정부의 구호양곡으로 알았다.

김 회장은 1960년에 형(김종철)이 천안 고등학교 재단 이사장으로 취임하면서부터 백암장학회(白岩奬學會)를 설립하고 많은 학생들에게 장학금을 지급해 왔으며, 특히 1968년부터는 형이 국회의원 선거 때 공약한 장학재단을 설립한 후에도 계속해서 장학금을 지급해 왔지만, 한 번도 재단의 장학사업 실적을 대외적으로 공개한 적이 없다. 김 회장은 그만큼 뒷전에서 남을 도와주었다.

백암(白岩)은 김종철의 아호이며 김종희 회장의 아호는 현암(玄岩)이다. 두 형제는 흰색의 암석, 검은색의 암석이라는 뜻의 아호를 가졌는데 어떻게 해서 아호가 이렇게 되었는지는 공식 기록이 없다. 재계에서는 이병철 삼성그룹 창업회장이 호암(湖岩)이라는 아호를 가지고 있는데 이 회장은 호수 가운데 솟은 바위의 든든한 위용이 좋아 그렇게 아호를 지었다고 밝힌 적이 있다. 아마도 김 회장 형제는 고향의 산의 암석이 흰색과 검은색이 많기 때문에 아호를 그렇게 정했을 수 있다.

1973년 12월 7일 오전 10시, 한국화약 본사 사옥을 헐어낸 자리에서 서울 프라자 호텔(Seoul Plaza Hotel) 기공식이 거행되었다. 지하 3층, 지상 22층(연건평 1만 5백 평)으로 세워질 이 호텔에는 540개의 객실과 5개 국어 동시통역 장치를 갖춘 대연회장, 22개 점포를 수용할 수 있는 지하 아케이드가 서게 되어 국내 제일을 자랑하게 된다. 호텔 건설에 소요될 자금은 약 1백 50억 원.

김종희 회장은 기공식을 끝낸 다음 날인 12월 8일에 호텔을 관리 운영할 한일 합작의 태평개발(太平開發) 주식회사를 설립했다. 자본금은 26억 원이었다. 이때는 세계 경제가 뜻하지 않은 오일쇼크(Oil Shock)에 휘말려 대불황 국면으로 곤두박질치기 시작한 때였다. 아랍석유기구(OPEC)는 10월, 12월 두 차례에 걸쳐 배럴당 3달러 하던 원윳값을 4배에 가까운 11달러 65센트로 대폭 인상함으로써 세계 경제를 얼어붙게 했다. 그와 같은 원유가의 폭등은 한국화약그룹의 주력기업의 하나인 경인에너지 경영에 치명적인 영향을 가져왔을 뿐 아니라 석유 의존형으로 정착된 한국경제 전반에 어마어마한 충격파를 몰고 왔다.

정부는 12월에 국내 유가를 큰 폭으로 인하하는 한편으로 주유종탄(主油縱炭)의 에너지 정책을 주탄종유(主炭從油)로 전환하는 긴급 비상 대책을 내놓았다. 그러나 국내 경제 여건은 날로 악화되어 갔으며 한국화약그룹에게도 불확실성 시대(不確實性時代)라는 파고 높은 격랑이 불어닥쳐 오고 있었다.

30

회장님! 검단면(黔丹面)은
타일 공장 세울 곳이 못 됩니다
- 김포요업(주)회사

"1974년 갑인(甲寅) 새해를 맞이하여 여러분과 여러분 가정에 만복이 깃드시기를 축원합니다."

김종희 회장은 신년을 맞아 임직원에게 그와 같은 신년사를 보냈다. 김 회장은 이어 "지난해는 성장을 거듭하던 우리나라 경제가 후반기에 발발한 유류 파동으로 전반적인 침체를 가져왔고 불황 속의 물가 폭등으로 경제 성장에 큰 저해를 가져왔지만 다행히 우리 관련 회사는 소기하였던 사업 목표를 무난히 달성하였음을 흐뭇하게 생각하고 관계 임직원 여러분의 노고에 심심한 치하를 드립니다."

김종희 회장은 이해 7월 3일, 경기도 김포군 왕길리(旺吉里)에서 타일(Tile) 공장 기공식을 거행했다.

타일은 건축 자재로 화약하고는 무관한 사업 영역이다. 김종희 회장이 타일공장 건설을 구상한 것은 작년 7월 프라자호텔 건설 계획이 구체화 된 때부터였다. 호텔 건축 자재를 검토하는 과정에서 국가적인 주택 수요의 급격한 신장세에 따라 내장재인 타일 공급이 달린다는 사실을 알았다. 내장 타일의 공급 부족 현상은 국내보다도 유럽 지역에서 두드러지게 나타나고 있었다. 미국이나 서독 같은 나라에서는 타일공장의 작업 환경이 좋지 않고 인건비가 높아서 이미 타일 산업이 사양화되어 그 지역의 타일 수요 대부분을 일본이 공급하고 있는 실정이었다. 그러나 일본에서도 엔화(円貨)의 절상, 연료 가격의 급등, 고임금 등으로 수출 채산성이 극도로 악화되어 생산량이 해마다 줄어들고 있었다. 내장 타일, 특히 모자이크 타일(Mosaic Tile)의 경우는 도자기 공업 분야에서도 가장 노동집약적(勞動集約的) 산업인 데다가 원자재의 대부분을 국내에서 조달할 수 있기 때문에 이를 생산, 수출할 수 있게 되면 외화가득률이 매우 높은 것으로 판단되었다. 수출 유망사업으로 보였다.

타일의 주된 원자재는 고령토(高嶺土)다. 고령토는 우리나라 어디서나 나지만 철분 함유량이 많아서 타일을 만들 수 있는 고령토는 경상남도와 전라남도에서 많이 난다. 하기 때문에 우리나라 요업은 남쪽의 마산 지방을 중심으로 성행했다.

김포군 검단면 왕길리는 인천에서도 자동차로 90분 거리, 하루에 버스가 두 번밖에 드나들지 않는 오지다. 그곳에다 타일공장을 세우게 되면 고령토는 경상도나 전라도에서 배편으로 인천까지 싣고 와서 검단면 왕길리까지는 트럭 편으로 실어와야 한다. 생산된 타일을 수출하려고 해도 같은 경로로 실어내야 하는 것은 물론이다. 왕길리가 타일공장 입지로는 불리하다. 그렇다고 해서 왕길리까지 도로가 포장되어 있는 것도 아니고 공업용수가 확보되어 있거나 동력(전기)이 들어와 있는 것도 아니다. 결론적으로는 왕길리는 공장이 들어설 만한 곳이 아니다. 그런데 하필이면 그런 곳에다 타일공장을 짓게 되었을까?

정부는 1972년부터 고용 효과를 높이고 농가의 소득을 증대시키기 위해 세제, 금융상의 혜택을 주는 조건으로 노동집약적 생산 공장을 유휴 인력이 많은 농촌 지역에 건설하게 하는 정책을 펴오고 있었다. 한국화약(주)이 상공부에 타일사업 계획서 승인을 신청한 것은 작년 12월이었다. 시설 규모는 연산 1백20만㎡, 소요자금은 내자 10억 원, 외자 1백

20만 달러, 고용 계획 4백 50명, 사업 효과는 연간 5백만 달러 이상의 수출이 예상되며 외화가득률(95% 이상)이 높기 때문에 국제수지 개선에도 기여하게 될 것이라는 내용의 사업계획이었다.

정부는 이 사업계획을 승인하면서 '새마을 공장'으로 건설할 것을 종용했다. 한국화약은 이에 앞서 천안의 PVC 레인코트 공장도 이미 72년에 새마을공장으로 지었다. 검단면 왕길리는 1973년도 김포군 최우수 마을 이었기 때문에 새마을공장이 들어서는 데 안성맞춤이었다.

"회장님! 검단면이라는 데는 공장을 세울 만한 곳이 못 됩니다." 한국화약 부사장으로 있으면서 지난해 12월부터 태평양건설 사장을 겸직하고 있는 신현기가 현지답사 결과를 보고하면서 하는 말이었다. 신현기는 이어 왕길리가 공장부지로 적절하지 않은 이유로,

"교통이 불편하고 발전성이 없습니다."

"교통이 좋고 발전성이 좋으면 벌써 어떤 공장이 들어서도 들어섰지 그런 데서 왜 새마을 공장을 유치하려 애를 썼겠어요?"

"하지만 그곳에다 타일공장을 짓게 되면 남쪽에서 나는 고령토를 어떻게 일일이 운반해다 쓰겠습니까?"

"그러니까 새마을 공장이고 얼마간의 세금 혜택도 보는 것이 아니오. 다소 불편한 점이 있더라도 이왕에 새마을 공장으로 짓기로 했으니 그대로 밀고 나가야지 어떻게 하겠소. 우리가 그곳에다 타일공장을 세워서 그 지역이 발전하고 또 그 지방 농민들이 조금이라도 더 잘살게 되면 우리 사업 목적은 성공하는 것 아니겠소?"

그즈음 전국은 새마을 운동 열풍이 불고 있었다. 정부의 조국 근대화 정책으로 농촌의 농가 개량 사업으로 볏짚 지붕이 함석으로 바뀌고 농로가 생기고 새마을 공장을 지어 농촌에도 공업화 기운이 스며드는 때였다. 김종희 회장이 왕길리에 타일공장을 짓기에는 다소 부적합한 점이 있는 것을 모르지는 않지만, 그곳을 선택한 것은 조국 근대화라는 큰 틀

에서 비롯된 것으로 보인다.

"사업을 하면서 딴 사람 좋은 일만 할 수는 없는 것 아니겠습니까?"

"새마을 공장은 밑지지만 않으면 되는 거요. 지금 우리가 어디 죽어서 관 속에 넣어갈 돈을 벌어 놓겠다고 자꾸만 사업을 늘려 가는 거요?"

자선사업이 아닌 이상 사업을 하면 반드시 이익을 봐야 하지만 그 이익은 꼭 사업주 주머니 속에 들어오지 않아도 된다고 생각하는 김종희 회장이었다.

김종희 회장은 한 그루 사과나무를 심는 심정으로 검단면 왕길리 산기슭의 2만 5천여 평을 공장부지로 확보하고 5월에는 '김포요업주식회사'를 설립, 공장 건설을 서둘렀다. 9월에는 한·일 합작회사인 '유니온 포리마 주식회사'를 설립하고 천안시 두정동(斗井洞) PVC 레인코트 공장에 인접한 대지 4천5백 평에 PVC 원단 공장을 착공했다.

이 무렵 1972년에 통합된 한국프라스틱(주)이 완전히 불황을 벗어나고 흑자 국면을 맞고 있었다. 유류 파동으로 인한 국제 원자재 가격의 폭등이 국내 PVC 수요를 급증시켰던 것이다. 선철이나 원목 수입 가격이 너무 비쌌기 때문에 국내 업계가 철재나 목재는 PVC로 대체할 수밖에 없었다. 이것은 플라스틱 공업이 발전하는 데 따른 자연스러운 대체 현상이기도 했다.

유류 파동은 국내 화약 수요를 급증시키기도 했다. 정부의 에너지 정책이 기름에서 석탄으로 바뀜에 따라 연탄 수요가 늘어나게 되어 석탄 채광이 활기를 띠기 시작한 것이다. 태평양건설도 발족한 지 1년 만에 도급 순위 533위에서 일약 98위로 뛰어올랐다. 주택공사가 실시한 잠실 서민 아파트(13평형, 5층짜리 4개 동) 공사 입찰에서 국내 유수의 16개 업체와 경쟁해 낙찰에 성공한 것을 위시해서 그룹 자체 공사를 합치면 태평양건설 수주액은 9억 5천만 원에 달했다.

그해 하순, 김종희 회장은 건설 중인 프라자호텔 건너편에 마주 보이는 서소문동의 삼정(三井) 빌딩을 사옥으로 매입했다. 지하 1층, 지상 13층(연건평 2천8백 평)의 삼정빌딩은 엘리베이터와 냉난방 시설이 갖춰진 고급 빌딩이었다. 종로 미림빌딩에 들어있는 한국화약 본사와 계열회사를 한 건물 안에 집결시키면 업무 능률도 올릴 수 있고 1년에 1억 2천만 원씩 들어가는 임차료도 절감할 수 있었다.

　김종희 회장의 사무실 반경은 창업 이후 줄곧 태평로에서 500m를 벗어나지 않는다. 아마도 김종희 회장이 남대문 인근의 화약공판에서 사회 생활을 시작한 것에 연유가 있을 것이다. 사람에게는 어떤 곳을 지키려는 본능이 있다. 김종희 회장은 남대문, 회현동, 그리고 태평로 프라자호텔 자리가 그의 사업 태생지다. 자연인이라면 고향 같은 것이다. 삼정(三井)빌딩도 그가 지키려고 하는 본능의 범위 안에 있다.

31

천안 북일고(天安 北一高) 탄생

　김종희 회장은 어느날 부인 강태영 여사와 온양 온천을 다녀오면서
"이제는 나도 학교를 하나 세워야겠는데 말야...." 혼잣말처럼 말했다.
부인 강 여사로서는 처음 듣는 말이 아니었다. 나중에 돈을 벌면 학교를
하나 짓겠다고 하는 말은 남편이 고향 학생들에게 장학금을 주기 시작하
던 1950년대부터 입버릇처럼 해오는 말이다.

　"왜 그렇게 말로만 몇십 년씩 벼르세요?"

　"아녀. 이젠 정말 나도 학교를 하나 세워야겠어. 나만 못한 사람들도
학교를 짓는 데 말야...."

　"하나 지으면 될 거 아녜요?"

　"작년부터 형님 비서들한테 학교 터를 하나 잡아 보라고 했는데. 그거
하나 여태 못 잡고 있단 말야."

　"국회의원 비서들이 학교 터 보러 다닐 시간이 있겠어요?"

　그 무렵 김종철 의원은 국회 경제과학위원회 위원장에 공화당 당무위
원까지 겸하고 있어서 정치 활동에 바쁜 때였다.

　"어떤 학교를 세우실려고요?"

　"고등학교를 하나 지을까 해!"

　"이왕이면 대학이지 왜 하필이면 고등학교예요?"

　"난, 누구처럼 학교를 세워서 돈을 벌거나 명예를 얻자는 게 아녀. 진

짜 육영사업다운 육영사업을 한 번 해볼려고 그러는 거니까."

"고등학교를 세워야만 육영사업다운 육영사업을 할 수 있어요?"

"내 경험을 생각해 봐도 교육은 역시 감수성이 가장 민감한 고등학교 시절이 제일 중요해. 요새 대학 나온 친구들 재주가 좀 있다 싶으면 덕성이 모자라고 또 반대로 사람 됨됨이가 괜찮다 싶으면 자질이 시원찮단 말이야. 흔히 하는 말로 전인교육이란 고등학교에서 해야 해."

"그럼 뭘 그렇게 어렵게 생각하세요?"

"교육이 어째서 어렵지 않어?"

"교육은 교육자에게 맡길 일이고 우선 당신이 하실 일은 학교 세우는 일이잖아요?"

"하긴 그렇지!"

"올라가는 길에 신부동 땅을 한번 둘러보고 가십시다."

"신부동 땅을…?"

"네…!"

"그 땅은 공장을 지으려고 산 땅인데 거기다가 학교를 세우면 너무 외질 걸."

"학교를 동네 한복판에 세울 생각이세요?"

"하긴 학교는 시내에서 조금 떨어진 데가 괜찮을 거야."

천안시 신부동(新富洞) 산 11번지의 2만 8천5백여 평은 68년에 PVC 레인코트 공장을 짓기 위해 샀다가 진입로 공사비와 공장부지 정지 공사비 등이 많이 들게 되어 레인코트 공장을 두정동(斗井洞)에 짓는 바람에 그대로 묵혀오는 땅이었다.

"여보! 저 산은 뭐라고 불러요?"

강 여사가 신부동 뒷산을 가리키며 물었다.

"국사봉이야. 나라 국(國)자. 스승 사(師)자. 국사봉(國師峰)."

"국사봉. 이름 좋으네요."

김종희 회장과 강 여사는 눈이 거의 발목까지 빠지는 신부동 산길을 올라갔다.

"여기서 이렇게.... 우리 땅이요."

김종희 회장이 손을 들어 산 11번지까지 경계를 가리켰다.

"이렇게 훌륭한 자리를 놔두고 무슨 학교 터를 또 따로 보라고 하셨어요?"

"이런 데다 학교를 지어도 될까?"

"저쪽에다 학교 교실을 이렇게 지으면 정남향이 되잖아요?" 때마침 맑게 갠 하늘에 한겨울 햇살이 그 일대를 쨍하게 비추고 있었다.

"여기야말로 학교 터로는 바로 명당이에요. 저 산봉우리가 국사봉이라고 하셨잖아요? 옛날 사람들이 이 자리에 국사를 길러낼 학교가 들어설 것을 미리 알고 저 산을 국사봉이라고 불렀나 봐요. 호호..."

"핫하하....지관(地官, 풍수지리에 능한 사람)이 따로 없네, 그려."

김종희 회장은 다음날 바로 태평양건설의 신현기 사장을 천안으로 내려보내 신부동 산 11번지의 지목을 학교 부지로 변경토록 하는 한편 기획실에 명하여 학교법인 설립을 서둘게 했다.

"회장님! 학교법인 이름은 무엇으로 했으면 좋겠습니까?"

한정섭 기획실장이 물었다. 학교법인 명칭은 앞으로 설립될 고등학교 명칭하고도 관련이 있기 때문에 그룹 안에서는 김 회장의 아호를 따서 현암학원(玄岩學院)으로 하자커니 천안제일학원(天安第一學院)으로 하자커니 의견이 분분했다.

"천안북일학원으로 해!"

"북일학원으로요?"

"음. 북녘 북(北)자에 한 일(一) 자야."

"천안북일학원보다는 천안제일학원이 낫지 않습니까, 회장님?"

한 실장이 학교법인 명칭을 천안북일학원(天安北一學院)으로 하라는 김종희 회장의 깊은 뜻을 알 리가 없었다. (독자들이여. 김종희 회장이 어려서 부대리 성공회 부설 북일학교에 다닌 사실을 알고 있으리라.)

김종희 회장은 학교를 세우겠다고 생각할 때부터 북일사립학교를 연상했다. 영국의 귀족이요, 인도 총독의 아들인 세실 쿠퍼가 약속된 영화를 버리고 20대의 약관으로 산 설고 물 설은 가난한 부대리 성공회 사제로 부임한 후 비록 선교활동의 일환이었다고는 하지만 온갖 악조건 속에서도 북일학원을 설립하고 육영사업을 위해 헌신한 그의 고마움은 잊을 수 없다.

그 후 한국 성공회 주교로 시무하던 세실 쿠퍼는 일제(日帝) 말에 본국으로 추방되었다가 8·15 해방 후에 다시 돌아와서 한국 성공회 재건을 위해 노력하던 중 6·25 때 북괴군에 납북되어 3년간의 억류 생활 끝에 1953년 4월 홀트 주한영국 공사 등과 함께 송환되어 왔으나 건강이 악화되어 72세를 일기(一期)로 하느님의 부름을 받았다.

김종희 회장은 일찍부터 세실 쿠퍼 신부를 통하여 변치 않는 신념(信念)과 좌절할 줄 모르는 용기, 그리고 봉사하는 희생정신을 배웠다. 한국화약(주)의 초창기 사훈인 〈신념, 용기, 봉사〉는 김종희 회장 자신이 몸으로 체득한 삶의 좌표였으며, 신념, 용기, 봉사는 천안북일학원에서 설립자훈(設立者訓)으로 전해지고 있다.

문교부로부터 학교법인 천안북일학원 설립이 인가된 것은 1975년 5월 31일, 신부동 산 11번지의 학교부지 정지 작업은 이미 전부터 시작되어 8월 1일에는 학교 교사 신축 기공식이 거행되었다.

"이봐요, 신 사장! 학교 교사부터 최고로 지어야 하는 거요."

"염려 마십시오. 요즘 고등학교 교실 바닥을 인조 대리석으로 깔고 교실 안에 난방용 라디에이터 시설을 하는 데가 어디 있습니까?"

"글쎄 학교 시설부터 일류로 만들자니까요."

"알겠습니다!"

앞으로 설립될 '천안북일고등학교'를 일류 명문 고교로 만들어 놓겠다는 것이 김종희 회장의 목표였다. 일류 명문 고교가 되기 위해서는 학교 시설도 중요하지만, 학생을 가르칠 교사들도 일류를 초청해 오지 않으면 안 된다. 김종희 회장은 온양고등학교의 권혁조(權赫祖) 교장을 천안북일고등학교 초대 교장으로 초빙했다. 권혁조 교장은 1934년에 경성사범학교(京城師範學校/현 서울대 사범대)를 졸업하고 40여 년간을 교육 일선에서 헌신해 온 충남 연기군 전동면 출신이다.

"교장 선생님! 제가 다시 한번 말씀드리지만 저는 절대로 학교 운영에는 일체 관여하지 않을 겁니다. 교사들도 교장 선생님 책임하에 일류 교사들을 선발해 주십시오. 일류 교사들을 이 천안 구석으로 모셔 오자면 그만한 대우를 해야 하지 않겠습니까?"

"그야...."

"우리 학교로 선발되어 오는 선생님들에게는 우선 천안에 정착할 수 있도록 살림집을 하나씩 마련해 주고 연간 600%의 보너스를 지급할 생각입니다."

당시만 해도 연간 보너스를 600%씩 지급하는 직장은 아무 데도 없었다. 김종희 회장은 가까운 친지들로부터 가끔 〈노랭이〉 소리를 들었다. 그러나 그는 그런 소리에 조금도 개의치 않았다. 어떤 면에서는 당연하게 받아들이기도 했다. 쓰여야 할 데에는 아낌없이 썼지만 객쩍은 일에는 한 푼도 쓰지 않았으며 돈을 쓰고 나서는 나팔을 부는 일이 없었기 때문에 노랭이로 보인 데도 이상할 게 없었다.

김종희 회장의 금전 철학은 구인회 LG그룹 창업회장과 닮았다. 구인회 회장도 더러 '노랭이'라는 말을 들었다. 그는 사업 초기 꼭 전차를 이용했으며 담배도 접대용으로 고급을 가지고 다니면서도 자신은 싼 것을 피웠다. 정주영 현대그룹 창업회장도 대동소이했다. 정 회장도 크리넥스 휴지 한 장을 언제나 반으로 갈라 사용했으며 구두 하나를 18년간 신고 다녔다.

김종희 회장은 평소에 남에게 돈을 꿔 주는 일이 없었으며 남을 도와 주되 100% 도와주는 법이 없었다. 천만 원을 꿔 달라는 사람이 있으면 차라리 백만 원을 거저 주고 도와달라는 사람에게는 7, 80%만 도와주고 나머지는 자력으로 해결하게 했다. 돈을 꿔 주는 것은 결국 돈도 잃고 사람도 잃는 바보짓이며 무능력자가 아닌 사람을 100% 돕는다는 것은 오히려 자립 의지를 해치는 일로 생각했다.

북일고교가 일류 학교가 되기 위해서는 공부 잘하는 학생들을 뽑지 않으면 안 된다. 김종희 회장은 지금도 역시 공부는 가난한 집 아이들이 잘한다고 생각했다. 집안 형편이 어려워서 공부를 못 하는 학생들에게는 무조건 장학금을 주어서 북일학원 시절에 가난했던 한(恨)을 풀 생각이었다. 그렇다고 해서 학생들을 절대로 공부벌레로 만들 생각은 없었다. 대의에 투철한 정신으로 국가와 사회에 공헌할 수 있는 진실한 애국애족의 정신을 실천하는 사람, 소극적이고 의타적이고 나태한 생활 태도를 지양하며 매사에 적극적이고 능동적이고 진취적인 사람, 원리원칙을 존중하고 적당요령 주의를 배격하며 창조적이고 능동적이고 합리적인 사람을 길러내는 것이 그의 교육 지표였다.

김종희 회장은 학교 교사가 완공되기도 전에 집채만 한 바윗돌에 친필로 쓴 교훈을 새겨 교훈탑(校訓塔)을 세웠다.

1. 애국하는 사람

2. 적극적인 사람

3. 합리적인 사람

매주 주말마다 그는 부인 강 여사와 함께 학교 건설 현장으로 내려가곤 했다. 학교 시설에 관해서는 강 여사가 더 섬세한 편이었기 때문이다. 흑판은 기본 흑판 이외에 그래프가 그려진 보조 흑판이 준비되었고 학생들의 책상과 의자는 1인용으로 준비되었다.

11월 중순, 마침내 천안북일고등학교 설립이 인가되고 76년도 신입생

480명(60명, 8학급)의 모집 정원이 확정되었다. 김종희 회장은 북일고 설립 인가를 받을 즈음 사실 4년제 종합대학 설립을 구상했다. 김 회장은 그룹 내 서울 상대 출신인 성하현 비서 실장에게 지시해서 서울대 이헌재(李憲宰, 후일 국무총리) 교수에게 대학 캠퍼스 청사진을 의뢰하기도 했다. 이 계획안은 이리 폭발 사고로 무산되었다.

2월에는 1천2백여 명의 입학 지원자를 상대로 신입생 선발고사를 실시하여 480명의 합격자를 발표했다.

3월 6일로 예정된 개교일을 앞두고 천안시는 온통 축제 분위기가 되었다. 현지의 대표적인 일간지인 충남일보(忠南日報)는 〈사학의 요람 천안 북일고등학교 내일 개교〉라는 제하에 개교식에 참석할 각계 인사들의 명단을 소개했다. 학계에서는 김옥길 이화여대 총장과 임흥순 중앙대 총장이, 정계에서는 김용태 공화당 원내 총무를 비롯한 김종철, 장경순, 최영희 상임위원회 위원장 및 충남 출신 국회의원들, 재계에서는 김원기 산업은행 총재, 고태진 조흥은행 행장, 태완선 상공회의소 회장, 행정부에서는 남덕우 부총리, 유근창 원호처장, 서정화 내무부 차관, 이민우 국방부 차관, 정석모 충남지사, 그 밖에 외빈으로는 스나이더 주한 미국대사와 스틸웰 주한 유엔 군 사령관과 테일러 주한 이스라엘 대사 등이었다. 이날 참석한 서정화 내무부 차관은 그의 따님이 김승연 현 회장과 결혼함으로써 사돈 관계가 된다.

서울에서 발행되는 신문들도 개교를 앞둔 천안북일고에 관한 기사를 비중 있게 다루었는데 그중에서도 '동아일보'는 〈새 시대 새 인물 배출〉이라는 제목으로 개교 소식을 이렇게 전했다.

'경부 고속도로를 따라 천안 인터체인지 서북쪽 신부동 산 11의 3만 평 대지 위에 명문 사학의 요람으로 태동할 천안북일학원이 웅장하게 서 있다.

오는 6일 개교식을 갖게 될 천안북일고등학교는 현대식 4층 콘크리트 건물로 보일러 난방, 수세식 변소 시설을 갖추고 금년 8학급, 480명이 신입생 입학식과 개교식을 갖게 된다. 북일학원은 한국화약그룹 총수 김종희 회장이 참답고 알찬 새 시대에 새롭고 능력 있는 인재를 향리인 천안 지방에서 배출해 보려는 열의로 북일학원을 첫 사업으로 출발시킨 것인데, 북일고등학교는 〈애국적인 사람, 적극적인 사람, 합리적인 사람〉을 교육해 내겠다는 기본 교육 이념에 바탕을 두고 어느 사학도 따르지 못할 학교시설과 교사진을 사전에 확보해 놓고 세상에 알리게 한 것이다. 이 학교는 단계적으로 단과대학, 종합대학이라는 거대한 학교군으로 발돋움하기 위한 초석으로 설계되었다. (중략)

북일학원은 김종희 회장의 아낌없는 투자를 보장받고 있는 한 오직 옳은 인재, 완벽한 인재, 훌륭한 인재를 교육하고 교육받기 위해 학교 직원과 학생과 학부모가 합심 전력한다면 국가와 사회가 요구하는 교육 전당을 만만세세에 거양하게 될 것이다'

3월 6일에 거행된 개교식은 과연 우리나라 중등 교육 사상 전무후무하게 대성황을 이룬 것이었다. 김종희 이사장은 식사를 통해

"존경하는 남덕우 부총리, 스나이더 주한 미국대사 내외분을 비롯한 내외 귀빈 여러분! 그리고 학부모 여러분과 학생 여러분. 오늘은 우리 북일고등학교의 창립을 기념하는 뜻깊은 날이기도 합니다. 오늘 역사적인 첫 출발을 하는 이 북일고등학교는 배움에 뜻을 둔 우수한 인재를 발굴하여 본인의 노력 여하에 따라서는 경제적인 구애를 받는 일이 없이 마음껏 공부하게 함으로써 국가에 유용한 참된 일꾼을 길러내는데 그 설립의 기본 목표를 두고 국가 지상의 애국관에 투철하며 국가와 사회에 기여할 수 있는 인재를 만들어 내고 고루하고 소극적인 것을 탈피하여 진취적이고 행동적이며 온 세계를 무대로 활약할 수 있는 적극적인 기상을 지닌 사람, 원리원칙을 소중히 하고 무책임한 적당주

의를 배제하는 합리적인 사람을 길러내기 위한 내용 있는 교육을 펴나 갈 것을 이 학교 교육의 지표로 삼을 것입니다.

이러한 목표를 수행하기 위해 교장 선생님을 비롯한 여러 선생님들께서는 확고한 신념과 패기에 찬 불굴의 용기와 봉사 정신을 신조로 교육에 임해 주시기를 바라며, 학생 여러분은 공부하겠다는 진지하고 열성적인 면학 자세를 갖추어야 하며 학부모 되시는 여러분들께서는 학교에 대한 너그러운 이해와 격의 없는 협조를 아끼지 말아주시기 바랍니다. 이러한 선생님과 학생과 학부모들의 일체감에서 비로소 이 학교 설립의 목적을 다할 수 있으리라 확신합니다.

본인은 이러한 목표 달성을 위하여 훌륭한 교육 시설을 갖추고 특색있는 학교 운영 제도를 마련하고 참답고 알찬 배움의 전당으로 우리나라에서 으뜸가는 자랑스러운 학원이 이룩되도록 최선을 다하여 뒷받침할 것을 다짐하며 앞으로 여러분의 많은 성원과 협조 있으시기를 바라면서 인사 말씀에 대신합니다."

남덕우 부총리는 축사를 통해서 '천안 북일고의 개교는 천안의 발전뿐 아니라 우리나라의 발전을 위해서도 매우 뜻깊은 일'이라고 말하고 '신입생 여러분들이 앞으로 어떻게 배우고 어떻게 행동하느냐에 따라서 이 학교의 앞날과 전통을 다지는 데 큰 역할을 하게 될 것'이라고 강조하면서 '학생들은 이곳에서 지식을 쌓고 인격을 도야하는 것이 나라를 위해, 부모를 위해 할 수 있는 최대의 일이라는 것을 명심해 줄 것'을 당부했다.

스나이더 주한 미국대사도 축사를 통하여 '천안북일고의 개교를 미국 국민을 대표해서 축하한다'고 말하고 '신입생 여러분은 모든 면에서 타인의 모범이 되어 줄 것을 기대한다'고 했다.

또한 스틸웰 주한 UN군 사령관은 헬리콥터 편으로 공수해 온 야구 배트와 야구 글러브를 학교 측에 증정하여 학생들과 학부모로부터 뜨거운 박수를 받기도 했다. 스틸웰 사령관이 야구 배트와 야구 글러브를 선물한 것을 우리는 기억해 둘 필요가 있다. 추후 천안북일고가 야구 명문고가 된 씨앗을 뿌려준 것일 수 있기 때문이다.

천안북일고에서는 개교식이 끝나자마자 스파르타식 교육이 실시되었다. 후기 모집으로 입학한 학생들이어서 그들의 입학시험 성적은 2백점 만점에 150점 득점자는 99명에 불과했고 나머지는 모두 150점 이하 117점에 이르는 저조한 실력이었다. 그들의 실력을 끌어올리는 것은 다른 학교 학생들보다 공부를 더 시키는 수밖에 없었다. 학생들을 다른 학교보다 1시간 더 일찍 등교시키고 1시간 늦게 하교시키면서 자습을 하게 하고 교내외를 막론하고 '책 읽고 다니기' 운동을 펴는 한편 그날 배운 학습 내용을 완전히 소화 정리할 수 있도록 '노트 잘 쓰기'를 철저히 실천했다.

그 결과 그해 가을에 실시된 도(道) 학력평가고사에서 도 교육위원회가 추정한 성적보다 지나치게 좋은 성적을 올리게 되자 도(道) 장학사 관리하에 재평가 고시를 치러야 하는 수모를 겪기도 했으나 오히려 학교 자체 관리하에 실시했던 성적보다도 더 좋은 성적을 거두어 담당 장학사로부터 극찬을 받기도 했다.

천안북일고 학생들은 생활면에서도 엄격하고 규칙적이고 절도 있는 행동을 해야만 했다. 북일교 교복에는 동복이든 하복이든 하의 바지에 주머니가 없어서 아무리 추운 겨울에도 주머니에 손을 넣고 다닐 수 없는 것이 특색이었으며, 그 대신 바지 뒷주머니에는 반드시 손수건이 들어있어야 했고 상의 윗주머니에는 학생 수첩과 1일 2단어의 영어 단어장이 필수적으로 들어 있어야 했다. 그뿐 아니라 책가방은 옆에 끼거나 둘러메는 것을 용납지 않았으며 심지어는 길을 걷거나 의자에 앉을 때도 항상 허리를 꼿꼿이 펴고 행동해야만 했다. 그래서 천안 시민들 사이에는 북일고등학교 하면 〈공부벌레 학교〉, 〈북일사관학교〉니 하는 말이 유행했다.

가끔 천안 유지들이 김종희 회장에게 북일고의 스파르타식 교육 방법이 지나치지 않느냐고 충고하기도 했다. 그러나 김종희 회장은 그때마다 농담 반 진담 반으로 다음과 같이 대꾸하며 별로 개의치 않았다.

"당장은 사관학교 소리를 듣고 공부벌레 학교 소리를 들어도 할 수 없어요. 결과는 1회 졸업생이 대학에 진학하는 3년 후에 두고 봅시다. 그때가서 일류학교 소리를 못 듣게 되면 학교 집어치우고 차라리 거기에다 공장을 차릴 겁니다."

김종희 회장은 5월에 한국화약그룹의 모기업인 한국화약(주)의 기업공개를 단행한 데 이어 제일화재해상보험(주)도 공개했다. 이윤이 보장되는 기업은 마땅히 공개해서 이윤이 모든 국민에게 고루 돌아가게 함으로써 건전한 국민 기업으로 성장해 나가게 하는 것은 김종희 회장의 창업 이념과도 일치하는 것이었다.

1973년부터 정밀화학 분야를 개척해 온 한국화약에서는 그동안 화학공업의 기초원료인 니트로벤젠을 비롯해서 농약 원료인 엘산과 염료원료인 아닐린, 의약원료인 절릭엑시드 등을 연구·개발하는데 성공하고 바야흐로 중화학 공업체로 발돋움하기 위한 1천 평 규모의 파인케미칼(Fine Chemical) 공장을 건설하는 중이었으며 한편으로는 작년 9월에 착공한 여수의 제2 화학공장 준공을 눈앞에 두고 있었다.

32

한국화약그룹의 대약진

　1976년은 한국화약그룹이 대약진을 하는 해였다. 김종희 회장 54세 때의 일이다. 9월 24일 오후 6시에 거행된 프라자호텔 개관식에는 남덕우 부총리와 최경록 교통부 장관, 그리고 마쓰오(松尾泰一郞) 마루베니 사장과 김종희 회장이 참석했으며 뒤이어 호텔 4층 오키드 홀에서 베풀어진 개관 축하 리셉션에는 정부와 국회, 경제계, 문화계 인사들과 주한 외교관 및 UN군 사령관 등 4백여 명이 참석해서 대성황을 이루었다. 프라자호텔의 개관은 한국화약그룹의 저력을 과시하는 쾌거였고 국제적으로 비상할 수 있는 계기가 되었다.

　이에 앞서 어느날 김종희 회장은 태평개발의 권혁중 사장을 불렀다.

　"요즘 호텔 사원들 교육은 잘 시키고 있는 거여!"

　"예절 교육 중심으로 각종 소양 교육을 실시하고 있습니다."

　"딴 호텔에서 일하다가 온 사람들 아녀?"

　"오합지졸이에요."

　"권 사장이 직접 특별 교육을 좀 시켜야 겠어."

　"특별 교육을요?"

　"앞으로 영업이 시작되면 절대로 여자들은 출입하지 못하게 하란 말여!"

　"아, 예...."

"알아들었어?"

"하지만 손님들이 달고 들어오는 여자야 어떻게 하겠습니까?"

"그것도 절대 안 돼!"

"그러면 장사가 되겠어요?"

"장사가 안돼서 호텔 문은 닫는 한이 있더라도 좋아! 그렇게는 돈 안 벌겠어."

"호텔이나 여관이나 다 그런 시간 손님이 많아야 한대요."

"듣기 싫어! 앞으로 호텔 문을 연 담에 만약 그런 여자가 출입하는 것을 묵인하는 사람이 있을 경우에는 누구를 막론하고 용서치 않을 테니 그리 알라구! 이것은 영원히 지켜야 할 프라자호텔의 전통이 될 거니까. 그것을 권 사장이 종업원들에게 특별히 교육시켜! 알겠어?"

시청 앞 광장 건너편에 우뚝 솟은 프라자호텔의 위용은 벌써부터 한국을 찾는 외국인은 물론 서울 시민들의 많은 관심의 대상이 되어오고 있었다. 1천3백여 평의 대지 위에 세워진 이 호텔은 지상 22층(높이 18m), 지하 3층, 연건평 1만 5천 평으로써 공사 기간 2년 6개월 동안에 투입된 총공사비 1백66억 원, 동원된 연인원 40여만 명을 헤아린다.

불꽃놀이용 연화(煙火) 수출

1973년에 장난감 연화를 일본에 수출한 것을 효시로 74년에 미국으로 30만 달러 어치를 수출한 데 이어 75년에는 미국 독립 2백주년 축제용 연화를 2백만 달러 어치나 수출했다.

미국으로 축제용 연화를 수출하기까지에는 한국화약이 서울 밤하늘에 최초로 연화를 쏘아 올린 1957년 3·1절 경축 행사 때부터 장장 20년이라는 오랜 각고의 노력이 필요했던 것이다.

한국화약의 불꽃놀이 축제는 꾸준히 진화를 거듭해 와 2022년 여의도에서 벌어진 불꽃놀이 축제에 내외국의 관람객이 100만 명이나 몰리는 대성황을 이루었다.

연화란 화약과 금속 분말을 혼합한 것을 공중에 쏘아올려 폭발 또는 연소시켜 빛과 소리를 즐기는 것이다. 연화를 만드는 데는 잔손이 많이 들어간다. 그렇다고 해서 연화값이 엄청나게 비싼 것도 아니다. 연화 생산은 장삿속으로 따지면 수지가 맞지 않는다. 그러나 주요한 경축 행사에 불꽃놀이를 빼놓을 수는 없다. 밤하늘을 수놓는 오색찬란한 불꽃은 남녀노소를 막론하고 보는 이의 마음을 황홀하게 한다. 그런 연화이기에 김종희 회장은 비록 수지가 맞지 않아도 투자를 아끼지 않고 보다 다양하고 화려한 연화 개발을 계속했다. 여기서도 김 회장이 평소 공익을 위해서는 희생을 감수하는 그의 돈의 철학이 돋보이는 것이다.

순수 우리말 상표 '빙그레'

대일유업의 상표를 〈빙그레〉로 바꾸었다. 이해 6월에 있은 일이다.

퍼모스트와의 기술제휴 기간이 6월 말로써 끝나기 때문에 퍼모스트 상표를 계속 사용하면 상표 사용료를 지불하지 않으면 안 된다. 그때까지도 대일유업은 적자운영이었다. 처음부터 돈을 벌자고 해서 시작한 사업은 아니지만 손해나는 장사에 상표 사용료까지 지불한다는 것은 지나친 희생이다.

전천후 영양식이라고는 해도 역시 아이스크림은 몹시 계절을 탔다. 한여름에 반짝하고 나면 겨울내내 한산하다. 그렇다고 겨울 장사가 되는 과자를 만들 생각은 없었다. 다행히 해마다 여름 수요가 늘어나서 잘하면 금년엔 흑자 분기점을 넘어설 것도 같았다. 김종희 회장은 차제에 대일유업 상표를 국어 순화 차원에서 순수한 우리말로 바꿀 생각이었다. 때마침 국어 순화 운동이 벌어지고 있었다. 김종희 회장은 지난 3월부터 전문가들의 자문을 구하면서 그룹 내 사원들을 대상으로 새 상표를 공모하기로 했다. 그러나 마음에 드는 상표가 떠오르지 않았다.

그러던 어느날 오후 김종희 회장이 잠시 깜박 조는 사이에 이솝 우화에 나오는 태양과 바람의 우화 꿈을 꾸었다. 심술 사나운 바람이 한 소녀의 외투를 벗기려 했다. 소녀는 외투를 뺏기지 않으려고 잔뜩 웅크렸다. 이윽고 구름 사이로 태양이 해맑은 미소를 머금고 나타났다. 김종희 회장이 꿈에서 깨어난 것은 바로 그 순간이었다. 〈빙그레〉는 김 회장이 꿈속에서 본 태양의 미소였다.

과연 '빙그레'는 그해 여름 소비자들의 폭발적인 인기를 불러일으켰으며 공급이 달리게 되어 도농리에 제2 공장을 짓게 되었다. 이로써 김종희 회장은 김보현 농림 장관 청을 받아들여 시작한 유제품 사업으로 낙농 가구들의 어려움도 해소시켜 주었으며 사업으로서의 목적도 달성하게 되었다.

증권사 인수, 증권업 진출

한국화약(주)이 성도증권주식회사(星都證券株式會社)를 인수한 것도 그해 여름이었다. 성도증권은 1962년에 설립되어 한때는 증권계에서 중위권 강자로 부상한 때도 있었으나 영업 부진으로 27개 증권사 중 25위 하위권으로 추락한 증권사였다. 그 당시 증권업이 인기 업종은 아니었지만, 김종희 회장으로서는 이미 공개된 그룹 기업의 주식 관리상 증권회사를 갖는 것이 필요했다.

태평양건설 중동(中東) 진출

그해 여름 태평양건설이 대망의 중동 진출을 실행했다.

그즈음 국내 건설업계는 중동 진출 붐을 이루었다. 오일쇼크로 달러

부국이 된 중동 산유국들이 국토개발 계획을 잇달아 내놓으면서 세계의 건설업계는 중동 특수 열풍에 휩싸였다. 특히 사우디아라비아는 야심적인 걸프만 개발 계획을 만들어 주베일 산업항 조성이라는 세기적인 대형 건설 공사를 벌였다.

주베일 산업항은 20억 달러에 달하는 대형 공사로 20세기 최대의 건설 프로젝트로 평가받았다. 정주영 현대그룹 창업회장이 이 공사 입찰에 성공, 하나의 신화를 만들어 냈다. 태평양건설은 발족한 지 3년 만에 이미 도급 순위가 상위권에 뛰어오른 일군 업체(一群業體)였다. 태평양건설이 사우디아라비아에서 최초로 수주한 공사는 알코바시의 아파트 건설(공사금액 2천 40만 달러)와 리야드시에 건설될 사무실 건물(1백70만 달러) 등이 있었다. (이 책에서는 다음 기회에 태평양건설의 사우디 수주에 대한 이야기를 자세하게 다루게 될 것이다.)

경인에너지 원유 수송권 확보

김종희 회장은 작년부터 경인에너지의 원가 부담을 줄이기 위한 방법으로 원유 수송 선박회사 설립을 검토하기 시작했다.

외국 선박을 이용한 원유 수송으로 인한 소요 경비는 경인에너지의 원가 부담으로 작용하고 있었다. 경인에너지에 공급되는 원유는 합작회사인 유노코(Unoko)를 통해 외국 선박이 전담해 오고 있었다. 전문가들의 검토는 인천항의 입지 조건을 감안해서 7만 톤급 중고 유조선 3척을 도입, 취항시키는 경우 최소한 연간 1천만 달러 정도의 수송비를 절감할 수 있다는 결론을 냈다. 마침 정부에서도 국내 해운산업을 육성하기 위해 수출입에 국적선(國籍船)을 이용하도록 적극 권장하고 있었다. 유노코와의 원유 수송 계약도 1975년 말로 종료되기 때문에 내국 선박회사 설립이 시기적으로 적절했다.

김종희 회장은 75년 초에 주식회사 성운물산(星雲物産)을 설립했다. 김 회장은 미국의 밧테리 탱커 사(Battery Tanker Corp.)와 화이트 홀 사(White Hall Corp.)하고 성운 1호(적재량 77,656톤), 성운 2호(적재량 73,538톤), 성운 3호(78,264톤)에 대한 국적 취득 조건부 나용선 계약을 하고 경인에너지와의 10년 장기 원유 공급 계약을 체결했다. 이는 국내 정유 3사 중 제일 먼저 국적선에 의한 원유 수송을 실현시켜 외화 절감 을 현실화한 것이다. 김종희 회장은 1976년 10월 1일 자로 발간된 사보 (社報) '다이너마이트지(紙)'에 당시의 성운물산 국적선 취항과 프라자호 텔 개관의 의의를 다음과 같이 역설했다.

"지난 8월 27일, 성운 제3호 7만 5천 톤급 유조선을 비롯하여 계속 1 호선, 2호선을 인수함으로써 주식회사 성운물산이 총선복량 22만 5천 톤을 보유하는 회사로 떠올랐고, 9월 24일에는 총공사비 1백66억여 원 을 투입한 540실(室)의 국제 수준급 현대화된 서울프라자호텔이 준공 됨으로써 우리 그룹이 세계 무대를 본거지로 오대양, 육대주를 종횡무 진 내왕하여 도약할 수 있는 여건이 갖추어졌습니다. 3척의 대형 유조 선은 우선 중동 – 인천 간을 취항하여 경인에너지 소요 원유 전량을 자가 수송함으로써 정유사업 부문에 획기적인 경영 개선을 가져오게 될 것은 물론 장차 일반 해상 화물을 취급하는 광범위한 해상운송업 으로 확산시켜 3면이 바다에 임하고 있는 우리나라 해운업계에 뚜렷한 존재로 부각될 것을 확신합니다.

수도 서울의 중심 심장부에 명소로 부상된 서울프라자호텔은 특급 호텔로서는 우리나라 역사상 첫 번째의 것이라고 단정하고 싶습니다. 설계에서 시공에 이르기까지 완벽한 공법을 적용한 국제 수준급 일류 호텔임을 자랑합니다. 이것은 떳떳이 국위 선양을 할 수 있는 사업이 며 또한 범세계를 대상으로 하는 사업 정보의 온상일 수도 있습니다.

이곳을 바탕으로 직접 간접으로 흘러나오는 참신한 정보를 각 사 조직에 신속히 유입시켜 관련 사업과 조화를 이룩함으로써 각 사의 사업 확장과 이익원(利益源) 개발에 기여할 수 있는 체질을 견고히 다져야 하겠습니다.

성운(星雲)의 새로운 발족과 프라자호텔의 준공을 계기로 우리 그룹이 내포하고 있는 무한정하고 무서운 가능성에의 잠재력을 바탕으로 국내 시장에서의 석권은 물론이고 시야를 넓고 멀게 내다보며 웅대한 세계 시장에의 비약적 발전의 발판을 삼아야 되겠습니다. 예리한 기회 포착의 살아있는 감각을 항상 일깨워서 항상 임전의 자세로 제반 사업에 대처하면 우리 그룹은 가까운 장래에 눈부신 일대 발전을 이룩하고도 남음이 있는 인적 조직과 기반을 갖추고 있습니다. 각급 간부를 중심으로 전체 사원이 한마음 한뜻이 되어 전쟁에 임하는 긴장된 열의로써 각 사의 앞날을 걱정하고 경쟁에서 이겨나갈 수 있는 저력을 배양해 주기 바랍니다. 자기생색(自己生色) 위주의 약삭빠른 처세술 등은 하나도 필요 없습니다. 솔선해서 과할 정도로 회사 일에 열심히 하고 적극적으로 회사 이익을 개척하는 사람이면 숨어서 일하더라도 사필귀정으로 보답이 오고 일신의 영화가 약속되는 원리를 알아야 합니다. 우리의 기존 지반은 방대하고 막강한 것임을 믿고 당당히 가슴을 확 펴고 정당하고 슬기롭게 회사 일을 개척해 나가서 동남아, 중동을 비롯하여 온 세계를 무대 삼아 괄목할 만한 내일의 발전을 위해 매진해 주기를 당부합니다."

김종희 회장은 성장기에 안주하지 않고 의욕적인 비전을 제시한 것이다.

고려시스템산업(주) 설립

김종희 회장은 여세를 몰아 12월에는 고려시스템산업주식회사를 설립, 전자산업(電子産業) 계에 진출했다. 미국의 Rc Allen사와 기술을 제휴하고 부평에 1천여 평의 금전등록기 생산 공장을 설립, 1977년 3월부터는 금전등록기를 시판하기 시작했다.

고려시스템의 설립 목적이 금전등록기 생산에 있는 것은 아니다. 금전등록기 생산은 컴퓨터와 반도체에 도전하기 위한 기술 축적의 한 단계였다. 당시에 컴퓨터나 반도체를 생각한 김종희 회장의 예견력은 대단하다. 니트로벤젠, 갤릭엑시드, 엘산 등 이미 정밀화학 제품 개발에 성공한 김종희 회장은 전자 분야에서도 일반 가전제품이 아닌 컴퓨터나 반도체를 생각했다.

인천공장 대폭발 참사

76년 3월 17일 오후 1시, 인천공장 흑색화약 성형공실에서 원인 불명의 폭발 사고가 일어나 현장 종업원 8명의 목숨을 앗아가는 대참사가 발생했다. 김종희 회장의 의욕에 찬물을 끼얹는 사고였다. 그날 점심식사를 마친 종업원들이 휴식을 취한 후 작업장으로 들어간 직후에 일어난 사고였다.

화약공장의 폭발 사고는 대부분 그 원인을 찾아내기가 힘들다. 폭발과 동시에 폭발 현장이 풍비박산하고 현장의 직원들도 치명적인 직접 피해를 입게 마련이다. 이번 폭발 사고도 정확한 원인을 알 수 없으나 다만 송풍 모터에 쌓였던 흑색화약 가루가 전기 스위치를 넣는 순간에 전기 스파크에 의해 폭발을 일으켰을 것으로 추측될 뿐이었다.

인천공장은 1956년 초안폭약을 제조하기 시작한 이래로 크고 작은 폭발 사고가 54회나 발생했으나 인명 피해 6명, 부상 42명으로 폭발물을 취급하는 작업장의 산재율치고는 낮은 편이었다. 폭발물이라는 화약의 특성은 원료에서부터 완제품에 이르기까지 어느 한 공정에서도 폭발 위험성을 배제할 수는 없다. 뇌관공실에 근무하던 전창용 작업반장의 경우는 심한 위장병으로 고생하다 정년퇴직했다. 그는 끝내 지병인 위장병으로 죽을 것이라고 생각했는데 그의 위장병은 퇴직 후에 거짓말처럼 깨끗이 나았다. 뇌관공실 책임자라는 긴장감으로 인한 스트레스가 그의 위장병의 원인이었던 것이다. 어느 공장장은 너무 긴장한 나머지 신경성 빈뇨증(頻尿症)에 걸려 공장장 집무실에 화장실을 붙여 짓기도 했다. 어떤 날은 하루에도 화장실에 20번씩 드나들 때가 있었다. 그렇거늘 총수인 김종희 회장임에랴.

김 회장은 휴일날 집안의 전화 벨소리만 크게 울려도 가슴이 철렁하고 오다가다 자동차 타이어가 터지는 소리에도 소스라치게 놀라기가 일수였다. 그의 지병인 당뇨 증세도 긴장으로 인한 스트레스에서 온 직업병인지도 모를 일이었다.

그즈음 그의 당뇨는 10일 간격으로 인슐린 주사를 맞지 않을 수 없을 만큼 악화되었다. 그의 취미 생활인 전자올겐이나 서예, 바둑 같은 것은 그가 스트레스로부터 헤어나려는 하나의 한가한 틈을 만드는 것이었다.

"내가 사람을 죽이면서까지 이 사업을 해야 하다니...."

김종희 회장은 폭발 사고로 인명이 희생될 때마다 같은 말을 되풀이하며 안타까워했다. 김종희 회장은 폭발 사고로 희생자가 생길 때마다 도의적 책임감을 뼈저리게 느끼고 사후 대책에 최선을 다했다. 사망하거나 노동력을 잃은 종업원에게는 노동 법규에 의한 산재 보상 이외에 쌀 50가마니분의 위로금을 지급하고 직계 자녀에 대한 학교 공납금(중학교부터 대학까지) 전액을 지원하는 한편 그들이 학교를 졸업한 후에 회사에 취업할 것을 희망할 경우에는 특별한 결격 사유가 없는 한 취업할 수 있게 했으며 부상자들에게는 치료비 전액을 회사가 부담하고 완치된 후에는 보다 안전한 작업장으로 복직시켰다.

유명세를 타는 김종희 회장

김종희 회장은 서서히 재계의 거목으로 부상했다.

1976년 4월 29일 좀처럼 남 앞에 서기를 싫어했던 김종희 회장은 제13대 전국경제인연합회(全經聯) 회장단 선거에서 부회장으로 당선되었다. 회장에는 정주영(鄭周永) 현대건설 회장이, 부회장에는 김종희와 함께 한국능률협회의 주요한(朱曜翰) 회장과 혜인중기의 원용석(元容奭) 사장이 각각 새로 뽑혔다.

김종희 회장이 유명세를 치러온 지는 오래전부터다. 1968년 8월부터 그리스 왕국의 명예 총영사직을 맡아오던 중 1972년에는 한국과 그리스 간의 우호 증진에 기여한 공로로 콘스탄틴 왕으로부터 그리스 왕국의 최고 명예훈장인 금성십자훈장(金星十字勳章)을 수훈했으며 같은 해 11월에는 유신헌법에 의해 실시된 통일주체국민회의 대의원 선거에서 종로(鍾路) 1구역에 입후보해 전국 최고 득표자로 당선되기도 했다.

이해 5월에는 대한체육회의 제의를 받아들여 한국화약그룹 '아마추어 복싱팀'을 창설했다. 팀 멤버는 국가 대표로 활약하던 김성은 사범과 유종만, 황철순 선수로서 그들은 그해 10월에 자카르타에서 개최될 제8회 아시아 아마 복싱 선수권 대회에 출전할 국가대표 선수들이었다.

15개 기업군을 거느린 재벌기업으로 성장

한국화약(주)이 출범한 지 25주년, 4반세기 동안에 한국화약(주)은 어느덧 재벌급 대기업으로 성장했다.

1975년 2월에 착공한 창원 기계공업 단지 내의 베어링 공장이 준공되어 1976년 6월부터 가동하기 시작했다. 연산 3백42만 개 규모의 이 베어링 공장(부지 2만8천 평, 건평 4천3백 평) 건설에는 내·외자 총 32억 원이 투입되었는데 창원 공장 준공으로 한국베어링은 국내 베어링 수급상 불가피했던 다품종소량생산(多品種少量生産) 시스템을 갖추게 돼 종래의 부평공장 단일체제화의 소품종다량생산 시스템과 함께 생산 균형을 통한 경영 개선이 기대되었다. 그뿐 아니라 IBRD 차관 5백만 달러로 건설이 진행 중인 제1차 증설 계획이 완료되는 1977년 7월이면 베어링 전체 생산 능력이 연간 1천7백90만 개로 배가 되어 연간 2백만 개의 수출 여력도 확보하게 된다.

연초부터 높은 신장세를 보여 온 김포요업에서는 6월 한 달 사이에 60만 달러를 수출함으로써 상반기 수출 목표를 10만 달러나 초과 달성하여 연간 수출 목표인 5백만 달러는 무난히 달성될 전망이었다. 그동안 김포요업은 서독의 유명한 타일 메이커인 KLIBC 사와 기술제휴하고 품질 향상과 생산성 제고에 노력해 온 결과로 선발업체들을 물리치고 국내 요업 산업계에서 정상의 자리를 차지했다.

태평양건설은 1976년 6월 1일 서소문동 34번지에 지하 2층, 지상 12층 규모의 자체 사옥을 착공한 데 이어 24억 원 규모의 남서울 체육관 부분의 용역사업에도 진출하여 사업 영역을 착실하게 넓혀 나갔다.

이로써 한국화약그룹은 모기업인 한국화약을 비롯해서 한국베어링, 한국정공, 경인에너지, 제3 석유, 유니온프리마, 고려시스템, 제일화재해상보험, 제일증권 등 15개 기업과 학교법인 북일학원을 거느리게 되었다.

김종희 회장은 고삐를 늦추지 않고 그동안 기획조사실에서 검토해 온 한국알미늄이나 성신화학(주) 인수 작업을 연내에 마무리 지을 것을 지시했다. 한국알미늄이나 성신화학은 다 같이 막대한 외채를 짊어지고 있는 부실기업이기는 해도 사업 전망이 밝은 업체들이다. 한국알미늄과 성신화학을 인수하게 되면 한국화약그룹은 현재의 국내 재벌 랭킹 10위에서 상위권으로 도약하게 된다.

33

이리역(裡里驛) 열차 폭발 사고
- 현 익산역

　성장 가도를 달리던 한국화약그룹에 창사 이래 최대 위기를 가져온 이리역 열차 폭발 사고가 발생했다. 1977년 11월 11일 오후 9시 15분경 화약을 싣고 가던 화물차 폭발 사고를 일으켰던 것이다. 이리역 폭발 사고는 우리나라 폭발 사고 사상 최악의 열차 폭발 사고였다. 사고 대책본부가 발표한 인명 피해는 사망 56명, 중상 293명, 경상 717명이고 재산 피해는 전파된 가옥이 675동으로 피해 추산액이 26억 1천6백만 원, 반파 가옥이 1,289동에 22억 5천9백만 원, 경미하게 파손된 가옥 7,566동에 2억 2천9백만 원 등 시민 피해가 51억 8천1백여만 원에 달했다. 철도 피해도 화물차 74량, 객차 21량, 기관차 4대, 동차 4대, 지게차 13대, 철도 1,560m, 배선 2,210m, 건물 52동이 파괴되어 그 피해액은 24억 4천7백여 만으로 추산되고 30여 개 학교 1천 96개 교실의 벽이 무너지거나 유리가 깨지는 등 2억여 원의 피해를 내어 잠정적으로 집계된 총피해액만 해도 무려 80여억 원에 이르는 것으로 추계됐다.

　이 엄청난 폭발 사고가 처음 보도된 것은 그날 밤 9시 30분경, 한국과 이란 간의 월드컵 축구 예선전 실황을 중계하던 TV 화면에 다음과 같은 스파트 뉴스 자막이 흐르면서부터였다.

'9일 밤 10시 인천역을 출발하여 광주로 향하던 화약 열차가 오늘 밤 9시 10분경 이리역 구내에서 원인 불명의 폭발로 대참사가 발생. 이리시 산하 전 공무원과 예비군 및 민방위 대원이 총동원되어 사고 수습에 나서고 있는 중이다'라는 스파트 뉴스였다.

그때부터 한국화약그룹 본사 사무실 전화는 놀란 임직원들의 빗발치는 문의 전화로 불이 났다. 회사에는 마침 경영관리 실장 오재덕 상무가 늦게까지 남아 있었다. 사고 소식에 접하자마자 치안국 상황실에 현지 피해 상황을 알아보았더니, 치안국 관계자의 답변은 한마디로 '이리시가 몽땅 날아가 버렸다'는 것이었다. 폭발 사고 소식에 놀란 임직원들이 회사로 몰려나오기 시작했다. 잠옷 바람에 달려 나온 중역이 있는가 하면 짝 구두를 신고 나온 직원들도 있었다.

"회장님한테 뭐라고 보고해야 하지?"

오재덕 상무는 성하현(成夏鉉) 비서실장을 붙잡고 상의했다. 아산(牙山)이 고향인 성하현은 서울대 상대 출신으로 1972년에 제3 석유 영업과장으로 특채되어 빙그레 영업부장을 거쳐 76년 10월부터 비서실 근무를 해왔다.

"상무님! 현지 피해 상황이 어느 정도 파악된 후에 보고드리시죠!"

"잠자리에 드시기 전에 보고해야 하잖아?"

"열두 시 전에는 주무시지 않을 겁니다."

"요새는 시력이 나빠져서 책도 안 보시잖아?"

"며칠 전에 안경을 맞추셨어요."

김종희 회장은 특별한 일이 없는 한 집에 일찍 들어가 의례 밤 8시부터 12시까지는 책을 읽는다. 만약 그 시간에 독서를 하지 않았다면 회장도 TV 축구 중계방송을 보았을 것이다. 김 회장은 스포츠 중계방송을 즐겨보는 편이었다. 12시까지도 치안국 상황실에 들어온 이리의 피해 상황은 정확하지 않았다. 그러나 그때까지 보고된 사망자만 해도 30명이 넘고 완전히 파괴된 민가도 수백 채에 달한다는 것이었다.

"성 실장! 어떻게 하지? 보고 안 하고 있을 수는 없지 않아?"

"글쎄요. 이 밤중에 보고한다고 해서 회장님이 나와 수습할 일도 아닌데...."

성 실장은 보고할 생각을 하면 아찔했다.

"때르릉...." 2층 서재에서 내려온 김종희 회장이 막 내실을 들어설 때 전화벨이 울렸다. 전화벨 소리에 김 회장의 발길이 거의 반사적으로 섬찟 얼어붙었다. 잠자리를 보던 부인 강 여사가 전화 수화기를 들어 올렸다.

"여보세요?"

"사모님이세요?"

"네."

"저 성 비서입니다. 회장님 좀 바꿔 주십시오."

"잠깐 기다리세요."

강 여사가 수화기를 김 회장에게 건넸다.

"아, 난데. 누구요?"

"성 비섭니다."

"왜, 무슨 일이야?"

"회장님. 여기 회삽니다. 놀라지 마십시오, 회장님! 실은 서너 시간 전에 이리역에서 화약을 싣고 가던 화차가 폭발했습니다."

"뭐, 뭐라구?"

김종희 회장의 손이 부들부들 떨리기 시작했다.

"그래서 어떻게 된 거야?"

"아직 정확한 피해 상황은 알 수 없습니다."

"알았어! 내가 곧 회사로 나가지."

"피해 상황이 파악되는 대로 보고드리겠습니다. 회장님은 댁에 계십시오."

"회사에는 지금 누가 나와 있어?"

"임원들은 거의 전부 나와 있습니다."

"그런데 여태 뭘 하느라고 이제 연락하는 거야?"

"현지 사정을 알아보느라고요."

"현지엔 누가 내려갔어?"

"예! 경영관리실의 유성우 부장이 두 시간 전에 이리로 떠났습니다."

"현재까지의 피해 상황을 알고 있는 대로 얘기해 봐!"

"사상자가 조금 생기고 이리역 인근의 민가가 좀 부서진 것 같습니다."

"알았어! 빨리 정확한 현지 상황을 알아서 보고해!"

수화기를 내려놓는 김종희 회장의 얼굴이 백지장처럼 창백해졌다.

"여보! 사고가 큰가 보죠?"

"화약을 실은 화차가 폭발했으면 이 일을 어떻게 하지...?"

김 회장은 말을 잇지 못하고 멍하니 천장만 바라보고 있었다.

"화약이 어디서 폭발했는데요?"

"이리역이라는 거야."

"좀 더 자세히 알아보시잖구요."

"글쎄...."

이윽고 성하현 비서한테서 다시 전화가 걸려 왔다. 성 비서가 보고하는 현지의 피해 상황은 상상을 초월하는 것이었다. 대참사였다.

다음 날 아침 6시. 성 비서와 신현기 사장이 가회동 김 회장 집으로 왔다. 신현기가 한국화약(주) 대표이사 사장에 취임한 것은 1975년 9월이었다.

"회장님! 면목이 없습니다!"

신현기 사장이 고개를 푹 숙였다.

"기운을 내요, 신 사장! 내가 성 비서하고 사고 현장에 다녀올 테니."

"현장엔 제가 내려갔다 오겠습니다. 다이너마이트가 폭발한 자리에는 직경 30m나 되는 큰 웅덩이가 패고 폭발 지점으로부터 반경 2km 안에 들어선 건물은 전부 폭풍에 날아가서 지금 사고 현장은 아수라장이랍니다."

"어쨌든 이왕에 당한 일이니 사후 대책에 전력을 기울입시다!"

겉으로 보는 김종희 회장은 언제나 침착하고 의연했다. 그는 아랫사람 앞에서는 절대로 자신의 나약함을 드러내 보이지 않는다. 아랫사람들을 당황하게 하거나 자신을 잃게 해서는 안 된다고 생각하기 때문이다. 회사에는 벌써 모든 임직원들이 출근해 있었다. 경영관리 실장 오재덕이 회장실로 들어오면서 김 회장의 이리 출장을 막았다.

"회장님! 아직은 회장님이 직접 사고 현장에 내려가실 때가 아닙니다. 폭발 원인과 폭발 피해 상황이 정확하게 밝혀지고 나서 내려가셔도 늦지 않습니다. 이리에는 현재 국내외 보도진들이 전부 몰려가 있습니다. 회장님이 현장에 내려가시게 되면 보도진들이 회장님을 에워쌀 것입니다. 그들이 엉뚱한 질문 공세를 펴오면 일일이 뭐라고 답변하시겠습니까?"

좋은 이야기였다. 김종희 회장은 사고 현장 방문 계획을 일단 유보하고 사고 대책을 협의하기 위한 긴급 간부회의를 소집했다. 간부회의에서는 다음과 같은 의견들이 종합되었다.

첫째, 한국화약그룹 소속 예비군 전원을 사고 현장에 급파하여 재해복구 작업을 돕는다.

둘째, 한국화약그룹 산하 전 임직원이 현지 부상자들을 위해 헌혈에 참여한다.

셋째, 한국화약그룹 전 임직원의 11월 급료 중 2%를 피해 의연금으로 각출한다.

간부회의가 끝나자, 김종희 회장은 신현기 사장을 따로 불러서 이리로 내려가서 현지 재해 대책 본부에 1억 원을 위탁하고 피해 상황을 상세히 돌아보고 올 것을 지시했다.

"회장님! 석간신문에 사과문을 실으라고 지시하셨습니까?"

"음! 오 상무가 사과문을 하나 기안해."

"하지만 폭발 원인도 밝혀지지 않았는데 우리 측에서 먼저 사과문을 낼 필요가 있겠습니까, 회장님?"

"이 사람아. 수십 명이 죽고 수백 명이 부상했는데... 얼굴에 철판을 깔고 있자는 거야?"

"회장님 뜻은 이해할 수 있습니다. 하지만 뭐라고 사과를 해야 합니까?"

"어렵게 생각하지 말고 내가 부르는 대로 받아서 써봐!"

"예...."

오재덕이 받아쓸 준비를 했다. 김종희 회장은 자신이 써야 할 글을 대필케 하는 일은 거의 없었다. 그날 각 중앙 석간신문에 게재된 한국화약 주식회사 명의의 사과문은 다음과 같았다.

'1977년 11월 11일 밤 이리역에서 일어난 화약 폭발로 국민 여러분께 걱정을 끼쳐 드린 데 대해 지상을 통하여 심심한 사과의 말씀을 드립니다. 특히 이 사고로 불의의 참변을 당하신 사망자의 영전에 삼가 명복을 빕니다. 사망자의 유족과 부상자 및 그의 가족 여러분과 이리 시민 여러분에게 무어라 죄송한 말씀을 드려야 할지 모르겠습니다. 황급한 마음으로 우선 지상을 통하여 국민 여러분들에게 깊은 사과의 말씀을 올립니다'

1977년 11월 12일.

박정희 대통령 사고 수습 위해 이리로

박정희 대통령은 그날 오후 청와대에서 최규하 국무총리와 김치열 내무, 신형식 건설, 신현학 보사, 최경록 교통을 불러 사고 대책 회의를 주재했다. 사고 수습은 정부 차원으로 격상되었다. 사고의 규모나 피해 상황으로 보아 정부가 나서는 것이 마땅했다.

박 대통령은 회의를 마치고 급히 헬리콥터 편으로 사고 현장으로 날아갔다. 박 대통령은 공중 시찰을 하고 이리 시청에 들러 황인성(黃寅性) 전북지사로부터 사고 경위와 피해 상황을 보고 받았다. 그 자리에서 박 대통령은 "이번 참사의 희생자와 유족, 이재민에게 심심한 위로와 위로를 전합니다."라고 말하고 건설, 보사 등 관계 부처는 이번 참사의 피해 상황을 신속, 정확히 파악해서 정부가 지원할 수 있는 모든 대책을 세워 부상자 치료와 가옥 복구 등에 최선을 다하라고 지시했다.

박 대통령은 그 밖에도 전북 도민들이 반상회를 열어 이웃끼리 도울 수 있는 방안을 강구할 것과 신속한 복구를 위해 본래의 재개발 계획에 따른 외자(外資)에 의존하지 말고 정부 예산과 의연금으로 조성되는 재해대책비를 사용하고, 건설부에서 기술자를 현지에 상주시켜 겨울 공사에 결함이 없게 하라고 지시했다.

황인성 전북지사가 대통령에게 보고한 사고 경위는 이러했다.

사고 차는 지난 9일 하오 10시에 인천역을 출발, 영등포역에서 하룻밤을 머문 뒤 10일 하오 8시 30분 이리역에 도착했다. 사고화차는 12일 상오 10시에 이리역을 출발하는 광주행 제1605 화물열차 편에 연결될 예정이었다. 폭발 당일 이리역에서 근무하던 이리역 조차수 김하곤과 신호수 마준걸의 증언에 의하면 폭발 사고 5분 전인 9시 5분경에 4번 선에 정차 중이던 제1052호 화물열차 15량 중 11번째에 연결된 2800221호 화차에서 화차 호송원 신무일(申茂一)이 불이 붙은 담요를 들고 뛰어나와 "불이야." 하고 외치면서 역대합실 쪽으로 달아나는 것을 목격하고 나서 얼마 안 있다가 '꽝' 하는 폭음과 함께 불기둥이 치솟았으며 계속해서 20초 간격으로 큰 폭음이 두 번 울렸다는 것이었다.

문제의 화약 호송원 신무일은 1970년 12월에 한국화약 경비과 경비원으로 입사한 이해 7년 동안 화약 수송 경비 업무에 일해 오는 고참 사원이다. 신무일은 12일 상오 7시 50분경에 이리 시내 모 음식점에서 민간인 손에 붙들려 전북도경에 인계되어 날씨가 추워 불을 피우다가 화약에 인화되어 도주한 것이 아닌가 하는 혐의로 조사를 받고 있었다. 그러나 신무일은 사고 당시 잠시 역 밖으로 나갔다 돌아와 보니 화약이 실린 차 문이 열린 채 이미 불이 붙어 있었으며 자신은 옷을 벗어 불을 끄려고 했지만 불길이 잡히지 않아 피신한 것이라고 주장했다.

도하 각 신문은 이리역 화약 화차 폭발 사고 관련 기사를 연일 대서특필했다. 기사나 사설을 통해서 사고 원인을 철저히 밝히고 철도청과 화약회사 측의 책임 소재를 규명하여 응분의 책임을 추궁하라고 주장했다. 여론의 질책은 비정하리만큼 냉정했다.

어느 신문의 사설은

'이번 사고는 한마디로 우리 모두에게 유비무환(有備無患, 미리 준비해 두면 근심될 것이 없다)의 뼈 아픈 교훈을 새삼 안겨 주었다. 사고 책임의 직·간접적 소재와 그에 대한 응분의 추궁이 있어야 함은 말할 것도 없지만 이 폭발 사고야말로 모두의 뿌리 깊은 타성과 부주의와 무관심과 무사안일주의가 빚어낸 어처구니없는 인재(人災) 임에 틀림없다. 그 무서운 폭발물을 실은 화차의 수송을 안전교육도 제대로 받지 못한 호송원 한 사람에게 맡겼다는 자체부터가 무책임한 일이 아닐 수 없다. 더욱이 호송원 신무일 씨는 자신이 근무해 온 지난 7년 동안 이번처럼 줄곧 혼자서 화약 열차 호송을 해왔을 뿐만 아니라 그 때문에 식사나 용변을 보느라고 자리를 비우는 일은 상례일 수밖에 없다고 밝히고 있다. 이는 바로 그동안의 화약 수송에 언제나 이번과 같은 폭발 사고가 일어날 위험을 지니고 있었음을 말해주는 것이다. 이런 무서운 허점을 모르고 있었다면 말도 안 되는 일이고 알고 있으면서도 필요한 대처를 안 한 것은 그래도 아무런 사고가 일어나지 않았으니 별 일 없겠지 하는 안이한 생각과 타성에 젖은 무사안일주의 때문이었던 것이다. 그 결과 이번과 같은 참혹한 재난을 초래하고 말았다...'

다른 신문의 논조도 대강 같은 맥락에서 신랄한 비판을 가했다.

대검 특별수사부가 밝힌 사고 경위

서정각(徐定覺) 대검 특별수사 부장이 밝힌 사고 경위는 국민을 또 한 번 놀라게 했다. 9일 상오 11시 인천 한국화약 적재소에서 다이너마이트 8백 상자, 흑색화약 3백 상자, 초안폭약 2백 포, 초유폭약 1백 포, 전기뇌관 36상자 등 1천1백39상자(28톤)를 실은 후 하오 9시 43분 인천역을 출발. △10일 하오 7시 열차가 논산역에 정차했을 때 호송원 신무일이 역전 서울상회에서 길이 15cm짜리 양초를 20원에 구입. △10일 하오 8시 31분 이리역에 도착, 4호 입환선에 들어가서 32량으로 열차 편성된 후에 대기. △11일 하오 5시경을 지나 역전 음식점에서 저녁 식사와 함께 2홉들이 소주 한 병을 마신 후 7시경 화차에 돌아와 다이너마이트 화차의 화차 문을 잠그는 철사를 꽂고 다이너마이트 상자 위에 쓰다 남은 12cm가량의 양초를 켠 후 누워있다 잠이 들었다. △취침 중 얼굴이 뜨거워 잠을 깨어 보니 다이너마이트 서너 상자가 불타고 있어 당황한 나머지 슬리핑 백으로 불을 끄려 했으나 슬리핑 백의 닭의 털에 불이 옮겨붙었고 그 불이 얼굴에 튀어 화상을 입음. △약 5분 후 화차 문을 열고 뛰어내리며 "불이야, 다이너마이트다!" 하고 고함, 당시 약 55m 떨어진 2번 입환선에 있던 조차수 김하곤은 1, 2번 선 화물차 밑을 통해 보선 사무소로 달려갔고 사무소 조역 채희석이 인터폰으로 서울 쪽으로 5백m 떨어진 간수 초소 및 경찰에 알리는 순간 화약 열차가 폭발(수사반은

신무일이 화차에서 뛰어나온 후 폭음이 들렸을 때까지를 7분 내지 8분으로 추정)
△같은 시각 모현(慕顯) 건널목 신호원 마준걸이 보선사무소로부터 전화를 받고 역 구내로 93m쯤 달려갔을 때 철길 위에서 신무일을 만나 "누구냐"고 묻자 "호송원이요. 지금 불이 났어요."라고 대답하고 건널목 쪽으로 황망히 도주, 그 순간에 폭발. 마준걸이 잠시 엎드려 있다가 신무일을 뒤쫓아 갔을 때 신무일은 건널목 건너편 임낙석이 경영하는 구멍가게에서 공중전화로 경찰을 부르고 있었음(당시 신무일은 한쪽 발에 운동화를 신고 있었으며 다른 한 발은 맨발이었음). 서정각 합동조사단장은 신무일이 당초 이상과 같은 사실을 부인했으나 조사단이 ① 신무일의 잠바 오른쪽 어깨 주머니에서 성냥개비를 찾았고 ② 사고 현장으로부터 동남방 60m 지점에서 성냥개비 10개가 들어있는 '76 경인에너지' 성냥갑과 ③ 5백m 지점에서 반쯤 땅에 파묻혀 있는 불에 타다 남은 닭털 침낭을 찾아냈고 ④ 사고 현장에서 신무일이 '다이너마이트가 터진다'라고 외치며 달아나는 것을 목격한 김하곤, 마준걸, 채희석 및 예쁜 꽃신집(신무일은 이 신발가게에서 남색 운동화를 훔쳐 신고 달아났음) 주인 김귀덕 등을 불러 대질시키자 사고 전후의 행적을 순순히 자백했다고 덧붙였다. 대검 합동조사반은 이리역 화차 폭발 사고의 직접 원인은 결국 호송인 신무일의 실화(失火)로 규정했다.

11월 18일 한국화약의 신현기 사장을 비롯한 회사 간부 6명과 철도청 직원 4명이 구속됨으로써 화약 화차 폭발 사건은 수습 단계에 접어들었다.

34

전 재산 90억 원을 바치겠습니다

김종희 회장은 이번 사고에 대한 어떤 대가도 감수할 각오가 되어 있었다. 다만 아직 당국의 수사가 끝나기 전이어서 무엇을 어떻게 책임져야 할지 갈피를 잡을 수가 없었다.

정부는 최경록 교통 장관을 인책 사임시키고 후임에 민병권(閔丙權) 장관을 취임시켰다. 김종희 회장은 책임 한계가 명확히 가려질 때까지 입을 다물고 있을 수만도 없는 일이었다. 김 회장은 우선 16일 자 도하 각 신문에 한국화약주식회사 회장 김종희 명의로 '모든 책임을 다할 것'이라는 내용의 사과문을 발표했다.

"거반 지상을 통하여 경황 중에 사과를 드린 바 있습니다만 이번 이리역 폭발 사고로 국민 여러분에게 큰 충격과 경악을 불러일으킨 데 대해 머리 숙여 사죄하오며 특히 불의의 사고로 희생되신 영령 앞에 삼가 명복을 빕니다. 또 유족과 부상자 그리고 이리 시민 여러분께 깊이 사죄하오며 특히 사고 직후 신속한 복구 대책에 힘써 주신 정부 당국, 각 기관, 그리고 재난 속에서도 용기를 잃지 않고 복구에 전념하고 계신 이리 시민 여러분께 거듭 감사드립니다. 본인은 이번 사고에 대하여 법적, 도의적 책임뿐만 아니라 모든 사력(社力)을 총동원하여 앞으로 중앙재해대책본부와 더욱 긴밀한 협조하에 조속한 재해복구에 전력을 다할 것을 다짐하며 거듭 사죄의 말씀을 드립니다."

숨김없는 그의 진심 그대로의 사과이자 가식 없는 그의 결연한 결의 그대로의 표명이었다.

정부는 15일 자로 이리 재해복구를 위한 50억 원 규모의 77년도 제2회 추경 예산안을 국회에 제출해 놓고 있었다.

김종희 회장은 다음날 삼청동 총리 공관으로 최규하 국무총리를 방문했다. 공관에는 장예준 상공 장관과 신형식 건설 장관이 와 있었다. 김종희 회장은 먼저 폭발 사고에 대한 사과의 뜻을 표하고 이번 사고로 인한 형사 책임은 물론 보상 책임도 지겠다고 말했다.

"보상 책임을 어떤 방법으로 지겠다는 겁니까?"

최 총리가 물었다.

"정부에서 하라는 대로 다 하겠습니다. 저의 전 재산을 바칠 각오가 되어 있으니까요."

"실례지만 김 회장 개인 재산이 어느 정도나 됩니까?"

"약 90억 원 정도는 될 거라고 생각합니다."

"알겠습니다. 일단 김 회장의 뜻을 각하께 전하고 한번 논의해 보겠습니다."

3일 후 22일 자 도하 각 신문들은

'한국화약 김종희 회장, 폭발 사고에 90억 보상 확약'이라는 제목으로 신형식 중앙재해대책본부장의 발표 내용을 일제히 보도했다. 신형식 중앙재해대책본부장은 '한국화약의 김종희 회장이 이리 사고에 대한 법률적 책임은 물론 도의적 책임을 통감하여 국민과 정부에 깊은 사과의 뜻을 표하면서 전 재력(全 財力)을 투입해서라도 피해 보상을 하겠다는 결의를 전해왔다'라고 밝히고, 90억 원 중 10억 원을 이미 정부에 납부했다고 말했다.

김종희 회장이 약속한 90억 원, 얼마나 큰돈일까. 정부 재해복구 예산으로 50억 원 규모의 추경 예산과 비교해 보아도 어마어마한 거금이다. 개인 차원에서 이런 수준의 보상 책임을 진 것은 역사상 찾기 힘들다. 평소 사심이 없었던 김종희 회장이 아니고는 이런 거금을 내기는 힘든 일이다.

신 본부장은 나머지 80억 원에 대해서는 납부 방법과 절차 등에 관해 계속 정부 측과 협의하기로 했다고 밝히고 정부는 조속한 시일 안에 전액 수납하되 정부 안에 별도의 위원회를 설치하여 이를 처리하기로 했다고 밝혔다.

물론 90억 원이 이리시 이재민을 만족시킬 만한 피해 보상금은 아니다. 그러나 정부의 이리시 재해복구비 예산 규모가 50억 원인데 비하면 90억 원은 결코 적은 액수가 아니다.

김종희 회장이 이리 사고의 피해 보상금으로 90억 원을 내기로 했다는 보도가 전해지자, 재계는 경악을 금치 못했다. 재계에서는 아무도 90억 원이라는 피해 보상금이 김종희 회장이 자진해서 확약한 것이라고 믿으려 하지 않았다. 너무도 큰 금액이었기 때문이다. 재계 인사들은 하나같이 '왜 철도청이 있는데 90억 원이라는 엄청난 피해 금액을 한국화약이 혼자서 뒤집어쓰느냐'고 하면서 '깎기라도 하라'는 것이었다. 어제까지도 한국화약 측의 화약 수송 대책을 냉혹하게 질타하면서 한국화약에 대한 형사 책임과 함께 피해 보상 책임을 준열하게 추궁해야 한다고 주장해 온 언론에서조차도 '너무 과한 수준'이라면서 김 회장의 처지를 딱하게 여겼다. 그러나 김종희 회장의 마음은 초연하고 담담했다. 응분의 책임을 지고 다시 맨손으로 돌아가서 떳떳하게 새출발한다는 생각을 다지고 있었다.

정부로서는 김종희 회장이 확약한 90억 원을 막상 어떤 방법으로 수납하느냐 하는 것이 문제였다. 김종희 회장이 90억 원이라는 돈을 쌓아 놓고 있으면 문제는 간단한데 90억 원은 사실상 김종희 회장 개인의 총재산에 대한 추정 평가액인 것이다.

김종희 회장의 개인 재산을 국유재산법에 따라 기부채납한 후에 매각 처분하는 방법이 있다. 김종희 회장의 개인 재산의 대부분이 회사 자산 이라는 점을 감안한다면 몇 개의 그룹 내 기업이 뿌리째 흔들리게 된다. 김종희 회장으로 하여금 자진해서 재산을 처분하게 해서 현금으로 납부 하게 할 수도 있다. 그런 경우에는 기업이 도산하는 것은 물론이고 그 많 은 재산을 단시일 안에 처분할 수 있겠느냐 하는 것도 문제다. 피해 보상 금은 꼭 받아내야 하되, 기업을 도산하게 해서는 안 된다는 것이 정부 입 장이고 사회 여론이다.

한국화약그룹의 1977년도 매출액이 3천5백억 원을 상회할 것으로 전 망되었다. 당시 국내 제조업계의 평균 매출액 이익률이 17% 선이고, 평 균수익률은 매출 이익의 5.6%였으나 한국화약의 경우는 매출이익률 18%에 순이익률 7%로 평균치보다 높은 편이었다. 따라서 한국화약그룹 의 77년도 순이익이 44억 원에 이를 것으로 추산되었다.

정부는 김종희 회장에게 피해보상금 90억 원을 30억 원씩 3년 분할로 납부하되 77년도분은 12월 31일까지 납부하도록 조치했다. 이는 기업 도 살리고 피해보상금도 확보하자는 정부의 정책적 결단이었으며 재계 나 언론계에서 환영하는 반응이었다.

"처음부터 김 회장이 처신을 잘한 거야. 그때 우물쭈물하지 않고 '이게 전부올시다'하고 발가 벗으니까 정부에서도 봐준거지, 안 그랬으면 절단 났을 거라구."

"허긴 그래. 그때 만약 김 회장이 쩨쩨하게 '몇십억…' 하고 나왔으면 회사가 날아가게 됐을지도 모르지."

"금년에 납부해야 할 30억 원도 지난번에 낸 10억 말고도 20억은 은 행이 융자해 주는 모양이던걸."

"정부 입장에서도 그렇게라도 하는 것이 기업도 살리고 피해보상금도 받는 거겠지."

"결국은 살신성인의 정신이 회사를 위기에서 구해낸 거야."

김종희 회장이 둘러본 이리시에는 재해복구 작업이 한창이었다. 폭발 중심권이었던 철도 시설이 완전히 복구되고 폭발 지점에서 가장 가까웠던 모현동 언덕 2만 평 대지 위에는 13평형 아파트, 26개 동 1천1백80 가구가 들어서고 있었으며 이리역 부근의 창인동 부근에도 17평형 아파트 6개 동 1백50 가구와 상가아파트 2개 동이 들어서고 있었다.

35

장남 김승연(金升淵)의 귀국

김승연은 이리 사고 직후에 미국으로부터 귀국했다. 그의 25세 때다.

김승연은 김종희 회장의 2남 1녀 중 장남이다. 김승연은 귀국 후 태평양건설 해외 수주 담당(海外 受注 擔當) 이사로 일했다. 김종희 회장은 이리 폭발 사고의 악몽이 다소 가시자 1978년 3월에는 장남 김승연을 태평양건설 해외 담당 사장으로 임명했다. 현대건설 등 한국 건설업계가 중동 건설 붐을 타고 중동 진출 피크타임을 이루고 있는 때였다. 국내 건설사들은 중동, 특히 사우디아라비아에서 얼마만큼의 수주를 하느냐는 것이 사운이 걸려 있는 때였다. 따라서 김승연 사장의 임무도 중차대했다.

김승연 사장이 유학길에 오른 것은 일찍이 명문 경기고등학교(京畿高等學校) 2학년 때다. 1974년 캘리포니아 멘로대학(Menlo College Business School) 경영학과를 졸업한 그는 당시 시카고 드폴대학(De Paul University Chicago)에 진학해 정치학 석사 과정을 이수했다.

멘로대학은 소규모의 혁신적인 사립 거주의 학교로서 남학생 사립고등학교로 출발해 1927년에 설립되었다. 처음에는 스탠포드 대학에서 젊은 남학생들이 편입하여 학업을 마치기 전에 첫 번째 2년간을 끝낼 수 있게 하기 위한 사립 거주 칼리지였다. 친밀하면서도 세계적인 특유의 참여 생활 학습 공동체로 유명하다. 드폴은 1898년 빈센시오회 회원들에 의해 설립된 카톨릭 연구형 대학교이다.

김승연 사장은 미국에서 귀국하던 날 아버지로부터 이리 사고에 대한 피해 보상을 위해 전 재산을 내놓을 결심이라는 말을 들었다. 아버지 김종희 회장은 폭발 사고로 많은 인명 피해를 냈다는 데 대한 자책감으로 몹시 괴로워하고 있었다.

(어떻게 하면 내가 아버지의 힘이 되어 드릴 수 있을까....)

아버지는 가끔 로스앤젤레스 지사에 출장을 나오는 때가 있었다. 그럴 때면 아버지는 시카고에 있는 자신을 로스앤젤레스로 불러내 호텔 침대에서 같이 자면서 자신이 어려서 고생하던 이야기를 들려주곤 했다.

아버지는 어려서 집이 너무 가난했기 때문에 산에 나무를 하러 다닐 때도 점심밥을 못 싸가지고 다녔다. 그래서 늘 물배를 채우곤 했지만, 나뭇짐만큼은 남보다 크게 해서 져 날랐다. 한번은 다른 사람들이 점심을 먹을 때 남의 과수원 풋복숭아를 따 먹고 배탈이 나서 혼난 적도 있다고 말했다. 아버지 왼손 새끼손가락에는 지금도 나무를 하러 다닐 때 낫에 베인 상처가 크게 남아 있어서 그 새끼손가락은 똑바로 펴지지 않는다.

그러나 아버지는 잘 먹고 잘 살자고 사업을 시작한 것은 아니라고 하면서, 나는 배추장사를 해서라도 내 자식은 얼마든지 먹여 살릴 자신이 있다고 했다. 돈을 버는 것은 돈을 벌어서 무엇을 하겠다는 목적을 달성하기 위한 수단이지 돈을 버는 자체가 목적이 되어서는 안 된다고 하면서 프라자호텔에 투숙한 일본 마루베니사의 전무가 밤에 부인과 함께 나갔다가 돌아오는 것을 어떤 종업원이 '이 호텔에는 규칙상 여자를 데리고 들어갈 수 없다'고 해서 시비가 일어난 일이 있었다는 이야기를 들려주기도 했다.

김승연은 그런 아버지이기에 막연하게나마 나는 장남이니까 어른이 되면 아버지 뒤를 이어 사업가가 되어야 할 거라고 생각했다. 어른들이 아이들에게 흔히 이 다음에 커서 무엇이 될 테냐고 물으면 아이들은 의례 '대통령' 아니면 '육군 대장'이나 '과학자'가 되겠다고 대답하기 마련이다. 하지만 김승연은 어려서도 어른들이 뭐가 될 거냐고 물으면 '사장'이 될 거라고 대답했다.

김승연은 그룹 내의 각 공장을 이미 여러 차례 돌아보았다. 유학 가기전에 아버지가 각 공장을 한번 들러보고 가라고 해서 한번 돌아본 적이있고 그 후에도 방학 때 귀국하면 아버지는 매번 공장을 둘러보게 했다. 그때마다 아버지는 장차 내가 맡아야 할 사업이니까 구석구석을 살펴보라고 말했다.

아버지가 지금 그 모든 것을 피해보상을 위해 내놓겠다는 것은 사업자체를 포기하겠다는 뜻이 아니겠는가? 김승연은 무슨 말로 아버지를 위로할 수 있을지 몰랐다.

"내 생각에 너는 어떻게 생각해야 하느냐?"

"아버지! 아버지는 배추 장사를 해서라도 얼마든지 우리 식구를 먹여살릴 자신이 있다고 하셨잖아요?"

"그야 아무려면 너희들을 굶기기야 할려구."

"하지만 지금은 아버지가 배추 장사를 안 하셔도 됩니다. 이제는 제가무슨 짓을 해서라도 우리 식구 생활은 책임질 수 있으니까요."

"그래...!"

"잘 생각하셨어요, 아버지! 일단 그렇게 생각하시고 새로 시작하셔도아버지는 또 틀림없이 성공하실 거예요. 저도 곁에서 힘껏 도와드릴게요."

"고맙다, 승연아! 네 말을 듣고 나니 나도 용기가 나는구나."

김종희 회장은 어리다고 생각했던 장남이 그렇게 믿음직할 수가 없었다.

그 후 피해보상금 90억 원이 3년 분할 납부하기로 결정되자 김승연은태평양건설의 해외 수주 담당을 자청했다.

"아버지! 90억 원을 만회하기 위해서는 해외 건설 쪽에 전력투구해야겠어요. 공사 수주를 잘해서 1년에 1천만 달러만 벌어 들이면 우리 돈으로 48억 5천만 원입니다. 제가 한번 직접 해외 수주에 나서 보겠습니다."

태평양건설은 76년 7월 사우디아라비아 알코바시에 건설되는 2천만 달러짜리 아파트 공사를 수주한 후로 아직 이렇다 할만한 수주 실적을 올리지 못하고 있었다. 김종희 회장은 장남을 해외 담당 사장으로 발령하면서 은근히 해외 수주에 기대를 걸었다.

79년 5월 사우디아라비아에 나가 있던 김승연이 드디어 1억 달러짜리 대형 주택 공사를 수주하는 데 성공했다.

한국화약그룹은 78년 흑자 기반이 확고해진 대일유업을 공개했다. 이어 태평양건설의 엔지니어링 사업부를 태평양엔지니어링 주식회사로 독립시켰고 76년 6월에 착공한 서소문동의 태평양건설 빌딩을 완공시켰다. 그러나 한국화약그룹의 78년도 총매출액은 이리 사고의 후유증으로 전년도의 3천5백23억 원보다 10%가 감소된 3천1백71억 원을 기록했다.

1979년 한국화약그룹은 마침내 모든 역경을 극복하고 그야말로 폭발하는 다이너마이트의 위력처럼 축적된 저력을 유감없이 발휘했다. 79년 총매출액은 4천5백30억 원, 이는 전년도 매출액 대비 무려 42.9%의 신장세를 보인 것이다. 놀라운 성장이었다.

한국화약그룹이 국내 10대 재벌기업으로 뛰어오르면서 세계 속의 기업으로 국제적 신뢰 기반을 구축한 것도 79년이다. 미국의 저명한 경제 전문지 '포춘(Fortune)'은 세계 5백 대 기업(미국 제외) 중에서 한국화약그룹을 393위로 선정했다.

김종희 회장은 79년 5월 경인에너지의 유류 수송과 대일유업의 냉동식품 수송을 담당케 할 목적으로 삼희통운주식회사(三喜通運株式會社)를 설립했다.

한국프라스틱(주) 경영권 장악

김종희 회장은 1979년 12월 한국프라스틱공업(주)의 절대 주식을 확보, 경영권을 장악했다. 한국프라스틱은 5개 PVC 생산업체(대한프라스틱, 공영화학, 한국화성, 동양화학, 우풍화학)가 난립하여 과열 경쟁을 벌이다가 모두 경영 부실을 초래하게 되어 정부 개입으로 72년 12월에 통합된 회사이다. (우리는 이 부분은 전 장에서 보아왔기에 잘 알고 있다.)

통합 후 한국프라스틱은 73년 오일쇼크를 계기로 호황 국면을 맞아 74년 10월에는 진해공장과 군산공장에 각각 연산 2만 톤 규모의 PVC 레진 생산시설을 증설하고 76년 5월 18억 원의 무상증자로 통합 당시의 자본금 2억 원을 20억 원으로 늘리는 한편, 15억 원의 신주를 공모하면서 기업을 공개했다. 한국프라스틱은 그 후에도 울산공장에 연산 3천 톤 규모의 PVC 페이스트레진 생산시설을 신설한 데 이어 진해공장에 연산 8천5백 톤 규모의 가소재 생산시설을 신설하고 다시 울산공장에 또 연산 5만 톤 규모의 PVC 레진 생산시설을 증설하는 등 총자산 규모가 6백억 원으로 늘어나서 연간 매출액도 1천억 원에 육박했다. 통합 효과가 뚜렷하게 나타난 것이다. 한국프라스틱은 국내 상장기업 중 매년 50위 이내의 수준을 유지하는 대기업으로 성장했다.

한국프라스틱의 경영권은 75년까지도 27.4%의 주식지분을 차지하고 있는 우풍화학과 제휴한 31.8%의 제일주주인 한국화성(한국화약)에 의해 지배되어 왔다. 그러다가 76년에 실시된 신주 공모로 한국화성의 주식 지분율이 18.2%로 낮아지고 우풍화학의 주식 지분율도 15.6%로 낮아지면서 경영권이 흔들리기 시작했다. 주식시장을 통해서 신주를 사들인 진양화학이 우풍화학의 지분 주식 15.6%를 인수한 데 이어 동양화학의 지분 주식 5.7%, 풍한산업 및 삼척산업의 신주 20%를 인수하여 일약 52%의 대주주로 등장했다. 결국, 한국프라스틱 경영권은 78년 주주총회에서 대한프라스틱(주식지분율 17.6%)과 제휴한 진양화학에 넘어가는 수밖에 없었다. 그 무렵이 한국화약이 이리 폭발 사고에 어려움을 겪고 있었다.

PVC 5개 사가 통합될 당시 다른 회사에서 우수한 인력을 서로 다투어 빼갈 때 부실기업일수록 더 유능한 사람들이 들어가서 일해야 한다고 하면서 한국화성 직원들을 오히려 보강한 김종희 회장이었다. 김 회장은 절치부심, 한국프라스틱 경영권을 탈환할 기회가 오기만을 기다렸다.

진양화학은 무리한 주식 매입으로 경영권을 장악했을 때 부채비율이 이미 500%에 달했으며 월 단기차입 결제액만도 80억 원이 넘는 재무구조상의 취약성을 안고 있었다. 전형적인 승자의 저주(Winner's Curse) 모양새였다. 프라스틱 가공업체인 진양화학은 당시 품귀 현상을 빚고 있던 PVC 레진만 독점적으로 확보하게 되면 국내 프라스틱 가공 업계는 저절로 지배할 수 있게 될 것으로 생각했던 것이다. 그러나 진양화학은 한국프라스틱 경영권을 장악한 지 채 1년이 못 가서 과중한 자금 압박으로 주식을 방출할 수밖에 없었다. 방출되는 그 주식을 한국화약이 삼보증권(三宝證券)을 통해 전량 사들였던 것이다.

김종희 회장이 한국프라스틱 경영권을 다시 장악했다는 사실은 실지회복(失地回復)이라는 뜻도 크지만, 한때 좌절될 뻔했던 석유화학 콤비나트 건설 계획을 되살릴 수 있게 되었다는 점에서 더 큰 의미가 있었다. 한국화성의 진해공장 건설은 석유화학콤비나트를 이루려 한 60년대의 김종희 회장의 원대한 포석이었다. 김종희 회장은 석유화학콤비나트를 실현하기 위해 이미 지난 1월 31일 자로 정부로부터 일산 16만 배럴 규모의 정유공장 확장 계획을 허가 받아놓고 81년 9월 준공을 목표로 경인에너지 합작 파트너인 유니온오일 측과 협의를 계속해 오고 있는 중이었다.

한국화약그룹이 불과 2년 사이에 권토중래를 구가하게 되리라는 것은 그 누구도 생각지 못한 일이다. 그러나 그것은 우연이 온 것은 아니었다. 김종희 회장은 지난 2년 동안 와신상담, 혼신의 노력을 쏟아부어 왔다.

그러는 사이에 그에게는 자신의 건강을 돌아볼 겨를이 없었다. 당뇨가 심해져 합병증으로 최근에는 시력이 급격히 떨어져서 안경을 쓰지 않고서는 결재 서류를 들여다볼 수 없었으며 체력이 쇠퇴하여 아침부터 저녁까지 회장실을 지키는 데만도 심한 피로가 쌓이곤 했다. 김종희 회장은 장남 승연이의 도움이 아쉬웠다.

80년 3월, 김 회장은 태평양건설 해외 담당 사장으로 해외에 상주하다시피 하는 장남을 불러들여 한국화약 '관리본부장'이라는 직책을 맡겼다. 관리본부는 그룹의 컨트롤타워 기능을 한다.

관리본부장으로 취임한 김승연은 회장실 옆에 따로 집무실을 꾸려놓고 주로 회장실에 있으면서 아버지 일을 도왔다. 김종희 회장은 회사의 중요한 업무를 결제할 때면 으레 장남의 의견을 물었으며 장남이 의견을 제시하면 그 의견을 다 수용했다. 때로는 김승연이 직접 회사 업무에 관한 의견을 제시하는 경우도 있었다. 그럴 때도 김종희 회장은 그 의견을 다 받아들이곤 했다.

그 결과가 잘못된 때도 있었다. 그러나 김종희 회장은 아들을 책망하지 않았다. 어쩌면 김종희 회장은 아들로 하여금 실책을 범하게 하여 경험을 쌓도록 하는 것인지도 모를 일이다. 김승연은 베어링 선삭공장(旋削工場)인 한국정공(주)을 한국베어링에 흡수합병할 것을 건의하기도 하고 종합상사의 기반 구축을 위해 골든벨과 김포요업, 그리고 유니온포리마 3사의 무역 업무를 통합할 것을 건의하기도 했다.

명문고가 된 천일 북일고

(우리는 김종희 회장이 각별한 애정을 기울인 천안 북일고의 개교 이후의 소식

이 궁금하다.)

김종희 회장의 육영사업에 대한 철학은 육영 그 자체를 위한 순수하기 짝이 없는 것이었다. 김 회장은 다른 재벌기업처럼 재정 형편이 좋지 않은 기존의 학교법인을 인수하거나 대학을 설립하지 않고 가장 많은 직접 교육 비용을 부담해야 하는 고등학교를 설립했다.

천안 북일고등학교의 경우는 개교 당시 학생 수가 480명(1학년 8학급)일 때나 학생 수가 2,160명(3학년 36학급)으로 늘어난 지금이나 학생들이 납부하는 공납금만 가지고는 학교 운영 예산의 65%밖에 충당하지 못한다. 부족한 35%는 해마다 김종희 회장이 부담해 오고 있는데 개교 후 79년까지 4년간 지원한 학교 운영 예산만도 10억 원이 넘는다. 이리 사고 후 그 어려운 여건 속에서도 그는 학교를 위하는 일에는 조금도 소홀히 하지 않았다.

그는 외국 출장길에서 돌아올 때도 부인이 부탁한 선물은 깜박 잊고 오지만 학교 선생님들에게 나누어 줄 선물은 하다못해 볼펜 한 자루를 사와도 꼭 사 왔다. 그런 정성이 헛되지 않아 천안 북일고는 개교 역사는 짧아도 어느덧 명문고가 되었다.

79년에 배출한 제1회 졸업생 463명 중 367명이 대입 예비고사에 응시하여 98%에 달하는 361명이 합격했으며 서울대에도 6명의 합격생을 냈다. 제2회 졸업생 중에서도 195명이 전기대학 입시에 합격함으로써 신생 명문고로서 명문을 떨쳤다.

김종희 회장은 학생들이 나약한 공부벌레로 자라는 것을 바라는 바가 아니었다. 그는 공부도 잘해야 하지만 운동도 잘해서 패기에 찬 학생으로 성장해 주기를 바랐다.

77년에 발족한 야구부와 유도부도 각종 전국대회에 출전하여 패권을 다투며 상위권에 입상하곤 했다. 유도부가 78년 제6회 전국 유도연맹 전에 출전해서 고등부 3위를 차지한 데 이어 79년 제2회 전국 고교 유도 4

강 전에서 패권을 차지했다. (김종희 회장이 화약공판에 재직 시에 현 신세계 백화점 뒤편에 있는 유도관에 열심히 나갔던 것을 생각하면 북일고 유도팀이 강한 것은 우연의 일이 아니다.) 야구부도 79년 제9회 봉황기 쟁탈전에서 3위를 차지하고 전국 체전에서 4강까지 가는 좋은 성적을 올렸다.

7월 24일부터는 서울운동장 야구장에서 제10회 봉황기 쟁탈전 전국 고교 야구대회가 개최되었다. 봉황기 대회는 야구협회에 등록된 46개 고교 야구팀 모두가 출전하여 명실상부한 고교 야구의 왕자를 가리는 대회다. 1회전을 부전승으로 통과한 천안 북일고 야구팀이 30일 거행된 2회전에서 야구의 명문인 성남고와 맞붙었다. 천안 북일고 야구팀의 대전 실황 중계라면 빼놓지 않고 시청하는 김종희 회장이었다. 그는 오늘도 회장실에서 라디오를 틀어놓고 있었다.

"와– " 성남고 학생들의 응원 소리가 터져 나왔다.

"천안 촌놈들이 기죽지 말아야 할 텐데 말야...."

"대진 운이 좀 안 좋은 것 같아요, 아버지. 이 게임에 이긴다고 해도 3회 전에서는 부산고하고 붙거든요."

"부산고가 야구는 잘한단 말이야."

그런데 성남고를 2대0으로 샷 아웃 시킨 북일고가 강호 부산고도 11회 연장전 끝에 4대3으로 이겼다. 4회전에서도 신일고를 5대1로 가볍게 따돌리고 준결승전에서 광주상고와 맞붙었다.

준결승전은 TV에서 게임 실황은 중계했다. 김종희 회장은 준결승전도 회장실에서 TV로 관전하고 있었다. 2회 말에 북일고는 선취점을 1점 올린 다음 연속 홈런으로 일거에 3점을 얻어 냈다. 그러자 광주상고가 바로 3점을 따라붙었다. 그 후부터는 투수전으로 이어지면서 9회 말까지 3대3의 팽팽한 균형이 깨지지 않았다. 연장 11회 초 광주상고가 1점을 뽑아내자 게임은 4대 3으로 끝나는 듯했다. 11회 말 투아웃 후에 주자를 2루와 3루에 두고 뱃타박스에 들어선 타자가 기습 내야 안타로 4대4 동점을 이루더니 다시 2회 말에 홈런을 날린 전대영 군이 끝내기 안타를 쳐서 5대 4로 역전시켰다.

"잘한다!"

김종희 회장은 환호하며 박수를 쳤다. 함께 TV를 보던 김승연도 박수를 치며 기뻐했다.

"결승전이 모레지?"

"예! 내일 준결승에서 이기는 팀과 붙게 됩니다."

"내일 어디하고 어디지?"

"대구고등학교하고 배재하고 붙습니다."

"내일 말야. 만약 배재가 이기게 되거든 모레 우리 애들 기죽지 않게 학교에 연락해서 학생들 응원 좀 오게끔 해라."

김종희 회장은 결승전도 회장실에서 TV로 지켜보기로 했다. 야구장에 나가면 어린 선수들에게 정신적 부담을 주게 될 것 같아서였다.

16일간의 46게임을 결산하는 서울운동장 야구장에는 3만을 넘는 야구팬들이 운집한 대성황을 이루었고, 천안에는 게임이 시작되기 전부터 모든 사람들이 TV 앞에 몰리는 바람에 시내 거리가 텅 비어 버려 한산하기까지 했다.

럭키세븐 7회 초 북일고의 공격이 계속되고 있었다. 5번 타자 김경호로부터 이어진 무사 만루의 찬스. 8, 9번의 타자가 아웃되고 1번 타자 김용대가 뱃타박스에 들어왔다. 볼 카운트는 투스트라이크 투볼. 무사 만루에서 득점하기 어렵다는 야구의 징크스대로 북일고의 공격이 무위로 끝나는 듯했다. 5구째, 투수가 던지는 볼은 슬로우볼. 김용대가 받아쳤다.

"와-"

함성이 터졌다. 투수 머리를 넘은 볼은 바운드로 2루수와 유격수 사이로 굴러가고 있었다. 그 사이 3루 주자 홈인, 2루 주자도 홈인! 2회부터 등판한 에이스 이상군의 호투로 북일고가 마침내 배재고를 2대0으로 샷아웃시키고 대망의 초록색 봉황기를 품에 안았다. 아, 이날을 위해 얼마나 많은 땀을 흘렸던가! 선수들도 울고 감독도 울었다. 기쁨을 억제하지 못한 천안 시민들은 만세 소리를 외치며 거리로 뛰어나와 더덩실 춤을 추었다.

그날 석간신문들은 천안 북일고의 승전보를 이렇게 전했다.

'천안 북일고. 기적을 이룩하다',
'천안 북일고. 창단 3년 만에 전국 제패'

대전일보는 '장하다. 충남의 아들들'이라는 제목으로 사설(社說)까지 싣고 천안 북일고의 우승을 축하하며 분발을 부탁했다.

천안 북일고는 다시 8월 16일부터 항도 부산에서 개최된 제30회 화랑기 쟁탈 전국 고교 야구대회에서도 선린상고를 2대0으로 물리치고 우승함으로써 고교 야구의 정상임을 재확인하고 2관왕의 영예를 안았다.

8월 23일 김종희 회장은 북일고 야구부 임원, 선수 전원을 프라자호텔로 오라고 해 만찬을 베풀고 그들의 노고를 칭찬했다. 김 회장은 '지난 8월 9일 봉황기 대회에서 우승하던 날이 내 생애에 가장 기뻤던 날'이라고 밝히고 그날의 우승을 기념하기 위해 한국화약 실업야구단팀(현 한화이글스)을 창설할 것이라고 선언했다.

8월 한 달 내내 김종희 회장의 결재 사인은 주먹만큼씩 큼직했다. 그의 사인은 기분이 좋을 때마다 커지는 것이 특색이었다.

1980년은 우리나라 경제가 20년 만에 처음으로 마이너스 성장을 기록한 한 해다. 승승장구하던 경제 성장이 성장통을 앓았다. 1979년에 몰아닥친 2차 오일쇼크(Oil Shock)에 휘말린 국내 경제는 10.26 박정희 대통령 시해 사건 이후에 야기된 정치적 혼란으로 성장세는 더욱 낮아졌다. 국제 원자재 가격이 평균 52.9%나 폭등하고 국내 도매물가 지수도

38.9%나 뛰어올라 대다수 국내 기업들이 고전을 면치 못했다. 그중에서도 한국화약그룹은 7천6백82억 원의 매출 실적을 올림으로써 전년도 4천5백30억 원에 비해 69.6%라는 경이적인 신장을 했다.

더 악화된 김종희 회장 건강

김종희 회장의 그즈음 건강은 날로 악화되어 가고 있었다. 시력이 더욱 나빠져서 호텔 로비 같은 데서 아는 사람을 만나도 몰라보고 지나치는 때가 자주 있었다. 그러자 재계에서는 한국화약 김종희 회장이 몇 해 사이 세계적인 재벌이 되더니 사람까지 변했다는 말이 나돌기도 했다.

주위에서는 입원 치료를 권했으나 김 회장은 막무가내로 입원을 싫어했다. 입원뿐만 아니라 그는 자신의 건강이 좋지 않다는 사실을 밖에 알리는 일조차도 원하지 않았다. 자신의 신병이 사업에 미칠 영향만을 걱정하는 것이었다. 김종희 회장은 자신의 건강보다도 사업을 더 소중하게 여겼다. 그래서 병을 앓아도 병원에 입원해서 편하게 쉬는 것보다는 병든 몸을 혹사해 가며 사업에 열중했다. 사업 관계로 내방하는 외국 인사들도 많았거니와 공인의 자격으로 꼭 참석해야 할 크고 작은 행사가 하루도 없는 날이 없었다.

어느덧 그의 건강은 교환수혈(交換輸血, Exchange Transfusion)을 하지 않으면 안될 만큼 악화된 상태였다. 당뇨 증세가 신장 기능을 떨어뜨려 급기야는 네프로제(Nephrose, 신증후군)를 발병케 했던 것이다. 네프로제가 심해지면 혈액 속에 쌓인 노폐물을 걸러내야 하기 때문에 투석(透析, Hemo-Dialysis)치료를 받아야 한다. 그런데도 김종희 회장은 교환수혈을 하는 당일 2시간밖에는 병원에 누워있지 않았다.

오늘도 교환수혈을 하는데 김종희 회장의 병상을 장남 승연이 지키고 있었다. 교환수혈 시간은 보통 4~5시간이 걸린다. 그동안에 장남은 아버지가 지루하실세라 아버지가 좋아하는 '흘러간 가요' 카셋트를 틀기도 하고 책을 녹음한 테이프를 틀어 놓기도 한다. 아버지는 시력이 떨어지자 읽고 싶은 책을 아나운서에게 부탁해서 녹음해 놓고 들었다. 과연 아버지의 탐구열은 존경할 만했다.

"아버지! 오늘은 특별한 스케줄이 없는데 이대로 병원에서 쉬시지요?"

"얘. 이게 할 짓이냐? 이렇게 하루 종일 누워 있다가는 도리어 없는 병도 생기겠다."

"그래도 아버지는 절대로 휴식이 필요합니다."

"병원에 누워 있으면 괜히 죽을 병 들린 것처럼 헛소문만 난다."

"소문 좀 나면 어때요, 아버지?"

"모르는 소리! 서낭당 그늘이 천리 간다는 속담도 몰라?"

" …. "

김승연은 아픈 것도 마음대로 내놓고 아플 수 없는 아버지가 측은하리만큼 불쌍하다는 생각이 들었다. 요새 와서 아버지는 시력이 더욱 나빠져서 서류를 결재할 때 결재란 밖에다 사인하는 경우가 종종 있다. (아버지가 화약이 아닌 다른 사업을 하셨다면 이런 병에 안 걸렸을지도 모른다.) 김승연은 아버지에 대한 연민의 정에 마음이 아팠다.

36

김종희 회장 영면(永眠)하다

(독자들이여. 우리는 이 장에서 현암 김종희 회장의 영면 기사를 다룰 수
밖에 없는 것을 안타깝지만 받아들일 수밖에 없다.)

김종희 회장은 끝내 1981년 7월 23일 밤 9시에 가회동 자택에서 한
생애를 마쳤다. 향년 59세. 너무 빠른 죽음이었다. 한국 재계에도 큰 손
실이었다.

현암 김종희 회장은 창업 1세대에 속한다. 1세대 중 최단명이었다. 구
인회 LG그룹 창업회장이 단명이었다고 하지만 구 회장은 62세에 별세했
다.

그의 부음이 전해지자 가회동 빈소에는 2백50여 개의 조화와 5백여
통의 국내외 조전, 50여 통의 친필 조문이 답지하는 가운데 국내외 각계
각층의 저명인사들을 시작으로 무명의 시골 노인들까지 2천여 명의 조
객들이 줄을 이어 분향했다. 동경, 뉴욕, 프랑크푸르트, 사우디아라비아,
싱가포르 등 한국화약 해외 지사 및 인천, 여수, 창원, 김포, 부평, 도농,
진해, 울산, 군산, 부강, 대전, 목포, 대구, 부산, 광주 등 한국화약 국내
사업장과 천안 북일고등학교에 마련된 분향소에도 고인의 명복을 비는
1만 3천여 명의 한국화약 가족을 비롯한 수많은 현지 주민들의 발길이
끊이지 않았다.

고인의 영결식은 27일 오전 8시에 정동에 있는 대한 성공회 서울대성

당에서 이천환(李天煥) 주교 집전으로 거행되었다. 그 자리에는 전·현직 3부 인사들과 군 고위장성, 경제, 문화, 교육, 종교 등 각계 인사 및 미국 주한 대사를 비롯 UN군 사령관 등이 참석하여 고인의 명복을 빌었다.

"김 회장님! 이 어인 일이십니까. 정녕 저희들 1만 3천여 화약그룹 가족들을 남겨 두고 어찌 홀로 떠나신단 말씀입니까...." 하고 목이 메인 한국화약 사장 신현기는 마침내 흐느끼며 김종희 회장의 죽음을 애도했다.

"이 깊은 충격에 저희들은 하나같이 망연자실하여 목놓아 울 수도 없습니다.

불과 10여 일 전에 제가 회장님을 대신하여 대통령 각하 동남아 순방 수행단의 일원으로 해외 출장을 다녀와서 귀국 보고를 드렸을 때 회장님은 병상에서도 당신의 고통을 잊으신 채 '나는 절대로 쓰러지지 않는다. 내 염려는 말고 회사 발전에 더욱 정진하라' 하시면서 오히려 저의 출장 여독을 걱정해 주시더니 어이하여 회장님이 가신단 말입니까. 참으로 애석하고 애통합니다. 그날의 말씀이 25개 성상을 하루 같이 모시고 일해 온 회장님과의 마지막 대화가 될 줄을 그 어찌 상상이나 했겠습니까.

회사 업무에 관한 한 회장님은 적극적인 분이셨고 지극히 엄격한 분이셨습니다. 그러나 회장님은 일상생활에서는 인자하고 자상한 분이셨습니다. 20여 년 전 회사의 설비 확장을 위해 회장님을 모시고 해외 출장을 하던 때엔 비행기 안에서 바깥 경치를 구경하라고 창가의 자리를 양보해 주실 정도로 무척이나 자상한 분이셨습니다. 회장님의 온화한 모습이 그립습니다.

과묵하기로 소문난 회장님이셨지만 화약그룹에 몸담고 있는 전 사원에 대한 회장님의 애정과 배려는 정말 각별한 것이었습니다. 매년 정·이월이면 혹한기에도 불구하고 전국의 공장과 현장을 순시하시면서 일선 종업원들의 손을 일일이 잡으시고 뜨거운 격려를 해주시던 일, 가을철이면 전 종업원들과 가족들까지 한자리에 모아 성대한 체육대회를 베풀어 주시며 흔쾌한 마음으로 일 속에서 다져진 동료애를 더욱 도탑게 해주시는 등 회장님은 저희들 마음속에 강한 일체감을 심어주셨습니다. 회장님은 정녕 저희들의 어버이요, 형님 같은 분이셨으며 저희들에게 꿈과 의지를 심어주신 스승이기도 하셨습니다. 또한 회장님은 평소 충실한 가장이시고 독실한 신자로서 평화 속에 사랑을 실천해 오셨습니다.

그러나 사(私)를 떠난 공인으로서의 남모르는 고뇌와 고독을 극기해 온 생애의 일면도 읽을 수 있는 저희들은 이제 회장님의 위업을 새삼 흠모하게 되는 마음 그지없이 숙연해집니다. 전란의 피해가 막심했던 산업 불모의 이 땅에 국가 경제 발전의 기초가 되는 산업용 화약을 생산하기 위해 당시 황무지나 다름없던 인천공장을 인수하고 손수 복구작업에 착수하신 지 어언 30년. 이 장구한 세월 동안 회장님의 생활은 오직 개인보다 기업, 기업보다는 국가를 우선하는 투철한 국가관으로 일관하셨습니다. 회장님의 투철한 애국심과 기업가 정신은 오늘날의 화약그룹을 국가적 대기업으로, 나아가 세계 5백대 기업 중의 하나로 성장케 한 바탕이 되었습니다. 이러한 회장님의 정신은 우리 그룹이 국력 신장에 직결되는 기간산업을 중심으로 성장해 온 연혁 속에 뚜렷이 부각되어 있습니다.

특히 기업의 사회적 책임을 평소 강조하셨던 회장님은 그것을 책임이 아니라 사랑의 실천으로 믿으시며 남모르게 사회봉사 활동을 실행해 오시는 한편, 뜻을 세운 소년들은 여건에 구애됨이 없이 그 뜻을 펼쳐나갈 수 있어야 한다는 신념으로 육영사업에 온갖 정성을 다 쏟으셨습니다. 천안에 훌륭한 학교를 세워 인재 양성에 아낌없는 지원을 해오시면서 젊은이들이 곧고 바르게 커 나가는 것을 큰 보람으로 삼으셨습니다.

　회장님의 그 많은 공적을 어찌 오늘 이 자리에서 다 헤아릴 수 있겠습니까, 회장님!

　이제 한 해만 지나면 당신이 뜻을 가지고 세우신 회사가 창립 서른 돌을 맞이합니다. 오늘 회장님을 영결하는 이 자리에선 우리들은 새삼 회장님이 지난 30년간 지고 오셨던 짐이 너무나 무거운 짐이었음을 깨달으며 그 짐을 좀 더 나누어질 수 없었던 저희들의 미욱함에 뼈저린 자책과 반성을 금할 수 없습니다. 하늘을 우러러 기원하건대 회장님께서 창립 30주년의 큰 뜻과 기쁨을 저희들과 함께 나누시고 저희들이 앞으로 가야 할 길을 밝혀 인도해 주실 수만 있다면 무슨 여한이 있겠습니까.

　아아, 과묵하시던 회장님께서 이제는 정말 말 없는 교훈만 남기고 가셨습니다. 오늘 회장님 앞에선 저희들은 복받치는 슬픔을 억누르며 결연히 고하노니, 당신께서 남기신 높은 뜻을 굳게 받들어 회사의 무궁한 발전과 국가 사회에 대한 기여를 저희들의 책무로 삼고 성과 열을 다해서 그 실현에 전력할 것을 다짐합니다.

　회장님! 이제 하느님 품으로 영원히 떠나시는 회장님께 저희들의 눈물 어린 결의를 한 데 모아 보내오니 부디부디 편안히 가옵소서. 고이 고이 잠드옵소서…!"

　영결식을 마친 후 고인의 유해는 고인이 평소에 깊은 애정을 쏟아 온 천안 북일고등학교에 들러 수많은 천안 시민들과 2천여 학생들이 오열하는 속에 고별식을 갖고 북일고 밴드가 연주하는 〈이별의 곡〉을 뒤로 한 채 장지로 향했다. 장지는 공주군 정안면 보물리(公州郡 定安面 甫物里)로 하였다. 그날 오후 1시, 마을 뒷산에 마련된 유택에 안장되었다. 보물리 묘지는 꽤 오랫동안 지관과 친지, 본인이 보아왔던 곳이었다.

장례식이 끝난 후에도 한국화약 회장실에는 미처 문상하지 못한 국내외 인사들의 조문이 그치지 않았다. 정부는 10월 27일 고인이 생전에 국가 경제 발전에 기여해 온 공적을 기리는 뜻으로 기업인 최고의 영예인 금탑산업훈장(金塔産業勳章)을 추서했다. 최고의 훈격이었다.

제 3 부

37

김승연 회장의 경영대권 승계(承繼)

　김승연은 아버지를 잃은 슬픔이 채 가시기도 전에 한국화약그룹의 경영 대권을 이어받아야 할 운명 앞에 섰다. 대그룹의 경영 활동은 하루도 쉬는 것을 허용하지 않는다.

　김승연의 나이 29세. 그동안 미국 유학에서 귀국, 아버지를 보좌해 오면서 경영 수업을 했다고는 하지만 경영 수업 기간이 짧았고 몸집이 커질 대로 커진 대기업군 사령탑을 맡기에는 아직 젊다. 흔히 수성(守城)은 창업보다 어렵다고 한다. 창업은 남보다 뛰어난 용기가 있고 결단력이 있으면 가능하지만, 수성을 하자면 경험과 인내, 지혜가 있어야 한다.

　김승연은 두려움이 앞섰다. 그로서는 하늘을 우러러 한 점 부끄러움이 없었던 선대 회장의 명예를 지키고 더 빛내야 할 막중한 책임이 있는 것을 잘 알고 있었기 때문이다. 김승연은 회장으로 취임하기 전에 먼저 오재덕 기획관리실장을 불러 '누구 앞에서나 떳떳한 상속자임을 말할 수 있게 해줄 것'을 당부했다. 김승연의 이 당부는 승계에 따르는 이러쿵저러쿵하는 말이 없도록 해달라는 것이었다.

　김승연이 국세청에 신고한 상속세는 70억 원, 그는 우리나라 납세 사상 최고의 상속세 납부자로 기록되었다. 그만큼 깨끗한 처리를 한 것이다.

　사회 각계의 이목과 관심이 한국화약그룹의 대권을 승계한 김승연 회장에게로 쏠리기 시작했다. 미국에서 10여 년간 공부만 하고 돌아온 젊은 회장이 아직은 국내 실정에도 익숙하지 못한 터에 과연 그룹을 어떻게 이끌어 갈 수 있을는지 걱정이 아닐 수 없었다. 그룹 내의 중역들까지도 불안해하고 초조해하는 눈치였다.

김승연 회장은 먼저 선친 장례에 조의를 표해 온 각계 인사들을 찾아가서 감사를 겸한 회장 취임 인사를 다녔다. 남덕우 부총리를 비롯해서 행정 각 부 장관, 입법부 주요 인사, 한국은행 총재 및 각 금융기관장, 전경련 및 각 민간 경제단체 임원 등을 차례로 예방하는 한편, 평소에 선친과 교분이 두터웠던 주한 미국 대사와 위컴 UN군 사령관도 예방했다.

"회장, 요새도 아직 인사만 다니는 거야?"

"오늘은 회장실에서 종합기획실 신입사원하고 대담을 하고 있는 모양이야."

"대담이라니?"

"다음 달 사보(社報)에 실을 거래."

"그래? 그나저나 새 회장이 무얼 생각하고 있는지 감을 잡을 수 있어야 일을 하지...?"

"아직이야 무슨 생각을 할 경황이 있겠어?"

그룹 중역들은 오래지 않아 불어닥칠지도 모르는 인사 바람에 은근히 신경을 곤두세우고 있었다.

그런 시기에 신임 회장의 경영방침이 마침 10월호 사보 '다이너마이트' 지에 〈김승연 회장과 함께〉라는 대담 기사를 통해 사원에게 간접적으로 전달되었다.

신임 회장의 대담 기사는 그룹 내에 커다란 반응을 불러일으켰다. 신임 회장의 경영 철학이 처음으로 밝혀지는 것으로 향후 그룹의 진로가 어느 방향으로 갈 것인가와 임직원의 신상하고도 관계되는 일이었기 때문이다.

신임 회장의 대담 기사는 중역들에게는 충격을, 중간 간부들에게는 공감을, 그리고 말단 사원들에게는 신선한 자극을 던져주는 것이었다. 신임 김승연 회장이 그룹 실정을 그렇게까지 소상하게, 그리고 정확하게 파악하고 있다는 사실에 전 임직원들은 경탄을 금할 수가 없었다. 신임 회장의 명석함이 여실히 드러나고 있는 것이다.

종합기획실에 근무하는 강준구 사원과의 대담 형식을 빌린 김승연 회장의 경영 방침은 솔직하고 진지한 것이었다.

〈사원〉 바쁘신 중에 시간을 내주셔서 감사합니다. 제가 입사한 지는 10개월이 채 안 됐습니다마는 회장님께서 취임하신 이후 새롭게 변모하는 회사 분위기가 느껴집니다. 회장님의 경영 방침에 대해서 말씀해 주십시오.

〈회장〉 새 시대에는 확고한 가치관을 지닌 경영철학 위에 새로운 기업상을 세워나가야 할 것입니다. 그동안의 좋은 전통은 계속 유지 발전시키고 과거의 누적된 문제점은 솔직히 노출시켜서 과감하게 시정해 나가야 한다고 믿고 있습니다. 지금이 바로 그룹 백년대계를 앞둔 분기점이라는 점을 모두가 깊이 자각해야 할 줄 믿습니다. 그러므로 먼저 의식 전환을 통한 새 시대의 적응이 필요할 것입니다.

지금 민간기업이 가장 필요로 하는 것은 신속한 업무처리와 창의성 있는 활동입니다. 그리고 가장 두려워해야 할 것은 조직이 딱딱해지는 것. 즉 관료주의화 하는 것입니다. 우리 그룹의 경우 어떤 면에서는 상당히 관료주의화해 있다는 사실을 깊이 인식해야 합니다. 이 점을 고치지 않고서는 새 시대의 새로운 기업으로서 세계속으로 뻗어나갈 수 없을 것입니다. 하기 때문에 의식을 개혁해서 새롭게 태어나지 않으면 안되겠지요.

〈사원〉 새로운 출발은 항상 정확한 현실을 인식하는 데서 시작해야 한다고 생각합니다. 그렇다면 우리는 어떤 면에서부터 냉정한 자기 평가를 해야 할까요?"

〈회장〉 먼저 생산 쪽부터 생각해 봅시다. 생산 분야에서는 품질 관리와 생산성 향상이 가장 큰 과제라고 할 수 있는데 우리 그룹의 경우는 생산 제품의 특수성 때문에 국내에는 비교 대상이 없지만, 해외 기업과 비교하면 큰 차이가 나는 것이 사실입니다. 독과점이라는 테두리 안에서 커오다 보니 생산성 향상이나 품질 관리가 구호에 그친 점이 없지 않습니다.

이 부분에 가장 중요한 역할을 하는 것은 생산직에 종사하는 기능직 사원들입니다. 바로 그 기술자들이 이 기술을 개발 축적해야 하는데 그러기 위해서는 기술자들이 기술자다워야 합니다. 즉, 자기가 맡은 분야에 온 젊음을 다 바쳐 열과 성의를 다해 종사하고 거기에서 삶의 보람을 찾겠다고 하는 가치관이 확고하게 정립되어야 합니다. 그렇게 해서 요는 각 분야가 하루빨리 전문화해야겠다는 것입니다.

기실, 기술자가 언젠가는 승진을 해서 누구처럼 도장이나 찍고 결재하는 자리에 오르기를 바라게 되면 문제가 생깁니다. 기술이란 기술이 쓰이는 곳에 필요한 것이지 책상 위에서 쓰이는 것이 아닙니다. 이러한 빗나간 가치관을 바로 잡자는 것입니다. 회사보다도 스스로를 위해서 그런 생각은 고쳐야 합니다. 자신의 기술에 보람을 걸 때 비로소 기술 축적도 가능하고 기술 전수도 가능한 것입니다. 적어도 이 기계만큼은 어느 박사보다도 내가 제일 잘 안다는 자신감과 긍지가 스스로를 뜻있게 할 것입니다.

〈사원〉 그렇게 되기 위해서는 어느 정도의 여건 조성이 선행되어야 하지 않겠습니까?

〈회장〉 그 점에 우리가 다소 신경을 덜 쓴 경향이 있습니다. 기술개발이나 기능직 사원에 대한 대우 문제에 소홀한 점이 있었던 것을 인정합니다. 앞으로 급여 체계를 개선해서 기능직 사원들의 경제적 생활 안정을 유지할 수 있게 하려고 합니다.

기업이 종업원들에게 충분한 복지 생활을 누릴 수 있도록 여건을 만들어 주기 위해서는 이윤을 많이 내야 하는데 그것은 생산성 향상과 시장 다변화를 통해서 이루어질 수 있는 것입니다. 이러한 과제의 중요한 부분을 직접 실천하는 주인공이 바로 기능직 사원입니다. 따라서 경영자는 그들을 한 식구로 생각하고 신경을 써주어야 할 것입니다. 우수한 기능을 가진 사원이 관리직 중견 간부보다 더 많은 봉급을 받는 것은 당연한 일이라고 나는 믿습니다. 그들은 자신의 오랜 경험과 축적된 기능으로 젊은 상사를 보좌하고 후배 사원을 가르친다는 그 점에 긍지와 보람을 느낄 수 있어야 합니다. 일생을 한 길에 몸 바쳐 왔다는 장인정신이 높이 평가가 되는 풍토가 조성되고 대학을 나와 현장에 뛰어든 젊은 엔지니어가 그런 기능직 사원에게 머리를 숙이고 배울 수 있는 분위기가 이루어져야 합니다.

나는 얼마 전에 신입사원을 선발하면서 이공계 지원자들에게 과연 기술자다운 기술자가 되려고 하는 의지가 있는가를 중점적으로 살펴 보았습니다. 아무리 학벌이 좋다고 해도 평생 자기 분야에서 묵묵히 일하겠다는 마음 자세가 되어 있지 않으면 소용이 없기 때문입니다. 공장에 잠시 근무하다가 관리직으로 옮겨 앉아서 도장이나 찍을 생각을 하는 사람은 우리와 함께 일할 수 없습니다.

〈사원〉 생산과 연관해서 영업적인 측면에도 중요성이 있지 않겠습니까?

〈회장〉 맞습니다. 그렇게 생산된 제품이 영업다운 영업을 통해서 판매되어야 합니다. 우리 그룹의 경우는 이제까지 앉아서 하는 장사만 하려고 했다는 점을 반성하지 않을 수 없습니다. 시장조사, 소비자조사, 또는 애프터서비스 등에 어느 만큼 성실했는지, 영업 전략은 얼마나 확실하게 짰으며 얼마나 적극적으로 추진해 왔는가를 반성하지 않을 수 없습니다.

영업 얘기를 할 때 근본적인 문제는 타인이나 외부에서 결함을 찾으려 하지 말고 자기 자신을 생각해야 합니다. 대리점이나 다른 사람에게 이유를 돌리는 것은 잘못입니다. 그것은 일종의 핑계요, 변명일 뿐입니다. 문제점이 있으면 정확하게 노출시켜서 해결책을 모색해야 합니다. 우리 그룹은 같은 상품을 가지고 아니, 보다 품질이 좋은 상품을 가지고도 경쟁 업종에서는 선두를 달리는 회사가 하나도 없습니다. 이는 한마디로 장사꾼다운 면이 결여되어 있다는 증거입니다.

지금 이 시기에 그런 점에 대해서 누구의 책임을 추궁할 생각은 없습니다. 문제점이 있다고 해서 사람만 몇 명 바꾸는 식의 안일한 자세는 완전히 버려야 합니다. 보다 적극적으로 대처하려는 자세가 중요합니다.

〈사원〉 우리 그룹은 장점도 많다고 생각합니다. 장점을 더욱 훌륭하게 키워 나가는 일도 중요하지 않겠습니까?

〈회장〉 그렇지요. 그러나 항상 냉정하고 겸허하게 재점검해야 합니다. 우리 그룹이 대내외적으로 관리에 뛰어나다는 평을 받고있는 것은 사실입니다. 그러나 과신해서는 안 됩니다. 형식적인 관리에서 이제는 실질적인 관리 면까지 재검토해 봐야 합니다. 서류상으로 관리가 잘 되어 있다고 해서 그것이 과연 효과적인 관리였느냐 하는 것이 문제입니다. 나는 숫자상으로 나타난 실적만 가지고 평가하지 않습니다. 눈에 보이는 실적도 중요하지만 눈에 보이지 않는 실적은 더 중요하다고 생각합니다. 지금부터는 자기가 해야 할 일을 스스로 알아서 하는 사람만이 우리와 동참할 수 있습니다. 우리는 지금 이루는 사람, 이루어 가는 사람만이 필요한 시대를 살고 있습니다. 우리 주변에서 자기보다 나은 사람을 키워 준다는 자부심이 넘쳐 흘러야 합니다. 고려자기의 명맥이 끊어진 비극이 다시 되풀이되어서는 안 될 것입니다. 우리가 바라는 이러한 풍토는 당장에 어떤 성과를 가져다주지는 않지만, 십년 후, 백년 후의 한국화약을 위해 필요한 것입니다.

《사원》 장기적인 안목에서 그룹의 발전 방향을 제시하고 수행해 나가자면 종업원 모두가 한 목표를 위해 정진하는 협조 체제가 필요할 것 같습니다.

《회장》 이렇게 대화를 나누는 것도 각 사에 공통되는 포괄적인 문제점과 방향을 모색하려는 노력의 하나지요. 수평 또는 수직의 대화가 보다 활발하게 그리고 진지하게 이루어져야 할 것입니다.

앞으로 기회가 있을 때마다 세부적이고 구체적인 문제를 거론하고자 합니다. 일부에서는 나의 경영 방식이 급진적인 변화를 일으킬 것이 아닌가 하고 염려하는 사람들도 있는 것 같은데 나는 안정 속에서 변화를 추구해 나갈 것입니다. 특히 나이 많은 층에서 과격한 변화를 예상하고 자신들의 위치에 대한 불안을 느끼는 것 같습니다. 그러나 나는 결코 동반자들의 탈락을 원하지 않습니다. 모두가 변화에 적응하고 합심하여 우리를 둘러싸고 있는 기업 환경을 슬기롭게 극복함으로써 임직원은 물론이고 그 가족, 아내와 자녀까지 모두가 한 가족이라는 인식 하에 국가와 사회, 주주, 소비자들에 대한 책임과 의무를 즐거운 마음으로 수행할 수 있기를 바랍니다. 우리는 하나라는 인식 속에서 끊임없는 대화가 계속될 때 일체감 있는 협조 체제가 형성되고 강렬한 대도약의 분위기가 확산될 것입니다.

《사원》 회장님이 말씀하시는 대화란 생산적인 의견을 서로 개진해야 한다는 뜻이 아니겠습니까?

《회장》 그렇지요. 대화 속에서 뚜렷한 실천 목표가 나와야 하겠지요. 앞으로는 근본적인 문제점을 노출시켜서 개선해 나가기 위한 방법으로 '건의함' 같은 제도를 이용할 생각입니다. 잘못을 묻어두지 말고 아는 것을 아는 데 그치지 말고 건전한 방법으로 실천해 나가는 것입니다.

많은 부서 중에서 경리부를 예를 들어 봅시다.

우리 경리는 출납업무라는 한계를 벗어나서 재무, 재정이란 개념으로 국제화되어야 하겠는데 그러기 위해서는 능력이나 사고방식에 많은 노력과 혁신이 필요합니다. 나이나 경력, 학력, 학벌이 문제가 아닙니다. 요는 얼마나 노력하고 뜻을 같이하느냐에 달려 있는 것입니다.

〈사원〉 우리 모두가 각자의 위치에서 새롭게 각오를 다져야 하겠습니다.

〈회장〉 우리들의 목표는 다 같이 하나입니다. 보다 나은 삶을 위해, 보다 보람된 삶을 위해 앞장설 때가 온 것입니다.

세계지도 속의 우리 한국은 아주 작은 나라에 불과합니다. 우리는 세계 속으로 뻗어나가는 길밖에 없습니다. 그러기 위해서는 우물 안의 개구리 같은 사고를 버려야 합니다. 세계적인 기업으로 나가자면 거기에 적응할 수 있는 태세를 갖추어야 합니다.

그런 의미에서 의식 전환을 강조하고 새로운 의지, 새로운 결의로 새로운 기업상과 새로운 사원상을 확립하자는 것입니다. 우리 모두가 자기 자신부터 그리고 자기 주변부터 새롭고 건전한 변화를 일으켜야 할 것입니다.

김승연 회장은 그룹 산하 임직원들의 의식 전환을 촉구하는 뜻에서도 먼저 자신의 새로운 도전 의지를 가시화(可視化)해야 한다고 생각했다. 그러기 위해서는 그룹 내에 고질화되어 있는 문제점을 과감히 노출시키고 이를 쇄신하려는 강력한 결의를 구체적으로 보여 주어야 했다. 이른바 제2 창업 수준의 고강도 쇄신이 이루어져야 한다고 결심했다.

38

경인에너지, 유니온오일 족쇄에서 벗어나

　김승연 회장은 그룹의 고질적인 문제점을 개선해야 할 첫 번째 대상으로 경인에너지를 선택했다. 경인에너지는 그룹의 캐시카우였다. 돈을 제일 잘 벌어주는 곳이다. 이런 곳을 손 보려면 대단한 용기가 필요하다.

　경인에너지는 미국의 유니온오일과 합작회사다. 제3 정유를 설립할 때 합작 조건은 평등하지 못했다. 당시의 한국의 기업 환경이 그런 수준의 계약이 불가피했다. 김승연 회장은 이제 경인에너지에 대한 정당한 통치권을 확립하고 과거부터 누적되어 온 경영상의 여러 가지 폐단을 개선할 필요가 있다고 보았다.

　경인에너지는 계약상 1989년까지 유니온오일 측이 경영권을 행사하게 되어 있다. 따라서 한국화약 측에서는 경인에너지에 근무하는 한국인 종업원에 대한 인사권까지도 유니온오일 측의 사전 동의 없이는 마음대로 행사할 수 없게 되어 있다. 그런 폐단 때문에 최근에 와서는 경인에너지에 근무하는 유능한 한국인 사원들이 다른 곳으로 빠져나가는 경향이 두드러지게 나타났다. 미국 사람 밑에서 아무리 성실하게 근무한다 해도 중역으로 승진될 가망은 거의 없었기 때문이다.

　회장이 전지전능일 수는 없다. 경영을 잘하기 위해서는 임직원 개개인의 신상과 자질을 정확하게 파악해서 유능한 인재를 적재적소에 배치해야 한다. 김승연 회장은 취임 후 한동안은 사무실에 비치된 임직원 인사

카드를 집에까지 가지고 가서 그들의 신상을 일일이 파악해 왔다. 그 결과 지금은 그룹의 중역은 물론이고 적어도 차장급 이상의 간부급 사원들의 신상에 관해서도 입사 연도에서부터 출생지, 출신학교, 사내 경력 등을 달달 외우다시피 했다.

김승연 회장은 어느 날 인사 담당 중역을 불러 경인에너지의 몇몇 한국인 부·차장을 그룹 종합기획실로 전보 발령할 것을 지시했다. 이는 유니온오일이 쥐고 있는 한국인 종업원에 대한 사전 승인권에 대한 정면 도전이었다. 경인에너지가 설립된 이후 처음 있는 일이었다. 김승연 회장이 유니온오일이 인사권을 장악하고 있는 사실을 몰라서 한 결정이 아니었다.

"회장님! 경인에너지 인사 문제는 유니온오일 측의 사전 동의가 있어야 합니다."

"우리 직원에 대한 인사에 왜 그들의 동의가 필요해요?"

"선대 회장님께서도 그렇게 해 오셨고 계약서상 그렇게 되어 있습니다."

"그런 계약서가 처음부터 잘못된 거니까 걱정 말고 내 지시대로 해줘요!"

"그랬다가 만약...."

"그리고, 만약 이번 인사 발령에 불복하는 사람이 있을 때는 가차 없이 해고시키도록 해요!"

젊은 회장의 지시는 단호했다. 계약서나 관례를 무시한 이번 경인에너지의 한국 임직원에 대한 일방적인 조치는 유니온오일 측에 대한 김승연 회장의 오랜 고질적인 문제를 청산하겠다는 결의의 첫발이었다. 이것은 국내의 모든 외국 합작법인에게도 파문을 일으킬 신선한 물결일 수도 있다.

김승연 회장은 경인에너지에 나와 있는 유니온오일 측 경영진을 못마땅하게 여겨온 지는 오래전부터였다. 그들은 한마디로 말해 경영인이 아닌 관리인에 불과했다. 그들은 한국에 나와 있는 동안 무난히 임기를 채우고 미국으로 돌아가면 그만이라는 생각으로 당장 본전이나 챙기며 이익 배당에만 연연할 뿐 회사의 장기 발전 계획 같은 것은 안중에 없었다. 한국에 나와 있는 그들은 어떤 결정권을 갖고 있는 것은 아니었다. 그들은 본사 부장급이어서 서식 한 가지를 변경하는 데도 일일이 본사 승낙을 받아야 하므로 몇 달씩 걸리기 일쑤였다. 그런데도 오만불손하기는 이를 데 없었다. 특히 김승연 회장은 경인에너지의 실권을 장악하고 있는 수석 부사장 라이슨(Licen)이 선대 회장과 맞먹다시피 하는 것을 아주 못마땅하게 생각해 왔다. 사전 약속도 없이 아무 때나 불쑥 나타나서 사사로운 개인 부탁을 하기가 일쑤였고 가끔 업무 현황을 물어보게 되면 그 답변이 불성실하기 짝이 없었다. 그래서 김승연 회장은 선대 회장에게 라이슨 같은 위인을 상대하지 말고 업무상 필히 협의할 일이 있으면 미국 본사의 하틀리 회장과 직접 의논할 것을 여러 차례 건의한 바 있었다. 그러나 선대 회장은 미국 사람들을 소홀히 대해서는 안된다는 이유로 내내 라이슨을 관대하게 대하는 것이었다.

김승연 회장은 그들의 콧대를 꺾어 놓기 위해 한때는 사우디아라비아에서 받는 건설 공사 선수금으로 유니온오일 주식을 살까 하는 생각까지 한 적이 있었다. 유니온오일 주식의 10%만 사들인다면 본사 경영진에 영향력을 행사해서 경인에너지의 증설 계획을 실현시킬 수도 있었다.

선대 회장이 하틀리 회장과 경인에너지 정유 증설 계획에 합의한 것은 1978년 8월. 1979년 1월에는 정부로부터 일산 16만 배럴 규모의 증설 허가까지 받았으나 제2 오일쇼크로 무산된 채 오늘에 이르고 있다. 경인에너지가 규모 면에서 더 성장하지 못한 것은 유니온오일의 전통적인 보수성에도 기인한 것이지만 경영성과 역시 만족할 만한 것이 못 되었기 때문이다. 경인에너지가 준공되던 바로 그 해에 제1차 석유파동(Oil

Crisis)이 일어나서 원유 공급이 어렵게 되자 원유 공급에 따르는 유니온오일 측의 커미션 수입이 없어진 데다가 국내 석유 가격이 정유 3사(유공, 호남정유, 경인에너지)의 생산비 평균치 기준으로 산정되기 때문에 신설회사인 경인에너지의 이윤 폭은 상대적으로 낮을 수밖에 없었다. 그렇다고 해서 경인에너지가 적자를 내는 것은 아니었다. 유니온오일 측의 투자 수익과 외채 상환은 발전소 수익으로 보장되고 있었다.

김승연 회장은 취임한 후 이미 몇 차례에 걸쳐서 하틀리 회장 앞으로 직접 경인에너지에 대한 신규 투자를 촉구하는 내용의 서한을 띄운 적이 있다. 한국화약 회장이 한국에 나와 있는 경인에너지 미국인 경영진을 제쳐놓고 본사 회장 앞으로 서한을 보낸다는 것은 일찍이 전례가 없는 일이었다. 이는 경인에너지의 유니온오일 측 경영진을 흥분시키기에 충분했다.

하루는 라이슨 부사장이 이를 항의하기 위해 김승연 회장을 찾아왔다. 그러나 김승연 회장은 시간이 없다는 이유로 그의 면담을 거절하고 앞으로는 면담 시간을 미리 약속하고 찾아와 달라고 했다.

다음 날 라이슨이 면담 시간을 약속해 달라고 했을 때는 공무인지 사무인지를 묻고 공무라면 본사 회장을 통해서 얘기하자고 하는 말로 직접 면담을 거절했다.

김승연 회장이 경인에너지의 한국인 종업원에 대한 일방적인 인사 발령을 내린 것은 바로 그런 식으로 라이슨의 면담 요청을 몇 차례 거절하고 난 다음이었다.

"회장님! 라이슨 부사장이 왔습니다." 하는 말이 끝나기도 전에 두툼한 서류철을 옆구리에 낀 라이슨이 회장실 문을 밀치고 들어와서 불만이 가득 찬 얼굴로 소파에 털썩 주저앉았다.

"양해도 없이 남의 집무실을 함부로 들어온다는 것은 무례하지 않은가!"

김승연 회장은 점잖게 한마디 하면서 소파로 옮겨 앉았다.

"나는 이 회장실에 얼마든지 출입할 자격이 있다." 라이슨의 대꾸도 만만치 않았다.

"이 방 출입에 자격 제한은 없다. 그러나 예의는 존중해야 한다."

"당신은 나를 어떻게 알고 있는가?"

"경인에너지 수석 부사장 아닌가!"

"그렇다! 그런데 나를 무시하고 경인에너지 경영에 관한 문제를 직접 본사 회장에게 제기하는 이유는 무엇인가?"

"나는 한국화약그룹 회장이다. 한국화약그룹 회장이 유니온오일 회장에게 문제 제기를 하는 것은 당연하다. 더 솔직히 말하면 당신은 어떤 결정권도 행사할 수 없는 경인에너지 관리인에 불과하다. 그런 당신을 상대한다는 것은 시간 낭비라고 생각한다."

"시간 낭비라구?"

라이슨이 몹시 불쾌한 듯 씨근거렸다.

"그렇다!"

"그렇다면 한국인에 대한 이번 인사 조치도 시간 낭비라고 생각해서 당신 마음대로 처리했는가?"

"그룹 회장으로서 그룹 소속원에 대한 인사권을 행사했을 뿐이다."

"이 계약서를 봐라. 이 계약서가 있지 않은가!"

"내가 사인한 계약서가 아니기 때문에 계약 내용은 일일이 알지 못한다. 그러나 상식을 벗어난 계약이라면 그런 계약은 존중될 수 없다!"

계약 내용을 모른다는 것은 김승연 회장의 고도로 계산된 하나의 협상술이었다. 김 회장은 누구보다도 계약 내용을 잘 알고 있었으며 그 계약 전체가 유니온오일 위주의 불평등 계약이기 때문에 라이슨으로 하여금 계약서를 아예 들먹이지 못하게 할 생각이었다. 계약서를 펼쳐 놓고 조목조목 따지게 되면 불리해지기 마련이었다. 미국에서 10여 년간 유학 생활을 한 김승연 회장은 미국인들의 생리를 잘 알고 있었다. 미국인들은 지극히 논리적이다. 하기 때문에 그들은 논리에 강하고 논리적으로 따지기를 좋아한다. 그 대신 미국인들은 우격다짐으로 밀어붙이는 뚝심에는 약하다. 김승연 회장으로서는 어차피 일전을 각오하고 계약서를 무시한 채 일방적인 인사권을 행사한 터였다.

"봐라! 이 계약서상에는 어디까지나 부사장인 내가 바로 한국화약 측의 파트너다."

"계약서하고는 상관없이 나는 한국화약 회장이다. 나는 유니온오일 회장이 아니면 상대하지 않을 테다!"

"이 계약서는 휴지가 아냐! 이 계약서...." 하고 라이슨이 계약서를 김승연 회장의 코 밑에 바싹 들이댔다. 그러자 김승연 회장이

"이따위 을사보호조약 같은 계약서가 무슨 소용 있어?" 하고 손으로 탁 쳐내는 바람에 계약서 철이 사무실 바닥으로 날아갔다.

"갓뎀!" 라이슨이 욕을 하면서 벌떡 일어섰다.

"뭐야, 갓뎀?"

김승연 회장이 응접탁자를 걷어차며 벌떡 일어섰다.

"손오브비치!"

라이슨의 입에서 또 욕설이 튀어 나왔다.

"뭐라구?" 하고 김 회장이 와락 라이슨에게 달려드는 순간,

"회장님!" 하고 놀라서 뛰어 들어온 비서진이 김 회장과 라이슨 사이를 가로막았다.

그 사건으로 김승연 회장은 주한미국상공인협회(駐韓美國商工人協會, AMCHAM) 회원 사이에서는 '무서운 젊은 회장'이란 평판이 나게 되었다.

경인에너지 한국인 종업원에 대한 김승연 회장의 인사 발령이 그대로 이행되게 되었음은 물론이고 그 후부터 라이슨 부사장을 제쳐놓고 일이 발생하는 대로 본사 회장 앞으로 서신을 띄워 시정을 촉구하면서 문제를 제기해 나갔다. 김승연 회장이 끝내 본사 회장 상대를 고집하는 이유는

권위나 체면을 차리려는 것이 아니었다. 그것은 장기전에 대비한 전술이기도 했다. 어차피 언젠가는 갈라서야 할 유니온오일이라고 생각했기 때문이다.

경인에너지. 마침내 내국화(內國化) 성공

기회는 기다리면 오기 마련이다.

김승연 회장은 어느 날 유니온오일 측에서 경인에너지의 자기네 지분 주식을 인수할 생각이 없느냐는 제의를 받았다. 불감청고소원(不敢請固所願), 그것은 먼저 청할 수는 없지만 간절히 바라는 바였다. 아니 이것은 김승연 회장이 그동안 유니온오일로 하여금 경인에너지에서 손을 떼지 않을 수 없게끔 작용해 왔다고 해야 옳을 것이다.

김승연 회장은 기회가 있을 때마다 유니온오일 측에 경인에너지를 살려가기 위해서는 현재의 저장 시설을 늘리고 탈황 시설과 각종 분해 시설을 확충해야 할 것을 강조하고 이를 위해 신규 투자를 해야 한다고 역설했다. 조그마한 과수원을 하나를 경영하는 데도 수종을 개량하고 지력(地力)을 향상시키는 등 꾸준한 투자를 하는 것이 정도인데 당신네들은 한그루의 과수를 심어 놓고 그 과수가 늙어 죽을 때까지 그냥 따먹을 대로 따먹고 그만둘 작정이냐고 유니온오일 측에 항의하기도 했다. 그러나 전통적으로 보수적 경영을 해오는 유니온오일 측에서는 오일쇼크 이후로 원유 공급에 차질을 빚는 등 계약 조건을 이행하기에도 급급해서 신규 투자 같은 것은 전혀 관심을 보이지 않았다. 그들은 오히려 신규 투자는 고사하고 이익금의 전액 배당만을 요구하고 나섰는데, 유보 중인 이익금은 유니온오일 측이 납입한 자본금의 4백40%에 해당하는 거금이었다. 유니온오일은 투자를 잘한 셈이었다.

김승연 회장은 국내법상 12%로 제한되고 있는 외국 투자법인 이익 배당률을 고수하면서 배당하고 남는 돈은 기업의 장래를 위해 마땅히 재투자해야 한다고 주장하며 맞섰다.

유니온오일 측으로서는 김승연 회장이 확실히 만만찮은 상대였다. 만만치 않을 정도가 아니라 매우 뻣뻣하고 거북한 상대였다. 더구나 김 회장은 라이슨 부사장은 아예 상대조차 하지 않기 때문에 대화 창구마저도 막혀 있었다. 유니온오일 측으로서도 경인에너지에 대한 신규투자를 하느냐, 아니면 손을 떼고 물러서느냐 하는 기로에 서 있었다. 더구나 원유 공급 의무를 가지고 있는 유니온오일 측은 2차 석유파동 이후 아랍 산유국들이 국제 원유시장에서 발언권이 강해져 미국 석유자본의 원유시장 지배력이 약화됨에 따라 안정적인 원유 공급을 자신할 수도 없었다. 석유공사의 원유 공급권을 가지고 있는 걸프도 원유 공급 루트가 약해져 한국에서 빠져나가려고 하는 시기였다. 그래서 그런 민감한 시기에 한국화약 측의 의사를 타진하기 위해 본사의 찰스 부사장이 내한했던 것이다.

이제 고도의 협상 능력이 필요하게 되었다. 언젠가는 경인에너지는 반드시 내국화(內國化)해야 한다고 생각해 오고 있는 김승연 회장이었다. 김승연 회장은 찰스 부사장 제의에 일단은 의도적으로 정중하게 거절했다.

"알도 잘 낳지 않는 늙은 거위를 독차지해서 뭘 하겠는가. 늙은 거위를 살 돈이 있으면 차라리 새끼 거위를 사서 키우겠다."

"경인에너지 시설이 낡았다고 생각하는가?"

"나는 전문가가 아니기 때문에 기계설비에 대해서는 모른다. 그러나 적어도 경영적인 측면에서 본 경인에너지는 전망이 없다."

"전망이 없다고 생각하는 구체적인 근거는 무엇인가?"

"당신네들이 신규 투자를 안 하고 있다는 사실이 웅변적으로 입증하고 있지 않는가. 사업 전망이 밝다면 당신네들이 계속 투자해 왔을 것이다."

"우리가 투자를 안 하는 것은 우리 내부 사정 때문이다. 전망이 없어서가 아니다. 경인에너지는 현재도 이익을 내고 있다."

"차라리 당신네들이 한국화약의 지분 주식을 인수할 용의는 없는지 묻고 싶다."

의외의 역습이었다.

"매우 흥미 있는 얘기다. 만약 유니온오일 측에서 인수하겠다면 얼마에 양도하겠는가?"

"깊이 생각해 본 일은 없지만 장부가격 대로라면 언제든지 미련 없이 양도할 용의가 있다."

"장부가격으로...?"

장부가격이란 말에 뜻밖이라는 듯 찰스 부사장의 두 눈이 휘둥그레졌다. 김승연 회장은 순간 찰스 부사장의 표정을 읽으면서 마음속으로 쾌재를 불렀다.

김 회장은 유니온오일 측이 아무리 값이 싸도 한국화약의 지분 주식을 인수하지 않는다는 것을 간파했다. 게임에서 상대방 카드를 알고 있다면 그 게임은 이긴 거나 다름없다. 찰스 부사장이 얼마에 양도하겠느냐고 묻는 것은 다만 이쪽의 수를 떠보려는 것일 뿐이었다. 김승연 회장은 미리 찰스 부사장으로 하여금 유니온 지분 주식값을 장부가격 이상 호가(呼價)할 수 없게끔 쐐기를 박았던 것이다. 이번에는 허를 찔린 찰스에게 김승연 회장이 질문을 던졌다.

"내가 만약 인수하겠다면 유니온오일에서는 얼마에 양도할 생각인가?"

"양도가격에 대해서는 아직 구체적으로 논의된 적이 없다."

"당신은 한국화약이 경인에너지를 내국화시킬 경우 어떤 이점이 있을 것으로 생각하는가? 만약 당신이 그 점을 말해줄 수 있다면 한번 검토해 볼 용의가 있다."

경인에너지의 내국화를 위한 1차 접촉은 그런 식으로 쌍방간의 탐색

전에서 끝났다. (독자들이여. 이제 겨우 3년 차의 회장이 노련한 미국의 대 석유 재벌과 벌인 상전(商戰)에서 보여준 협상술이 비범하다는 것을 기억해둘 필요가 있다.)

몇 달 후 2차 접촉이 시작되었다. 유니온오일 측이 로스앤젤레스에서 만나자는 제의가 왔다. 그때는 김승연 회장이 직접 나서지 않고 대표로 경인에너지 전무 이종학(李鐘學)을 파견했다. 이종학 전무는 공채 4기로 입사하여 기획실에서 근무해 오던 중 그의 뛰어난 영어 구사 능력을 인정받아 경인에너지 합작 교섭 당시부터 번역 및 통역 업무를 전담해 온 정유사업 전문가다.

로스앤젤레스 협상은 아무 진전 없이 결렬되고 말았다. 예상했던 대로였다. 가급적 많은 값을 받아내려는 유니온오일 측의 입장과 장부가격 이하로 인수하겠다는 한국화약 측 입장이 서로 팽팽하게 맞섰기 때문이다. 장부가격(帳簿價格)이란 장부상의 가액으로 기업 양도의 경우 중요한 역할을 한다.

한 달 후 유니온오일 측은 3차 협상을 갖자고 제의하면서 협상 대표단을 로스앤젤레스로 파견해 줄 것을 요청해 왔다. 그러자 한국화약 측에서는 3차 협상은 서울에서 갖자고 수정 제의하고 이번에는 유니온오일 측이 협상 대표단을 보낼 차례임을 알려주었다. 그러나 유니온오일 측은 최초로 협상을 위해 찰스 부사장이 방한했던 사실을 지적하면서 3차 협상은 서울과 로스앤젤레스 중간 지점인 하와이에서 가질 것을 제의해 왔다.

협상 장소를 어디로 정하는 것은 대단히 중요하다. 협상에서 상대방을 자기 안방으로 불러들인다면 그만큼 협상은 유리하기 때문이다.

김승연 회장은 하와이라면 기후도 좋고 하니 그곳으로 협상 대표단을 보낼 용의가 있다고 동의했다. 유니온오일 측이 로스앤젤레스에서 하와이로 변경한 것은 협상의 이니셔티브(Initiative, 주도권)가 한국화약 측으로 기운 것을 의미하는 것이었다.

김승연 회장은 마침내 하와이 협상에서 한국화약 측의 최종안을 관철시키는 데 성공했다. 장부가격대로 인수하되 5년간 분할상환한다는 선에서 한발 양보해 장부가격 5천2백20만 달러를 일시불로 지불한다는 선으로 낙착시켰던 것이다. 대단히 유리한 결과를 얻어낸 것이다. 양도 기준을 장부가격으로 했기 때문이다. 걸프(Gulf)가 제1 정유(유공)에 3천만 달러를 투자한 후에 투자금액의 150%에 달하는 4천5백만 달러를 과실 송금하고서도 장부가격으로 철수한 것을 비교해 보면 과실 송금이 전무한 상태에서 유니온오일의 지분 주식을 장부가격에 인수한 것은 유례가 없는 좋은 거래였다. 김승연 회장의 협상술이 빛나는 순간이다.

김승연 회장은 이에 앞서 82년 3월에 대일유업과 한국베어링의 상호를 각각 〈주식회사 빙그레〉와 〈한국종합기계주식회사〉로 변경했다. 대일식품을 종합식품업체로, 한국베어링을 종합기계 메이커로 발전시키기 위한 일 단계 조치였다.

39

워커 주한 미 대사,
"다우케미칼! 인수할 용의가 없소?"

김승연 회장은 5월 어느 날 주한 미국대사로부터 가까운 시일 안에 한 번 만나자는 연락을 받았다. 워커 대사는 김종희 선대 회장과 생전에 깊은 교분을 나누어 온 사이였다. 김승연 회장은 라이슨 유니온오일 부사장이 워커 대사에게 무슨 말질을 했을지도 모른다고 생각했다. 라이슨은 주한미국상공인협회 회장이어서 기회 있을 때마다 한국에 나와 있는 미국 실업인들에게 김승연을 악평해 오고 있었다. 그래서 미국 상공인들은 파티장 같은 데서 김승연 회장을 만나면 겁에 질린 얼굴로 흘깃흘깃 곁눈질을 하며 가까이 접근하지 않으려 했다.

김승연 회장은 미 대사관으로 가 워커 대사를 만난 자리에서 뜻밖의 제의를 받았다.

"김 회장! 다우케미칼코리아(Dow Chemical Korea Ltd.)와 한양화학(韓洋化學)을 인수할 용의가 없소?"라고 워커 대사가 말을 꺼냈다.

두 회사는 미국의 저명한 화학회사인 다우화학사(Dow Chemical Inc.)가 투자한 회사다.

다우화학과 충주비료(忠州肥料)의 공동출자로 한양화학이 설립된 것은 1969년 8월, 연산 폴리에틸렌(Polyethylene) 5만 톤과 VCM 6만 톤 규모의 울산공장이 가동하기 시작한 것은 72년 10월부터다. 석유화학 호황으로 한양화학이 높은 신장세를 나타내자 다우화학에서는 VCM 원료인 EDC를 생산 공급할 목적으로 75년 9월에 단독출자로 다우케미칼코리아(이하 DCK로 약칭)를 설립하고 1977년 5월에 여천공업단지(麗川工業團地) 안에 연산 20만 톤 규모의 공장을 착공했다.

여천공장이 준공된 것은 79년 10월, 때마침 불어닥친 제2차 석유파동으로 석유화학 경기가 움츠러든 데다 EDC 원료인 염소 생산과정에서 부산물로 쏟아지는 가성소다까지 팔리지 않아 DCK 경영은 바닥이었고 울며 겨자먹기식으로 국제가격보다 비싼 DCK의 EDC를 사서 써야 할 한양화학 또한 할 짓이 아니었다.

마침내 한양화학 경영진 사이에 마찰이 일기 시작했다. DCK 측이 공급하는 EDC가 너무 비싸서 사 쓸 수 없다는 한국 측 경영진과 국제가격보다는 다소 비싸더라도 장래를 생각해서 계속 DCK가 생산하는 EDC를 써야 한다는 미국 측 경영진의 주장이 맞서게 되었다. 그런 어려운 기업 여건 속에서도 한양화학은 79년 3월에 막대한 자금을 투자하여 대덕종합연구단지(大德綜合研究團地) 내에 연구소를 설치하는 한편 80년 1월에는 여천의 제2 공장(염산폴리에틸렌 10만 톤, VCM 10만 톤 규모)를 준공시켰다.

그러나 여천공장의 가동에도 불구하고 DCK나 한양화학의 적자 폭은 더 커져 가기만 했다. 80년 한 해 동안의 DCK 적자는 4백30억 원이었으며 한양화학의 적자도 80억 원에 육박했다. 그 무렵은 미국의 다우케미칼 본사도 경영 실적이 좋지 않은 때였다. 원래 타인자본 차입 비율이 높았던 다우화학은 당시 세계 시장의 수요 감퇴와 자본 차입 비중의 부담으로 매출이 줄고 이익이 반감되어 고전을 면치 못하고 있었다.

80년 한해의 다우화학 전체 매출이 1백6억 달러, 이익 8억 5천만 달러이던 것이 81년에는 매출이 1백19억으로 증대된 데 반해 이익은 5억

6천만 달러로 감소되었다. 82년도 1/4분기 매출과 이익도 전년동기에 비해 4%와 4.6%로 각각 줄어들었다. 이에 다우화학에서는 해외 자산을 매각함으로써 회사의 부채비율은 줄인다는 방침을 세우게 되었다. 매각 처분 대상에 오른 해외 자산은 일본의 아사히다우(朝日Dow)와 유고슬라비아의 유고다우(Yugo Dow)였다.

한편 DCK(다우케미칼코리아)는 50대 50의 합작회사인 한양화학과 합병함으로써 당면한 경영난을 타개해 나갈 계획이었다. 그러나 DCK와 한양화학의 합병은 한양화학의 한국 측 주주들의 완강한 반대에 부딪히고 말았다. 그러자 다우화학에서는 DCK와 한양화학의 지분 주식도 처분한다는 방침을 세우고 한국 정부에 원매자를 물색해 주거나 한국 정부가 직접 인수해 줄 것을 요청했다.

다우화학의 요청을 받은 한국 정부로서는 입장이 곤란했다. 연간 수백억 원의 적자를 내고 있는 회사를 인수하려는 국내 기업도 없으려니와 정부로서도 그런 부실기업을 떠맡을 입장이 아니었다.

워커 대사는 한국 정부의 부담도 덜어줄 겸 해서 한국화약그룹이 인수해 줄 수 없느냐고 제의한다고 했다. 그러면서 워커 대사는 다우화학이 급히 처분하려고 하는 것이니까 싼값에 인수할 수 있을 것이라는 말을 덧붙였다.

한양화학이나 DCK(다우케미칼코리아)는 석유화학콤비나트의 업스트림(Upstream)에 속한다. 한국프라스틱이 필요로 하는 PVC 원료를 안정적으로 확보하기 위해서도 한양화학이나 DCK 인수는 바람직하다. 다만 두 회사가 모두 엄청난 적자를 내고 있다는 것이 문제였다.

김승연 회장은 이 문제를 그룹 내의 주요 간부들과 협의하는 한편, 학계 인사들의 의견도 들어보고 또 해외 지사에 지시해서 한국화약이 한양화학과 DCK를 인수하는 경우의 득실을 국제적 시각으로 연구·검토해 달라고 했다. 그러나 그룹 내 임원 모두는 인수하지 않는 것이 좋겠다는 것이었다. 그 이유로는 세계적인 다국적 기업인 다우화학이 한국에서 손을 털고 나가려는 것은 세계적인 불황으로 화학 산업의 경기 전망이 없기 때문이며 일본의 석유화학만 해도 이미 사양 길에 들어선 마당에 사운을 건 막대한 투자를 했다가 잘못되는 날에는 심각한 일이라는 것이다.

그러나 김승연 회장의 생각은 달랐다. 다우화학이 한국에서 철수하려고 하는 것은 본사의 재무구조를 견실하게 하려는 해외 자산 처분 계획의 일환이며 장기 경영전략보다는 단기 경영실적에 급급한 미국의 전형적인 전문경영인들이 DCK(다우케미칼코리아)의 적자 경영이 여러 해 계속될 것을 겁낸 것으로써 석유화학의 장래성은 결코 어둡지 않다고 보았다. 특히 한국 같은 개발도상국에서는 앞으로 다른 산업 분야의 발전과 함께 석유화학 제품의 수요 증대가 기대될 뿐만 아니라 한양화학이나 DCK를 인수하게 되면 한·미 경영진 사이의 마찰이 해소되어 효율적인 경영 개선을 통해 적자 폭을 줄여갈 수 있다고 판단했다.

김승연 식 협상술

김승연 회장의 거래 협상 스타일은 솔직하고 직선적이다. 섬세한 기교를 사용하는 것과는 거리가 멀다.

다우화학 측에서 제시한 매도 금액은 7천만 달러, 그런데 조건이 붙어 있었다. 인수 후에도 한양화학과 DCK(다우케미칼코리아)가 사용하는 에틸렌(Ethylene, 탄화수소) 원료는 다우케미칼이 공급하는 것을 써야 한다는 것이었다.

인수 후에도 계속해서 다우화학이 공급하는 원료를 써야 한다는 것은 받아들일 수 없는 조건이었지만 인수 가격 7천만 달러는 비싼 값은 아니었다. 하지만 김승연 회장은 인수 가격이 비싸다는 이유로 다우케미칼의 제의에 응하지 않았다.

하루는 다우케미칼에서 공장을 한번 직접 돌아보고 나서 얘기하자고 제의해 왔다. 김승연 회장은 "고철이나 다름없는 공장을 가봐서 무얼 하겠소." 하고 대꾸했다.

"여천공장이 어째서 고철이란 말인가? 준공된 지 3년도 안 된 새 공장이다."

"적자를 내는 공장은 차라리 고철만도 못하다. 고철은 그대로 팔 수나 있지만 공장은 고철로도 팔기가 어렵다."

"당장은 적자를 내고 있지만 장차는 좋아질 것이다.

"그렇다면 공장 형편이 좋아졌을 때 흥정하자. 그때는 다우화학 측에서도 좋은 값을 받을 수 있을 것이고 나로서도 부담이 될지언정 잘되는 공장을 인수하고 싶다."

김승연 회장은 느긋하게 배를 튕겼다. 상대방 카드를 읽고 있었기 때문이다. 흥정은 서두는 쪽이 불리해진다. 다우화학으로서는 하루속히 공장을 처분해야 할 입장이지만, 한국화약으로서 급히 계약서를 써야 할 이유가 하나도 없었다.

흥정이 늘어지자, 상공부가 적극적으로 개입하고 나섰다. 다우화학으로부터 정부가 인수해 줄 것을 제의해 왔을 때만 해도 소관 부처인 상공부로서는 그 대책 마련에 여간 고심했던 것이 아니다. 그런 때에 마침 한국화약이 인수할 뜻을 보이자 반색을 하면서 인수 후 지원책까지 강구하면서 조속한 결말이 나기를 기대해 왔던 것이다.

상공부에서는 인수에 따르는 위험 부담을 줄이기 위한 방법으로 석유화학 5개 사(럭키, 효성, 유공, 대림, 한국화약)가 공동 인수할 것을 종용했다. 한국 사람들끼리 합작 사업을 한다는 것은 어려운 일이다. 5개 사가 공동 인수 문제를 논의하기 위해 몇 차례 모이기는 했으나 서로 위험 부담을 꺼려서 아무런 결론을 내지 못했다.

그러자 다우화학에서는 다시 한국화약을 바싹 쪼이기 시작했다. 김승연 회장은 워커 대사 부탁도 있고 해서 막연히 시간만 끌 수가 없어서 일단 인수 하는 것을 기정사실화하는 것으로 결심하고 업계의 반응을 살피기 위해 다우화학과의 가계약을 체결했다. 아니나 다를까, 업계에서는 공동인수를 하기로 해놓고 단독 계약을 체결하면 어떻게 하느냐고 반발했다. 그 반발에 대한 김 회장의 대응은 명쾌했다.

"업계가 모여봐야 결론은 나지 않고 다우화학 측의 독촉은 심하고 해서 가계약했다. 공동 인수는 싫지만 누구든지 인수하겠다면 언제라도 넘겨줄 용의가 있다."

그러자 업계에서는 아무도 단독 인수하겠다는 사람이 나타나지 않았다.

그러던 어느 날 홍콩에 주재하는 다우화학 극동 담당 사장이 내한해 본계약 체결을 촉구했다. 김승연 회장으로서는 급할 게 없었다. 국내에 인수 경쟁자가 없는 마당에 그들이 제시하는 7천만 달러를 다 주고 인수해야 할 이유는 없었다. 더욱이 인수 후에 그들이 공급하는 원료를 계속 써야 한다는 것은 기업 경영의 주체성을 확립하기 위해서라도 단호히 거절해야 할 조건이다. 김승연 회장은 가계약은 어디까지나 가계약이니만큼 본계약을 위한 본격적인 협상을 시작할 것을 제의했다.

며칠 후 극동 담당 사장으로부터 한 통의 편지가 날아왔다. 협박성 편지였다. 오는 7월 31일까지 가계약을 이행하지 않을 경우 국제법상의 손해배상 청구 소송을 제기하겠다는 내용이었다.

"뭐! 손해 배상 청구를...."

그런 협박에 동요할 김승연 회장이 아니다. 김 회장은 오히려 그 편지에서 다우화학이 매우 쫓기고 있다는 속셈을 꿰뚫어 볼 수 있었다. 김승연 회장은 가로 30cm, 길이 2m에 달하는 한지에다가 다음과 같은 요지의 회신을 먹글씨로 써 보냈다. 한지, 먹글씨, 2m 길이의 두루마리 편지,

기상천외의 발상이다. 아직까지 국가 간 외교문서가 아닌 국제상거래에서 이런 형식의 편지가 등장한 일은 없다. 김승연 회장이 어떤 심정에서 이런 형식의 편지를 선택했는지는 공식 기록은 없다.

> "본인은 명예를 무엇보다도 소중하게 생각하는 사람이다. 명예를 욕되게 하면서까지 사업을 할 생각은 없다. 명예는 곧 도덕적 존엄에 대한 자각이며 자존(自尊)이다. 가계약은 어디까지나 가예약으로써 귀하가 언급한 시한까지 이행해야 할 하등의 이유가 없을 뿐 아니라 가계약은 쌍방간의 원칙적인 합의에 불과한 것이며 모든 조건이 완벽하게 충족되지 못했음을 뜻하는 것이다. 그럼에도 불구하고 귀하는 가계약을 빌미로 본인에게 무모한 협박을 가해왔다. 아무쪼록 이번 일이 원만하게 타결되기를 희망했던 본인으로서는 귀하의 방자한 서신을 받고 커다란 실망감과 함께 배신감마저 느끼지 않을 수 없다. 모든 사업은 신의와 성실에 바탕을 두어야 한다는 사실에 유념하시기를 바란다."

한문과 한글이 섞인 장문의 두루말이 편지를 영어로 번역해서 읽고 난 극동 담당 사장은 방망이로 뒤통수를 한 대 얻어맞은 기분이었다. 한국 기업을 얕잡아보고 일침을 가한다는 속결 작전이 의외의 곤경을 몰고 온 셈이었다.

극동 담당 사장은 한국의 다우케미칼코리아 사장에게 김승연 회장을 방문하여 다시 협상의 여지가 없는가를 알아볼 것을 지시했다.

"일전의 두루마리 편지는 가계약의 완전 백지화를 뜻하는 것인가?"

김승연 회장을 찾아온 DCK 사장이 조심스럽게 물었다.

"나는 가계약의 무효를 주장한 기억은 없다."

"그럼 가계약은 아직 유효하단 말인가?"

"그것은 전적으로 다우화학 측에 달려있다. 가계약은 본계약이 성립되지 않는 한 문자 그대로 가계약으로 끝나는 것 아니겠는가?"

"한국화약 측의 최종 복안이 있으면 말해주기 바란다."

김승연 회장은 다우화학 경영진이 다가오는 주주총회에 해외자산 매각 결과를 보고해야 하기 때문에 시간적으로 쫓기고 있다는 사실을 잘 알고 있었다. 서두를 필요가 없었다.

"내 나름대로의 최종 복안이 없는 것은 아니다. 그러나 이 문제는 나의 명예를 욕되게 한 다우화학 측의 사과가 있기 전에는 재론하지 않겠다."

결국 김승연 회장은 다우화학 측의 정중한 사과를 받아낸 후에 그들이 제시한 가격 7천만 달러에서 1천만 달러는 깎는 한편 6천만 달러 중에서 2천만 달러만 인수 시에 지불하고 나머지 4천만 달러는 8년간 분할 상환키로 하며 인수 후의 원료 구매는 한국화약 자의에 의한다는 내용의 본계약을 체결했다.

세계 화학시장을 지배하는 다국적 기업 다우화학을 상대로 이런 내용의 본계약을 끌어낸 김승연 회장의 협상 능력은 경탄을 금치 못하게 하고 있다.

한국화약과 다우화학이 정식으로 인수 계약을 체결했다는 소식이 전해지자 재계에서는 젊은 김승연 회장의 배짱에 혀를 내두르면서도 한양화학이나 다우케미칼코리아(DCK)가 과연 적자 경영을 벗어나 경상수지를 맞추어 갈 것이냐 하는 데는 모두가 회의적인 견해를 보였다. 한국화약그룹 내 간부들도 경영에 자신이 없는 것은 마찬가지였다.

하루는 효성그룹의 조석래(趙錫來) 회장이 김승연 회장을 만나자고 했다. 조석래 회장은 도대체 어떤 복안으로 모두가 안 된다고 생각하는 한양화학과 DCK를 인수했느냐고 물었다. 조 회장은 한양화학의 주주이면서 화학을 전공한 선배 기업인으로서 모험에 가까운 김승연 회장의 결단이 걱정스러웠던 것이다.

"뚜렷한 복안이 서 있는 것은 아닙니다."

"석유화학 자체가 현재 세계적으로 불황이요, 김 회장!"

"불황 뒤에는 호황이 오지 않겠습니까? 미국식 경영을 한국식 경영으로 바꾸어 가면서 적자 폭을 줄여 가노라면 어떻게 되겠지요."

김승연 회장의 대답은 아주 낙관적이었다. 조 회장은 차라리 한양화학의 효성 지분까지도 인수하지 않겠느냐고 했다.

"불안해서 하시는 말씀이라면 인수해야지요. 제가 조 회장님께 피해를 입히게 해서는 안 될 테니까요."

김승연 회장은 한양화학의 조석래 회장 지분 주식을 액면가액보다 싼 시가(時價)로 인수했다. 그해 12월 13일, 김승연 회장은 한양화학 및 다우케미칼코리아 임시 주주총회에서 두 회사의 경영권을 인수하고 사장에는 전 상공 장관 최각규(崔珏圭)를 선임하고 실질적인 업무를 수행하게 될 부사장에게는 그룹 관리실장 오재덕을 선임했다.

최각규 사장은 '최틀러'라는 닉네임을 가진 유능한 경제관료다. 한편 그룹 경영관리실장 후임에는 공채 2기로 동경 및 뉴욕지사에서 근무하다 80년에 귀국해 한국프라스틱 영업 담당으로 일해 오면서 신제품 〈골드륨〉 개발에 기여한 이진우(李珍雨) 상무를 기용했다.

한양화학과 다우케미칼코리아(DCK)가 합병될 것이란 소문과 함께 정보에 민감한 증권가에서는 한양화학 주식값이 뛰어오르기 시작했다. 인수한 지 반년 만에 DCK의 가동율이 48%에서 73%로 상승되었던 것이다. 인수 전에 한양화학이 외국으로부터 수입해다 쓰던 VCM 원료인 EDC를 DCK 제품으로 대체했기 때문이다. 그러나 한양화학과 DCK가 흑자 경영을 이룩하게 된 보다 결정적인 요인은 침체되었던 석유화학 경기가 세계적으로 되살아난 데 있었다. '불황 뒤에 호황이 오지 않겠습니까?'라던 김 회장의 예견이 현실로 나타난 것이다.

김승연 회장이 단자(短資) 회사인 삼희투자금융(三喜投資金融)을 설립하고 제2 금융권에 발을 들여놓은 것도 한양화학과 DCK를 인수하던 해인 12월이었다.

단자회사(Short-Term Investment Finance Company)는 단기금융시장에서 자금의 대차 또는 중개를 하는 금융투자회사다. 1972년 단기금융업법에 의해 도입되었고 사금융(私金融)을 제도 금융으로 유치하려는 데 목적이 있었다.

재계에서는 김승연 회장이 한양화학과 다우케미칼코리아(DCK) 인수와 경인에너지의 내국화를 가리켜 '한국화약의 제2 창업'이라고 했다. 맞는 말이었다. 김종희 선대 회장이 타계했던 81년의 한국화약그룹 총매출액이 1조 6백억 원이었으나 불과 3년 후인 84년에는 배가 넘는 2조 1천5백억 원으로 늘어났는데 그 총매출액 가운데는 한양화학 매출액 3천9백11억 원과 경인에너지 매출액 6천8백44억 원(도합 1조 7백55억 원)이 큰 몫을 차지하고 있었기 때문이다. 한국화약그룹이 세계 5백 대 기업(미국 제외) 중에서 3백 대 그룹 권에서 맴돌다가 일약 185위로 뛰어오른 해도 84년이며 국내 10대 재벌 가운데서도 항상 10위 권에 턱걸이하다가 7위로 올라선 해도 84년이었다.

40

디도(김종희 회장 신명(神名)) 성전(聖殿)과
현암(玄岩)도서관

(이 장에서는 기업경영과는 한걸음 벗어난 시각에서 한국화약그룹의 성장
사를 보게 될 것이다.)

1983년 2월 강태영(姜泰泳) 여사는 부군 김종희 회장을 추모하기 위해
경기도 강화군 길상면 온수리(吉祥面 溫水里)에 성(聖) 디도 성전을 축성,
봉헌했다. 강화는 우리나라 성공회가 초기 선교 활동을 전개한 유서 깊
은 고장이다. 환갑만 지나면 호강시켜 주겠다고 입버릇처럼 말하던 부군
이 60을 채 못 넘기고 유명을 달리할 줄이야. 부군에 대한 강 여사의 애
틋함은 시간이 흐를수록 가슴 속 깊이 굽이굽이 새로웠다. 강 여사는 성
전 축성을 하면서 주옥같은 시(詩) 몇 편을 남겼다.

〈터를 닦으며〉

공(功)든 탑(塔) 그냥 두시고
흔적 없이 가신 님이여.
내 가슴 빈터에
당신 집을 세우고저

거치른
땅을 닦으며
먼 하늘을 봅니다.
세월(歲月)은 물이라 해도
흘러보내지 못한 아픔
주춧돌 놓는 법도
일러주신 그 음성(音聲)이
다시금 메아리 쳐서
먼 생각에 잠깁니다.

〈슬픔〉

남의 것이라면
잊을 수도 있겠거니
내 살갗 배긴 것은
떠날 줄도 모르는지
호올로
가는 길일수록
칭얼대는 벗이여

〈목단(牧丹)〉

왕조(王朝) 무너진 뜰에
뉘를 위한 사랑인가
뜨거운 속살만은

겹겹 감싼 치맛자락
오월(五月)의
푸른 그늘에
진자주 아픈 미소(微笑)여

　부군을 추모하는 강 여사의 시는 이 밖에도 많이 있다. 강 여사가 현암
도서관 개관식에 참석하고 같은 날 준공된 한양화학 여천 공장의 전선용
(電線用) 복합수지 공장을 둘러보고 나서 쓴 시를 하나 더 옮긴다.

〈여수(麗水)에서〉

더는 갈 수 없기에 발 멈추는 이 바닷가
이름처럼 고운 한 폭 비단 나부끼듯
해 종일 잔잔한 나올 이 끝없는 노래여
아들은 이 기슭에 공장(工場)을 지어 애쓰지만
아득히 바다를 보는 내 고독(孤獨)은 저 수평선
그날의 돛배는 어이 돌아오지 않는가
끼룩끼룩 물새가 울어 온 생각 물보라로 깨고
석양(夕陽)이 등을 밀어 다시 옮기는 발길인데
슬픔은 지워야 하리.
아! 저기 불꽃이 타네

　시 〈여수에서〉를 이해하기 위해서는 이야기를 잠시 뒤로 돌아가 보면
된다. 1985년 7월 김승연 회장은 여수시에 현암도서관(玄岩圖書館)을 지
어 기증했다. 여수는 인천과 함께 한국화약그룹의 양대 사업 연고지다.
여수에 한국화약 제2 공장이 들어서기 시작한 것은 지난 75년. 82년에
한양화학 여천공장과 다우케미칼코리아 여천공장을 인수함으로써 사업

연고지로서의 여수 비중이 높아지자 김승연 회장이 선대 회장의 뜻을 기리고자 총건평 5백 30평, 열람석 4백80석 규모의 도서관을 건립했던 것이다.

여수시는 전라남도 동남부 여수 반도에 있는 도시다. 면적은 512.26km이고 해안선 길이는 879.03km이며 365개의 부속 섬이 있다. 임해 산업단지인 여수 국가산업단지에 GS칼텍스, LG화학, 롯데케미칼, 여천NCC 등 264개 기업이 입주하여 석유화학 공업이 발달하였다.

대한민국 비료의 47%, 정유의 26%를 생산한다. 인구는 28만 900명이다. 이런 도시에 한국화약그룹이 일정 규모를 갖춘 도서관을 기증한 것은 의미가 깊은 일이다. 현암 김종희 선대 회장은 인재에 대한 욕심이 대단했으며 육영다운 육영을 실행했다. 도서관은 인재의 산실이다. 선대 회장의 뜻을 받들어 도서관을 지어 기증한 김승연 회장 역시 좋은 유전자를 이어받았다.

강태영 여사 별세

한화그룹 김승연 회장의 모친인 강태영 여사는 2016년 8월 11일 향년 90세로 별세했다.

아호가 아단(雅丹), 강태영 여사는 그룹 창업주 김종희 회장의 부인으로 슬하에 김승연 회장과 김호연 빙그레 회장, 김영해 전 제일화재 이사회 의장을 뒀다. 며느리 서영민, 김미 씨, 사위로는 이동훈 전 제일화재 회장이 있다.

강 여사는 평택 태생으로 수원여고 졸업 이후 양가 어른들의 소개로 1946년 김종희 창업주와 결혼했다. (독자들은 김종희 회장이 선을 보기로 한 날보다 하루 일찍 신부댁을 방문, 신부댁을 당황케 했던 에피소드를 기억하고 있을 것이다.)

강 여사는 1960~70년대 한화그룹 성장기에 외국 유력인사들과 교류하며 민간 외교관 역할을 수행하는 한편 후학 양성에도 힘을 쏟아 천안북일고 탄생의 산파 역할을 하기도 했다.

강 여사는 81년 김 창업주와 사별한 이후엔 생일잔치를 한번도 한 적이 없을 정도로 검박한 생활을 한 것으로 알려졌다. 특히 김승연 회장이 젊은 나이에 그룹 경영을 승계하자 '사업 능력과 추진력은 아버지보다 뛰어난 것 같다'며 자신감을 불어넣어 주며 경영에 일절 관여하지 않고 김 회장을 믿고 지원했다. 이에 강 여사는 김승연 회장 등 자식들에게 삶의 스승이자 존경의 대상이 되었다.

독실한 기독교인인 강 여사는 대한성공회와 성가수도회가 추진하는 사회사업을 전폭적으로 지원키도 했다. 강 여사는 시조 등 문학에도 조예가 깊었으며 지난 2005년엔 아호를 따서 재단법인 아단문고를 통해 한국 고서적과 근현대 문학 자료들을 수집해 학계에 연구자료로 제공했다. 여기엔 이인직의 '혈의 누', 박목월, 조지훈, 박두진의 '청록집', 나운규의 '아리랑', 문예지 '소년과 창조', 주시경의 '조선어 문법' 등 귀중한 문학 자료가 포함되었다.

41

장교동 현암빌딩 시대 개막

김승연 회장은 21세기를 지향하는 그룹의 이미지를 세우고 진취적인 기상을 과시할 수 있는 대형 사옥빌딩 신축 구상에 골몰했다.

'빌딩을 지을 수 있는 적지'를 발견하는 것이 문젠데....' 김 회장은 혼잣말로 되뇌곤 했다.

한국화약그룹의 사옥 본거지는 태평로 프라자호텔이다. 그동안의 사옥이나 임대로 입주한 빌딩도 이곳에서 멀리 떨어지지 않았다. 그런데 마침내 지리적으로도 근거리이고 풍수지리적으로도 좋은 곳이 눈에 띄었다. 대한주택공사가 1982년 을지로 2가 일대를 재개발 사업 지역으로 정하고 사업자 공모를 했다. 원래 이 지역은 명동과 무교동, 종로에 인접한 영세 인쇄업소의 밀집 지역이었다. 세간에서는 인쇄소 골목이라고 칭했다. 대한주택공사는 이 지역을 대기업과 함께 복합 단지로 개발하여 도심의 공간 활용을 효율화한다는 계획이었다.

한화그룹은 마침 태평양엔지니어링이 사우디아라비아 얀부 주택 프로젝트의 턴키베이스 설계를 끝내고 그 설계팀이 국내 개발 프로젝트 참여를 모색하고 있는 때였다. 새로운 그룹 빌딩 신축을 구상하고 있는 김승연 회장에게는 반가운 일이었다.

"팀장! 이번 설계 공모는 아주 중요한 거요. 우리는 여기에 21세기를 맞이할 그룹 본부 빌딩을 지을 계획이오. 잘해 보시오."

"최선을 다해 보겠습니다."

1984년 4월 국내 20여 개 사가 경합했다.

치열한 경쟁 끝에 태평양엔지니어링 안(案) 등 3개 안이 당선되었다. 그중 규모가 가장 큰 1동(현암빌딩)을 태평양건설이 시공하게 되었다. 성공이었다. 실행 설계 및 감리는 화신종합건축에서 수행했다.

한화그룹은 현암빌딩을 건설함에 있어서 국민과 함께 숨 쉬는 기업의 공공성 배려, 도시 건축에 새로운 활력을 불어넣을 수 있는 건축 문화 창달, 첨단설비의 설치, 에너지 절약, 최신 건설 기술 및 공법의 도입을 통한 국내 최고의 인텔리전트 건설을 계획했다.

서울시 중구 장교동 1번지, 그룹의 21세기를 밝혀 줄 지하 5층, 지상 29층, 연건평 2만 3,912평 규모, 당시 서울 도심에서는 최고, 최대 건물이었다.

김종희 선대 회장이나 김승연 회장은 사옥 대지나 집터를 잡을 때 풍수지리설을 따르는 것은 아니었다. 성공회 신자였기 때문일 수도 있다. 그러나 기독교인들도 성당이나 교회 터를 잡을 때 적지 조건을 따진다고 한다. 장교동 땅은 풍수지리적으로 보아도 좋은 곳이었다. 서울의 명산인 북한산과 인왕산과 남으로 남산에 둘러싸여 있고 동으로는 청계로 끝을 가로막아 동쪽의 정기를 품에 안는다. 덕수궁 등 고궁과 멀지 않으며 광화문과도 지척이다. 땅의 기세가 살아나는 형국이다.

현암빌딩은 준공과 함께 건축 문화 창달과 우수 건축물의 확산을 목적으로 서울시가 제정한 〈87 서울시 건축상〉 금상을 수상했다. 심사평에서 현암빌딩은 '외관이 미려해 아름다운 도시 건설에 기여했을 뿐 아니라 도시 개발사업에서 최초로 단지 개념을 도입했고 2,100평의 도심 공원 설치로 문화 휴식 공간을 일반에게 제공했으며 건설 자재를 거의 국내산으로 사용한 점을 높이 평가'라고 평했다.

현암빌딩 준공에 따라 한국화약그룹은 1952년 부산시 대창동에서 시작된 사옥의 역사가 여섯 차례 변천한 기록을 쓰게 됐다. 1953년 휴전과 함께 본사를 중구 회현동 1가 191번지로 이전한 것을 시작으로 1957년 현 프라자호텔 자리에 4층 건물을 신축, 이전했다가 1965년 6층으로 증축해 사용했다. 그 후 1973년 11월 서울시 종로구 미려빌딩으로 이전했으며 이어 1973년 3월 제일화재 빌딩으로, 다시 1979년 2월엔 중구 서소문동 34번지 태평양건설 빌딩으로 이전, 9년 동안 그룹의 본산이 되었다.

김승연 회장은 현암빌딩 완공 직후 '현암빌딩의 시대가 한국화약그룹 도약의 상징적 시발점이 되기를 한마음으로 기원하자'며 그룹 사옥의 준공의 의미를 되새겼다.

건물관리, 통신, 사무 자동화가 조화된 인테리전드 빌딩(Intelligent Building, 똑똑한 빌딩)으로 설계된 현암빌딩은 당초 35층으로 계획돼 었고 도로 폭이 가장 넓은 청계로에 위치하게 됐다. 고가도로의 소음을 옥외 녹지 휴식 공간으로 차단하기 위해 건물을 가로변에 위치하게 되었다.

건물의 형태는 옆 건물과 연결성 관계로 코너가 45도 각도를 이루었으며 청계로 측은 도로 진입 각도에 예각을 피해 반대 측과 대칭이 되도록 설계했다. 1층 출입 부분은 자연스레 인식되도록 약간 들어가게 했으며 2층과 3층 부분은 고층부보다 약간 도로 측으로 나오게 하여 고층 건물의 위압감을 약화시켜 통행인들로 하여금 친근감을 느끼게 했다.

건물 색상은 일반적으로 흰색, 회백색이 무난하나 차갑고 더러움이 잘 탄다는 단점 때문에 명랑하고 활기 있는 붉은색 계통을 적용했다. 당초는 오렌지색을 계획했다가 한국 페인트 산업 기술로는 내구성을 보장할 수 없다는 관계로 살구색(연한 노란빛을 띤 분홍색)으로 최종 결정돼 종로, 명동 젊은이들의 활기찬 분위기와 잘 조화된다는 평가를 받았다.

빌딩의 창문 유리 색은 초록색 계열의 일반 사유리로서 다른 색유리와는 달리 열적외선을 차단하는 대신 가시광선을 통과시키는 특성이 있어 에너지 절감 효과를 높였다.

특히 건물의 큰 면을 아치 형태 및 로켓 형태로 구도를 잡아 21세기를 향한 그룹의 진취적, 상승 이미지를 부각했다. 사무공간은 건물의 코아(Core, 중심부)를 중심으로 전 방향으로 배치, 자연 채광을 최대화하고 엘리베이터는 저층, 중층, 고층부로 나누어 신속 운행케 함으로써 대기시간을 단축시켰으며 사무 자동화에 대비하여 일정한 모듈로 바닥에 전선을 배선할 수 있게 했다.

조명 배선은 창가를 바깥의 조도에 따라 점멸할 수 있는 회로를 구성해 에너지 절약이 되도록 했으며 냉난방은 층별로 분리 가동할 수 있도록 층별 용도 및 사용 시간의 변화에 대처했다.

한편 그룹은 현암빌딩의 예술적 이미지를 높이고 사옥을 찾는 방문객에게 예술작품과의 만남의 기회를 제공하기 위해 1989년 11월 1층의 로비 벽면을 활용한 대형 벽화를 완성, 개막했다. 유리 모자이크 방법으로 제작된 이 벽화는 연인원 1,300여 명이 4개월간의 작업 끝에 완성을 본 것으로 이탈리아 화가 위첼로의 〈사냥〉이란 작품이다. 벽화를 총지휘한 심현지 씨는 가로 21m, 세로 5m 60cm 크기로 벽면에 올렸다.

또, 1997년 8월 1일에는 임직원 식당이 문을 열었다. 한 직원이 '회장 직소 제도'를 통해 건의한 사항이 받아들여져 28층 현암도원 자리에 한식과 양식을 메뉴로 문을 연 임직원 식당은 총 350석 규모로 식당 한 쪽에 임원석과 20석 규모의 귀빈석을 두었다.

장교동 시대의 개막과 의미

사세가 날로 확장되고 그룹의 경영권이 확고히 자리를 잡아가는 중요한 시기에 좋은 환경, 훌륭한 시설을 갖춘 그룹 사옥을 신축하여 이전한 것은 한화인 누구에게나 가슴 뿌듯한 감회를 가져다주었다.

그러나 창업 이래 36년 동안 한화인 한 사람, 한 사람의 창의와 노력이 집중된 땀의 결정으로 탄생한 현암빌딩은 단순한 그룹 사옥의 건립이라는 감개 이상의 의미와 다짐을 불러왔다. 새로운 보람의 일터로 빛나야 할 역사 창조의 현장으로써 특유의 '한화 문화'를 싹 틔우고 꽃 피워야 할 새 문화 발상지로서의 설레임과 기대, 그리고 각오를 함께 품어야 했기 때문이다.

현암빌딩 신축이 한국화약그룹의 장교동 시대를 개막하는 역사적 분기점이 될 것임은 분명하다. 당시 한국화약 오재덕 대표는 '현암사옥에서 꽃 피울 그룹의 미래를 생각하며'라는 제목으로 장교동 시대를 맞는 감회를 사보 '다이너마이트'에 밝혀 한화인의 공감대를 형성했다.

첫째, 기간산업 육성이라는 시대적 소명감으로 어려움을 꿋꿋하게 극복한 현암 창업회장의 창업 정신을 다시 한번 되새기고 이를 계승, 발양함으로써 위대한 역사를 창출하는 새로운 출발점이 되어야 한다는 것이었다.

둘째, 한국화약그룹은 화약 산업을 모체로 석유화학, 에너지 등 핵심 기간산업 부문을 중심으로 식품, 유통, 레저 부문에까지 광범위한 부문에서 그 뿌리를 확산시키고 있는 시점에서 신사옥 신축, 이전으로 각 사간 협조 체제가 원활하고 신속해지는 계기가 마련된 만큼 각 사의 좋은 제도를 종합하여 새로운 전통을 수립하고 현암빌딩이 미래 첨단 산업의 요람으로써 중추적 역할을 담당할 수 있어야 한다고 제창해 공감대를 넓혔다.

셋째, 한국화약그룹이 명실상부한 세계 속의 한화로 발돋움하기 위해서는 각자가 한화인에 걸맞은 자질 향상과 자기 계발에 노력해 왔는지 자기 성찰의 기회를 갖자는 것이었다. 그것이 곧 치열해지는 국제 경쟁 시대에 생존력을 살려 나가는 길이 되기 때문이었다.

다른 한편으로 한화 그룹이 여섯 번이나 사옥 이전의 역사를 가지고 있으면서도 이제야 현암빌딩이라는 대형 사옥을 갖는 것은 김종희 선대 회장이 부동산 투자라는 쉽게 돈을 버는 것을 외면하고 오직 기간산업 육성에만 전념해 온 것을 증명해 준 것이었다.

42

미래산업 유통(流通, Distribution), 레저(Leisure) 분야 진출

김승연 회장은 유통산업 진출을 결심했다. 유통산업은 화약, 에너지 등 그룹의 주력 산업 분야와 거리는 멀지만, 사회와 산업구조 변화에 따라 유통의 중요성이 커지고 국민 경제생활을 윤택케 해주는 미래 신산업 분야다.

"회장님! 한양그룹이 경영 악화로 한양 유통을 매각한다고 합니다. 주거래 은행에서 우리에게 인수 의향을 물어왔습니다."

"유통산업 장래성은 어떤가?"

"밝은 편입니다. 우리나라 경제 성장이 계속되면서 생산자와 소비자를 연결시켜 주는 유통산업은 매우 중요한 산업 분야가 돼 가고 있습니다."

"한양유통 덩치는 얼마나 되는가? 긍정적으로 검토해 보지 그래..."

물가 안정을 위한 유통 근대화 논의가 활발해짐과 함께 근대적인 유통 기업들의 등장 및 정책이 시도되던 1970년대를 '유통산업 인식기'라고 한다면 1980년대 전반기는 '유통산업 토대 구축기' 후반부터 현재까지는 '유통산업 도약기'라고 할 수 있다.

한편으로 유통산업은 업체 간의 과당 경쟁과 개방이라는 안팎의 거센 바람에 부대끼면서도 높은 외형 성장률을 지속했다. 유통산업은 업종 간

치열한 상권(商圈) 경쟁을 낳아 업계 재편을 서두르게 한 요인이 되었다.

한양유통은 1976년 9월 자본금 500만 원으로 설립된 ㈜한양수퍼를 근간으로 유통업에 진출, 국내 유통산업의 구축기를 선도했다. 1978년 한양유통으로 상호를 변경하여 1979년 9월에 한양쇼핑센터 영동점을 개점했으며 1983년 9월에는 한양쇼핑센터 잠실점을, 1985년 7월에는 강남구 압구정동에 패션 전문점 파르코(현 갤러리아 백화점 명품관)를 개설하여 영역을 확대했다. 그즈음의 한양유통은 유통업에서는 타의 추종을 불허하는 선두주자였다. 한양쇼핑 잠실점은 롯데그룹 잠실 쇼핑센터의 기초를 마련해 주기도 했다.

한화그룹은 유통산업 진출에 신규사업을 시작하는 방안과 기존의 유통산업의 인수 방안을 두고 1년간에 걸친 기획팀의 검토 끝에 결국 한양유통 인수 쪽으로 결정했다.

1985년 11월 30일 가계약을 체결한 한양유통은 총자산 1,196억 원에 부채액이 1,158억 원으로 압구정동 소재의 쇼핑센터와 전국에 52개의 슈퍼마켓을 운영하는 구조였다.

그룹의 일원이 된 한화유통(1995년 7월 사명 변경)은 경영 쇄신을 위해 1986년 3월 정기 주총 및 이사회를 열어 신임 사장에 남욱(전 농수산부 차관)을 선임하고 임대 사업주 및 협력업체 초청 간담회를 갖는 등 유통 근대화의 선두기업으로서 새로운 각오와 의지를 전개했다.

한화유통은 새 출범 후 조직 개편 등 내부 관리 합리화에 역점을 두고 경쟁력 개발을 위해 새로운 전략을 폈다. 즉, 다점포 체인사업을 적극화하고 편의점(CVS, Convenience Store), 대중 양판점(다품종 대량 판매하는 대형 소매점, GMS) 등 새로운 형태의 유통망을 펼쳤다. 당시 대형 백화점 상권 확대로 유통산업 대전(大戰)이 일어나 슈퍼 체인점이 위축되는 양상을 띄울 수밖에 없어 한화유통은 활로를 열기 위해 일본 세이유 유통그룹과 업무 제휴에 나서는 한편 POS(매장의 주문 시스템과 관리자의 컴퓨터를 온라인으로 연결, 판매 시점의 정보를 실시간으로 통합하는 시스템) 시스템도 도입, 매장 전산화 작업에 착수했다. 또 슈퍼마켓 등에서 취급하는 PB(Private Brand) 상품을 다양화하여 PB 매출의 비중을 배가시켰다.

한화유통은 경영다각화를 도모하기 위해 기존 슈퍼마켓 위주의 영업에서 탈퇴, 취급 상품이 다양하고 영업 효율이 높은 GMS를 적극 추진했다. 이에 따라 중저가 생활필수품 위주의 지역 밀착형 생활 백화점인 GMS 사업을 유통업계 최초로 도입했다. 이를 잠실점에 적용하면서 전국적인 양판점 체인망 확대에 나섰다. 특히 패션, 브랜드, 가격 등 3대 차별화를 통해 소비 빈도가 높고 소비량이 많은 품목을 집중 취급, 백화점보다 30% 정도 싸게 대량 판매하는 이점 때문에 유망 유통업체로 급부상했다. 이러한 적극적인 경영으로 한화유통은 1988년 1,250억 원의 매출 실적을 올려 유통업계 선두주자 자리를 지켰다.

1989년 이후 300평 이상의 중형점 급의 직영점을 계속 늘려 나가면서 물류 시스템 개선을 위한 가공 배송센터 설립, CVS 및 GMS 전개에 역점을 두었다. 소비자들에게 신선한 쇼핑 문화를 서비스한 것이다.

이와 함께 유통산업의 환경 변화에 적극 대응하기 위해 백화점 사업 강화 및 부문별 독립 법인화 작업 등 야심 찬 유통 부문 개편 구상을 추진했다. 전국적인 GMS 체인점을 추진한 한화유통은 일본의 세이유(西友)와 업무제휴로 본격적인 GMS 출점 작업에 박차를 가해 1989년 9월에 충남 천안시 신부동에 5,000평 규모의 대형 GMS를 개장했다. 이어 한양쇼핑센터 잠실점을 주차장 및 특화시설을 대폭 보강한 5,300평 규모의 새로운 GMS로 변모시켜 재개장, 맞은편 롯데백화점과 치열한 판매 경쟁을 펼쳤다.

그러나 유통업계는 3저 호황(저달러, 저유가, 저금리) 후 유례없는 불황에 시달리면서 판매 부진에 시달렸다. 백화점은 성장이 뒷걸음질 치고 슈퍼마켓은 점포 수와 전체 매출이 증가함에도 불구하고 매장별 매출은 오히려 감소하는 추세를 보이기 시작했다. 이러한 경기 부진은 투자가 많았던 한화유통 경영에 어려움을 가져다주었다. 게다가 지역 밀착형 백화점들이 점차 뿌리를 내리면서 신설 대형 백화점의 식품매장은 호조를 보인 반면 이들과 인접한 슈퍼마켓 등은 상대적으로 침체 속도가 빨라졌다. 이를 타개할 대응책이 요구되었다.

한화유통은 이를 극복하기 위해 전사적인 판촉 장려 캠페인을 벌였다. 캠페인 내용은 고정 고객 확보와 업무 효율 향상에 초점이 맞춰졌으며 전문인력 양성에도 많은 노력을 기울였다. 아울러 상품 구매 강화에 역점을 두고 육류의 선도를 크게 향상시켜 주는 특수진공 포장 기법을 도입, 간판 상품인 정육 판매의 매출 극대화를 꾀했다.

수농(水農) 연구소, 유통센터 설립

한화유통은 선진기법의 도입과 함께 유통업의 경쟁력 향상을 위해 수농연구소와 생식품 및 공산품의 신속한 배송을 위한 대단위 가공 배송센터를 설립했다.

먼저 한화유통은 1989년 11월 14일 경기도 용인군 주북면 내사리에 국내 유통업계 최초로 수농연구소를 설립하여 채소류의 과학 재배에 새 장을 열었다. 수농연구소는 소비자들의 생활수준 향상과 무공해 식품에 대한 선호도가 높아짐에 따라 소비자 니즈(Needs, 필요, 요구)에 부응, 신선하고 위생적인 야채류를 생산, 공급하자는데 목적을 두고 설립되었다.

총 부지 4,000평, 연구동 120평, 온실 400평 규모의 수농연구소는 연구동의 경우 모든 기계시설이 지하에 있어 외부에서는 보이지 않게 했으며 온실 내의 급배수를 비롯, 환경 조절과 배양액의 상태 등을 한 번에 감지해 조작할 수 있는 중앙집중식 통제 시스템을 갖추었다. 특히 온실에 배치되어 있는 수경 배조는 수농연구소가 특허 출원하여 천장의 개폐를 완전 자동화했다.

그동안 유명 산지의 생산 농민들과의 계약 재배, 산지 구매 등을 통해 신선한 상품을 공급해 온 한화유통은 수농연구소의 준공을 계기로 수경 재배에 의한 무공해의 상추, 쑥갓, 미나리, 숙주, 오이, 쪽파, 채소 등 과 채류와 열채류를 자체 생산으로 공급할 수 있게 되었다.

수농연구소는 식품 사업뿐만 아니라 농·수·축산까지의 상호 연계를 통 하여 농업의 최첨단 연구를 수행하여 생물자원 연구소로 발전함과 동시 에 농업정보센터로서의 기능도 갖게 되었다.

1989년 6월에는 상품연구소로 개편하여 고객 만족을 위한 경영을 본 격화했다. 또 김치연구소는 1996년 4월에 포장김치 선호도 및 여가 인 구 증가에 따른 소비자 '니즈'를 충족시키기 위해 소포장용 '새서울김치' 를 개발하여 상품으로 출시했으며 1년여의 연구 끝에 유통업계 최초로 한일동 소재 수경재배 자체 농장을 통해 수경 배추를 개발, 상품화에 성 공했다. 이 상품을 갤러리아 백화점 압구정점, 잠실점, 수원점, 한화스토 어 신반포, 여의도, 가맹점 등에서 판매하여 호평을 받았다.

한편 1983년부터 업계 최초로 철저한 중앙배치 방식을 통해 각 점포 에 물품을 공급한 한화유통은 물류 개선책으로 가공센터를 확대, 이전 했다. 1988년 11월 경기도 신갈에 새로 마련한 물류센터는 대지면적 3,000평에 건물 면적 1,400평의 규모로 정육 생선 가공실, 야채 건어물 가공실, 공산품 창고 등 기능별로 3개의 건물 구조로 이루어졌다. 이로 써 생품의 신선도 유지 및 상품 배송시간 단축으로 상품 관리의 효율 증 대 및 효율적인 인원 투입 등을 통한 물류비용 절감이라는 획기적인 물 류 시스템 개선을 이룩했다.

1992년 8월에는 신갈 가공 배송센터에 이어 공산품 집배송을 위한 제 2의 물류센터가 준공, 가동되었다. 경기도 용인에 마련된 공산품 물류센 터가 취급하는 상품의 종류는 2,000~2,500종류로 일정 금액의 재고 상품을 항상 유지했다.

또 1997년 10월에는 마산, 창원 등 영남지역 출점 가속화를 위한 영남 물류센터가 준공되어 부산지역 13개 한화스토어에 식품과 공산품의 직배송이 이루어졌다.

이러한 노력으로 1993년에는 물류 개선에 기여한 공로로 물류 전국대회에서 특별 공로상을, 1996년에는 일일 배송과 공산품 분할 시스템 개발 등의 공로로 물류학회가 제정한 제3회 물류인 대상을 수상했다.

사내 유통대학 설치. 인력 양성

한화유통은 신 업태의 주도적 진출, 물류의 개선, 환경 경영, 사내 유통대학 개설, 해외 교류, 상품 개발 등을 적극적으로 추진해 유통업계의 선두기업으로 부상했다.

1989년에는 매장의 대형화, 차별화를 동시에 추진하는 전략을 펴 새로운 변신을 모색했다. 이러한 모색은 강남에서 후발 업체인 현대백화점, 롯데백화점 잠실점 등 백화점의 고객 흡수력이 커지는 데 따른 대응으로 영동점 및 파르코를 고급 백화점으로 전환시키고 잠실점을 대중 양판점(GMS) 형태로 전면 개편하는 등 자체 경영 혁신을 시도했다. 이 같은 매장 전략은 1990년대 들어와 갤러리아 백화점과 한화스토아, 한화마트의 사업 구도로 정착되었다.

1995년에는 특수사업부 내에 통신판매 전담팀을 신설, 통신판매업에 본격 진출했다. 통신판매 사업은 일반 상품 판매는 물론 장례(葬禮) 대행, 활어회 배달, 웨딩사진, 포장이사, 꽃 배달, 자동차보험 서비스 등의 상품을 제공했다. 업체 처음으로 시행한 장례 대행 서비스는 장의 전문업체와 제휴, 전화 한 통화로 모든 장례 절차를 대행하는 시스템을 갖추었다. 또 1996년 8월부터는 PC 통신 홈쇼핑 방도 개설돼 운영에 들어갔다.

한화유통은 1990년 국내 최초로 냉해수 유통시스템을 선보여 동종 경쟁업체와의 차별화를 선포했다. 이 시스템은 산지 구매 생선의 선도(鮮度) 보존을 위해 현지에서 바닷물에 생선을 담아 저온으로 유통시키는 국내 최초의 공급 시스템으로, 선도를 최대한으로 유지시켜 점포에 공급하는 것이다. 소비자들은 산지에서 갓 잡은 생선을 맛보는 느낌을 갖게 된다.

1980년대부터 개발해 온 PB(Private Brand) 상품은 '한화명품', '굿앤칩' 등의 다양한 브랜드로 500여 종이 넘는 상품을 개발하여 갤러리아 백화점 등 4개 식품부를 비롯, 전국 한화스토아와 한화마트에서 선을 보였다.

한편, 점포 관리 자동화를 선도적으로 추진해 온 한화유통은 1988년 슈퍼마켓 전 점포에 PC를 설치해 수주 발주 업무의 전산화를 이룬 데 이어 1989년에는 슈퍼 업계로서는 최초로 POS(Point of Sales) 시스템을 구축, 목동점에 POS 시스템 적용을 시작으로 점포 관리의 효율 증대에 박차를 가했다. 이 시스템 도입으로 상품 판매와 동시에 제품에 부착된 바코드를 통해 상품의 종류, 수량, 가격 등의 정보를 컴퓨터가 자동으로 판독, 처리해 인력 및 시간 절약은 물론 상품의 재고 관리 등 제반 정보를 종합 관리할 수 있게 되었다. POS 시스템은 잠실점을 비롯하여 천안점, 영동점 등 경인 지역 대형점을 시작으로 확대 보급되었다.

회사의 사업다각화 조치에 따라 조직도 1991년 경영 내실화와 고객 제일주의 지향 체제로 개편되었다. 1995년에는 사업 부문의 전문화와 부서별 책임제를 골자로 하는 조직 개편을 단행하고 1997년에는 새로 출범하는 할인점 사업에 맞추어 종합 유통회사로서의 기반 조성을 위한 능률적인 조직 체제를 구축했다.

1990년대 들어 유통업의 시장 개방이 이루어졌다. 이에 따라 선진국형 업태가 속속 도입되면서 유통업계의 전문 인력 확보와 양성이 선결

과제로 부상했다. 유통업계는 인력 스카웃 전쟁으로 몸살을 앓았다. 이에 한화유통은 전문인력 양성책으로 스카웃보다 '인재 가꾸기' 전략을 선택했다.

1990년에는 연인원 3,200명에 4억 1천만 원을 교육비로 투자했으며 1992년 12월 국내 유통업계 최초로 사내 '유통대학'을 설립, 본격적인 전문 유통인력 양성에 나섰다. 초유의 일이었다. 1년 4학기제, 학기당 402시간의 교과과정으로 짜인 사내 유통대학은 1993년 첫 입학식에 이어 1993년 12월에 29명의 1회 졸업생을 배출하는 등 인력 양성에 주력했다.

한화유통은 품질 경영에도 역량을 집중하여 1997년 12월 국내 백화점으로는 처음으로 갤러리아 백화점 수원점이 독일 튜브 바이에른 사(社)로부터 ISO-14001 인증을 획득했다. 이 인증 획득은 그린마케팅 시스템 도입 등 상품의 입점에서 판매, 서비스 등에 걸쳐 기울인 일련의 환경 개선 노력에 의한 것이다.

이외에 상품에 대한 이해와 지식 향상을 위한 'MD 기본 매뉴얼(1996년 6월 발간)' 3권과 매장 운영의 표준화를 위한 '점포 운영 기준서(1992년 7월 발간)' 7권을 1993년 6월 업계 최초로 발간하여 종합 유통업체로서의 정진을 계속했다.

이러한 노력으로 한화유통은 1994년에 경인·강원 지역 백화점 업체 중 자원 재활용 분야 최우수 업체로 선정되었으며 1995년에는 학계 및 고객이 선정하는 '95 한국 마케팅 대상'을 수상했다.

1997년에는 매일경제신문사와 대한상공회의소가 공동 주최하는 한국 유통대상 시상식에서 '정보화 부문 대상'을 수상했다. 이어 1998년에는 500여 품목에 달하는 PB상품 개발 등의 노력과 능력을 인정받아 한국유통대상 '상품개발 부문 금상'을 수상했다.

갤러리아(Galleria) 백화점 탄생(강남구 압구정동)

매장의 대형화 및 차별화를 통해 새로운 변신을 모색해 온 한화유통은 1989년 타 백화점 업체와의 경쟁을 위해 영동점(현 패션관) 및 파르코점(현 명품관)을 고급 백화점으로 전환시키고 잠실점을 대중 양판점(GMS)으로 전환하는 혁신안을 마련했다. 영동점을 6,000평으로 증축, 양 백화점을 연결한 대형 고급 쌍둥이 백화점을 탄생시켰다. 현재 압구정동에 소재하는 갤러리아 백화점이다. 이와 함께 영국 해롯, 프랑스의 쁘렝땅처럼 우리나라를 대표할 수 있는 백화점으로 선보이기 위해 2개의 점포를 하나로 묶는 이미지 통일 작업을 실시, 명칭을 '갤러리아백화점'으로 변경했다. 갤러리아란 유리관으로 된 통로를 말한다.

한화유통은 1990년 9월 21일, 영동점과 파르코에 대한 1년여에 걸친 대대적인 새 단장 공사를 마치고 갤러리아백화점 압구정동 서관(생활관)으로 문을 연 데 이어 9월 말에는 파르코를 갤러리아백화점 생활관(현 패션관)으로 개점하여 갤러리아백화점의 새출발을 알렸다.

갤러리아백화점 생활관(현 패션관)은 강남 상권의 특성에 맞는 액세서리, 부티크, 정장 및 와이셔츠, 생활 자기 등을 특화시켜 상품의 구색과 깊이를 강조한 본격적인 생활 제안형 백화점으로 거듭났다.

또한 6,000여 평의 매장을 VMD(Visual Merchandising) 기법을 도입하여 기본 설계에서부터 마무리 상품 연출까지 상품의 특성을 전체적으로 잘 나타나게 했다.

지하 2층, 지상 5층의 갤러리아백화점 생활관은 지하에 주차장과 식품부, 지상 1층에는 잡화, 2층 숙녀 의류, 3층 신사 의류와 아동 의류, 4층 가정용품, 5층 식당가로 구성되어 있다. 갤러리아백화점 명품관은 국내의 정상 브랜드의 비교 판매라는 전략을 세우고 상품의 고급화를 추구하여 최고급 백화점 패션 전문점으로서의 이미지를 심었다.

동관의 리뉴얼 공사는 세계의 최대 상업 설계 전문업체인 미국의 워커 그룹의 기본 설계로 시공했다. 외관은 유럽풍의 클래식한 화강암으로 마감, 품위 있는 고급 백화점을 연출했으며 건물 주변을 산책로를 포함한 녹지 공원으로 조성함으로써 쾌적한 쇼핑 공간을 제공했다.

갤러리아백화점은 출범 이후 개관 1주년 기념행사를 비롯한 다채로운 특별기획전, 프랑스 갤러리라파예트백화점 전문 매장 입점 등 고급 전문 매장으로서 소비자들로부터 좋은 반응을 얻었다. 갤러리아백화점 압구정점은 1996년 서울대 김지일 교수의 논문에서 고객만족도 1위의 백화점으로 조사됐고 1998년 소비자보호원 조사에서도 품질 서비스 만족도 1위에 올랐다.

한화유통은 더욱 사랑받는 '갤러리아'로 재무장하기 위해 그해 5월 명품관을 개점한 데 이어 9월에는 생활관이 새로운 모습으로 문을 열었다. 명품관은 1층은 토탈 브랜드 매장으로 재배치하는 등 층별 특성화에 주안점을 두었으며 재개점에 맞춰 세계적인 패션 브랜드인 샤넬 토탈숍이 입점되었다. 생활관은 젊은 층의 쇼핑 취향을 반영한 것이 특징으로 특히 300평 규모의 로얄 스포팅하우스는 국내 최초의 스포츠 테마파크로 꾸며졌다.

갤러리아백화점 천안점, 수원점, 서울역점 개점

1983년 개점 이래 잠실 지역 주민의 친숙한 쇼핑 공간이 되어 온 잠실점은 지역 상권의 확대에 따른 고객의 요구에 부응하여 1988년 부분적인 개보수 작업에 착수, 1년여에 걸친 공사 끝에 1989년 12월 국내 최대의 대중 양판점(GMS)으로 태어났다.

새로 문을 연 잠실점의 매장 규모는 종전 9천 100평에서 1만 2,800평으로 크게 확장되었으며 백화점이나 다른 양판점과의 차별화를 위해 편의시설과 기능성을 강조하고 가격 정책과 상품 구색에도 역점을 두었다. 이어 1993년에는 신세대 주부 및 틴에이저들을 위한 젊음의 생활 공간으로 리뉴얼하여 지역 밀착형 점포로 거듭나면서 갤러리아백화점 잠실점이 되었다.

지역 상권의 변화에 따라 끊임없이 변신을 시도해 온 갤러리아백화점 잠실점은 1998년 3월 1층 400평 규모에 피혁, 잡화 등 총 33개 브랜드를 취급하는 잡화 아울렛 종합 매장을 개장했다. 아울렛 매장에서는 브랜드별 이월상품은 물론 일부 신상품에 대해서도 50% 할인판매를 실시했다. 이를 바탕으로 그해 8월 14일에는 할인점형 백화점으로 재개점 함에 따라 1층의 식품 및 생활용품 매장은 할인점 한화마트로, 2층의 의류 및 잡화매장은 아울렛 중심 할인점형 백화점으로 전환했다. 그러나 잠실점은 2000년 잠실 지역 재개발에 따라 잠실점 부지를 매각하면서 15년간의 역사를 마감했다.

갤러리아백화점 천안점은 1989년 9월 충남 천안시 천안 종합터미널 내에 천안 한양백화점으로 문을 열었다. 한화유통의 GMS 제2호점인 천안백화점은 총매장이 5,100평으로 충청권 최대 규모의 쇼핑 문화공간으로 첫발을 내디뎠다. 서해안 개발 시대를 맞아 천안지역의 새로운 유통 문화 형성에 기여할 것으로 기대를 모은 천안점은 터미널 입지를 최대한 살려 쇼핑 기능과 터미널 기능을 겸한 복합 쇼핑 단지로서의 역할을 수행했다.

천안점의 층별 구성은 1층 슈퍼마켓과 스낵 코너, 2층 잡화, 기념품 및 선물 코너, 3층 패션 매장, 4층 스포츠 및 생활용품 그리고 5층은 다목적 문화홀 등 지역 사회 커뮤니케이션 장으로 배치했다. 천안점은 효율적인 점포 관리를 위해 POS 시스템으로 운영했다.

한화유통은 대중 양판점 체인으로 운영해 온 천안점을 식품부를 제외한 전관을 새 단장, 1995년 7월 지역 밀착형 생활 백화점으로 오픈했다.

1997년 1월부터 명칭이 '갤러리아백화점 천안점'으로 변경되었다.

한화유통은 4년여의 준비 끝에 백화점 출점 4호점인 갤러리아백화점 수원점(개점 시 한화백화점 수원점)을 1995년 8월 수원시 팔달구 인계동 현지에서 개점식을 갖고 '친근한 백화점'을 기본 컨셉으로 본격적인 영업에 들어갔다. '도심 속의 패션 파크', '지역 1번 생활점' 기치를 내건 수원점은 대지 2,200여 평, 영업 면적 5,200평의 지하 5층, 지상 6층 규모로 1,000여 대의 동시 주차능력을 확보해 편의성을 높였다. 수원점은 수도권 남부 지역을 중심으로 급속히 개발되고 있는 수원 신시가지 중앙에 위치하고 있어 수원 영통지구 도심을 주요 상권으로 한 지역 생활백화점으로 조기에 자리를 잡았다.

수원점은 20,30대 주부와 2자녀가 주를 이루는 수원 지역의 마켓 특성을 감안해 '영 마인드의 뉴 패밀리'를 주 타겟으로 인테리어 및 상품 진열, 집기 등에 반영했다.

갤러리아백화점 수원점은 개점과 함께 고객 인지도가 높은 브랜드를 유치하는 등 패션 부분을 강화시키는 한편 보시니, 에너지아, 갤러리아 카사 등 갤러리아백화점 단독 외국 브랜드를 유치함으로써 지역 생활 백화점에다 브랜드 위주의 고급 백화점으로서의 이미지를 심을 수 있게 되었다.

1999년 9월에는 또 하나의 출점으로 갤러리아백화점 '서울역점'을 개점했다. 한화유통은 그동안 쇼핑몰로 운영되어 온 서울역사 내 서울프라자 쇼핑을 새단장해 지하 1층, 지상 3층 영업 면적 5,400평 규모의 백화점으로 꾸몄다. 1층에는 식품관과 생활용품 매장, 2층에는 서적과 문구 등 문화용품, 3층에는 의류 잡화 중심의 패션 전문 매장이 들어섰다. 또 고객들의 주차 편의를 위해 지상 95대, 옥상 229대 등 394대를 동시에 주차할 수 있도록 주차 공간을 마련했다. 서울역점에는 유명 브랜드를 입점시켜 본격적으로 백화점으로 영업을 발전시켜 나감과 함께 기차

이용객뿐 아니라 아현동, 공덕동 등 인근 주민 21만 명과 41만 직장인을 주 고객으로 흡수하기 위한 마케팅 전략을 폈다.

한편, 한화유통은 1997년 1월 1일부터 이전까지 사용한 한화백화점(잠실점, 천안점, 수원점)의 명칭을 갤러리아백화점으로 바꾸고 전국적인 백화점망 구축에 나섰다.

갤러리아백화점 대전 동백점, 타임월드점 개점

전국을 대상으로 백화점 망 구축을 전략적으로 추진해 온 한화유통은 그 일환으로 대전 동양백화점을 인수하고 2000년 1월 6일부터 기존의 동양백화점 본점을 갤러리아백화점 동백점으로, 대전 신도시 둔산 지역에 위치한 동양백화점 타임월드점은 갤러리아백화점 타임월드점으로 명명, 새롭게 출발시켰다. 이어 2000년 2월 25일 단일 매장으로는 전국 최대 백화점인 갤러리아백화점 타임월드점이 그랜드 오픈 팡파레를 울리고 첫선을 보였다. 이날 개점식에는 김승연 회장과 대전 광역시장을 비롯한 많은 귀빈과 김정 한화유통 대표이사 등이 참석하여 개점 테이프를 끊음으로써 중부권에 고품격의 새로운 쇼핑 문화를 선도할 갤러리아 타임월드점이 새 역사를 시작했다.

대전 둔산의 신도심 상권에 위치한 타임월드점은 영업 면적 1만 4천 평의 생활 백화점으로, 대전 최대의 백화점이자 단일 매장으로는 국내 최대 백화점이라는 점에 관심을 모았다. 타임월드점은 백화점동(지상 12층, 지하 7층), 주차장동(지상 9층, 지하 5층), 업무동(지상 8층, 지하 4층)을 갖추고 주차능력만 약 1,500여 대를 동시에 주차할 수 있는 규모를 갖추었다.

편의시설로 영화관, 스포츠센터, 문화센터, 레저공간 등을 갖추고 있어 쾌적한 쇼핑은 물론 여유로운 문화생활 공간으로 대전 시민에게 사랑을 받았다. 특히 12층의 야외무대인 하늘 공원이나 백화점동과 업무동 사이의 공간인 로데오 거리 같은 문화 서비스 공간이 확보돼 공연 및 다채로운 이벤트 기획이 가능해 주목을 받았다.

타임월드점은 서울 압구정점과 동일한 고품격의 매장을 전개한다는 콘셉트로 새로운 매장 개편을 전개해 신규 브랜드 137개를 유치, 고품격 브랜드를 갖추었다. 고급스러운 매장 구현을 위해 행사 매대를 없애고 별도의 행사장을 마련하여 쾌적한 쇼핑 공간을 마련했다. 기존의 중부권 백화점에서는 경험하지 못한 명품매장을 확장하여 소비자의 고급 취향에 부응했다. 또 차별화된 서비스를 제공하기 위해 서비스 교육은 물론 '서비스 트레이너제'를 도입, 6명의 서비스 트레이너가 고객 만족을 위한 직원 마인드 교육을 지속했다.

대전의 또 하나의 출점인 갤러리아 동백점은 30~40대를 주 고객으로 한 도심형 쇼핑몰이다. 지하 4층, 지상 12층으로 연면적 8,112평, 영업 면적 4,600평의 동백점은 대전의 경제 중심지인 선화동에 위치하여 오래도록 대전 시민의 친숙한 생활 백화점으로 이미지를 쌓아왔다. 동백점은 기존의 30~40대 고객을 위한 생활 백화점에서 젊은 층까지 고객을 확대하기 위해 새단장 공사를 통해 변신을 꾀했다.

2000년 7월 새롭게 단장하여 개점한 동백점은 의류를 중심으로 젊은 층이 선호하는 브랜드를 보강하고 젊은이를 위한 테마매장 'I – Zone'을 신설하여 기존의 생활 백화점에서 10~30대 초반의 대상을 겨냥한 '젊은 정통패션 백화점'으로서의 이미지 변신에 성공했다.

한화유통은 후발 업체로 백화점 사업에 뛰어들면서 이전의 한양유통 이미지로는 경쟁력이 없다고 판단했다. 그래서 백화점은 별개의 이름으로 가는 것이 좋겠다고 결정을 내리고 전문업체에 CI를 맡겼다. 브랜드와 관련하여 여러 가지 안들이 있었는데 그중에서 '갤러리아(Galleria)'라는 이름에 의견이 모아졌다. 갤러리아란 유리지붕으로 된 넓은 통로나 안뜰 또는 상점가의 뜻을 가지고 있다. 당시 유통계의 불문율은 유통업체 브랜드가 네(4) 글자는 안 좋다는 것이었다. 그러나 갤러리아라는 이름 자체가 한화가 원하는 콘셉트를 분명히 담고 있었으므로 그대로 정해졌다. 아마도 한국화약 김승연 회장 가문이 독실한 성공회 종교를 가지고 있어 미신 같은 네(4)자 금기 통설을 깨트린 것으로 보인다.

신 영역 역사(驛舍, 기차역) 현대화 프로젝트 진출

김승연 회장은 정부가 국책사업으로 추진하는 역사 현대화 사업이 유통 사업 발전에 획기적인 계기가 될 것으로 전망, 이 사업에 뛰어들기로 결정했다.

정부는 1986년부터 역사 현대화 사업을 추진했다. 그러나 여기에 소요되는 자금이 엄청난 규모여서 민간 자본을 유치하기로 했다. 유통업계의 최대의 관심사가 되었다. 유통업계 판도를 바꿀 만한 매력있는 사업이었기 때문이다. 이에 따라 한화유통을 비롯한 롯데쇼핑, 신세계백화점, 현대백화점 등 소위 유통업계의 빅 3가 모두 움직였다.

1987년 6월 유통업체들이 경합한 결과 한화유통이 '서울역 및 청량리역' 민자 역사 건설 주관업체로 최종 선정되었다. 서울역과 청량리역. 노른자위 두 곳을 차지한 것이다. 한화유통은 새로운 면모를 다지게 되었다.

정부와 민간업체의 합작으로 건립될 민자 역사는 기존 역사의 수송과 배송 기능 이외에 관광, 레저, 상업, 문화, 서비스 등 다양한 기능을 갖는 것이 특징이다. 이에 따라 1987년 9월 14일 민자역사 건설을 주관할 법인체로 서울청량리역사주식회사(현 한화역사주식회사)가 설립되었으며 이어 12월에는 법인의 자본금을 100억 원으로 증자함과 동시에 서울역 민자 역사가 본격 착공되었다.

당초 서울올림픽 개막 이전 준공을 목표로 계획된 서울역사는 서부역과 연결하여 철로 위에 세워지는 일명 콘코스(선상, 출입구와 승강장을 연결하며 역 내 여러 기능과 접속되어 다양한 행위를 수용하는 공간) 역사로 길이 178m, 폭 50m의 넓은 대합실 등 연건평 7,600평 규모로 시공되었다. 지하 2층, 지상 3층의 선상역사는 국내 최초의 역사형(驛舍形) 쇼핑센터 (서울프라자쇼핑)로 철도와 유통문화의 접목을 시도한 새로운 스타일로 개발되는 것이 큰 특징이다. 한화역사(주)는 서울프라자쇼핑을 서울의 새로운 명소이자 도시형 감성의 1번지로 만들기 위해 새로운 이미지의 상업 공간 창출에 역점을 두었다. 또한 터미널형 복합상업시설과 품위있는 문화 휴식 공간, 종합 유통시설 등 다기능적 특징을 조화롭게 살리는 데 주력했다.

한편 88서울올림픽 이후 착공을 계획한 청량리 민자역사는 지하 2층, 지상 7층, 총 2만 평 규모의 동부 도심권 최대의 첨단 종합 백화점과 지하 1층, 지상 5층의 현대식 역무 시설, 주차장을 겸한 광장이 들어서는 것으로 되어 있다.

청량리 역사는 도심형과 양판점 체제를 결합한 종합 백화점과 도심 공원, 생활문화센터 등 근대적 소매 기구와 대부분이 도심부와 강남에 한정적으로 집중돼 다른 부도심권으로서의 확대가 요구되는 시점에서 추진하는 사업이란 점과 국내외 여행객을 상대로 한 관광여행 및 레저의 전진기지로 개발할 수 있는 신규 영역의 개척이란 관점에서 의의가 있었다. 서울역 민자 역사는 한화그룹과 철도청이 공동으로 투자(한화그룹 75%, 철도청 25%), 향후 30년간 대지 이용 조건으로 설립되었다.

서울프라자(서울역) 쇼핑 전관 개관

서울역의 새로운 유통문화센터인 서울역사가 1988년 9월 12일 개관되어 제2의 서울역 시대를 열었다. 88올림픽 개최 5일 전이다. 당초 올림픽 개최 전 개관 계획이 차질 없이 실현되었다.

(독자들이여. 서울역은 김종희 선대 회장이 도상(道商)에 기차로 2년간 통학할 때 매일 아침저녁으로 이곳을 이용했고 당시 기차가 연착할 때는 마음을 졸이면서 효자동 전차 종점에서 달려 등교했던 것을 기억할 수 있을 것이다. 그런 서울역이 한화그룹의 사업장의 하나로 되는 것이 우연만의 일은 아닐 것이다.)

이날 개관식에는 김승연 그룹 회장, 이범준 교통부 장관, 최기덕 철도청장 등 100여 명의 내외 인사가 참석한 가운데 철도와 유통문화의 접목을 시도한 국내 최초의 역사형 쇼핑센터의 탄생을 축하했다.

1987년 12월 착공한 이래 170억 원의 사업비를 투자한 서울프라자 쇼핑은 이날 2층의 역무 시설과 은행 등 23개 점포의 오픈을 시작으로 1989년 1월 관광 식당가에 이어 3월 25일에는 3층 쇼핑센터를 개장함으로써 착공 1년 3개월 만에 전관을 개관, 철도 90년 사(史)에 민자 역사 탄생이라는 또 하나의 이정표를 세웠다. 협소한 공간과 낡은 시설 여건으로 단순히 역무 기능만 수행했던 종래의 서울역과는 달리 새 역사는 여객 편의 및 상업, 문화 시설을 고루 갖춘 복합 기능을 발휘해 공공성과 상업성을 잘 표현했다는 평가를 받았으며 화려하고 웅장한 시설과 초현대식 시설이란 언론의 찬사를 받았다.

대지 8,600평 위에 연건평 7,600평의 서울프라자쇼핑은 역무 시설 1,540평, 상업 시설 5,050평, 기타 1,000여 평으로 구성되었다. 지하 1~2층은 커피숍, 이 미용실, 대중 사우나 등 위락 시설이, 1층에는 대형 서적 센터, 제과점, 자동차 전시장 등이, 2층은 역무 시설과 은행, 23개의 스낵 프라자 등 여객 편의시설이 있으며 3층은 식당가와 서울프라자

쇼핑 등 쇼핑 시설이 들어서 있다.

서울역사의 대합실은 길이 198m, 폭 50m로 기존 서울역과 서부역을 연결, 호남선과 경부선, 교외선을 이용할 수 있으며 매표창구와 승강장이 노선별로 일자형으로 배치돼 표를 사자마자 매표소 옆문을 이용해 바로 플랫폼에 들어갈 수 있게 설계되었다.

서울프자라쇼핑은 개관 후 8만여 명의 열차 승객 가운데 2만 5,000여 명을 고객으로 흡수, 당초 예상보다 30%가량 웃도는 매출 실적을 올린 것으로 나타났다. 이는 유통의 새 명소로 떠오르면서 민자 역사 프로젝트가 성공적이었다는 것을 의미하는 것이었다.

철도청은 서울 민자 역사의 준공으로 국유 철도 부지의 효과적인 이용과 함께 철도부지에 대한 사용료 징수, 철도청 지분에 대한 영업이익(25%), 역무 시설의 무상 취득에 따른 역사 개량비 절감이라는 1석 4조의 효과를 얻게 되었다. 반면 한화역사는 터미널형 쇼핑센터라는 신개념 유통시장 개척이라는 성과를 거뒀다. 서울프라자쇼핑 직매장의 경우 후발 업체라는 한계를 극복하고 개점 원년부터 흑자 운영을 이룩했다. 서울프라자쇼핑은 1992년 개점 3주년 기념행사를 끝내고 2차에 걸쳐 전관 리뉴얼 공사에 착수했다.

4월부터 한 달간 실시된 1차 리뉴얼 공사는 서울프라자쇼핑센터의 품격 향상과 서부역 쪽 매장의 활성화를 도모하기 위한 것으로 전면적인 매장군 조정 작업과 함께 노후화된 매장 집기의 개보수 및 바닥 장식재 교체 작업을 실시했다. 이어 8월부터 3개월간 진행된 2단계 공사는 직영 매장의 확장, 에스컬레이터 증설, 고객 동선의 합리적 개선 등 주로 매장의 품격을 제고하기 위한 리뉴얼 공사로 11월 중순 일제히 개장되었다.

서울프라자쇼핑은 한국 산업안전공단이 주최하는 무재해 운동에 참가, 1996년 유통업체로는 드물게 무재해 2배 달성을 수상했으며 1998년에 갤러리아백화점과 위탁경영 계약을 체결하여 1999년에는 백화점 이미지 통합화 전략에 따라 갤러리아 서울역점으로 명칭을 바꾸었다.

청량리(清凉里)역과 경부고속철(KTX) 중앙역 민자 개발

서울역 개발에 이어 한화역사는 청량리역사 개발에 주력했다.

한화역사는 처음에는 청량리역사를 연면적 1만 6,000평 규모로 현대식 역무 시설과 함께 도시형 양판점 체제의 종합 백화점으로 운영할 계획을 세웠다.

하지만 인허가 등의 사유로 사업계획은 계속 지연되었지만 그동안 유통 사업의 호조 등 사업 환경이 변화된 데다 서울 5대 부도심 중 유일하게 대형 점포가 없고 풍부한 유동인구 등 청량리의 양호한 입지 등을 고려하여 보다 대규모의 개발을 추진하게 되었다.

다시 IMF 사태로 구제금융 상황 등을 거치면서 당초 계획이 계속 수정을 거듭하게 되어 연면적 5만 2,000평 규모의 복합상업 시설로 확정되었다. 서울 동부권의 맘모스 상가가 되었다. 즉, 1만 6,700평 규모의 백화점과 4,700평 규모의 할인점, 그리고 8개 관 규모의 멀티플렉스 영화관, 대형 서적센터 및 식음 편의시설 등이 총망라된 시설로서 명실공히 지역의 상권 및 문화를 선도할 수 있는 1번가로 자리 잡게 되었다. 청량리의 입지 등을 긍정적으로 평가한 CGV 영화관, 교보문고 등이 입점했다.

그간 1997년 5월 청량리 민자 역사 교통 영향 평가 심의를 통과함에 따라 1997년 10월 청량리역 임시 역사 공사를 착공, 1999년 2월 준공했으며 연면적 1,500평에 지상 2층 규모로 세워진 임시 역사는 청량리 민자 역사에 앞서 기차, 전철 승객들이 이용할 수 있는 역무 시설로 사용되었다.

아울러 구 역사는 맥도날드, KFC, 롯데리아, 버거킹 등의 유수 식음료

업체들을 유치한 푸드코트(Food Court)로 리뉴얼하여 2001년 12월부터 운영되었다.

한편, 한화역사는 고속철도 도입에 대비한 서울역 통합역사 개발 검토에 착수하여 미국의 KMD/ERA 컨소시엄으로부터 건축 마스터플랜 및 개략적인 사업성 검토를 수행했으며 일본 Minoru Takeyama사, DC사와 한국아키플랜의 건축 및 환경 설계, 한국기업평가의 사업성 검증과 우리은행을 주간사로 한 PF(Project Financing) 추진 등을 거쳐 기존의 서울역사를 고속전철 역사와 연계한 경부고속철도(KTX) 중앙역사로 개발했다.

한화역사는 약 1,200억 원의 사업비를 들여 2000년 5월 기초공사에 착수, 2003년 12월까지 연면적 2만 8,700평 규모에 백화점, 할인점, 식음 및 편의 시설을 확충한 새로운 서울역 통합 민자를 완공하게 되었다.

44

레저산업(Leisure Industry) 진출과 정아(구 명성)그룹 인수

한화그룹은 유통에 이어 레저산업 쪽으로 사업 영역을 확대했다. 경제 성장에 따라 국민 생활이 부유해지면서 레저산업이 각광을 받는 성장 산업으로 부상했다. 관광은 레저산업 중 한 분야다.

김승연 회장은 어느 날 법정 관리에 있는 정아그룹(구 명성明星) 인수 제안을 받았다.

"회장님. 법정 관리에 있는 정아그룹의 주거래 은행인 상업은행에서 인수 의사를 타진해 왔습니다. 어떻게 할까요?"

"정아그룹이란게 말썽이 많은 곳 아닌가?"

"그렇습니다. 그러나 이제는 문제점들이 모두 노출되었고 해결의 실마리들이 잡혀 있는 상태입니다."

"명성 사건 내용은 어떤 것인가?"

"간단히 설명드리면 다음과 같습니다."

「1979년 4월부터 1983년 7월까지 세금 포탈과 업무상 배임 및 횡령, 뇌물수수 및 공여 혐의로 명성그룹 회장을 비롯해 명성그룹 간부와 은행원, 이에 협조한 관련자들이 구속, 사법 처리된 사건이다.

사건 내용은 1979년 4월 명성그룹 회장과 상업은행 서울 혜화동 지점 대리는 부도 직전에 있던 명성관광이 발행한 어음의 교환 자금 부족액에 대한 연장 결제 문제로 만나면서 친분을 쌓았다. 이후 4년여 동안 상업은행 대리는 사채 중개인을 통해 예금 형식을 빈 사채를 모집하고 그 가운데 일부를 인출해 별도로 개설한 계좌에 입금시킨 후 명성그룹 회장에게 유통시켜 주었다. 명성그룹 회장은 이렇게 조성된 자금을 사용해 65만 평 규모의 골프장, 명성컨트리클럽을 개장, 운영했고 이후 금강개발, 명성콘도미니엄, 남태평양레저타운을 비롯해 방대한 계열사들을 포괄한 이후 국내 최초, 최대 관광·레저그룹을 경영했다.

그러나 국세청의 명성그룹 세무 조사에서 수기(受記) 통장을 이용한 변칙적 사채 조달이 발각되면서 명성그룹 회장과 상업은행 대리가 1983년 8월 17일 검찰에 의해 구속 수사를 받은 사건이다」

한화그룹은 법정 관리에 있는 정아그룹(구 명성)의 인수를 위해 1986년 12월 정아그룹의 주거래은행인 상업은행과 인수 계약을 체결했다. 아울러 회사 정리계획안에 불복한 명성그룹 회장 등과 지루하게 끌어온 소송 문제가 마침내 법원이 한화그룹의 회사 정리안을 인가함에 따라 해결되면서 정아그룹 경영권에 대한 합법적 매듭을 짓게 되었다.

서울 민사지법 합의 50부는 1989년 6월 23일 명성 5개 사 정리계획안 선고 재판에서 법정 관리단이 신청한 회사 정리계획안을 인가함에 따라 1983년 명성 사건 이후 법정관리에 들어간 정아그룹 5개 사는 6년여의 표류 끝에 한화그룹에서 정상화의 길을 찾게 되었다.

이에 따라 한화그룹은 정아레저타운을 '한국국토개발(주)'로 상호를 변경, 정아관광(주), 정아건설(주), ㈜정아칸츄리크럽, ㈜명성 등 4개 사를 해체와 동시에 흡수 통합함으로써 한화그룹은 이들 기업의 소유권 인수를 법적으로 종결짓게 되었다.

법정 관리단은 1988년 12월 말 명성 5개 사의 부채 초과가 1,641억 원에 이르러 일반적인 경영 개선 방법으로는 회사의 소생이 어렵다고 판단, 회사의 정리합병을 요하는 정리안을 작성, 법원에 제출했었다. 이로써 한화그룹은 새로 발족하는 한국국토개발(주)를 통해 관광, 레저산업에 본격 진출하게 되었다. 시기적으로도 당시 한화그룹은 건실한 재무구조와 경영 능력으로 철도청으로부터 열차 식당을 인수하는 등 레저산업에 대한 관심이 높아지는 때였으므로 정아의 인수는 시기적절한 것이었다.

한화의 레저산업에 대한 검토는 김승연 회장 체제 출범과 함께 본격화된다. 사세 팽창 과정에서 향후 전략산업의 하나로 밑그림을 그려놓고 있었다. 실질적으로 1984년 가을 일부 임직원이 설악 콘도로 야유회를 다녀오면서 부도로 법정관리에 들어간 정아에 대한 관심을 갖게 돼 인수 준비가 시작되었다는 설을 기준으로 보면 정아 인수는 준비에서 종결되기 까지 만 5년이 걸린 셈이다.

"이렇게 멋진 콘도가 어떻게 부도가 났나?"

"글쎄. 잘 이해가 되지 않아. 설악산 자락에 뷰(전망)가 최고이고 좋은 자리에 자리 잡은 콘도가 말이야."

이 대화는 이곳에 야유회를 한 한화그룹 임원들 간에 있은 것이었다. 큰일은 대부분 작은 일에서 시작된다.

허주욱 삼희투자금융 상무이사는 1984년 10월에 직원들과 함께 정아그룹의 명성콘도미니엄에 가서 단합대회를 가졌다. 그곳에서 우연히 허상무가 한국프라스틱공업에 근무할 때 직원이었던 임재신 씨를 만났다. 그는 정아그룹으로 회사를 옮겨 경영관리실에 있다가 이른바 '명성사건'으로 부도가 나서 설악산으로 나와 있었던 것이다.

허주욱 상무는 그에게 한국화약그룹이 정아그룹을 인수할 수 있도록 도와줄 것을 부탁하게 되었고 그에게서 긍정적인 답변을 받아낼 수 있었다. 허주욱 상무는 즉시 서울로 올라와 비서실 및 경영관리실에 이 같은 사실을 알리고 이진우 경영관리 실장과 노경섭 이사로부터 인수 추진에 대한 동의를 받아냈다.

한국국토개발(주) 출범

1980년대 초 정아레저타운 건설로 유발된 지역경제 활성화를 경험한 속초, 양양, 고성 등 영동 북부 주민들은 한화의 정아 인수에 대한 기대를 숨기지 않았다. 그룹에서도 1986년 12월 인수 계약 체결과 함께 명성 부도 이후 중단된 채 방치되어 온 콘도 영업 및 후속 공사의 재개를 위해 금융 지원 및 법적 해제 조치를 받아 추진하려고 했으나 소송 계류 중인 법적 재산권 분쟁이 길어지면서 사업 추진은 지연될 수밖에 없었다. 때문에 주민들의 부푼 기대와는 달리 한화는 기존 영업장인 768실 규모의 콘도미니엄과 18홀짜리 설악 칸트리크럽, 3만 평 부지에 18종의 놀이시설을 갖춘 스타월드 등만 가동하고 중단된 공사는 추이를 보며 재개하기로 했다.

정아레저타운의 중단된 공사는 설악 제2 콘도미니엄과 킹덤호텔, 전통문화촌 등이었으나 명성 사건으로 70% 공정에서 중단된 설악 제2 콘도미니엄은 막대한 관리비 부담 등으로 개장에 신중을 기해야 했다. 또 준공까지 100억 원이 추가 소요될 125실의 킹덤 호텔의 설계가 비경제적인가 하면 건축허가조차 받지 않고 착공한 34채의 문화촌도 위치 선정은 물론 경영 수지가 나쁠 것으로 분석돼 쉽게 나설 수 없는 상황이었다.

이에 따라 한화는 법적 정리가 종료될 때까지 기존 영업장의 시설 개선과 서비스 향상에 주력하면서 사업성을 재평가, 공사를 마무리한다는 방침을 세웠다.

한화그룹은 1986년 이후 법정관리를 받아 온 정아의 5개 사를 ㈜정아

레저타운에 통합, 자본금 50억 원의 한국국토개발(주)로 새롭게 출범시킴으로써 본격적인 레저사업에 나서게 되었다. 그동안 법정관리에 따른 제약으로 신규사업 등 여러 면에서 부족했던 활동 등이 한국국토개발의 발족으로 활기를 띠게 되었다. 설악, 용인, 백암의 미분양 콘도의 분양이 본격화되었고 중단된 공사가 재개되었으며 개발 전담 부서를 신설하여 중부권, 남해안, 제주 지역 등으로 레저 타운을 확대 건설하는 계획을 세웠다. 본격적으로 전국망을 구축하는 대담한 청사진을 완성한 것이다.

장기적으로는 제주에서 설악에 이르는 전국의 관광 명소들을 연결하는 거대한 레저 타운을 형성, 동양 최대의 레저 업체로 발돋움하기 위한 노력이 집중되었다. 뿐만 아니라 눈을 나라 밖으로 돌려 세계 유명 휴양지와 체인망 사업에도 의욕적으로 나서는 등 종합 레저 관광 기업을 지향한 다양한 구상이 탄력을 받기 시작했다.

한국국토개발은 한화그룹의 일원으로서 이미지를 쇄신하기 위해 대대적인 시설 개보수 및 확장공사를 하는 한편 이미지 통합 작업(CI)과 함께 사업장 명칭도 변경하여 면모를 일신했다. 이에 따라 종래의 레저 타운은 친밀감을 주는 '프라자패밀리타운'으로, 콘도미니엄은 '프라자리조텔', 스타월드는 '프라자랜드', 컨트리크럽은 '프라자컨트리크럽'으로 개칭하여 설악프라자패밀리타운, 용인프라자리조텔, 지리산프라자호텔 등으로 변경되었다. 공통 명칭인 '프라자'는 서울프라자호텔의 격조 높은 서비스와 호텔의 전문 기술이 전 부문에 도입되고 있음을 반영한 것이다.

새로운 CI 도입 및 명칭 변경으로 프라자패밀리 타운은 그동안의 혼란한 이미지를 벗고 강력한 미래지향적인 종합 레저 타운으로서의 신뢰감을 심어줄 수 있게 되었다.

이 프라자리조텔, 프라자패밀리타운 명칭은 그룹의 CI 개편이 단행되는 1996년까지 사용되다가 '한화리조트', '한화콘도'로 변경될 때까지 국민 레저생활의 동반자로 친숙한 이미지를 남겼다.

한국국토개발은 국내 최대, 최고 레저 업체로서의 면모를 갖추고 관광 사업이 갖는 구조적 문제점을 개선하기 위해 1989년 전사적으로 '경영 재무장(M.R.) 운동'을 전개했다. 이는 매출의 확대, 비용 절감, 효율적 인력 관리 등 새로운 관리 체계를 확립하기 위한 경영 개선 운동으로 전 임직원이 심기일전하기 위한 의식 개혁 운동이었다.

한화국토개발의 성장

국내 최초의 콘도미니엄 사업에 진출하여 종합 관광 레저 기업으로 성장을 모색해 온 한국국토개발은 1996년 3월 '한화국토개발'로 사명을 변경, 제2의 성장기를 일구어 나갔다.

콘도미니엄을 중심으로 한 한화콘도, 숙박 및 컨트리클럽 등 종합 레저를 지향한 리조트, 관광호텔, 단체 급식 등으로 영역을 넓혀 국내 최대의 객실과 체인망을 갖춘 기업으로 끊임없는 변신과 노력을 기울여 왔다.

1986년 이후로는 실추된 기업 신용도 및 이미지를 재건하고 안으로는 활력을 잃은 조직에 새 기운을 진작시켜 조직력과 업무력을 끌어올려야 했던 안팎의 어려움을 극복하고 궤도에 오르기까지 한화국토개발은 '인수'가 '창업'보다 어렵다는 것을 실감했다.

한화국토개발은 먼저 중단되었던 설악, 양평, 백암 등 3개 지역의 1,446실 마무리 공사를 '88올림픽'을 목표로 완결함으로써 1996년에는 설악, 양평, 백암, 용인, 지리산 등 5개 플라자패밀리타운이 건설돼 총 2,500여 실을 갖춘 국내 최대 규모의 콘도미니엄을 운영하는 업체가 되었다.

이중 설악한화리조트는 가족 휴양을 위한 골프장, 위락 시설, 연수 시설 등을 고루 갖춘 1,564실(본관 768실, 별관 796실)의 동양 최대 규모를 자랑했다.

한화국토개발은 1990년에 들어와 기존 사업의 강화책으로 국내 체인의 확대를 위해 충북 수안보(2만 평)에 100억 원을 투자, 레저 타운 건설에 나선 것을 비롯, 충주호 주변 10만 평에 레저 타운, 제주 애월지구 35만 평에 콘도미니엄 건설을 각각 추진했으며 경기도 양평에는 315만 평위에 종합 레저 타운 조성을 위한 투자 증대도 병행했다.

이어 1993년 6월에는 온천수를 이용한 다목적 건강 레저시설을 설치하기 위해 인수 후 미완성 상태에 있던 설악리조트 단지 내 설악킹덤호텔에 대한 건물 해체 작업을 진행했다. 지상 8층, 지하 2층, 연건평6,000평에 달하는 설악킹덤호텔은 ㈜한화의 발파 해체 공법으로 단 5초 만에 완전 철거됐다. 이 분야의 신기록이었다. 이 폭파 작업은 6개월에 걸친 실무팀의 준비 작업과 젤라틴 다이너마이트 400kg, 전기뇌관1,000여 개가 소요되었다.

체인망 확대 사업은 1990년대 후반에도 계속되었다. 대천과 산정호수, 춘천, 제주, 해운대 지역으로 이어지는 대규모 리조트 및 콘도 건설공사가 잇달아 추진되었다.

1996년 산정호수한화콘도 및 경주한화콘도(경주보문콘도 인수)가 개장한 데 이어 대천한화콘도, 해운대한화콘도, 춘천한화리조트, 제주봉개한화리조트 등으로 이어지는 체인망 확대 사업이 연차적으로 완공되거나추진되었다. 또한 해체한 설악킹덤호텔 자리에 새로운 위락 시설로 국내최대 규모의 종합 온천 레저 시설 '설악워터피아'가 건설돼 1997년 문을열었다.

한편 한화국토개발은 1995년 3월 25일 신 상호 선포식을 갖고 법인명을 한국국토개발에서 '한화국토개발'로 변경하는 한편, 프라자패밀리타운을 '한화리조트'로, 프라자리조텔을 '한화콘도'로 각각 변경했다. 이는 국내 체인망 확충과 신규 사업 활성화에 따른 국내 정상의 레저 회사로서의 이미지를 구축하고 시설의 고급화, 서비스 혁신을 통한 고객 만족 경영을 펴기 위함이었다. 이러한 기존 사업의 확대 심화와 함께 사업 구조 혁신을 추구하여 테마파크, 실버 사업 등 복합리조트 사업으로서의 신규 진출을 적극 모색했다.

한편 정아그룹의 인수 당시 정아의 부실에 대한 부담감은 없었을까? 이에 대해 성하현 한화국토개발 부회장은 '정아그룹이 워낙 부실한 업체이다 보니까 상당한 부담감을 안았던 것이 사실이다. 1986년 12월 인수 당시 정아의 실제 자산 총계가 1,211억 원이었고 부채 총계는 3,516억이었다. 순자산이 마이너스 2,305억 원인 회사를 인수했던 것인데 그럼에도 김승연 회장이 인수를 결심한 것이다. 김 회장은 손익계산서 같은 계수적인 실사 결과보다는 미래 투자 가치를 내다보신 것이다'라고 밝히고 있다. 김승연 회장의 미래를 내다보는 안목이 담대하다는 것을 엿볼 수 있는 대목이다.

국내 최대 규모 설악한화리조트

1981년 7월 속초시 장사동에 768실의 한화리조트가 개관되었다. 이곳은 설악산의 영봉과 동해의 푸른 파도가 만나는 절경이다.

한화리조트는 국내 굴지의 휴양지로 각광을 받기 시작했다. 총 52만 평 규모의 한화리조트는 동양 최대의 리조텔과 국제 규모의 컨트리클럽, 위락 시설인 프라자랜드, 자연학습장인 민속촌 등을 두루 갖춘 종합 관광 레저 타운으로 규모나 시설 면에서 국내 최고의 수준이다.

리조텔이란 편안히 쉴 수 있도록 휴양 시설을 갖춘 호텔형 별장을 말한다. 총공사비 29억 원이 투입된 프라자랜드는 일본 메이쇼에서 도입한 20여 종의 위락 시설이 설치돼 가족 위락 시설로 사랑을 받고 있으며 설악컨트리크럽은 18홀 규모에 총면적 23만 4,000평, 전장 7,007야드, 파 (PAR) 72로 설계돼 당시로서는 동해안 유일의 골프장으로 명성을 얻었다. 이 골프장은 국립공원 설악산을 찾는 관광객들에게 커다란 즐거움을 주었으며 국내 최초의 레저타운 내 골프장이란 기록도 세웠다.

한화국토개발은 설악한화리조트를 명산 설악과 온천장, 스키장, 동해안 관광을 겸한 종합 레저 관광 타운으로 조성하기 위하여 1988년 서울올림픽을 앞두고 796실의 설악한화리조트 별관을 추가 개장함으로써 모두 1,564실을 보유한 명실공히 최대 최고의 레저 타운으로 발돋움하게 되었다.

한화국토개발은 이러한 외형적 규모에 걸맞은 서비스 제공을 위해 서울프라자호텔의 전문인력을 각 사업부에 투입해 분위기를 쇄신했다. 이밖에 250석 규모의 회의장, 100석 규모의 연회장, 단체 식당, 대소규모의 회의실, 그릴, 슈퍼마켓과 각종 위락 시설을 구비해 가족 휴양지로는 물론 세미나, 연수 등 다양한 활용이 가능함으로써 직장과 단체 이용도가 크게 늘어났다.

전국 골프장 내장객 수가 300만 명을 돌파한 1989년 설악한화리조트 CC의 내장객 수는 11만 4천 명으로 전국 8위에 올랐다.

설악한화리조트는 대형 사인물 설치, 본관 로비 개보수 등 보완 공사를 지속적으로 펼쳐 이용객들의 편의를 높였다. 설악한화리조트는 고객만족 서비스 경영을 충실하게 펼쳐 1997년 국내 관광 레저 산업계에서는 최초로 ISO - 14001 인증을 획득했다.

45

경향신문(京鄕新聞) 한화 가족으로

　김승연 회장은 언론, 육영, 문화 사업에도 관심을 갖고 그 일환으로 경향신문을 인수했다. 사단법인으로 운영되어 온 경향신문사가 1990년 6월 ㈜경향신문사로 체제를 변경, 8월 1일 자로 한화그룹으로 편입되었다. 1990년 3월 주식회사 경향신문사의 주총의 결과 한화그룹과 경향신문사 대표 간 주식회사 설립을 위한 합의서 서명으로 이루어졌다. 이로써 44년 역사와 전통을 자랑하는 경향신문은 한화그룹의 일원으로 동반시대를 열었다.

　그룹의 경향신문 인수 작업이 본격화된 것은 그해 2월부터였다. 김승연 회장은 2월 5일 장명석 경향신문 사장 직무대행과 만나 영업양수도 절차에 관해 논의했으며 이 자리에서 김승연 회장은 빠른 시일 내에 새로운 회사를 출범시킨다는 입장을 재확인했다. 이에 따라 사단법인 형태의 경향신문 주식회사 전환을 위한 작업이 본격화되었다.

　경향신문은 1980년대 말의 3년간을 최대의 격동기로 보내면서 자유언론을 향한 열망이 회사 존폐의 시련으로 비화, 경영난이 심화되었다. 경향신문은 1946년 10월 6일 창간됐으며 한국 제2위의 발행 부수를 자랑하는 영향력 있는 가톨릭계 신문인 때도 있었다. 전통적으로 야성이 강해 항상 정부와 대척점에 서 있었다. 1959년 2월 4일 자 칼럼 여적(餘滴)에 실린 글로 인해 관련자들이 내란 선동 혐의로 기소되고 폐간 명령을 받아 폐간되는 역사도 있다. 여적이란 붓끝에 남아있는 먹물이란 뜻이다. 못다 한 이야기, 남은 이야기란 뜻을 담고 있다. 경향이라는 말은 '우르비에트 오르비(Urbiet Orbi), 즉 도시(교황청)와 전 세계에게'라는 로마 가톨릭 교회의 표어에서 따왔다. 경향신문은 경영난 타개를 위해 사원회사에서 주식회사 체제로의 전환을 모색해 왔던 것이다. 이 과정에서 한화그룹이 새 동반자로 등장, 수개월간의 협상 노력 끝에 주식회사 경향신문이 탄생하게 된 것이다.

주식회사로의 전환과 함께 '제2 창간'을 선언한 경향신문은 8월 1일부터 9월 말까지 '경향신문이 새로워집니다'라는 캐치프레이즈로 대대적인 홍보 활동을 펴는 한편 새로운 이미지를 만들어가기 위해 홍익대(弘益大) 부설 산업디자인 연구소를 주축으로 CI 작업을 추진했다. 4개월간 작업 끝에 완성된 CI는 회사 영문 이니셜인 'K'자 바탕에 독수리 모습을 담은 심벌마크와 금적색의 회사 컬러 로고체로 구성되었다.

이어 경향신문은 창간 제44주년(1990년) 및 제2 창간 축하 리셉션을 성대하게 열었다. 이날 축하 모임에는 박준규 국회의장, 강영훈 국무총리, 김영삼 민자당 대표최고위원, 김종필, 박태준 최고위원, 유창순 전경련 회장 등 정계, 관계, 재계, 언론계, 문화계 인사 1,500여 명이 참석하여 성황을 이루었다.

새로 경향신문의 사주가 된 김승연 회장은 심상기 경향신문 사장과 리셉션 라인에 서서 참석자들로부터 축하 인사를 받았다. 차인태 아나운서의 사회로 열린 이날 행사에서 김승연 회장이 박준규 국회의장, 강영훈 국무총리, 민자당 김종필 등 3 최고위원과 같이 축하케이크를 자르자 장내를 메운 각계 인사들은 경향신문 제2 창간을 박수로 축하했다.

한편 주식회사로 다시 탄생한 경향신문은 7월부터 9월까지 한화그룹의 지원을 받아 강력한 독자 확대 캠페인을 전개해 신문 구독자 수를 30만 가까이 늘리는 큰 성과를 거두었다. 경향신문은 이렇게 물심양면으로 제2 창간을 후원한 독자들에게 보답하기 위해 활기찬 지면 제작과 조간 (朝刊) 전환 등 발행 체제 전반에 걸친 일대 쇄신을 전개하게 되었다.

조간화(朝刊化) 단행, 발간 체제의 쇄신

경향신문은 새 출범을 계기로 회사의 중흥과 일류지로서의 도약을 위한 계획을 추진했으나 석간(夕刊) 체제에서 오는 여러 가지 취약점과 매체 환경의 급격한 변화 등으로 보다 근본적인 혁신책이 필요하게 되었다.

당시 언론계는 무한 경쟁시대를 맞이하게 되었고 대격변의 환경이 되었다. 그것은 연중무휴(無休) 발간, 무제한 증면, 요일별 특집판 발행, 인쇄시설 증설 및 공장 설립 등 모든 경쟁요소가 동시에 나타난 것이다. 여기에 민영 TV 방송과 CATV 등장 등 다매체 시대가 시작되고 시민들의 라이프스타일 변화 등 인쇄 매체를 둘러싼 환경이 크게 변하고 있어 이미 선진국에서는 석간신문의 퇴조 현상이 나타나고 있었다.

경향신문은 석간신문이었다. 경향신문은 미국, 일본 등 선진국 사례 분석 등 조간화를 위한 제반 검토를 진행했다. 그 결과 시민들의 라이프스타일 변화에 따른 석간 기피와 교통량 증가로 인한 배달 지연, 낮에 필요한 배달원 부족 등 석간신문으로서는 성장의 한계가 여러 면에서 드러나고 있었다.

제작 측면에서는 신문이 TV 매체와 경쟁하기 위해서는 심층 보도가 필요함에도 제작 시간이 촉박한 석간으로서는 이를 충족하는 데 어려움이 많고 독자들의 최대 관심사인 증권 시세나 스포츠 소식도 극히 일부밖에 소화할 수밖에 없어 언론의 주요 기능인 여론 형성 기능은 기대할 수 없었다.

결국 조간으로 전환, 아침에 정보를 제공하는 것이 효과적이란 분석이 나왔다. 경영 측면에서도 CATV 등 새로운 매체들이 등장함으로써 광고

시장의 경쟁이 격화돼 신문 매체의 입지가 좁아지고 광고주들의 조간 선호도가 높아져 광고 수입을 늘리기 위해서도 조간화가 유리하다는 결론에 도달하게 되었다.

경향신문은 1991년 2월 조간화 방침을 확정 짓고 준비팀을 구성, 체제 전환 작업에 착수하여 마침내 4월 1일 자를 기해 새벽에 생생한 뉴스를 배달하는 조간신문으로 탄생하게 되었다. 역사적인 전환이었다.

경향신문은 조간화에 대비하여 2월부터 발행면수를 주당 136면에서 148면으로 증대, 일일 24면 체제로 했다. 지면도 특색있는 구성으로 쇄신하여 12면 분량의 선데이 매거진을 발행, 타사의 주말 부록 경쟁에 대응했다.

경향신문은 1992년 4월 조간으로 전환한 지 1년을 결산하기 위해 대륙연구소에 의뢰해 설문 조사를 실시한 결과 응답자 중 54%가 '좋아졌다', 44%가 '전과 비슷하다'로 나타나 조간으로 전환 이후 나아졌다는 긍정적 평가를 보였다.

한편 신문업계는 "88올림픽을 계기로 그동안 동업자 협의 아래 유지되어 온 발행 지면의 제한(制限)이 서서히 무너지면서 증면(增面) 경쟁으로 치달았다. 광고 물량을 확보한 신문부터 증면 경쟁을 시작했고 이에 따른 신문사 사이에 인쇄 설비의 경쟁도 치열해지기 시작했다. 경향신문은 주식회사로 출발할 때까지는 대규모의 자금 조달이 어려워 윤전기 증설 같은 시설 확충에는 손을 쓰지 못했으나 그룹 편입 이후 윤전기 증설이 불가피하다는 결론을 얻고 본격적인 증설 작업을 추진하게 되었다. 그리하여 컬러 윤전기 4대, 흑백 윤전기 7대 등 총 150억 원이 소요되는 증설 작업을 단행함으로써 1992년 신년호부터 새 윤전기로 인쇄를 시작했다.

이로써 월요판 제작, 지방 동시 제작이 본격화되었다. 그러나 신문업계에 불어닥친 증면 경쟁은 1995년 48면까지 확대되었다. 이러한 상황이 전개되면서 추가 증설이 불가피해져 인쇄시설 증설과 함께 지역에 분공장 건설 문제를 동시에 검토했다.

그 결과 본사 1개 라인 증설과 수도권 분 공장 3라인, 영남 분 공장 2라인의 신설 계획을 확정, 추진함으로써 시간당 15만 부를 인쇄할 수 있는 초고속 윤전기의 도입 등 국내 어느 신문사에도 손색이 없는 인쇄 시설을 갖추게 되었다.

이로써 별지로 발행해 온 〈매거진 X〉를 합쇄할 수 있게 되었고 컬러면 제작으로 어려움을 겪은 컬러 광고도 유치할 수 있게 돼 수입 증대도 기대하게 되었다.

이 증설에는 기기도입 550억 원, 건축공사 244억 원 등 800여억 원이란 사업비가 투입된 사상 최대 규모의 것이었다.

김승연 회장, 제2 개혁 선포

김승연 회장은 1995년 3월 25일, 최종율 사장 등 17명의 각국실 임직원들과 5시간에 걸친 간담회를 갖고 제2 개혁을 선포했다. 이는 종래의 개혁과는 달리 회장이 개혁의 선봉에 서겠다는 것으로 개혁의 폭이 넓어지고 깊어졌다는 것과 비상 체제라는 두 가지 의미를 담고 있었다.

김 회장은 이날 개혁 및 경영에 대해 다음과 같은 요지로 각오를 피력했다.

'나는 지금 '경향'이 위기를 맞았다고 생각한다. 신문계도 앞으로 1~2년 사이 춘추전국 시대 이상 가는 변화가 일어나리란 인식이다. 각국실은 어떻게 경쟁할 것인지, 개인별로도 실행 가능한 전략에 대해 검토해 주기 바란다. (중략) 회장 직속 기구로 '개혁 추진위'를 구성해 직접 보고 받고 지시하겠다. 새 개혁위 안에 사장, 국장들이 동의한다면 실천에 옮기고 이견이 있다면 다시 의견을 듣겠다. 밀고 나갈 사람이

없다면 내가 하겠다. 누구든 밀고 나가는 것과 안주하려는 두 개의 본
성을 갖고 있지만 안주하는 쪽을 택하면 회사도 죽고 개인도 죽는다'

이에 따라 개혁추진위가 구성되었는데 경향신문이 추구한 개혁구상은
크게
　① 매체의 경쟁력 강화를 위한 공격적 경영
　② 광고 매출의 증대
　③ 판매 부수의 획기적 증대와 독자의 안정화
　④ 조직의 활성화
등 4개 부문으로 요약되었다.

1995년 5월부터 본격적인 지면 개혁이 단행되었다. 젊은 세대를 위한
지면으로 '매거진 X'가 만들어져 신세대층으로부터 좋은 반응을 얻으면
서 한 달 만에 주 5회 발행이 시작돼 경향신문은 매일 36면 체제를 갖추
게 되었다.

이어 한국 신문사 사상 최초로 1면 광고를 없애는 과감한 조치를 단
행했다. 신문사의 1면 광고는 광고 값이 최고 단가로 신문사 주 수입원
의 하나다. 이러한 변화에 각 TV 매체는 '국내 언론 사상 최초'로 평가했
고 성균관대 원우현 교수는 언론 경쟁의 바람직한 새장을 열었다고 높이
평가했다. 이는 독자 위주로 신문을 만드는 서비스 저널리즘을 구현하기
위해 1면 광고 지면을 독자에게 돌려주기 위함이었다.

지면 개편과 함께 조직 개편도 이루어져 안신배 사장이 새로 취임하고
최종율 사장은 발행인 겸 부회장으로, 옥종석 전무는 그룹에 복귀했으며
조직은 팀 중심으로 전환했다.

또 시대의 흐름에 맞춰 '주간경향'이 6월 1일 자로 자진 휴간하는 대
신 'TV 타임즈'가 창간돼 '레이디경향', '뉴스메이커', '휘가로'와 함께 새
로운 자매지로 모습을 보였다. 이와 함께 경향신문은 포토, 인물, 기사,

도서 등 데이터베이스 개발 및 구축에 박차를 가하는 한편 포토뱅크의 확장, 정보 사업 본부 발족 등 신문 산업 인프라 구축에도 새로운 전기를 열었다.

경향신문 계열 분리

한화그룹은 1997년 말 IMF 환란 시대를 겪으면서 경향신문 계열 분리에 대한 결단을 내리게 되었다.

1998년 2월 2일 한화그룹과 경향신문은 대기업이 언론 기관을 운영하는 것이 바람직하지 못하다는 사회적 요구에 부응하고 한화그룹이 구조조정 계획에 더욱 박차를 가해 핵심 사업 분야에 전념하도록 한다는 데 합의했다. 그즈음 삼성그룹은 중앙일보를, 현대그룹은 문화일보를 계열분리했다.

이에 따라 경향신문은 한화그룹에서 분리돼 전 사원이 주인이 되는 독립된 언론 기관으로 탈바꿈하게 되었다. 그룹은 경향신문의 자립을 위해 경향신문의 차입금 전액을 떠안는 한편 경향신문 명의의 예금 및 적금 340억 원을 경향신문 측이 사용할 수 있도록 하는 일대 결단을 내렸다. 김승연 회장다운 통 큰 배려였다.

46

한화, 대한생명보험 인수 성공
– 현 한화생명

김승연 회장은 대한생명보험 인수에 심혈을 기울였다. 한화그룹이 종합금융그룹으로 성장하기 위해서는 대생의 인수가 필수였다.

대생은 재계에서 '신동아그룹'으로 통했다. 신동아그룹은 대생 등 21개의 계열사를 거느린 중견기업 그룹으로 여의도에 63빌딩을 소유하고 있었다. 63빌딩은 영등포구 여의도동에 있는 신동아그룹 초고층 마천루(摩天樓)다. 롯데그룹이 잠실에 롯데월드타워를 세우기 전까지는 서울의 랜드마크였다.

대생은 최순영 회장이 대주주다. 최순영 회장은 대한축구협회 회장을 역임했고 대학교 이사장을 지낸 체육, 교육, 종교인이다. 신동아그룹은 1999년 외환위기와 함께 부도가 났고 최순영 회장도 2,000억 원대의 외화 밀반출 및 횡령 혐의로 형사 처벌되었다. 이에 따라 대한생명은 정부가 공적자금을 투입, 부도를 막아주면서 예금보험공사에 귀속되어 새로운 주인을 찾는 작업이 전개되었다. 김승연 회장의 인수 작업은 이때부터 시작되었다.

(독자들이여. 우리는 김승연 회장이 과거 유니온오일과 미국의 다국적기업 다우케미칼과 벌인 협상술을 기억해 둘 필요가 있다. 밀고 당기면서 사태의 흐름을

유리하게 이끄는 그의 솜씨는 탁월하다.)

2002년 7월 29일 도하 각 신문에는 김승연 한화그룹 회장이 '대한생명' 인수를 포기할 수 있다는 취지의 발언을 했다고 보도했다. 폭탄급 발언이었다. 정부(예금공사)나 재계는 그 발언의 배경이 무엇인가에 비상한 관심을 보였다. 김 회장은 최근 국내외 금융 전문가들을 만난 자리에서 '1조 원이 넘는 자금을 들여 대한생명을 인수하는 것이 바람직한지 고민하고 있다'며 '100%에 가깝던 인수 의지가 20~30% 선으로 약해졌다'고 밝힌 것으로 전해졌다.

한화그룹과 정부(예금보험공사) 사이에 인수 협상이 진행되고 있는 가운데 터져 나온 김 회장의 발언은 파장이 클 수밖에 없었다. 김 회장의 인수 포기를 암시하는 발언에 대한 해석은 여러 각도에서 나왔다.

우선 갑작스럽게 한화그룹이 대생 인수를 포기할 경우 '이제 와서 웬 포기냐'는 예상되는 사회적 여론에 대한 '사전 대응용 언급'이라는 해석이 나왔다. 김 회장의 대생 인수에 따른 고뇌를 언론을 통해 전달하면서 앞으로 있을지도 모를 '한화의 대생 인수 포기'가 시장 상황에 따른 '고뇌에 찬 결단'이었음을 강조할 수 있다는 해석이다.

그렇다면 왜 김 회장이 대생 인수 포기를 검토하게 되었을까. 이는 결국 생보업(生保業)의 영업 환경이 그다지 밝지 않다는 분석에 기인한 것이란 해석도 나왔다.

실제 김 회장은 "미국의 금융 전문가들은 앞으로 생보업의 전망을 그리 밝게 보고 있지 않다"라며 '저금리에다 국내 금융시장이 개방된 상황에서 선진 생보사들과의 치열한 경쟁을 이길 묘안이 없지 않느냐'며 생보업의 시장 전망을 어둡게 보는 발언을 하기도 했다. 하지만 김 회장의 발언은 '정부 압박용'이라는 해석도 설득력 있게 제기됐다.

한화그룹이 가격 등 여러 조건에서 최대한의 성의를 보였음에도 불구하고 최근 공자위(공적자금관리위원회) 회의가 열리지도 않은 등 정부가 지지부진한 협상 태도를 보이는 데 대한 불만의 표시라는 것이다. 최근에 그룹의 고위 관계자가 '실무선에서 가격 조건 등에서 중요한 협의가 끝났는데도 공자위 회의가 열리지 않은 채 지지부진하다'라는 불만을 터뜨린 것과 같은 맥락이다.

그래서 재계에서는 김 회장의 발언이 '인수 포기 선언에 앞선 사전 대응용 언급'이라는 측면과 '정부 압박용'이라는 두 가지 측면을 모두 포함한 다목적 발언으로 보기도 했다.

이에 대해서 예금보험공사는 다소 의외라는 반응이다. 예보의 한 관계자는 "지금까지 매각 가격과 지분 구성 문제에 있어서 다소 시각차가 있기는 했지만 별 무리 없이 협상이 진행돼 왔다."면서 김 회장의 돌출 발언은 한화 내부의 복잡한 심경을 드러낸 것으로 봐야 할 것이라고 말했다. 공자위 관계자는 '대한생명이 매 분기 2,000억 원 이상의 순익을 올리는 만큼 조건을 무시한 채 1개사에만 매달릴 이유는 없다'며 '한화가 인수 포기를 공식적으로 전달해 오면 공자위 '매각 심사위 소위'를 열어 매각 재추진 여부 등을 결정하게 될 것'이라고 설명했다.

한화, 대생(大生) 인수 자격 시비 일단락

한화그룹의 대한생명 인수는 산 넘어 산이었다. 가격과 자격 문제로 시계(視界) 제로였다. 우선 공자위 매각 소위에서 한화의 인수 자격 문제를 제기했다.

한화는 과거 한화종금 등 금융 계열사의 부실 책임과 계열사 분식회계로 인해 대한생명 인수 자격이 없다는 것이었다. 대한생명에 공적자금을 3조 5천5백억 원이나 투입한 만큼 인수 자격을 엄격히 따져야 한다는 것이었다.

'매각 소위'는 또 대한생명 인수 후 추가 자금 출자가 필요할 경우를 배제할 수 없는 만큼 한화의 자금 사정도 문제 삼았다. 그러나 인수 자격에 대한 '철 지난 논란'을 접고 가격 협상 단계로 빨리 넘어가자는 만만찮은 반대 의견도 나왔다.

최근 정부 측 고위 당국자들이 대생 처리와 관련해 던진 말들이 '소위(小委)'의 논쟁에 기름을 붓는 양상을 보이기도 했다. 한 달 전 취임한 전윤철 부총리가 "대생 매각은 인수자의 자격요건보다는 매각 금액이 더 중요하다."고 언급한 것으로 일부 위원들이 더 까다롭게 굴게 되었다는 지적도 있었다.

소위(위원장 어윤대 고려대 교수, 추후 고려대 총장)는 지난 4월 초 대생의 지분 100%를 갖고 있는 예금보험공사가 인수 희망자인 한화그룹과 인수 가격(주당 1천5백 원 선, 총자산 가치 1조 6백50억 원)에 대략 합의를 본 뒤 6차례에 걸쳐 자격 심사 회의를 가졌으나 아직껏 한 발짝의 진전도 못 보고 있다. 소위 관계자는 '한화의 인수 자격을 깐깐하게 따지는 위원들이 적지 않아 결정이 지체되고 있다'고 전했다. 또 다른 민간 위원은 '정부 인사들이 구조조정의 가시적 성과를 위해 우회적으로 압박을 가한다는 느낌'이라며 노골적으로 불만을 터뜨리기도 했다.

민간 위원들의 이런 반발로 인해 당초 4월 말로 예상됐던 '대생' 매각 우선협상 대상자 선정은 '마감 시한' 예상조차 불가능한 상태가 돼 버렸다. 이처럼 매각 일정이 표류를 거듭하면서 '칼자루'를 쥔 매각 소위에 대한 여론이 곱지않아 졌다. 일각에서는 '매각 소위'가 책임질 일을 자꾸 회피하고 있는 것 아니냐'는 비아냥도 나오고 있었다.

역시 가격이 문제다

공적자금관리위원회가 대한생명 매각 안에 대해 결론을 내지 못하고 있는 것은 '헐값' 매각과 인수자 측인 한화의 '자격' 시비였다.

그러나 자격 시비는 일단락되어 이제는 매각 가격이 도마에 올랐다. 공자위는 18일 전체 회의를 열어 3시간 동안 마라톤 회의를 했으나 끝내 결론을 내지 못했다. 지난주 공자위 때 '대생' 문제를 이번 회의에서 결론 내겠다는 것과 거리가 멀었다.

'정부가 달라는 가격을 다 줬는데 뭘 어떻게 하자는 것인지....'

한화 측은 당혹스럽기만 했다. 정부가 민간기업과 협상하면서 '고무 줄'처럼 오락가락하는 것은 나쁜 선례를 남길 수 있다.

이번 회의에서 한화 측이 제시한 '대생' 기업 가치 1조 5,200억 원이 적정한지 검토했으나 위원들 사이에 이견이 좁혀지지 않은 것으로 전해졌다. 강금식 공자위원장은 회의를 마치고 기자들과 만나 "헐값 매각 논란을 없애기 위해 23일까지 예보와 한화 측이 협상을 계속해 가격을 더 올릴 수 있을 것."이라고 말해 한화 측이 제시한 가격에 대해 불만 임을 표시했다. 어윤대 위원은 "연간 순이익이 7,000억 원에 이르는 회사를 7,000억 원에 팔 수 있느냐."고 말했다. 어윤대 위원은 헐값 매각에 대해 가장 강력한 반대 입장을 가지고 있었다. 그러나 이 같은 이익 산정과 기업가치 판단에 오류가 없지 않느냐는 견해도 있었다.

강 위원장은 '23일 다시 회의가 열리기 전까지 예금보험공사와 한화 측이 다시 가격 협상을 벌이게 될 것'이라며 '가격이 올라가기를 기대한다'고 말해 '대생' 기업가치가 변경될 수 있음을 시사했다.

하지만 가격 인상에 따르는 문제가 적지 않을 것으로 보여졌다. 예금보험공사는 지난주 공자위가 열릴 당시 한화와 가격 협상을 사실상 마무리었었다. 한화가 제시한 인수 가격 1조 5,200억 원은 예보가 마지막까지 주장한 금액과 같은 수준이었던 것으로 알려졌다. 불과 2주 전까지만 해도 한화와 예보가 줄다리기했던 금액은 1조 4,000억 원대였는데 이에 비하면 1,000억 원이 더 올라간 것이다.

정부 관계자는 지난주 '가격을 올리게 돼 협상은 성공적이라고 판단한

다'고 말한 바 있다. 이에 따라 정부가 협상을 다 해놓은 금액을 다시 조
정하려 한다는 비난을 면하기 어렵게 됐다.

공자위가 비록 한화가 제시한 금액을 헐값이라고 불만스럽게 여겼지
만, 업계의 시각은 달랐다. 업계는 보험업 특성을 감안하면 한화가 제
시한 가격이 충분히 수용할 수 있는 수준이라고 보았다. 업계는 '대생'
의 결손금이 2조 원이 넘는다는 점과 지급여력비율을 메우지 못하는 점,
63빌딩 가격이 과대평가 돼 있다는 점을 지적하면서 한화가 제시한 1조
5,200억 원은 결코 적은 금액이 아니라는 의견을 내놓았다.

'대생' 보험상품의 미래 수익 창출도 의문시되고 있다. '대생'은 종신
보험이 전체 매출의 50% 이상을 차지하고 있는데 판매 3년 후부터는 적
립해야 하는 책임준비금을 적립하지 않은 상태에서 창출되는 연간 수익
7,000~8,000억 원이 과대평가된 금액이라는 것이다.

23일 공자위가 '대생' 매각과 관련해 최종 결론을 내지 못할 경우 한
화 측과의 협상은 다시 원점으로 돌아갈 가능성이 높다. 한화와의 협상
이 결렬될 최악의 시나리오도 배제할 수 없는 상황이었다.

공자위 사무국 관계자는 '대생을 전략적 투자자에게 넘기는 게 유리하
다는 차원에서 우리금융그룹으로의 편입과 '기업공개' 대안이 검토될 수
있다'고 말했다. 한화그룹을 옥죄는 발언이었다.

(김승연 회장의 7월 29일 '대생 인수 포기' 발언은 이런 숨 가쁜 과정 속에서 나
온 것이며 그가 높은 수준의 협상력과 수완을 가지고 있다는 것을 알 수 있다.)

한화에 '대생(大生)' 매각 확정

공적자금관리위원회는 2002년 9월 23일 전체 회의를 열어 '한화 컨
소시엄'을 대생 인수자로 확정했다. 매각 대금은 1조 6,150억 원이었다.
한화가 제시한 1조 5,200억 원보다 4백50억 원이 오른 값이었다. 한화

는 대생 지분 51%를 인수했으므로 8,236억 원을 지불하면 된다.

　이날 공자위에서는 위원 8명이 표결을 실시해 찬성 5표, 반대 3표로 매각안을 통과시켰다. 이 결정에 따라 한화 컨소시엄은 본계약을 체결한 뒤 본격적인 경영권 인수 작업에 들어갔다.

　자산규모 11조 4,500억 원으로 재계 서열 16위인 한화그룹은 대한생명(자산 26조 1,180억 원)을 인수함으로써 총 38조 원 규모 자산을 가진 5위 그룹으로 급부상 됐으며 제조업 중심에서 종합금융으로 탈바꿈하게 되었다. 김승연 회장이 지향해 왔던 꿈의 일부가 완성된 것이다.

　한화그룹은 '대생' 인수와 함께 63빌딩과 신동아화재 지분 66.3%도 인수해 생명보험과 손해보험업에 동시에 진출하게 되었다. '대생'은 한화그룹 계열사에 편입되어 한화그룹과 사측에서는 '한화생명'으로 사명을 변경하는 것을 추진했으나 일선에서 보험 설계사들은 한화생명 브랜드로는 보험 영업을 못 한다고 반발했고 예금보험공사도 비슷한 이유로 반대했다. 하지만 2012년이 되자 한화그룹이 대한생명을 인수한 지 10년이 되는 해를 기념하기 위해, 또 한화그룹 창립 60주년을 기념하기 위해 6월 29일 열린 주주총회에서 사명 변경을 결의하였고, 사명 변경안을 통과시켰다. 이후 '한화생명'으로 사명을 변경한 건 기업 이미지로도 사실상 신의 한 수로 꼽히고 있다.

　그렇게 해서 2012년 10월 9일부터 한화생명 시대가 시작되었으며 2016년 1월엔 총자산 100조를 돌파하여 국내 생명보험사 순위 2위에 올랐다.

　역사 속으로 사라진 대한생명은 대한민국 현존 최초의 생명보험회사다. 일제 강점기 당시 19개 보험사가 있었으나 1945년 해방이 되면서 모두 철수했다. 이런 상황 속에서 일본생명 평양 지부장이었던 임창호 씨가 생명보험 '조선인 중앙자치위원회'를 조직하였으며 나아가 당시 만석꾼이던 강익하 씨와 함께 1946년 9월에 '대한생명'을 설립했다. 사명인 대한생명의 '대한'의 유례는 '대한독립만세'에서 따왔다. 약칭은 대생이다.

대생은 1962년 삼척탄좌 및 대한프라스틱 공업을 세우고 자금까지 지원해 주며 사세를 확장했으나 1969년 대한프라스틱 경영이 어려워지자 본사도 자금난으로 부도 위기까지 몰렸다.

결국 신동아그룹이 대한프라스틱공업과 세트로 경영권을 인수해 1970년 남대문 신사옥으로 옮겼고, 1975년 총자산 1조 원을 돌파했다. 1985년 63빌딩을 완공, 이전 해 1986년 4월 서울 총국 및 강원 총국을 개국했다. 1988년 8월 영문 표기를 'Daehan Life Inc.'에서 'Korea Life Inc.'로 변경하고 서울올림픽 때 63빌딩에서 올림픽 성화대를 점화하고 1990년 3월 아시아 최대 컴퓨터 'IBM Super' 가동 후 1995년 화상회의시스템을 개통했다. 1996년 ARS 서비스를 개시했다.

이와 같은 빛나는 공적을 뒤로한 채 모기업 신동아그룹은 1999년 옷로비 사건으로 공중분해 됐고 그해 8월 부실 금융기관으로 지정되어 예금보험공사 공적 자금 투입 후 국영기업으로 전환되었다.

한국 생명 업계는 한화, 삼성, 교보 빅 3으로 구성되어 있으나 자산총계나 매출액 기준을 종합하면 삼성생명에 이어 2위다.

한화생명_63빌딩

47

팔 수 있는 것은 모두 팔아라
- 회사를 살릴 수 있다면 뭐든지 못 하겠는가!

1998년 초 한화에너지가 자금 회전에 어려움을 겪으면서 원유(Crude Oil)를 도입할 자금 마련마저도 어려워졌다. 1997년부터 시작된 IMF 사태의 여파였다.

김 회장은 그해 2월 4일 은행권에 한화에너지에 대한 협조 융자를 신청하면서 계열사 주식과 금융자산 등 사재(私財)를 담보로 제공했다. 김 회장은 개인 소유의 한화에너지 주식 지분 2%를 포함해 계열사 주식을 담보로 주거래은행인 한일은행 등 은행권에 한화에너지 운영자금으로 5천억 원의 협조 융자를 신청했다. 협조융자(Joint Financing)란 동일 융자 대상 사업에 둘 이상의 금융기관이 자금을 분담하여 융자하는 방식이다.

김 회장은 이 같은 사재 담보 제공 의사를 경제기획원 등 관계 당국에 설명했으며 이것은 김대중 대통령 당선인이 재벌기업의 오너가 개인 재산을 기업에 내놓거나 담보로 제공할 것을 요구한 것과 맞아떨어지는 것이기도 했다.

한화에너지는 원유 수입 신용장(L/C) 개설이 잘 안되고 회사 매각 방침이 알려진 이후 산유국들이 원유 수입 대금으로 현금을 요구하고 있어 신규 원유 도입과 외상 도입(Usance) 원유의 결제 대금 마련에 어려움을 겪고 있었다.

김승연 회장은 어려움을 겪으면서 보다 본질적인 문제를 생각했다.

'현재의 어려움이 어디서 오는 걸까? 그 타개책은 무엇인가?'를 생각했다. 크게는 국가적으로 겪고 있는 IMF 사태이고 적게는 한화그룹의 자체 약점에서 비롯되고 있다는 것도 알았다. 김 회장은 한화그룹의 덩치가 너무 크고 체질이 허약한 부분도 있다고 판단했다. 그렇다면 거품을 빼고 몸집을 줄여 저력을 기르는 것이 왕도라고 파악했다.

김 회장은 1997년 10월 9일 그룹 창립 기념사를 통해 '그룹을 미래지향적이고 첨단지향적인 사업으로 재편성할 것'을 선언하고 내부 구조조정 작업부터 시작했다. 김 회장은 '필사즉생 필생즉사(必死卽生 必生卽死)'의 정신을 위기 극복의 길로 선택했다.

필사즉생 필생즉사는 두 가지 의미로 해석된다. 하나는 성경(마태복음 16:25 절)에서 '자기 목숨을 잃고자 하면 찾고, 자기 목숨을 얻고자 하면 잃을 것이다'이고 다른 하나는 충무공 이순신 장군이 왜선 133척과 전선(戰船) 12척으로 싸워야 하는 명량해전을 앞두고 전투력의 절대 열세를 정신력으로 극복하기 위해 장수들에게 전투 의지 분발을 촉구하는 의미다.

김승연 회장이 어느 것을 염두에 두었는지는 밝히지 않았지만, 어느 것이든 '필사(必死)'의 각오로 대응하자는 것으로 해석된다. 김 회장은 이 글귀를 계열 각 사 사장과 임원실 벽에 걸어두도록 조치했다.

1998년 2월 6일 김대중 대통령 당선자와 30대 기업 대표와의 간담회 자리에서 김승연 회장은 '고금리와 자금난이 언제쯤 해소될지 밝혀달라'고 요구했다. 이날 초청된 30대 그룹이 우리 경제를 이끌어가는 주축이었다.

한국 대기업들이 구조조정에 들어간다는 언론 보도가 있자 국내 외 거래처는 물론 금융기관으로부터 그날로 모든 것이 끊어졌다. 또 계열사 매각으로 돈이 들어오자마자 은행이 하루 이틀 사이에 다 회수해 갔다. 금융권은 그런 조치를 취하면서 구조조정 취지에 반대하는 것은 아니다. 다만 내용 발표를 못 하는 현실을 이해해 주기 바란다고 했다. 한화그룹은 구조조정 과정에서 자금 사정이 더 꼬였다.

회장 퇴진 기사

김승연 회장이 30대 그룹 초청 참가 후 며칠이 지나 한 경제신문에 '김승연 회장, 곧 일선 퇴진' 기사가 터져 나왔다. 기사 내용은 '김승연 한화그룹 회장이 경영 일선에서 퇴진한다. 김 회장은 지난 6일 그룹 정상화를 위해 자신은 백의종군할 계획이며 그룹 경영은 외부 전문가에게 일임하겠다'라고 밝혔다는 내용이었다.

김 회장 퇴진 기사는 그렇지 않아도 IMF 사태로 흉흉한 분위기에 싸여 있는 재계에 큰 충격을 주었다. 부도나 법정관리 등에 의하지 않고는 대기업 오너(소유주)가 경영에서 손을 떼는 것은 극히 이례적인 일이었기 때문이다. 재계는 자신들에게도 이런 사태가 오지 않나 해서 전전긍긍한 것이다.

김 회장의 퇴진 의사 표명은 5,000억 원의 한화에너지에 대한 협조 융자를 끌어내기 위한 마지막 카드로 여기는 사람들도 있었다. 신정부(김대중 대통령) 측이 대기업이 은행 빚을 끌어다 쓰면서 오너는 책임지지 않는 풍토를 개선하겠다고 밝힌 바 있지만 은행권의 협조융자에 대한 조건으로 경영권을 내놓는 오너는 없었다.

이 기사로 정작 발칵 뒤집힌 곳은 그룹 계열사와 사원들이었다. 공장의 근로자들은 연판장을 돌리면서 자신들이 명예퇴직을 할 테니 제발 회장님만은 물러나지 말라는 압력(?)을 넣는 것이었다. 이 말은 오히려 당사자인 김승연 회장에게 큰 힘이 된 것은 물론 임직원들을 단합시키는 계기가 되었다. 이를 통해 회사 분위기도 완전히 바뀌게 되었다.

은행권과 협조융자를 진행 중인 다른 그룹들을 떨게 만들었던 이 기사는 사실 오보에 가까웠다. 그 경위를 보면 알 수 있다.

1998년 2월 6일 김대중 대통령 당선자와의 30대 그룹 회동이 끝난 후 김승연 회장은 '내외 경제신문'과 예정에 없던 인터뷰를 가졌다. 김 회장은 향후 그룹 운영 계획에 대한 기자의 질문에 '나보다 그룹 경영을 더 잘할 수 있는 사람을 찾고 있다. 대주주로서 회사를 살려야 한다는 면에서 무한책임을 느낀다. 그룹이 사느냐 죽느냐 하는 기로에 서 있다. 그룹 회생을 위해서는 나의 퇴진을 포함한 모든 방안을 검토하고 있다. 백의종군한다는 각오가 서 있다. 퇴진 후 그룹 경영을 위해 전문가를 물색 중에 있다'라고 답했다.

기자는 '혹시 은행권에서 한화에너지에 대한 협조융자를 대가로 경영 일선에서 퇴진할 것을 요구하지 않았느냐'고 추가로 질문했다.

김 회장은 '지금은 나의 퇴진 여부보다는 회사를 살리는 것이 급선무다. 회사가 정상화될 수 있다면 뭐든지 못 하겠는가. 화의(和議)를 신청하느니 살신성인의 각오로 임하겠다. 과거 3~4년 동안 혁명적 개혁을 추진했으나 뜻대로 되지 않더라. 그룹 회장직에서 물러나겠다는 것은 회사를 살리기 위한 마지막 선택이다'라고 말했다.

김승연 회장은 '그룹을 위해 필요하다면 퇴진까지도 하겠다는 각오로 대처하겠다'고 비장한 각오를 밝힌 것이다. 그러나 신문사 측에서는 '당장 퇴진하겠다'는 뜻으로 해석, 기사를 작성함으로써 파문이 커졌던 것이다.

김승연 회장, 구조조정 마술사

한화그룹이 한국 기업의 성공적인 구조조정 사례로 평가되면서 한화에너지 대한 해외 언론의 관심도 높아졌다. 언론계에서는 김승연 회장에게 구조조정의 마술사라는 별명을 붙여주었다. 마술사(魔術師, Magician)란 불가능할 것 같은 것을 풀어내는 사람을 말한다.

산케이신문, 로이터통신 등 해외 언론들의 인터뷰 요청이 쇄도했다. 일본 산케이신문(産経新聞)은 '김승연 회장에게 듣는다'라는 제목의 인터뷰 기사에서 한화그룹의 강도 높은 구조조정 과정을 상세히 소개했다.

'산케이'는 한화가 32개 계열사를 15개로 줄이고 1,200%의 부채비율을 175%로 낮춤으로써 10대 재벌 중 유일하게 구조조정에 성공했다고 평가했다. '산케이'는 김 회장이 계열사나 사업을 정리하는 과정에서 다른 기업들로부터 '지나치다'는 소리를 듣기도 했지만 결국 기업 신용도가 높아져 요즘엔 금융기관으로부터 오히려 돈을 빌려주겠다는 공세를 받고 있다고 전했다. 김 회장은 인터뷰에서 '과당경쟁이나 과잉설비를 통한 외형 위주의 경영이 한국 경제 위기를 초래했다'면서 '한화는 앞으로 한화종합화학을 중심으로 질적인 경영을 하되 풍부한 부동산 자산을 활용해 관광 레저 개발사업에도 힘쓰겠다'고 밝혔다.

전경련 산하 기업 구조조정 특별 위원회 위원장을 맡게 된 김 회장은 1999년 5월 31일 경기도 용인 한화리조트에서 열린 전국경제인연합회 기자단 세미나에서 한화의 구조조정 사례를 발표했다.

'구조조정 1기(期)라고 할 수 있는 1998년에는 '생존'을 위한 작업을 전개했다. 수익성과 전망이 좋은 계열사의 사업 부문을 팔아 유동성을 확보하는 데 주력하였다. 구조조정 2기인 1999년에는 내실을 다지고 비전을 여는 작업을 하였다. 경쟁력이 없거나 발전 가능성이 적은 계열사의 사업 부문을 과감히 정리 매각하고, 경영 패러다임을 지금까지의 외형 중

심에서 부가가치 창출로 바꾸기 위한 새로운 경영평가시스템도 도입하고 있다.'

1999년 5월 세미나 당시 한화그룹은 부채비율을 250%까지 낮춘 상태였다. 김승연 회장은 이날 세미나에서 '구제금융 이후 뼈와 살을 깎아 내는 고통 정도가 아니라 마취도 하지 않은 상태에서 갈비뼈를 드러내고 폐(肺) 하나를 잘라내는 아픔이었다고 밝혔다. 그러면서도 '많은 직원들이 회사를 떠나는 고통도 겪었다'며 아쉬움을 토로했다.

대림산업과의 유화(油化) 빅딜(Big Deal)

빅딜이란 산업계의 대규모 구조조정 과정에서 서로 업종이 중복된 재벌들이 각각 경제력 없는 계열기업을 포기함으로써 경쟁력을 강화하는 것을 말한다.

김승연 회장은 대림산업과의 유화 빅딜 당시 '대림산업과 한화종합화학과의 빅딜이야말로 「선택과 집중을 통한 상호 간의 경쟁력 상승」이라는 빅딜의 효과를 극대화할 수 있다고 생각한다'며 유화 빅딜이 그동안의 재계의 빅딜이 관 주도로 어느 한 편이 손해를 본다는 인식을 불식시켰다고 자신감을 피력했다.

한화는 대림산업과의 잠실 부지 공동 개발에도 합의함으로써 김승연 회장과 대림의 이준용 회장 간의 밀월 관계가 세간의 관심을 모으기도 했다. 이 빅딜은 또 한 번 한국인들은 동업(同業)이 안된다는 통념을 불식시킴으로써 추후 한화와 일본회사와의 전략적 제휴의 시발점이 되기도 했다.

1999년 9월 8일 김승연 회장은 다시 한번 김대중 대통령으로부터 청와대 간담회에 초청받아 30대 그룹 총수들이 모인 가운데 구조조정 모범기업으로 칭찬받고 대림산업과 함께 석유화학 빅딜 성공 사례를 발표하여 다른 기업들의 부러움을 사기도 했다.

특히 김승연 회장은 정부의 빅딜 방향에 대하여 공감을 표시하면서도 당시 추진 중인 대산 유화단지 통합 방향에 대해 '일본이나 중국 유화 업계가 추가 투자를 하기 어려운 상황인 만큼 한국이 주도해 나가기 좋은 때이며 이 기회를 놓치면 일본에 종속될 가능성이 있다'며 이런 점에서 대산단지 빅딜은 산업 경쟁력 제고 차원에서 이루어져야 하며, 따라서 5대 그룹이 아닌 선발 유화 업체들이 빅딜에 참여하는 것이 바람직하다고 건의하기도 했다.

의리의 회장님

기업이 구조조정을 하면 많은 사람들이 직장을 잃게 된다. 한화그룹의 구조조정 과정에서 한 건의 노사 분규도 없었고 명예퇴직 과정에서 잡음이 없었다는 것은 잘 알려진 사실이다. 김승연 회장은 명퇴한 임직원들도 한화 가족이라며 관심을 기울였다.

1999년 초 회사가 유동성 위기에서 벗어나자 김 회장은 명퇴한 한화 가족 가운데 어려움을 겪고 있는 전 임직원들을 조사해 보고하도록 했다.

한화증권에서는 1999년 퇴직한 전 한화증권 상무가 딸의 투병과 근무 당시 증권 투자에 따른 손해로 경제적인 어려움을 겪고 있다는 보고가 올라왔다. 이 소식을 전해 들은 김승연 회장은 즉시 위로금을 전달했다.

김 회장은 또 1998년 말 기업 매각, 희망퇴직 등으로 회사를 떠난 임직원들에게 지난날 같은 깃발 아래 한솥밥을 먹던 소중한 인연을 되새기자는 뜻에서 연하장과 새해 달력을 보내도록 했으며 설에는 400여 명의 퇴직 임원에게 지난날의 인연을 잊지 말고 건강하게 다시 만나자며 부부용 은수저 세트를 전달하기도 했다.

그룹은 한화에너지 정유 부문 매각 완료 직후인 1999년 9월 14일 위기 극복에 대한 임직원의 노고에 감사하는 뜻으로 전 임직원을 대상으로 격려금을 지급했다. 이때 김 회장은 이미 매각이 완료된 한화에너지 정유 부문의 임직원을 잊지 않았다. 한화에너지 701명과 한화에너지프라자 425명 등 총 1,153명의 전 임직원들에게 그룹에 남아있는 임직원들과 동일한 수준의 격려금을 지급했다. 또한, 그룹 내 필요한 인력이 발생하는 경우 현대정유에서 퇴직한 전 한화 임직원들에게 우선적으로 기회를 부여하여 '신용과 의리'라는 덕목을 실천했다.

언론에서는 이 같은 일을 '휴머니즘 경영'이라고 했고 강력한 리더십으로 혁명 같은 구조조정을 이끌어오던 김 회장의 또 다른 인간적인 면모를 보여준 이 휴머니즘 경영이 그룹 구조조정 작업을 성공적으로 마무리하는 데 보이지 않는 힘이 되었다고 평가하기도 했다.

48

주력 기업 한화에너지 매각 결단

(독자들이여. 한국화약그룹 김종희 창업회장과 김승연 2대 회장의 이야기는 이 장으로 끝을 맺게 될 것이다.)

그룹의 주력 기업이었던 한화에너지/한화에너지프라자(발전 부문) 매각은 그룹 구조조정 작업 중 가장 큰 규모로 진행되었으며 가장 힘들고 어려운 작업이었다. 한화에너지의 경우 그룹의 모기업이나 다름없는 그룹 외형의 45%를 차지하는 주력 기업 중의 주력이었다.

정유 부문

정유사업 매각 작업은 1997년 말부터 시작되었다. IMF 사태가 시작된 시점이다.

당시 그룹의 경영 환경은 이리 폭발 사고 이후 '최대의 위기'라는 말이 떠돌 정도로 악화되어 있었다. 정유사업계는 국내의 동종업체와 경쟁이 치열하고 국내 시장이 개방되어 외국 메이저들의 진입과 신규 수입 판매사가 등장하여 경쟁이 더욱 격화되었다. 정유 업계는 SK, 쌍용 등 5개 사 경쟁체제였다.

이에 반해 한화에너지와 한화에너지프라자는 주력 기업임에도 불구하고 시장점유율이 12%에 불과하고 두 회사 모두 치열한 시장 경쟁에 따른 계속적인 적자 상황으로 정유업계에서 선두 회사로 성장하는 데 한계를 보였다. 게다가 정부에서는 그동안 한화그룹이 국가 기간산업 발전에 기여한 바가 크기 때문에 이러한 위기를 안타까워하면서도 한화에너지의 위기로 인해 국가 석유 수급에 영향이 미치지 않을까, 국가 신인도가 떨어지지 않을까 우려했다.

따라서 그룹은 구조조정 및 해외 자금 조달을 위해서는 부채비율이 높아 오히려 상대적으로 유동성을 획기적으로 개선할 수 있는 사업인 한화에너지와 한화에너지프라자의 매각을 결정할 수밖에 없었다.

매각 협상은 1998년 상반기까지만 해도 큰 진전을 보이지 못했다. 종업원의 고용 안정 및 외자 유치를 위하여 국내 경쟁사보다는 쉘, 모빌 등 해외업체와 우선적으로 접촉하였는데 이 업체들은 한화에너지와 한화에너지프라자의 자산 규모와 사업 규모가 크고 향후 한국 경제에 대한 불안 심리로 협상에 소극적이었다.

한화에너지와 한화에너지프라자 당시 자산은 각각 3조 8,019억 원과 6,213억 원이었다. 한화에너지는 1998년 한 해 동안 정부의 2차례에 걸친 협조융자 등으로 최소한의 가동률만을 유지함에 따라 3조를 넘었던 매출액이 2조 3,412억 원으로 감소하였고 손익에서도 808억 원의 적자를 기록했다. 한화에너지프라자 역시 부진한 매출 실적을 보여 1조 7,895억 원의 매출액과 649억 원의 당기순손실을 기록했다.

그룹은 해외업체와의 매각 협상이 지지부진하고 1998년 7월 정부가 유사 업종 간 사업교환 계획 '빅딜'을 발표하면서 국내 그룹으로의 매각이 가능해져 국내 업체를 탐색하기 시작했다. 마침 현대정유(현 오일뱅크)의 임원이 지인 관계인 그룹 구조조정 본부의 임원에게 인수 의사를 구두로 밝혔다.

현대정유 역시 시장점유율이 10%에 불과하고 부채비율이 높아 해외 메이저와의 합작을 추진하였으나 가장 유력한 합작 후보자인 아랍에미리트의 IPIC가 현대정유의 국내 시장 점유율이 낮고 정유사업의 역사가 짧다는 이유로 합작에 적극적이지 않아 뚜렷한 진전을 보이지 못하고 있었다.

이에 정부의 빅딜 권유, 조기 매각 및 조기 합작의 필요성 등 양사의 이해관계가 맞아떨어져 1998년 7월 말 현대정유가 한화에너지와 한화에너지프라자를 주식 매입 형태로 일괄 매수하겠다는 의사를 표명하면서 매각 작업은 급진전을 보였다.

1998년 8월 초 한화에너지와 현대정유는 MOU를 체결하고 장부 실사에 들어갔다. 8월 31일 한화에너지 우완식 사장과 현대정유 정몽혁 사장이 만나 주식 매각을 통한 경영권 인수인계 및 한화에너지 및 한화에너지프라자를 인수하기 위한 조건 중의 하나인 금융권의 지원을 받기 위한 공동 노력을 펼칠 것을 합의하며 주식 인수에 관한 양해각서를 교환했다.

전경련(全經聯)은 9월 3일 5대 그룹의 빅딜에 한화에너지와 현대정유 간의 거래도 포함해 언론에 발표했다. 현대정유 합작사인 IPIC는 11월 6일부터 20일까지 한화에너지와 한화에너지프라자 상세 실사를 실시했다. 그런데 현대그룹은 1999년 1월 30일에 발전 부문을 제외한 정유 부문만을 인수하겠다는 계획을 금융권에 통보하였다. 이에 수차례에 걸친 논란 끝에 ㈜한화가 발전사업을 재인수하기로 결정했다.

한화에너지와 현대정유는 MOU를 체결한 지 8개월 만인 1999년 4월 2일 서울프라자호텔에서 한화에너지와 한화에너지프라자 주식 양수도 계약을 체결했다.

이에 앞서 한화에너지 채권단은 한화에너지의 단기 부채 1조 3,600억 원 중 1조 2,200억 원을 장기부채로 전환해 주었다. 이에 현대정유는 한화에너지와 한화에너지프라자의 회계, 재무, 영업, 원유 수급 등 전 사업 부문에 대한 상세 실사에 들어갔는데 4월 3일 시작된 이 실사는 6월 20

일까지 계속되었다.

두 회사는 발전사업 부문 재인수 조건 및 실사 결과에 대한 정산과 가격 협상을 7월 5일 시작하여 2개월을 끌다가 마침내 8월 31일 발전사업 재인수 조건 및 한화에너지와 한화에너지프라자 매각 조건에 합의하고 장교동 한화빌딩에 위치한 한화에너지 대회의실에서 최종 계약을 체결하고 주식 양도를 완료하였다.

이렇게 정유 빅딜(精油 Big Deal)을 마무리할 수 있었던 데는 김승연 회장의 노력이 결정적인 역할을 했다. 한화에너지와 현대정유 간의 협상이 별 성과 없이 흘러가자, 김승연 회장이 현대의 정몽혁 사장을 직접 만나 '서로 한발씩 양보하자'고 해 극적인 타협을 이끌어 낸 것이 바로 그것이다.

그룹은 한화에너지 주식 약 950만 주와 한화에너지프라자 주식 400만 주를 498억 원에 매각했다. 한화에너지 정유사업 빅딜은 당시 진행 중이던 대기업의 7대 빅딜 업종 중 최초로 성사된 것이었다.

그룹은 한화에너지 정유 부문의 빅딜로 약 3조 원의 부채를 덜어 부채비율을 255%로 낮추고 1999년 말에는 180%로 낮출 수 있게 되었다.

발전(發電) 부문

㈜한화가 재인수한 발전사업은 구조조정 작업이 한창 진행 중이던 1998년 미국 AES와 매각에 대한 기본 계약이 체결됐다.

정유 부문을 매각하려고 할 때 그룹은 협상 대상자의 성격에 따라 정유/발전사업의 일괄 또는 분리 매각을 동시에 추진하였는데 발전사업은 상대적으로 정유사업 보다 사업의 매력도가 높아 인수 희망 업체가 많았다. 그동안 한화에너지 발전사업 인수에는 AES사를 비롯 벨기에 트랙트벨사 등 3~4개 업체가 경합을 벌였는데 그 중 미국의 AES사가 가장 적극적이었다.

그룹은 AES사를 우선 협상 대상자로 지정, 1998년 3월부터 4월까지 집중적으로 협상을 벌였다. 때마침 김대중 대통령의 미국 국빈 방문 계획이 있어 그 이전에 협상을 매듭짓고자 김승연 회장이 직접 AES사의 대표를 만나 담판하는 등 혼신의 노력을 경주했다.

그 결과 1998년 5월 22일 한화에너지 우완식 사장과 AES 대표 새포드 아시아 담당 부사장은 한빛은행 본점에서 당시 산업부 장관과 주한미 대사, 한빛은행장 등이 배석한 가운데 발전사업 부분 매각에 관한 기본 계약을 체결하게 되었다.

원래 AES사는 국내 발전사업에 외국인 지분이 50% 이상 넘을 수 없도록 하는 외자도입 법 규정 때문에 발전 영업권을 양도받는 형태로 인수할 계획이었다가 정부가 5월부터 민간 발전사업에 대한 외국인 지분 한도를 철폐하여 100% 지분 소유를 허용함에 따라 양사 간의 협상이 급진전되었다.

인천에 위치한 한화화력발전소는 부지 6만여 평에 발전 능력이 150만 Kw였다. 공식 매각 금액은 3억 6,000만 달러였으나 AES사가 발전 부문이 안고 있는 부채까지 떠안는 조건으로 합의된 것이기 때문에 이 부채까지 포함하면 약 8억 7,000만 달러였다. 이 금액은 IMF 이후 국내 최대의 외자 유치 규모라 정부 및 금융권의 관심 또한 높았다.

그런데 기본 계약 체결 후 상세 실사 기간 중이던 9월 초부터 AES사가 당초 기본 매매계약 시 합의되지도 않았던 도를 넘어서는 요구를 해옴에 따라 협상이 난항에 부딪혔다.

천재지변이 발생하여 전력 공급을 하지 못할 경우 일정 부분 수입을 보장해 줄 것을 요구하는가 하면 한전이 아예 발전소를 매입(Buyout)하라는 요구를 해왔다. 또 액화천연가스를 20년간 장기 공급하는 계약을 한국가스공사 측과 맺을 것을 요구했다. 사실 협상의 핵심은 유일한 발전 수요처인 한전(韓電)이 투자 수익을 보장하는 것인데도 곁가지에 해당하는 사소한 사항들로 시간을 끈 것이다.

실제로 AES사가 이토록 지나친 요구를 해왔던 데는 속사정이 따로 있었다. 발전 부문 인수를 너무 서두른 나머지 매입 대금을 제대로 확보하지 않은 상태에서 기본 계약을 체결했으며 계약 이후 국제 금융기관을 통하여 자금을 조달하려다 실패한 것이다. 이후 AES사는 이러한 자사의 귀책 사유를 숨기기 위해 기본 계약에 반영되지 않았던 무리한 사항을 요구하다가 급기야 AES사 회장이 방한하여 한화그룹 측에 계약을 취소해 달라고 사정하기에 이르렀다.

결국, 김승연 회장이 아무런 조건 없이 계약을 취소해 줌에 따라 AES사와의 발전사업 매각은 계약이 체결된 지 4달 만인 1998년 9월 23일 공식적으로 취소되었다. 그러나 그룹이 정유사업 구조조정 작업을 위한 '시간과 여유'를 추가로 가질 수 있었던 긍정적인 효과도 있었다.

그 후 발전 부문은 정유 부문이 현대정유로 매각되던 1999년 9월 1일 ㈜한화/에너지 부문으로 편입되었으며 그해 12월 1일 한화에너지(주)로 다시 분사했다.

한화에너지는 그 후 외자 유치를 지속적으로 추진하여 2000년 3월 미국의 엘파소(Elpaso)사와 50대50의 합작 계약을 체결했다. 이어 정부 허가, 채권은행과의 협의, 계약 이행에 관한 각종 합의 등의 과정을 거쳐 2000년 7월 6일 한화에너지 매각 대금 1억 달러가 입금됨으로써 합작이 최종 완료되었다. 합작을 통하여 한화에너지는 미국 엘파소사로부터 선진 경영기법을 전수받고 가스·발전사업 부문의 우량 기업으로 새롭게 도약할 수 있게 되었다.

49

에필로그. 한화그룹의 미래
- K-방산, 한화오션, 한화우주항공, 해양

21세기의 한화그룹은 완전히 새로운 모습이다. 기간산업 중심, 제조업 중심의 그룹 사업 구조를 첨단 기술 기반의 우주, 항공, 방산(防産, 방위산업), 해양 분야로 바꾸었다.

김승연 회장은 그가 IMF 사태 때 혁명적인 구조조정으로 그룹을 기사회생시켰듯이 21세기 들어서는 첨단 기술 기반의 신산업을 그룹 주력 기업으로 전환시켰다. 이것은 대단한 선택이다. 그룹에만이 아니라 국가적으로도 중요하다. 새로운 국가적 먹거리이기 때문이다. 반도체, AI가 주도하는 4차 디지털혁명 시대에 글로벌 강자로 남기 위해서는 첨단 기술 기반의 산업을 일구는 것은 필수다. 한화 우주산업 분야는 위성 EO-IR과 SAR 탑재체의 동시 공급이 가능한 국내 유일 업체다.

한화시스템은 한반도 지역 및 주변국을 준 실시간으로 감시할 수 있는 위성 탑재용 전자광학 모듈과 SAR 모듈을 공급하고 군 위성 통신망 내에 망 제어기 및 다양한 단말을 공급하며 육,해,공 합동작전 효과를 극대화시킨다.

항공(航空) 부문은 항공전자 장비와 계통 통합 대 전투기 개발사업에 참여하며 임무 시현 계통 통합 역량을 보유하고 있으며 전자광학, 레이

더 등 감시 정찰(ISR) 분야 핵심 기술을 적용하여 항공전자 분야의 고도화를 견인하고 있다.

한화오션은 한화 계열 각종 선박과 해양 플랜트, 시추선, 부유식 원유 생산설비, 잠수함, 구축함 등을 건조하는 대한민국의 조선, 해양 전문기업이다. HD 현대중공업, 삼성중공업 등과 함께 대한민국 조선업계의 빅(Big) 3다.

한화그룹은 2022년 9월 26일 대우조선을 인수했다. 당시 대주주였던 한국산업은행은 한화에 통매각한다는 방침을 정하는 스토킹호스(Stalking-Horse)를 진행했다. 스토킹호스란 기업을 매각하기 전 인수자를 내정하고서 경쟁 입찰로 좋은 조건을 제시한 다른 인수자를 찾는 인수·합병(M&A) 방식이다. 이들 신 산업체의 특징은 성장 잠재력이 무한대이고 세계 시장을 겨냥한다는 것이다.

최근 한화그룹의 성장세는 무서울 정도다. K-방산(防産)의 훈풍이 불면서 한화그룹의 방산 관련 주력업체들의 시가 총액이 가파르게 오르고 있다. 이에 따라 시총 순위도 10위에서 네이버를 제치고 9위로 뛰어올랐다. 앞으로 이 순위는 더 높은 수준으로 변동될 가능성이 크다.

김승연 회장은 좋은 성공 잠재력을 가지고 있다. 그는 슬하에 동관, 동선, 동원 3형제를 두고 있는데 모두가 명석하고 진취적이고 좋은 학벌을 가지고 있다. 장남 동관 씨는 하버드대, 차남 동선 씨는 다트머스대, 동원 씨는 예일대를 졸업했다. 이들 세 대학은 미국 동부 명문대 그룹인 아이비(Ivy) 리그에 속하며 세계적인 명성을 가지고 있다.

이들 3형제는 이미 그룹 경영에 본격적으로 참여하고 있다. 장남 동관 씨는 그룹 부회장에 올랐다. 이들 젊은 3세들이 장차 내보일 능력이 기대를 모으고 있다.

(끝)

백인호

매일경제 편집국장,
MBN 대표이사,
YTN 사장,
가천대 초빙교수

〈저서〉
장편소설『삼성오디세이아』
『현대오디세이아』
『자동차왕 정몽구 오디세이아』
『SK 오디세이아』
『LG 오디세이아』
『롯데 오디세이아』

한화 오디세이아

발행일	2024년 8월 15일	
지은이	백인호	
펴낸이	박상영	
펴낸곳	도서출판 정음서원	
주 소	서울특별시 관악구 서원7길 24, 102호	
전 화	02-877-3038	
팩 스	02-6008-9469	
신고번호	제 2010-000028 호	
신고일자	2010년 4월 8일	
ISBN	979-11-982605-9-8, 03320	
정 가	27,000원	

값 27,000 원

ISBN 979-11-982605-9-8